PONTAL / DIE SYNODEN IM MEROWINGERREICH

KONZILIENGESCHICHTE

Herausgegeben von
WALTER BRANDMÜLLER

Reihe A: Darstellungen

ODETTE PONTAL

Die Synoden im Merowingerreich

1986

FERDINAND SCHÖNINGH
PADERBORN · MÜNCHEN · WIEN · ZÜRICH

Deutsche Fassung von Dr. Isolde Schröder

CIP-Kurztitelaufnahme der Deutschen Bibliothek

Pontal, Odette:
Die Synoden im Merowingerreich / Odette Pontal. Dt. Fassung von Isolde Schröder. – Paderborn; München; Wien; Zürich: Schöningh, 1986.
(Konziliengeschichte: Reihe A, Darstellungen)
ISBN 3-506-74684-7

Printed in Germany

Herstellung: Ferdinand Schöningh, Paderborn

ISBN 3-506-74684-7

Inhalt

II. Abschnitt

Die Konzilien von 561 bis 613

III. und IV. Abschnitt

Die Konzilien von 613 bis 714

Die Kirche des Merowingerreichs im Spiegel ihrer Konzilien

Vorwort

Dans la nouvelle et monumentale *Histoire des conciles,* dont la conception surclasse de loin le classique Hefele, le savant ouvrage du Docteur Odette Pontal illustre remarquablement l'esprit et la pratique de la collégialité épiscopale pour la Gaule franque. L'adage bien connu „in episcopo ecclesia est", qui exprime un concept théologique et repose sur une réalité historique, s'inscrit dans la double dimension ecclésiale signifiée par l'évangéliste: „Voici les noms des douze apôtres; en tête, Simon que l'on appelle Pierre" (Mt 10, 2). Si l'Eglise franque défère à la doctrine comme à la discipline romaine, elle se meut tantôt dans le cadre de la Gaule unifiée, tantôt dans celui des royaumes distincts – Austrasie, Neustrie, Burgondie – à une époque où, l'unité impériale définitivement brisée, la papauté ne concentre pas encore entre ses mains un pouvoir direct de juridiction. Le concile provincial, s'il n'est pas considéré comme l'instance suprême, n'en est pas moins l'organe par lequel l'Eglise se définit, s'exprime et manifeste son autorité. Plus tard, la réforme grégorienne, statuant sur les conciles provinciaux, leur reconnaîtra le pouvoir d'admonester et de corriger, c'est-à-dire la compétence dans l'ordre judiciaire déjà inscrite dans Nicée I, non le pouvoir de définir et de constituer, mais seulement celui de promulguer les décrets des conciles tenus par le pape ou ses légats.

Certes, la structure proprement provinciale des conciles mérovingiens se trouve le plus souvent obnubilée par l'effet des mutations politiques et des partages territoriaux, de sorte que la collégialité s'exerce par delà les provinces ecclésiastiques, calquées sur les anciens diocèses civils, à travers des regroupements régionaux ou nationaux. Il n'en reste pas moins que les conciles mérovingiens se sont établis dans la continuité des conciles provinciaux de l'âge précédent et qu'ils ont oeuvré dans le sens de la catholicité en vue de construire une chrétienté proprement franque ou gallo-franque. Leur compétence, débordant l'ordre judiciaire, s'est étendue au domaine législatif, voire à la foi catholique, face à l'arianisme professé par les Goths et les Burgondes, ou aux tenants du semipélagianisme.

Dans une société barbare, nouvellement convertie à la foi catholique, mais demeurée païenne dans ses moeurs et violente dans ses comportements, la tâche des évêques – conditionnée par les contingences politiques – s'avère, au fil des analyses de l'auteur, d'une portée considérable au cours d'un processus qui dura deux siècles. Les conciles de l'époque mérovingienne manifestent un effort soutenu d'édification des structures ecclésiales, de transformation de la société, d'éducation de la foi. Une attention particulière doit être accordée aux constitutions qu'ils décrétèrent. Celles-ci révèlent l'apparition des premiers officiers épiscopaux, l'archidiacre, puis le vicaire; des premiers statuts synodaux destinés à l'instruction des prêtres des paroisses; une première ébauche d'organisation des paroisses rurales sur les domaines privés; les premiers jalons des privilèges de „clergie", inaliénabilité des biens d'Eglise, dîme, exemption des taxes et services publics, voire des tribunaux séculiers, d'où la naissance du for externe. Ces conciles, enfin, enregistrent la prééminence de certaines églises, Arles avec Césaire, puis le „patriarcat" de l'église de Lyon, origine de la primatie des Gaules reconnue dans la suite à l'évêque de la Première Lyonnaise.

La société laïque, elle aussi, est redevable aux conciles mérovingiens. Etendant leur compétence législative sur les laïcs, au for interne, ils ont cherché à moraliser les rapports sociaux: en tentant d'améliorer la condition des esclaves et celle des affranchis; en accordant asile à ceux dont la conduite pouvait attirer vengeance plus que justice; en réglementant les liens de dépendance créés par la commendatio et la fidélité; en prohibant l'adultère et les mariages consanguins. Par là, ils ont jeté les fondements mêmes, non pas seulement de la société médiévale à travers le Corpus juris canonici, mais encore de la société moderne. Et l'on ne saurait omettre davantage la part qui leur a été dévolue, auprès des rois et des assemblées laïques, dans l'administration des royaumes barbares.

Les conciles mérovingiens n'ont pas méconnu pour autant leur tâche spirituelle. S'ils ne furent pas à même d'élever très haut la mentalité des fidèles, du moins ont-ils établi les normes de la pratique chrétienne: le baptême et la pénitence selon des formes plus individualisées, la liturgie et les fêtes d'obligation, l'unification de la célébration pascale à une date communément établie. Mais l'idéal de la vie chrétienne se concentre sur le modèle monastique appelé à un grand essor sous la Règle de saint Colomban, puis sous la Règle de saint Benoît, importées, l'une du nord, l'autre du sud. Le mouvement monastique ne connaît pas de frontières et les conciles ont assuré la pénétration de la Règle bénédictine au sein même des maisons d'obédience colombanienne, largement répandues en Austrasie. Ils ont encouragé l'aumône en réparation des fautes graves dans un monde livré à la violence et les libéralités des rois et des Grands, contribuant ainsi à étendre et à stabiliser le monachisme à travers la Gaule. Comment oublier enfin, en ces temps barbares, les grandes figures épiscopales qui furent l'âme des conciles, Césaire d'Arles, Grégoire de Tours, Germain d'Auxerre, et ceux qui scellèrent du martyre la fidélité aux principes qu'ils proclamaient au sein des conciles, Prétextat de Rouen, Léger d'Autun, Didier de Vienne.

En refermant le beau livre d'Odette Pontal, on se plaît à penser qu'il ouvre sur la Gaule mérovingienne des perspectives renouvelées: au long d'une histoire faite d'émiettements et de regroupements, d'abandons et de sursauts, mais aussi de ténacité et de constance, nous plongeons aux racines mêmes d'une Eglise, d'une société, d'une chrétienté, modelées par les conciles mérovingiens, qui à travers des siècles de vicissitudes, devaient contribuer à faire la France, et dont les institutions se sont perpétuées, pour le moins, jusqu'à la fin de l'Ancien Régime.

Raymonde Foreville

Quellen und Literatur

AMORT, E., Elementa iuris canonici veteris et moderni, 3 Bde., Ferrara 1763.

ARNOLD, C. F., Caesarius von Arelate und die gallische Kirche seiner Zeit, Leipzig 1894.

BARDY, G., L'attitude politique de Saint Césaire d'Arles, in: RHEF 33 (1947) 241–256.

BARION, H., Das fränkisch-deutsche Synodalrecht des Frühmittelalters (= Kanonistische Studien und Texte, hrsg. von A. M. KOENIGER, 5 und 6) Köln-Bonn 1931.

BARONIUS, C., Annales ecclesiastici; zitiert nach der Ausgabe: Annales ecclesiastici auctore CAESARE BARONIO Sorano e congregatione oratorii S.R.E. presbytero cardinalis Tit. SS. Nerei et Achillei et sedis apostolicae Bibliothecario una cum critica historico-chronologica P. ANTONII PAGII doctoris theologi ordinis Minorum Convent. S. Francisci . . ., Bd. 9–11, Lucca 1741–1742.

BAUS, K., Von der Urgemeinde zur frühkirchlichen Großkirche (= HKG [J] I) Freiburg-Basel-Wien 1962.

BAUS, K. – E. EWIG, Die Reichskirche nach Konstantin dem Großen. Erster Halbband: Die Kirche von Nikaia bis Chalkedon (= HKG [J] II/1) Freiburg-Basel-Wien 1973.

BIMBENET, J.-E., Les conciles d'Orléans considérés comme source du droit coutumier et comme principe de la constitution de l'Eglise gauloise, in: Revue critique de législation et de jurisprudence 21 (1862) 63–79, 518–529; 22 (1863) 263–278; 23 (1863) 290–307; 24 (1864) 246–263; 25 (1864) 73–89.

BINDING, C., Geschichte des Burgundisch-romanischen Königreichs (von 443 bis 532 n. Chr.). Eine reichs- und rechtsgeschichtliche Untersuchung, Leipzig 1868.

BINIUS, S. (Hrsg.), Concilia generalia et provincialia, 2 Bde, Köln 1606.

BLEIBER, W., Naturalwirtschaft und Ware-Geld-Beziehungen zwischen Somme und Loire während des 7. Jahrhunderts (= Forschungen zur mittelalterlichen Geschichte 27) Berlin 1981.

BOUQUET, M. (Hrsg.), Recueil des historiens des Gaules et de la France IV, Paris 1869.

BRETHOLZ, B., Die Unterschriften in den gallischen Concilien des 6. und 7. Jahrhunderts, in: NA 18 (1893) 527–547.

BRUNS, H. TH. (Hrsg.), Canones apostolorum et conciliorum saeculorum IV, V, VI, VII, 2 Bde, Berlin 1839.

BUCHNER, R. (Hrsg.) *siehe* GREGOR VON TOURS.

BURCKHARDT, M., Die Briefsammlung des Bischofs Avitus von Vienne († 518) (= Abhandlungen zur Mittleren und Neueren Geschichte 81) Berlin 1938.

CAESARIUS VON ARLES *siehe* MORIN, G. (Hrsg.).
CAPPUYNS, D. M., L'origine des „capitula" d'Orange 529, in: RThAM 6 (1934) 121–142.
CEILLIER, R., Histoire générale des auteurs sacrés et ecclésiastiques ..., 16 Bde, Paris ²1859–1869 (Erstausgabe in 24 Bänden, Paris 1729–1783).
CHAMPAGNE, J. – R. SZRAMKIEWICZ, Recherches sur les conciles des temps mérovingiens, in: RHDF 49 (1971) 5–49.
CHARVET, C., Histoire de la sainte église de Vienne, Lyon 1761.
CHEVALIER, U. (Hrsg.), Oeuvres complètes de Saint Avit, évêque de Vienne, Lyon 1890.
CLAUDE, D., Die Bestellung der Bischöfe im merowingischen Reiche, in: ZSRG.K 49 (1963) 1–75.
COLETI, N. (Hrsg.), Sacrosancta Concilia ..., Bd. V–VII, Venedig 1728–1729.
COLLECTIO REGIA = Conciliorum tomus X–XV, Parisiis e typographia Regia 1644.
COTTINEAU, L. H., Répertoire topo-bibliographique des abbayes et prieurés, 3 Bde, Paris 1939–1970.
COURTOIS, CH., L'avènement de Clovis II et les règles d'accession au trône chez les Mérovingiens, in: Mélanges L. Halphen, Paris 1951, 155–164.
COVILLE, A., Recherches sur l'histoire de Lyon du Vᵉ siècle au IXᵉ siècle (450–800), Paris 1928.
CRABBE, P. (Hrsg.), Concilia omnia, 2 Bde, Köln 1538; 3 Bde, Köln ²1551.

DAHN, F., Die Könige der Germanen. Das Wesen des ältesten Königthums der germanischen Stämme und seine Geschichte bis zur Auflösung des Karolingischen Reiches. Nach den Quellen dargestellt, 10 Bde, München-Würzburg-Leipzig 1861–1907.
DALY, W.M., Caesarius of Arles, a Precursor of Medieval Christendom, in: Tr. 26 (1970) 1–28.
DE CLERCQ, C., La législation religieuse franque de Clovis à Charlemagne. Etude sur les actes de conciles et les capitulaires, les statuts diocésains et les règles monastiques (507–814) I, Louvain-Paris 1936.
– La physionomie géographique des conciles mérovingiens, in: Premier congrès international de géographie historique 2 (Mémoires), Brüssel 1931, 66–74.
– (Hrsg.), Concilia Galliae A. 511–A. 695 (= CChr. SL 148 A) Turnhout 1963.
DELALANDE, P. (Hrsg.), Conciliorum antiquorum a Jac. Sirmondo S. I. editorum Supplementa, Paris 1666.
DUCHESNE, L., Fastes épiscopaux de l'ancienne Gaule I, Paris ²1907; II, Paris ²1910; III, Paris 1915.
– L'Eglise au VIᵉ siècle, Paris 1925.
– Origines du culte chrétien. Etude sur la liturgie latine avant Charlemagne, Paris ³1902.
DUPRAZ, L., Contribution à l'histoire du regnum Francorum pendant le troisième quart du VIIᵉ siècle (656–680), Fribourg 1948.

EBLING, H., Prosopographie der Amtsträger des Merowingerreiches von Chlothar II. (613) bis Karl Martell (741) (= Beihefte der Francia 2) München 1974.

EWIG, E., Beobachtungen zu den Bischofslisten der merowingischen Konzilien und Bischofsprivilegien, in: Landschaft und Geschichte. Festschrift F. Petri, Bonn 1970, 171–193; zitiert nach dem Abdruck in: DERS., Spätantikes und fränkisches Gallien II 427–455.

– Beobachtungen zu den Bischofsprivilegien für Saint-Maur-des-Fossés und Sainte-Colombe de Sens, in: Festschrift L. Petry (= Geschichtliche Landeskunde V/2) Wiesbaden 1969, 1–24; zitiert nach dem Abdruck in: DERS., Spätantikes und fränkisches Gallien II 485–506.

– Beobachtungen zu den Klosterprivilegien des 7. und frühen 8. Jahrhunderts, in: Adel und Kirche. Festschrift für G. Tellenbach, Freiburg 1968, 52–65; zitiert nach dem Abdruck in: DERS., Spätantikes und fränkisches Gallien II 411–426.

– Civitas, Gau und Territorium in den Trierischen Mosellanden, in: Festschrift Th. Frings (= Rheinische Vierteljahrsblätter 17, 1952) 120–137; zitiert nach dem Abdruck in: DERS., Spätantikes und fränkisches Gallien I 504–522.

– Das Fortleben römischer Institutionen in Gallien und Germanien, in: X. Congresso internazionale di scienze storiche. Relazioni 6, Florenz 1955, 561–598; zitiert nach dem Abdruck in: DERS., Spätantikes und fränkisches Gallien I 409–434.

– Das Formular von Rebais und die Bischofsprivilegien der Merowingerzeit, in: Aus Reichsgeschichte und Nordischer Geschichte. Festschrift K. Jordan (= Kieler Historische Studien 16) Stuttgart 1972, 11–42; zitiert nach dem Abdruck in: DERS., Spätantikes und fränkisches Gallien II 456–484.

– Das merowingische Frankenreich (561–687), in: Handbuch der europäischen Geschichte I, hrsg. von TH. SCHIEDER, Stuttgart 1976, 396–433.

– Das Privileg des Bischofs Audomar von Térouanne von 663 und die Anfänge der Abtei Sithiu, in: Studien zu Volkskultur, Sprache und Landesgeschichte. Festschrift M. Zender II, Bonn 1972, 1019–1046; zitiert nach dem Abdruck in: DERS., Spätantikes und fränkisches Gallien II 507–537.

– Das Privileg des Bischofs Berthefrid von Amiens für Corbie von 664 und die Klosterpolitik der Königin Balthild, in: Francia 1 (1973) 62–114; zitiert nach dem Abdruck in: DERS., Spätantikes und fränkisches Gallien II 538–583.

– Die fränkischen Teilreiche im 7. Jahrhundert (613–714), in: Trierer Zeitschrift 22 (1953) 85–144; zitiert nach dem Abdruck in: DERS., Spätantikes und fränkisches Gallien I 172–230.

– Die fränkischen Teilungen und Teilreiche (511–613), in: Akademie der Wissenschaften und der Literatur, Mainz. Abhandlungen der geistes- und sozialwissenschaftlichen Klasse 9, Wiesbaden 1953, 651–715; zitiert nach dem Abdruck in: DERS., Spätantikes und fränkisches Gallien I 114–171.

– Die fränkische Reichsbildung, in: Handbuch der europäischen Geschichte I, hrsg. von TH. SCHIEDER, Stuttgart 1976, 250–266.

– Die lateinische Kirche im Übergang zum Frühmittelalter. Erster Abschnitt: Die Missionsarbeit der lateinischen Kirche, in: HKG(J) II/1, 95–179.

– Frühes Mittelalter. Die Rheinlande in fränkischer Zeit (451–919/31), (= Rheinische Geschichte in drei Bänden, hrsg. von F. Petri und G. Droege, I/2) Düsseldorf 1980.
– Milo et eiusdem similes, in: Sankt Bonifatius. Gedenkgabe zum zwölfhundertsten Todestag, Fulda 1953 ([2]1954), 412–440; zitiert nach dem Abdruck in: ders., Spätantikes und fränkisches Gallien II 189–219.
– Noch einmal zum Staatsstreich Grimoalds, in: Speculum Historiale. Festschrift J. Spoerl, München 1965, 454–457; zitiert nach dem Abdruck in: ders., Spätantikes und fränkisches Gallien I 573–577.
– Spätantikes und fränkisches Gallien. Gesammelte Schriften (1952–1973), 2 Bde, hrsg. von H. Atsma (= Beihefte der Francia III/1–2) München 1976–1979.
– Volkstum und Volksbewußtsein im Frankenreich des 7. Jahrhunderts, in: Caratteri del secolo VII in occidente (= Settimane di studio del Centro Italiano sull'alto Medioevo 5) Spoleto 1958, 587–648; nachgedruckt in: Libelli 268, Darmstadt 1969; zitiert nach dem Abdruck in: ders., Spätantikes und fränkisches Gallien I 231–273.
– K. Schäferdiek, Christliche Expansion im Merowingerreich, in: Kirchengeschichte als Missionsgeschichte II/1, Freiburg 1978, 116–145.

Feine, H. E., Kirchliche Rechtsgeschichte. Die katholische Kirche, Köln-Graz [4]1964.

Felten, F., Äbte und Laienäbte im Frankenreich. Studie zum Verhältnis von Staat und Kirche im früheren Mittelalter (= Monographien zur Geschichte des Mittelalters 20) Stuttgart 1980.

Fleury, J., Recherches historiques sur les empêchements de parenté dans le mariage canonique des origines aux fausses décrétales, Paris 1933.

Fliche, A. – V. Martin (Hrsg.), Histoire de l'Eglise depuis les origines jusqu'à nos jours V, Paris 1947.

Folz, R. – A. Guillou – L. Musset – D. Sourdel, De l'antiquité au monde médiéval (= Peuples et civilisations V) Paris 1972.

Fournier, P., Etudes critiques sur le décret de Burchard de Worms, Paris 1910; nachgedruckt in: ders., Mélanges de droit canonique I 247–370.
– Mélanges de droit canonique, 2 Bde, hrsg. von Th. Kölzer, Aalen 1983.
– Notices sur trois collections canoniques inédites de l'époque carolingienne, in: RevSR 6 (1926) 78–92; zitiert nach dem Abdruck in: ders., Mélanges de droit canonique II 145–187.

Friedrich, J. (Hrsg.), Drei unedirte Concilien aus der Merovingerzeit, Bamberg 1867.

Fuhrmann, H., Einfluß und Verbreitung der pseudoisidorischen Fälschungen. Von ihrem Auftauchen bis in die neuere Zeit. Zweiter Teil (= Schriften der MGH 24, II) Stuttgart 1973.

Gams, P. B., Series episcoporum ecclesiae catholicae, Regensburg 1873.

Ganshof, F. - L., Le Moyen Age (= Histoire des relations internationales, hrsg. von P. Renouvin, I) Paris 1953.

GAUDEMET, J., Conciles gaulois du IVe siècle (= Sources chrétiennes 241) Paris 1977.
– Epaone, in: DHGE 15 (1963) 524–545.
GONZALEZ, F. A., Collectio canonum ecclesiae Hispaniae . . ., Madrid 1808.
GUEROT, J., Les origines et le premier siècle de l'abbaye, in: L'abbaye royale Notre-Dame de Jouarre 1961, 1–67.
GOUSSET, TH. (Hrsg.), Les actes de la province ecclésiastique de Reims . . . I, Reims 1842.
GRAHN-HOEK, H., Die fränkische Oberschicht im 6. Jahrhundert. Studien zu ihrer rechtlichen und politischen Stellung (= Vorträge und Forschungen, Sonderband 21) Sigmaringen 1976.
GREGOR VON TOURS, Historiarum libri decem, hrsg. von R. BUCHNER, 2 Bde (= Ausgewählte Quellen zur deutschen Geschichte des Mittelalters II–III) Darmstadt 1967.
GRIFFE, E., La Gaule chrétienne à l'époque romaine, 2 Bde, Paris ²1964–1966.
GUNDLACH, W., Der Streit der Bisthümer Arles und Vienne um den Primatus Galliarum. Ein philologisch-diplomatisch-historischer Beitrag, Hannover 1890.

HANNIG, J., Consensus fidelium. Frühfeudale Interpretationen des Verhältnisses von Königtum und Adel am Beispiel des Frankenreiches (= Monographien zur Geschichte des Mittelalters 27) Stuttgart 1982.
HARDOUIN, P. (Hrsg.), Acta conciliorum . . . II–III, Paris 1714.
HAUCK, A., Die Bischofswahlen unter den Merovingern, Erlangen 1883.
HAVET, J., Questions mérovingiennes I–VII, in: Oeuvres I, Paris 1896.
HEFELE, C. J. – H. LECLERCQ, Histoire des conciles d'après les documents originaux . . . II/2, Paris 1908; III/1, Paris 1909.
HINSCHIUS, P., System des katholischen Kirchenrechts mit besonderer Rücksicht auf Deutschland, 6 Bde (= Das Kirchenrecht der Katholiken und Protestanten in Deutschland 1–6) Berlin 1869–1897.
Histoire litéraire de la France . . . par des Religieux Bénédictins de la Congregation de S. Maur III, Paris 1866.

IMBART DE LA TOUR, P., Les origines religieuses de la France. Les paroisses rurales du IVe au XIe siècle, Paris 1900.

JAHN, A., Die Geschichte der Burgundionen und Burgundiens bis zum Ende der I. Dynastie, 2 Bde, Halle 1874.

KERFF, F., Der Quadripartitus. Ein Handbuch der karolingischen Kirchenreform. Überlieferung, Quellen und Rezeption (= Quellen und Forschungen zum Recht im Mittelalter, hrsg. von R. KOTTJE und H. MORDEK, 1) Sigmaringen 1982.
KURTH, G., Clovis, 2 Bde, Bruxelles ³1923.

LABAT, P. D. (Hrsg.), Conciliorum Galliae ... collectio I, Paris 1789.

LABBE, PH. – G. COSSART (Hrsg.), Sacrosancta Concilia IV–VI, Paris 1671.

LANGGÄRTNER, G., Die Gallienpolitik der Päpste im 5. und 6. Jahrhundert. Eine Studie über den apostolischen Vikariat von Arles (= Theophaneia 16) Bonn 1964.

LASTEYRIE, R. DE, Cartulaire général de Paris ... I (528–1180), Paris 1887.

LE COINTE, CH., Annales ecclesiastici Francorum, 8 Bde, Paris 1665–1683.

LEJAY, P., Le rôle théologique de Césaire d'Arles, in: Revue d'histoire et de littérature religieuse 10 (1905) 135–188, 217–266, 444–487, 579–616; auch separat Paris 1906.

LEVILLAIN, L., Etudes sur l'abbaye de Saint-Denis à l'époque mérovingienne III, in: Bibliothèque de l'école des chartes 87 (1926) 20–97.

LIPPERT, W., Die Verfasserschaft der Canonen gallischer Concilien des V. und VI. Jahrhunderts, in: NA 14 (1889) 9–58.

LOENING, E., Geschichte des deutschen Kirchenrechts, 2 Bde, Straßburg 1878.

LORENZ, R., Das vierte bis sechste Jahrhundert (Westen) (= Die Kirche in ihrer Geschichte I C 1) Göttingen 1970.

LOT, F., La fin du monde antique et le début du Moyen âge (= L'Evolution de l'humanité. Synthèse collective 31) Paris ²1968.

– Naissance de la France, Paris 1948; Neubearbeitung durch J. BOUSSARD, Paris 1970.

– CH. PFISTER – F.-L. GANSHOF, Histoire du moyen-âge I: Les destinées de l'Empire en Occident de 395 à 888, Paris ²1940–41.

MAAN, J. (Hrsg.), Sancta et metropolitana ecclesia Turonensis ..., Pars II, Tours 1665.

MAASSEN, F., Geschichte der Quellen und der Literatur des canonischen Rechts im Abendlande. Erster Band. Die Rechtssammlungen bis zur Mitte des 9. Jahrhunderts, Graz 1870 (Nachdruck 1956).

– (Hrsg.), Concilia aevi Merovingici (= MGH. Conc I = MGH. L sectio 3) Hannover 1893.

MABILLON, J., Annales ordinis S. Benedicti ..., 6 Bde, Paris 1703–1739; Lucca ²1739.

MALNORY, A., Saint Césaire, évêque d'Arles 503–543 (= Bibliothèque de l'Ecole des Hautes Etudes 103) Paris 1894.

MANSI, J. D. (Hrsg.), Sanctorum conciliorum et decretorum collectio nova seu collectionis conciliorum a PP. Philippo Labbei et Gabriele Cossartio Soc. Jesu Presbyteris primum vulgatae, dein emendatioris et amplioris opera Nicolai Coleti sacerdotis Venetiis recusae supplementum ... I, Lucca 1748.

– (Hrsg.), Sacrorum conciliorum nova et amplissima collectio VIII–XI, Florenz 1762–1765; Nachdruck Paris-Leipzig 1901.

MARTIN, J. B., Conciles et bullaire du diocèse de Lyon des Origines à la réunion du Lyonnais à la France en 1312, Lyon 1905.

MARTÍNEZ DÍEZ, G., El Epítome Hispánico. Una colección canónica española del siglo VII. Estudio y texto critico, Comillas-Santander 1961.

– La colección canónica Hispana I. Estudio (= MHS. C 1) Madrid 1966.
– La colección canónica Hispana II. Colecciones derivadas (= MHS. C 2) Madrid 1976.
McLaughlin, T. P., Le très ancien droit monastique de l'Occident. Etude sur le développement général du monachisme et ses rapports avec l'église séculière et le monde laïque de Saint Benoît de Nursie à Saint Benoît d'Aniane (= Archives de la France Monastique 38) Ligugé-Paris 1935.
Mordek, H., Kirchenrecht und Reform im Frankenreich. Die Collectio Vetus Gallica, die älteste systematische Kanonessammlung des fränkischen Gallien. Studien und Edition (= Beiträge zur Geschichte und Quellenkunde des Mittelalters 1) Berlin-New York 1975.
Morin, G. (Hrsg.), Sancti Caesarii episcopi Arelatensis opera omnia, 2 Bde, Maredsous 1939–1942.
Munier, C. (Hrsg.), Concilia Africae A. 345–A. 525 (= CChr. SL 149) Turnhout 1974.
– (Hrsg.), Concilia Galliae A. 314–A. 506 (= CChr. SL 148) Turnhout 1963.
Musset, L., Les invasions. 1. Les vagues germaniques (= Nouvelle Clio 12) Paris 1965.

Nehlsen, H., Sklavenrecht zwischen Antike und Mittelalter. Germanisches und römisches Recht in den Rechtsaufzeichnungen I. Ostgoten, Westgoten, Franken, Langobarden (= Göttinger Studien zur Rechtsgeschichte 7) Göttingen-Frankfurt-Zürich 1972.

Orlandis, J. – D. Ramos-Lissón, Die Synoden auf der Iberischen Halbinsel bis zum Einbruch des Islam (711) (= Konziliengeschichte, Reihe A: Darstellungen) Paderborn-München-Wien-Zürich 1981.

Pagi, A., Critica historico-chronologica . . ., Antwerpen 1705; zitiert nach der Ausgabe: Annales ecclesiastici . . . *siehe* Baronius, C.
Pardessus, J. M. (Hrsg.), Diplomata, cartae, epistolae, leges . . . II, Paris 1849.
Perels, E., Die kirchlichen Zehnten im karolingischen Reiche, Berlin 1904.
Plöchl, W. M., Geschichte des Kirchenrechts I, Wien-München [2]1960.
Pöschl, A., Bischofsgut und mensa episcopalis. Ein Beitrag zur Geschichte des kirchlichen Vermögensrechts I, Bonn 1908.
Pontal, O., Les statuts synodaux français du XIIIe siècle précédés de l'historique du synode diocésain depuis ses origines. Tome I: Les statuts de Paris et le synodal de l'ouest (XIIIe siécle), (= Collection de documents sur l'histoire de France, Section de philologie et d'histoire jusqu'à 1610, Série in – 8°, vol. 9) Paris 1971.
– Recherches sur le costume des clercs des origines au XIVe siècle d'après les décrets des conciles et des synodes, in: ACan 17 (1973) 769–796.
Prinz, Fr., Frühes Mönchtum im Frankenreich. Kultur und Gesellschaft in Gallien, den Rheinlanden und Bayern am Beispiel der monastischen Entwicklung (4. bis 8. Jahrhundert) München-Wien 1965.

– Klerus und Krieg im frühen Mittelalter. Untersuchungen zur Rolle der Kirche beim Aufbau der Königsherrschaft (= Monographien zur Geschichte des Mittelalters 2) Stuttgart 1971.
Prou, M., La Gaule mérovingienne, Paris 1897.

Rouche, M., L'Aquitaine des Wisigoths aux Arabes, 418–781. Naissance d'une région (= Bibliothèque générale de l'Ecole des Hautes Etudes en sciences sociales) Paris 1979.

Schäferdiek, K., Die Kirche in den Reichen der Westgoten und Suewen bis zur Einrichtung der westgotischen katholischen Staatskirche (= AKG 39) Berlin 1967.
Schannat, J. F. – J. Hartzheim (Hrsg.), Concilia Germaniae I, Köln 1759.
Scheibelreiter, G., Der Bischof in merowingischer Zeit (= Veröffentlichungen des Instituts für österreichische Geschichtsforschung XXVII) Wien-Köln-Graz 1983.
Schieffer, Th., Das Karolingerreich, in: Handbuch der europäischen Geschichte I, hrsg. von Th. Schieder, Stuttgart 1976, 527–632.
– Die gallisch-fränkische Kirche, in: ebd. 518–523.
– Die Kirche und die „Barbaren", in: ebd. 287–296.
– Die spätantike Reichskirche, in: ebd. 78–94.
– Reichskirche und Landeskirchen des 7. Jahrhunderts, in: ebd. 504–526.
Schneider, Reinhard, Das Frankenreich (= Grundriß der Geschichte 5) München-Wien 1982.
Servatius, C., „Per ordinationem principis ordinetur." Zum Modus der Bischofsernennung im Edikt Chlothars II. vom Jahre 614, in: ZKG 84 (1973) 1–29.
Sieben, H. J., Die Konzilsidee der Alten Kirche (= Konziliengeschichte, Reihe B: Untersuchungen) Paderborn-München-Wien-Zürich 1979.
Sirmond, J., Concilia antiqua Galliae I, Paris 1629.
Sprandel, R., Der merowingische Adel und die Gebiete östlich des Rheins (= Forschungen zur oberrheinischen Landesgeschichte 5) Freiburg 1957.
Surius, L., Conciliorum omnium ... volumina quinque, hrsg. von N. Nicolini, Venedig ^{2}1585.

Tejada y Ramiro, J., Colección de cánones y de todos los concilios de la Iglesia de España y de América I, Madrid 1859.
Tessier, G., La conversion de Clovis et la christianisation des Francs, in: La conversione al cristianesimo nell'Europa dell'alto medioevo (= Settimane di studio del Centro Italiano sull'alto Medioevo 14) Spoleto 1967, 149–189.
– Le baptême de Clovis. 25 décembre ... (= Trente journées qui ont fait la France 1) Paris 1964.
Turner, Cuthbert A. (Hrsg.), Ecclesiae occidentalis monumenta iuris antiquissimi, canonum et conciliorum Graecorum interpretationes Latinae, 2 Bde, Oxford 1899–1939.

UEDING, L., Geschichte der Klostergründungen der frühen Merowingerzeit (= Historische Studien 261) Berlin 1935.

VACANDARD, E., Etudes de critique et d'histoire religieuse, 4 Bde, Paris 1905, 21906–1923.
– Vie de Saint Ouen, évêque de Rouen (641–684). Etude d'histoire mérovingienne, Paris 1902.
VAN HOVE, A., Prolegomena (ad codicem iuris canonici). Editio auctior et emendatior (= Commentarium Lovaniense in codicem iuris canonici I, I) Mechelen-Rom 1945.
VERLINDEN, CH., L'esclavage dans l'Europe médiévale. Tome premier. Péninsule ibérique – France (= Rijksuniversiteit te Gent. Werken uitgegeven door de Faculteit van de letteren en wijsbegeerte 119) Brugge 1955.
VOGEL, CYRILLE, La discipline pénitentielle en Gaule des origines à la fin du VIIe siècle, Paris 1952.
– Saint Césaire d'Arles. Introduction et choix de textes, Paris 1965.

WALLACE-HADRILL, J. M. (Hrsg.), Fredegarii chronicorum liber IVus cum continuationibus. The fourth book of the Chronicle of Fredegar with its continuations translated, London-Paris-Melbourne 1960.
– The Frankish Church (= Oxford History of the Christian Church) Oxford 1983.
WATTENBACH – LEVISON, Deutschlands Geschichtsquellen im Mittelalter I. Vorzeit und Karolinger, Weimar 1952.
WEIDEMANN, M., Kulturgeschichte der Merowingerzeit nach den Werken Gregors von Tours, 2 Bde (= Römisch-Germanisches Zentralmuseum, Monographien 3, 1–2) Mainz 1982.
– Zur Chronologie der Merowinger im 6. Jahrhundert, in: Francia 10 (1982) 471–513.
WEMPLE, S. F., Women in Frankish Society. Marriage and Cloister. 500 to 900, Philadelphia 1981.
WENSKUS, R., Die Burgunder, in: Handbuch der europäischen Geschichte I, hrsg. von TH. SCHIEDER, Stuttgart 1976, 230–235.
WIERUSZOWSKI, H., Die Zusammensetzung des gallischen und fränkischen Episkopats bis zum Vertrag von Verdun (843) mit besonderer Berücksichtigung der Nationalität und des Standes. Ein Beitrag zur fränkischen Kirchen- und Verfassungsgeschichte, in: Jahrbücher des Vereins von Altertumsfreunden im Rheinlande 127 (1922) 1–83.

ZÖLLNER, ERICH, Geschichte der Franken bis zur Mitte des sechsten Jahrhunderts. Auf der Grundlage des Werkes von Ludwig Schmidt von Joachim Werner neu bearbeitet (= Geschichte der deutschen Stämme bis zum Ausgang der Völkerwanderung) München 1970.

Einleitung

Auf die Mailänder Konvention[1], durch die Konstantin den Christen Religionsfreiheit gewährte, folgte der Aufbau einer hierarchischen Organisation. Die Kirche gliederte sich endgültig in das römische Staatswesen ein und übernahm die Einteilung der *notitia provinciarum,* wobei das Bistum der *civitas* und die Kirchenprovinz unter dem Metropoliten der Verwaltungsprovinz entsprach. Die Kirchenprovinz bildete die territoriale Einheit, innerhalb derer die Synoden stattfinden sollten.[2] Von Anfang an hatte sich die Kirche an die Worte gehalten, die Christus zu seinen Aposteln gesprochen hatte: „Wo zwei oder drei in meinem Namen versammelt sind, bin ich mitten unter ihnen" (Mt 18, 20); sie war überzeugt, daß jeder Beschluß in kollegialer Weise gefaßt werden mußte, wenn er vom Heiligen Geist inspiriert sein sollte.[3] Die Bischöfe versammelten sich darum so schnell und so häufig wie möglich, um gemeinsam die alle betreffenden kirchlichen Probleme zu lösen. Die Provinzialsynode war die erste Form von Synode, die „offiziell" bestätigt wurde und periodisch stattfinden mußte: im Jahre 325 schrieb das Konzil von Nizäa die Provinzialsynode vor und ordnete an, daß sie halbjährlich, jeweils an Ostern und im Herbst, in jeder Provinz abzuhalten sei. Diese Bestimmung wurde von den nachfolgenden Konzilien zu Antiochia 341 und Chalcedon 451 übernommen.[4] Mehrere Kanones dieser Konzilien legten die Befugnisse des Provinzialkonzils fest und verpflichteten die Bischöfe, sich ihm unterzuordnen.[5] Die praktische Anwendung dieser Bestimmung wurde im Abendland und besonders in Gallien durch die *Statuta ecclesiae antiqua* (ca. 475) verbreitet.[6] Sie bekräftigten den Vorrang der Kollegialität und des Provinzialkonzils: der Bischof wird vom Provinzialkonzil unter

---

[1] Vgl. Baus, in: HKG (J) I 462 f.

[2] Zur kirchlichen Territorialbildung vgl. Feine, Kirchliche Rechtsgeschichte 97–105.

[3] Die Texte selbst heben diese Inspiration hervor als eine wirkliche Teilnahme, vgl. zum Beispiel Arles 314: *Placuit ergo, praesente Spiritu sancto et angelis eiusdem …*, hrsg. von Munier, Conc. Gall. 4 f.; Sieben, Alte Kirche 314 f.

[4] Konzil von Nizäa c. 5, Conc. Oecum. Decr. 8; Konzil von Antiochia c. 20, CSP 120; Konzil von Chalcedon c. 19, Conc. Oecum. Decr. 96; vgl. dazu auch Hinschius, Kirchenrecht III 473 f.; Baus, in: HKG (J) I 250; Sieben, Alte Kirche 509.

[5] Vgl. zum Beispiel Konzil von Nizäa c. 6, Conc. Oecum. Decr. 8 f.; Konzil von Chalcedon c. 25, ebd. 98.

[6] Vgl. den Text bei Munier, Conc. Gall. 162–188.

Zustimmung von Klerus und Volk ernannt; er selbst kann nur im Einvernehmen mit diesem Gremium Kleriker weihen oder über Kirchengut verfügen; ohne seinen Klerus kann er kein Gerichtsverfahren durchführen. Der Bischof ist völlig dem Provinzialkonzil unterworfen; er muß ihm Beweise vorlegen für jede Anklage, die er gegen einen Kleriker oder Laien erhebt. Das Konzil kann ein vom Bischof gefälltes Urteil für ungültig erklären.[7]

So war die Lage zu der Zeit, als die Ausbreitung des Evangeliums Fortschritte machte und die Zahl der christlichen Gemeinden zunahm. In Gallien hatten sie sich seit dem 4. Jahrhundert schnell entwickelt, da der hl. Martin und seine Nachfolger die Christianisierung vorantrieben. Nachdem die Christen sich in der Provence und längs der Rhône in Vienne und Lyon niedergelassen hatten, drangen sie auch nach Norden und Westen vor und errichteten Bistümer in Paris, Autun, Sens und Rouen.[8] Die Missionierung setzte ein mit dem Bau von Kirchen oder Oratorien in den Zentren der Landbevölkerung *(vici)*, auf dem Gebiet der Großgrundbesitzer, an der Stelle einer heidnischen Kultstätte, über dem Grab eines Märtyrers oder eines Heiligen. So entstanden Pfarreien mit einem Priester an der Spitze, an den der Bischof Rechte übertrug, die bisher ihm vorbehalten waren: zu taufen, zu predigen, eine gewisse kirchliche Jurisdiktion auszuüben, unter bischöflicher Kontrolle die Güter und das Stiftungsvermögen der Pfarrei zu verwalten.[9]

Diese gut gegliederte hierarchische Organisation fanden die im 5. Jahrhundert eindringenden Stämme der Völkerwanderung in Gallien vor. Um die Assimilation der Bevölkerung nach Möglichkeit zu fördern, ließen sie die Pfarrorganisation bestehen, die sich inzwischen vom Süden Galliens aus auf das restliche Land ausgebreitet hatte. Die Konzilien von Agde 506[10], Epao 517[11] und Vaison 529[12] beschäftigten sich mit den

---

[7] Vgl. Statuta ecclesiae antiqua c. 9 (XXI) ebd. 167; c. 10 (XXII) ebd. 168; c. 11 (XXVII) ebd. 168; c. 14 (XXIII) ebd. 168 f.; c. 47 (XXV) ebd. 174; c. 48 (LIX) ebd. 174; c. 50 (XXXII) ebd. 174; c. 51 (XXVIII) ebd. 174; c. 53 (XXX) ebd. 175; c. 88 (LXVI) ebd. 180; c. 89 (XXIX) ebd. 180.

[8] Zur Christianisierung Galliens vgl. Schieffer, Die spätantike Reichskirche 81 f.; Ders., Die Kirche und die „Barbaren" 288–296; Ewig, Die lateinische Kirche im Übergang 102–104 jeweils mit weiterführender Literatur.

[9] Vgl. P. Imbart de la Tour, Les origines religieuses de la France. Les paroisses rurales du IVe au XIe siècle, Paris 1900, 27–49.

[10] Vgl. den Text bei Munier, Conc. Gall. 189–228.

[11] Vgl. den Text bei De Clercq, Conc. Gall. 20–37; Maassen, Conc. I 15–30. Vgl. auch unten 34–46.

[12] Vgl. den Text bei De Clercq, Conc. Gall. 77–81; Maassen, Conc. I 55–58. Vgl. auch unten 56–58.

Pfarreien, mit deren Einkünften und dem Nachwuchs für den Pfarrklerus. In einer durch die Völkerwanderung erschütterten und völlig veränderten Welt stellte die Kirche als stabiles Element das Prinzip der Einheit dar. Doch um überleben zu können, mußte sie in ihrer Organisation die neuen sozialen und rechtlichen Strukturen berücksichtigen und sich ihnen anpassen. Die Kirche sollte darum eines der wichtigsten Elemente werden, in dem sich die neue und die bestehende antike Kultur verbanden.

Die Synoden spiegeln die Anstrengungen wider, die von der Kirche gemacht wurden, um unter den nichtkatholischen Eroberern Fuß zu fassen. Die Konzilien überschreiten dabei den Rahmen der Kirchenprovinz. Die Bischöfe als die vorzüglichen Gesprächspartner der neuen Herrscher stärken ihre eigene Macht und Autorität und gewinnen an Selbständigkeit gegenüber der Provinzialsynode, deren unaufhörlich gefordertes Zusammentreten nach und nach eine bloße Floskel geworden zu sein scheint.[13]

Am Ende des 5. Jahrhunderts war es drei Völkern gelungen, in Gallien seßhaft zu werden: den Westgoten, den Burgundern und den Franken.[14] Da die Landnahme dieser Völker auf verschiedene Art und Weise vor sich ging, und jedes Volk gewissermaßen eine eigene Nationalkirche besaß, ist es klar, daß die Konzilien trotz gegenseitiger Beeinflussung gemäß den sozialen und politischen Verhältnissen in den staatlichen Gebilden, in denen sie stattfanden, unterschiedlichen Charakter annahmen. Im Norden, der seit der Bekehrung Chlodwigs offiziell katholisch war, ging es insbesondere darum, gleichzeitig mit der Verbreitung des Evangeliums unter der Landbevölkerung auch eine kirchliche Organisation zu schaffen und die barbarischen Sitten der Neubekehrten zu mildern. Bei den Westgoten im arianischen Süden hingegen mußte die katholische Lehre sich erst durchsetzen. Man muß also bei einer Darstellung der Konzilien dieser Zeit einerseits die territoriale Aufteilung Galliens zu Beginn des 6. Jahrhunderts berücksichtigen, andererseits die kulturelle Eigenart und die Institutionen eines jeden Staatsgebildes sowie die Rolle, welche die Bischöfe zu spielen vermochten. Nur so kann man Besonderheit und Anlaß der Konzilien verstehen, die in diesen Staaten der Völkerwanderungszeit abgehalten wurden. Für die einzelnen Territorien, deren Grenzen sich im Laufe der Zeit veränderten, müssen die verschiedenen politi-

---

[13] Vgl. dazu Barion, Synodalrecht 25 f. mit entsprechender Zusammenstellung von Quellenbelegen.

[14] Zur Landnahme in Gallien vgl. Prou, La Gaule mérovingienne 4–25; Musset, Les invasions 80–92, 111–132.

schen und religiösen Voraussetzungen untersucht werden, durch die diese Konzilien geprägt wurden. Unter dem Druck der Verhältnisse und durch den Einfluß der weltlichen Gewalt hat sich nämlich die traditionelle Form des Provinzialkonzils gewandelt.[15]

Im merowingischen Gallien gab es etwa zwanzig Konzilien, die über den Rahmen einer kirchlichen Provinz hinausgriffen. Aus ihren Dekreten wissen wir, daß es auch Provinzialkonzilien gab und manchmal sogar Diözesansynoden, die allerdings nur geringe Bedeutung erlangten.[16]

Die Abhaltung einer Provinzialsynode war obligatorisch; die diesbezügliche Vorschrift wurde immer wieder erneuert. So hält Kanon 35 des Konzils von Agde im Jahr 506 alle Bischöfe zur Teilnahme an und bedroht diejenigen, die nicht erscheinen, mit Strafen.[17] Das Konzil von Orléans vom Jahr 533[18] erneuert diese Vorschrift und das von 538 erklärt es für unzulässig, daß Bischöfe unter dem Vorwand fernbleiben, sie gehörten anderen Königreichen an.[19] Diese Vorschrift wird auf den Konzilien von 541[20] und 549[21] wiederholt.

Mit Ausnahme der Konzilien der Provinz Arles sind Provinzialkonzilien nur selten zusammengetreten, um Dekrete zu erlassen. Sie versammelten sich vielmehr, damit die von Klerus und Volk gewählten Bischöfe vom Metropoliten bestätigt werden konnten. Außerdem wurden auch Streitigkeiten unter den Bischöfen beigelegt. An diese Aufgabe wird durch die Konzilien von Paris 562, Lyon 570 und Mâcon 581/583 erinnert.[22] Außerhalb von Südfrankreich gab es hingegen nur selten Provinzialkonzilien, um einen Bischof zu ernennen oder abzusetzen und um Schenkungen oder Stiftungen zu bestätigen.

Seit der Teilung des Chlodwig-Reiches hat das Provinzialkonzil Mühe, sich zu behaupten. Auf dem Konzil von Tours 567[23] wurde König Charibert vorgeworfen, er hindere die Bischöfe an der Teilnahme, und es wurde verlangt, daß das Konzil, das eigentlich zweimal im Jahr stattfinden sollte, wenigstens einmal zusammentreten müsse. Daß der König die Bischöfe zu Beratungszwecken zusammenrief, zeigt, daß die Konzilien eher eine politische als eine kirchliche Einrichtung geworden waren.

---

15 Vgl. dazu unten 167.
16 Zur Einteilung der Synoden vgl. Hinschius, Kirchenrecht III 325–332.
17 Vgl. Munier, Conc. Gall. 208.
18 C. 1, De Clercq, Conc. Gall. 99.
19 C. 1, De Clercq, Conc. Gall. 114.
20 C. 37, De Clercq, Conc. Gall. 141.
21 C. 18, 23, De Clercq, Conc. Gall. 154 f., 157.
22 Vgl. De Clercq, Conc. Gall. 205 f., 201 f., 223–225.
23 Vgl. De Clercq, Conc. Gall. 176 f.

Doch konnten die Versammlungen wegen Zwistigkeiten und Auseinandersetzungen innerhalb des Episkopats nicht regelmäßig stattfinden. Als der Bischof von Bourges um 650 ein Konzil zusammenrufen wollte, zu dem von Sigibert von Austrien abhängige Bischöfe eingeladen waren, widersetzte sich der König.[24] So nahm die Einrichtung der Konzilien einen „nationalen" Charakter an. Für jedes Teilreich berief der König die Konzilien ein, und es nahmen an ihnen nicht nur Bischöfe teil.[25] Dieses Vorgehen setzte sich durch. Im Laufe des 7. Jahrhunderts gab es nur noch „nationale" Konzilien, bis in der vorkarolingischen Epoche auch diese verschwanden.[26]

Wenn auch manche Konzilien diesen „nationalen" Charakter annahmen, so waren sie doch meistens weder national noch regional noch provinzial: es kamen jeweils Bischöfe aus den verschiedenen fränkischen Königreichen. Indes sind die Texte manchmal so ungenau, daß es nicht möglich ist, ein Konzil und seine Dekrete in irgendeine Kategorie einzuordnen, wobei die Grenzen fließender waren, als sie es heute sind. Die Gründe für die Abhaltung der Kirchenversammlungen bestanden stets in realpolitischen Zielen und entsprachen den Bedürfnissen der jeweiligen Lage. „Sur le fondement stable des écritures et de la tradition", schreibt Gabriel Le Bras, „le droit canon a été construit par la coutume et la loi qui varient selon les temps et les lieux."[27]

In den Wirren des 6. und 7. Jahrhunderts veränderte sich die Lage sehr rasch; eine gewisse chronologische Ordnung ist daher zum Studium dieser Konzilien unerläßlich. Für jedes soll untersucht werden, wie es durch Menschen und Umstände hinsichtlich seiner rechtlichen Form, der Gründe für seine Einberufung und seiner Ergebnisse geprägt wurde. Auch soll geprüft werden, welche Wirkung diese Konzilien aufeinander ausübten.

Man kann vier große Zeitabschnitte unterscheiden:

1. Die Regierungszeit Chlodwigs und seiner Söhne (511–561). Hinzu kommt noch die Regierungszeit Chlothars I., der zeitweilig die Einheit des Königreiches wiederherstellte – eine Zeit der Eroberungen, mit religiöser Kontinuität, während der sich auf den Konzilien die Gesetzgebung im fränkischen Gallien herausbildete.

---

24 Vgl. den Brief Sigiberts an Desiderius von Cahors, Desiderii epistolae II 12, hrsg. von W. Arndt, MGH. Ep 3, 212.

25 Vgl. auch Barion, Synodalrecht 250 mit Anm. 62.

26 Im Jahre 742 schrieb Bonifatius vielleicht mit einer gewissen Übertreibung an Papst Zacharias, daß die Franken seit 80 Jahren keine Konzilien mehr gehalten hätten, vgl. MGH.ES 1, 82, Z. 9–11.

27 G. Le Bras, Les problèmes du temps dans l'histoire du droit canon, in: RHDF 1952, 487.

2. Die Zeit der Enkel und Urenkel Chlodwigs (561–613). Ein Zeitabschnitt, in dem Bürgerkriege herrschten, während die Kirche vor allem ihre erworbenen Vorrechte verteidigte und die Bischöfe, die sehr stark in politische Angelegenheiten verwickelt waren, zu Disziplin anhielt.
3. Eine Zeit relativer Stabilität und kirchlicher Erneuerung unter Chlothar II. und Dagobert I. (613–647). Diese Periode dauerte nach dem Tode Dagoberts an und stand unter dem Einfluß seiner bischöflichen Berater Audoin und Eligius.
4. Die Zeit des Niederganges der Merowingerherrschaft, von dem auch die Kirche und die Konzilien unter den letzten Merowingern und den Hausmeiern erfaßt wurden (647–714).

Nachdem auf diese Weise alle Konzilien untersucht und ihre Themen und Hauptprobleme gesichtet sind, werden noch folgende Aspekte behandelt:

- die kontinuierliche Beschäftigung mit bestimmten Sachfragen;
- die gemeinsamen Hauptprobleme der Bischöfe in einer bestimmten Zeit und in einem bestimmten Gebiet;
- die unterschiedlichen Merkmale der Konzilien, je nachdem, ob die weltliche oder geistliche Gewalt auf ihnen vorherrscht.

In diesem Werk behandeln wir außer den Konzilien der fränkischen Königreiche unter Chlodwig und seinen Nachfolgern nach der Eroberung ganz Galliens auch alle Konzilien, die vor dieser Eroberung auf gallischem Gebiet stattfanden. Gallien umfaßt dabei das Gebiet des heutigen Frankreich und darüber hinaus die Provinz Trier und die Schweiz, jedoch nicht den Teil der Provinz Narbonne, der zum westgotischen Spanien gehörte.[28]

---

[28] Vgl. dazu ORLANDIS – RAMOS-LISSÓN, Die Synoden auf der Iberischen Halbinsel bis zum Einbruch des Islam.

I. ABSCHNITT

Die Konzilien von 511 bis 561

1. Kapitel

GALLIEN AM ENDE VON CHLODWIGS REGIERUNG

Die erste Periode des synodalen Lebens im Merowingerreich kann aufgrund politischer und territorialer Veränderungen in zwei Abschnitte eingeteilt werden:

1. Die Zeit vor der Eingliederung Burgunds (534) und der Provence (536) in das fränkische Königreich. Bis dahin haben Burgund und die Provence ihre eigenen Konzilien und nehmen daher am fränkischen Generalkonzil des Jahres 511 nicht teil. Erst von 541 an beteiligen sich die Bischöfe der Provence an den allgemeinen Konzilien des fränkischen Königreiches.

2. Die Zeit der größten Ausdehnung des Frankenreiches, in der ein *regnum* besteht, das aber in mehrere Teile aufgegliedert ist. In dieser Zeit gibt es sowohl Konzilien für das gesamte *regnum* als auch für die einzelnen Königreiche, die durch die Gebietsteilungen nach dem Tode Chlodwigs entstanden. So kennen wir drei gemeinsame Konzilien für das gesamte Frankenreich: Orléans 533, 541, 549. Die Konzilien von Orléans 538 und Paris 552 dagegen umfaßten nur die Bischöfe von zweien der drei Teilreiche, das Konzil von Clermont 535 geht sogar einzig und allein das Königreich Theudeberts an.

Mehr als alle anderen Ereignisse hat die Taufe Chlodwigs das Schicksal Galliens bestimmt. Welches auch immer die Gründe für seine Bekehrung waren, sie machte aus ihm den König aller Katholiken gegenüber den arianischen Nachbarkönigen Theoderich, Gundobad und Alarich.[1]

---

[1] Aus der umfangreichen Literatur zur Taufe Chlodwigs seien hier nur erwähnt W. von den Steinen, Chlodwigs Übergang zum Christentum. Eine quellenkritische Studie (= MIÖG Ergänzungsband 12) Wien 1933 (Neudruck Libelli 103, Darmstadt 1969); G. Tessier, Le baptême de Clovis, 25 décembre . . ., Paris 1964; R. Weiss, Chlodwigs Taufe. Reims 508. Versuch einer neuen Chronologie für die Regierungszeit des ersten christlichen Frankenkönigs unter Berücksichtigung der politischen und kirchlich-dogmatischen Probleme seiner Zeit, Bern-Frankfurt 1971; K. Schäferdiek, Ein neues Bild der Geschichte Chlodwigs?, in: ZKG 84 (1973) 270–277. Zur Wertung von Chlodwigs Bekehrung vgl. Ewig, Die lateinische Kirche im Übergang 104–107; Lot, Naissance de la France 26; Lot-Pfister-Ganshof, Histoire du moyen-âge I 189 f.; Tessier, La conversion 149–189; Schneider, Frankenreich 100; H. H. Anton, Chlodwig, in: Reallexikon der germanischen Altertumskunde IV (1981) 478–485; Ewig-Schäferdiek, Christliche Expansion 119 f. – In diesem Kapitel wie in den folgenden wird der historische Hintergrund weitgehend in Anlehnung an neuere Handbücher und Übersichtswerke wiedergegeben, die jeweils ältere Literatur

Der gesamte Episkopat war von nun an bereit, ihn zu unterstützen, sogar gegen den toleranten und wohlwollenden Gundobad von Burgund. Durch den Episkopat brachte Chlodwig die galloromanische Bevölkerung auf seine Seite und konnte seinen Bekehrungseifer ebenso wie seinen politischen Ehrgeiz befriedigen, indem er die Burgunder und Goten angriff. Dank der Milde, die ihr König den Bischöfen und der galloromanischen Bevölkerung gegenüber zeigte, gelang es den Burgundern, ihre Unabhängigkeit zu wahren.[2] Bei den Goten jedoch stand der religiöse Gegensatz einem dauerhaften Frieden mit den Franken im Wege. Es war ein Religionskrieg, den Chlodwig gegen sie führte. Dieser Krieg gegen die Westgoten[3] war für Chlodwig von großer Bedeutung, versöhnte er sich doch eigens mit Gundobad und machte ihn zu seinem Verbündeten. Nachdem er die Westgoten bei Vouillé, wo ihr König Alarich fiel, geschlagen hatte, verfolgte er sie weiter. Während er in Bordeaux überwinterte, brachte sein Sohn Theuderich Clermont, dann Toulouse in seine Gewalt und belagerte Arles, während die Burgunder Narbonne besetzten. Doch der ostgotische König Theoderich kam den Westgoten zu Hilfe, befreite Arles, bemächtigte sich der ganzen Provence bis hin nach Avignon und Orange und setzte dort wieder einen Praefectus praetorii für Gallien ein, den er aber unter seiner Kontrolle behielt. Die Westgoten ihrerseits erhielten die von den Burgundern aufgegebene Stadt Narbonne und die Herrschaft über Septimanien zurück. Es scheint, daß 511 die Goten noch immer den südlichen Teil des früheren Novempopulanien besetzt hielten und die Nachfolger Chlodwigs den Krieg fortsetzten. Zwar hat Chlodwig das Mittelmeer nicht erreicht, aber im Norden gelang es ihm, sich als Herrscher des Königreiches Köln anerkennen zu lassen, nachdem er Chloderich, den Sohn König Sigiberts von Köln, gezwungen hatte, seinen eigenen Vater zu ermorden, und danach den Chloderich selbst ermorden ließ. Auf ähnlich heimtückische Art und

---

verarbeiten und weiterführende angeben. Neuere Literaturzusammenstellungen zur Merowingerzeit finden sich außer in den bekannten bibliographischen Nachschlagewerken und Handbüchern bei J. Ehlers, Frankreich im Mittelalter. Von der Merowingerzeit bis zum Tode Ludwigs IX. Literaturbericht 1961 bis 1979 (= HZ Sonderheft 11) München 1982.

[2] Zum Angriff auf die Burgunder vgl. Lot, Naissance de la France 26–28; Lot-Pfister-Ganshof, Histoire du moyen-âge I 190–192; Zöllner, Geschichte der Franken 65–67; zu den Burgundern allgemein R. Wenskus, Die Burgunder, in: Handbuch der europäischen Geschichte I 230–235; K. F. Werner, Burgund, in: Lexikon des MA II (1982) 1062–1066.

[3] Vgl. zum Westgotenkrieg Chlodwigs Ewig, Die fränkische Reichsbildung 258–260; Ders., Die lateinische Kirche im Übergang 107 f.; Lot, Naissance de la France 28–32; Lot-Pfister-Ganshof, Histoire du moyen-âge I 192 f.; Zöllner, Geschichte der Franken 67.

Weise bemächtigte er sich des ganzen Gebietes zwischen Rhein, Mosel und Maas.[4]

Im Jahr 511 erstreckte sich das fränkische Königreich vom Rhein bis zur Provence. Zu Gallien zählten aber auch Septimanien, das den Westgoten gehörte, bis es 711 dasselbe Schicksal wie Spanien erlitt, und die Provence, die den Ostgoten gehörte. Ein eigenes Königreich Burgund bildeten außerdem das heutige Burgund und die spätere Franche Comté.[5]

Ausgenommen von Chlodwigs Herrschaftsbereich blieb Britannien: die Insel war nicht vollständig romanisiert und wurde durch die Einfälle der Sachsen, Angeln, Friesen und Jüten heimgesucht. Die Briten wurden allmählich nach Westen abgedrängt und stießen dort auf die Pikten und Skoten, die Wales bewohnten und immer öfter Streifzüge nach Osten unternahmen. Viele Briten wanderten aus, um Ruhe in der „Bretagne" zu finden, die daher den Namen Petite Bretagne (Kleinbritannien) erhielt und ein besonderes Gebiet bildete, das die Franken nicht angriffen.[6]

Obgleich die Eroberung Nordgalliens durch die Franken nie durch einen Vertrag legalisiert wurde, sicherte die Auszeichnung, die Chlodwig im Jahre 508 von Kaiser Anastasius erhielt, – nach Gregor von Tours handelte es sich um den Konsultitel[7] – ihm doch eine Art Legitimation seiner Macht. In den Augen der Bevölkerung erschien Chlodwig sozusagen als Vertreter des rechtmäßigen Herrschers. Die Macht, die er am Ende seiner Regierungszeit ausübte, hatte ein doppeltes Gesicht: Chlodwig galt als grausam, hinterlistig, gewalttätig; für die Franken aber war er der Anführer, der ihre Gewohnheiten und Einrichtungen achtete, indem er sie in der Lex Salica kodifizierte[8]; die eingesessene Bevölkerung sah in ihm

[4] Zu diesen weiteren Gebietserweiterungen vgl. Ewig, Die fränkische Reichsbildung 259 f.; Ders., Die Rheinlande in fränkischer Zeit 15–17; Lot, Naissance de la France 33–35; Lot-Pfister-Ganshof, Histoire du moyen-âge I 195; Zöllner, Geschichte der Franken 70–73.

[5] Vgl. zu den Abgrenzungen Ewig, Die fränkischen Teilungen und Teilreiche 114–128. Im Hinblick auf die Konzilien ist zu berücksichtigen, daß die politischen Grenzen nicht denen der Kirchenprovinzen entsprachen, so daß auch deshalb der Teilnehmerkreis aus verschiedenen Teilreichen stammen konnte.

[6] Vgl. Folz, De l'antiquité 89–93; Lot-Pfister-Ganshof, Histoire du moyen-âge I 204.

[7] Hist. II 38, hrsg. v. R. Buchner I 134: *Igitur ab Anastasio imperatore codecillos de consolato accepit, et in basilica beati Martini tunica blattea indutus et clamide, inponens vertice diademam. Tunc ascenso equite, aurum argentumque in itinere illo, quod inter portam atrii et eclesiam civitatis est, prasentibus populis manu propria spargens, voluntate benignissima erogavit, et ab ea die tamquam consul aut augustus est vocitatus.* Zur Interpretation der Stelle vgl. Ewig, Die fränkische Reichsbildung 258; Lot-Pfister-Ganshof, Histoire du moyen-âge I 193 f.; Zöllner, Geschichte der Franken 67–70; Schneider, Frankenreich 101 f.; K. Hauck, Von einer spätantiken Randkultur zum karolingischen Europa, in: Frühmittelalterliche Studien 1 (1967) 3–93, 20–57.

[8] Hrsg. von K. A. Eckhardt, MGH.LNG 4, 1–2 (1962–1969); vgl. dazu R. Schmidt-Wiegand, Lex Salica, in: HRG II (1978) 1949–1962.

einen vom Kaiser anerkannten Amtsträger, der mit der Regierung beauftragt ist und dafür zu sorgen hat, daß das Gesetz beachtet wird.
Chlodwigs bedeutende herrscherliche Qualitäten drückten sich auch in der Organisation der Verwaltung seines Reiches aus. Gegen Ende seiner Regierungszeit lebten die Franken schon seit zwei oder drei Generationen mit den Romanen zusammen; sie waren nicht zahlreich genug, um sich gewaltsam in allen eroberten Gebieten durchzusetzen. Klugerweise nahm Chlodwig auf die Unterschiede der einzelnen Regionen Rücksicht und nützte zu gleicher Zeit die germanischen wie die römischen Gewohnheiten aus, um seine Herrschaft auf zwei wesentlichen Grundsätzen aufzubauen: einheitliche Befehlsgewalt von der Spitze bis zur lokalen Basis, aber Vielfalt in der Rechtsordnung. Die an der Spitze vom König verkörperte Herrschaft ist wesentlich germanischen Typs, ihre Ausübung jedoch folgt dem römischen Vorbild.[9]
Um den König gruppiert sich eine doppelte Aristokratie: die eine, die *leudes,* ist fränkischer Herkunft, und ihre Vorrechte stammen in erster Linie aus ihren Bindungen an den Herrscher, aber auch aus ihrem reichen Grundbesitz; die andere – im Süden heimisch – ist der galloromanische senatorische Adel, Grundbesitzer und Träger der antiken Bildung. Mithin muß man den Norden und den Süden Galliens als zwei unterschiedliche Teile betrachten.[10]
In Nordgallien[11] und besonders in der Rheingegend ziehen im Laufe der fränkischen Eroberung viele Einwanderer zu. Sie passen sich einerseits an, wie zum Beispiel in der Gegend von Straßburg oder Andernach – wo die einheimische Bevölkerung zwar ihre Sprache ändert, jedoch ihre alten Strukturen und ihre christlichen Kirchen beibehält –, andererseits nehmen die Einheimischen germanische und sogar heidnische Lebensgewohnheiten an, wie zum Beispiel in der Eifel. Im Innern Galliens bewirkte die fränkische Eroberung, ohne daß die eingesessene Bevölkerung germanisiert worden wäre, eine Synthese zwischen den römischen Verwaltungsstrukturen der *civitas,* die von den Merowingerkönigen übernommen wurden, und dem eigentlichen fränkischen Recht, wie es sich in der Lex Salica darstellt. Die Lex Salica ist eine unsystematische Zusammenstellung des Gewohnheitsrechts und ein Handbuch des Strafrechts,

---

9 Vgl. Folz, De l'antiquité 116 f.; Ewig, Das merowingische Frankenreich 422 f.; Lot-Pfister-Ganshof, Histoire du moyen-âge 302 f.; Zöllner, Geschichte der Franken 145 f.

10 Vgl. Ewig, Das merowingische Frankenreich 419; Folz, De l'antiquité 93–99, 118; zum Adel: A. Bergengruen, Adel und Grundherrschaft im Merowingerreich, Wiesbaden 1958; H. Grahn-Hoek, Die fränkische Oberschicht im 6. Jahrhundert.

11 Zum folgenden vgl. Folz, De l'antiquité 93–98.

das das Verfahren des Rechtsgangs und die Höhe der Strafgelder festsetzt. Sie läßt in bestimmten Fällen auch ein Recht auf Rache zu und setzt das Strafgeld fest, *faidus* oder *fredus*, das der Täter dem Betroffenen oder dessen Familie oder dem Fiskus zahlen muß.[12]

Die Verwaltung Chlodwigs war einheitlich.[13] In ein und demselben Bezirk befiehlt derselbe Graf den Galloromanen und den Franken. Dieser Graf ist insbesondere für die Gerichtsbarkeit zuständig. Die Galloromanen wurden weiterhin nach römischem Recht abgeurteilt; ihre Gesetzgebung beeinflußte übrigens auch die Lex Salica. Sie sind indes weniger geachtet als die Franken; das Wergeld beträgt 200 Solidi für einen Franken, der unter der Lex Salica lebt, aber nur 100 Solidi für einen Romanen.[14]

Ein Teil der römischen Steuern wurde beibehalten; die Unfreien mußten weiterhin die *capitatio humana* bezahlen, daher war es Leibeigenen verboten, Geistliche zu werden, denn als Freie bezahlten sie keine Steuern. Wie unter der römischen Herrschaft wurden auch bei den Franken auf den Warentransport eine Menge indirekter Steuern, genannt *teloneus*, aufgeschlagen, die an die *telonarii* verpachtet waren.[15]

Im Wohnbereich einer Hundertschaft *(centena)* wird Recht gesprochen vom Centenarius, der vielleicht ein königlicher Beamter ist, dem die *rachimburgi* zur Seite stehen. Über diesen lokalen Gerichten steht das Königsgericht, vor das in letzter Instanz diejenigen geladen werden, die sich geweigert hatten, vor anderen Gerichten zu erscheinen.[16] Die Lex Salica läßt nur mündliche Aussagen zu von Zeugen und Eideshelfern, die sich für die Glaubwürdigkeit des Angeklagten verbürgen. Gottesurteile sind als Beweismittel gestattet.[17] Wenn auch die Franken vorgefundene galloromanische Institutionen annahmen, blieben sie doch in ihrer Lebensweise „Barbaren". Sie veränderten die Siedlungsweise: an die Stelle

---

12 Zur Lex Salica vgl. R. Schmidt-Wiegand, wie oben Anm. 8, 1949–1962, bes. 1954, außerdem Ewig, Das merowingische Frankenreich 424; Lot-Pfister-Ganshof, Histoire du moyen-âge I 309 f.

13 Zur Verwaltung vgl. Ewig, Das merowingische Frankenreich 424 f.; Zöllner, Geschichte der Franken 138–142.

14 Vgl. Pactus legis Salicae 41, 1 bzw. 41, 9, hrsg. von K. A. Eckhardt, MGH.LNG 4, 1 (1962) 154/157; vgl. auch Zöllner, Geschichte der Franken 115 bzw. 117 f.

15 Vgl. Ewig, Das merowingische Frankenreich 424; Lot-Pfister-Ganshof, Histoire du moyen-âge I 316; Zöllner, Geschichte der Franken 169–171.

16 Vgl. dazu Lot-Pfister-Ganshof, Histoire du moyen-âge I 309 f.; Zöllner, Geschichte der Franken 142 f., 149.

17 Vgl. Folz, De l'antiquité 126; Prou, La Gaule mérovingienne 96–101; H. Nottarp, Gottesurteilstudien (= Bamberger Abhandlungen und Forschungen 2) München 1956, 54 f.

der römischen Villa trat die Dorfgemeinschaft. Seit der Mitte des 6. Jahrhunderts verschmelzen diese verschiedenen Elemente zu echten und einheitlichen merowingischen Gesellschaftsformen, die durch den gemeinsamen Glauben seit Chlodwigs Bekehrung noch mehr gefestigt werden.[18]

Im Norden war die alte Bevölkerung allmählich verschwunden, und an ihre Stelle waren die Franken getreten; da sie dort schon weitgehend mit Landbesitz ausgestattet waren, drangen sie kaum in das Gebiet zwischen Seine und Loire vor. Nur einige Krieger, die unter Chlodwig gekämpft hatten, ließen sich dort nieder und wurden mit ausgedehnten Ländereien beschenkt, die dem Fiskus gehört hatten. Der Privatbesitz wurde also nicht angetastet; die galloromanische Bevölkerung behielt ihre Güter und hatte nicht die Lasten einer Neuverteilung zu tragen.[19]

Südlich der Loire und in Burgund hingegen hatten die westgotischen und burgundischen Staaten zwischen römischer und fränkischer Besetzung ein Mittelglied gebildet.[20] Dabei waren die Burgunder besonders stark von der römischen Kultur beeinflußt worden. Nach der Bekehrung zum Katholizismus nahm die Bevölkerung zwar fränkische Lebensgewohnheiten an, sie behielt aber ihr eigenes Recht, das für die Burgunder und für die Galloromanen in eigenen Kodifikationen[21] niedergelegt worden war. Die romanische Aristokratie blieb einflußreich, und auch nach der Vereinigung mit dem Frankenreich wahrte Burgund seinen einheitlichen Charakter. Nur wegen der Bedrohung durch die Alemannen von Osten her wurden die Burgunder gezwungen, sich an die Franken anzulehnen, was eine Verringerung ihres Eigenlebens mit sich brachte.

Die Provence, die von 508 bis 536 zum Ostgotenreich gehörte, bildete auch unter fränkischer Herrschaft eine Art römisches Staatsgebilde, das zwar mit den merowingischen Königreichen verbunden war, aber von Patriziern aus dem senatorischen Adel regiert wurde. Wie Burgund stellte auch die Provence ein dualistisches Staatswesen dar.[22] Septimanien

[18] Vgl. Folz, De l'antiquité 97 f. Zu Siedlungsformen vgl. Ewig, Die Rheinlande in fränkischer Zeit 29–33; Zöllner, Geschichte der Franken 190–218. Zur merowingischen Kultur und Lebensweise allgemein E. Salin, La civilisation mérovingienne, d'après les sépultures, les textes et le laboratoire, 4 Bde, Paris 1949–1959.

[19] Vgl. Lot-Pfister-Ganshof, Histoire du moyen-âge I 388 f.

[20] Vgl. Folz, De l'antiquité 98 f.; Zöllner, Geschichte der Franken 88.

[21] Vgl. Lex Gundobada oder Lex Burgundionum und die Lex Romana Burgundionum, hrsg. von L. R. von Salis, MGH.LNG 2, 1 (1892). Dazu G. Chevrier – G. Pieri, La loi romaine des Burgondes (= Ius Romanum Medii Aevi I 2 b, aa, 4) Mailand 1969; H. Nehlsen, Lex Burgundionum, in: HRG II (1978) 1901–1915; Folz, De l'antiquité 114.

[22] Zum Adel in der Provence vgl. Zöllner, Geschichte der Franken 144 f.; zum dualistischen Staatswesen Folz, De l'antiquité 110–115.

gehörte bis zum Jahr 711 zum Westgotenreich, es behielt jedoch eine beinahe selbständige Verwaltung.[23] In Aquitanien waren nach der Niederlage der Westgoten bei Vouillé (506) noch gotische Niederlassungen in der Saintonge und in der Rouergue.erhalten geblieben; der größte Teil dieser Goten wanderte nach Spanien aus, nachdem im Jahre 511 der Arianismus verboten worden war, nur ein kleiner Teil schloß sich nach seiner Bekehrung zum Katholizismus den Franken an.[24]

In diesem Reiche Chlodwigs, das sich aus so unterschiedlichen Elementen zusammensetzte, bewahrte die Kirche ihr Ansehen, ihren Besitz und ihre Autorität.[25] Sie diente als Vermittler und Fürsprecher zwischen den weltlichen Machthabern und den Untertanen, die sich bedroht oder unterdrückt glaubten. Trotz seiner Unterwerfung durch die Franken im zweiten Drittel des 6. Jahrhunderts blieb der Episkopat dem römischen Recht verpflichtet. In einer Zeit der Auflösung und des Verfalls der römischen Verwaltung vermochte er die bedeutenden Rechte zu erweitern, die Kaiser Konstantin ihm zuerkannt hatte. Er kümmerte sich um Schutz und Beistand für die Schwachen und hatte manchmal sogar die Verantwortung für öffentliche Aufgaben an sich gezogen. Für die galloromanische Bevölkerung, die von den meisten Senatoren im Stich gelassen worden war, war der Episkopat eine Art Zwischeninstanz, die zwischen ihr und dem fränkischen König vermittelte. Aber das kirchliche Recht war nicht in der Lage, die allgemeine Verrohung und Gewalttätigkeit zu hemmen, es mußte sich damit begnügen, sie allenfalls einzuschränken.

Das Staatswesen der Merowinger kümmerte sich wenig um Aufgaben, die seine Möglichkeiten überstiegen und fand sich mit der Rolle der Bischöfe ab, wenn auch die Geduld der Könige oft auf die Probe gestellt wurde, z. B. das Asylrecht erweitert wurde, die Bischöfe sich in Steuersachen einmischten oder sich in ihren Händen immer mehr kirchlicher Besitz sammelte.[26] Niemand hingegen bestritt dem König das Recht, die Bischöfe zu designieren oder wenigstens ihre Wahl zu bestätigen.[27]

Chlodwig war sozusagen ein „König der Bischöfe". Er beschützte sie, fragte sie um Rat und erbaute Kirchen.[28] Nach dem Krieg gegen die Goten

[23] Vgl. Folz, De l'antiquité 98 f., 113.

[24] Vgl. Folz, De l'antiquité 99.

[25] Vgl. Folz, De l'antiquité 119. Zur Rolle der Kirche und des Episkopats vgl. auch Ewig, Die lateinische Kirche im Übergang 108–114; Lot-Pfister-Ganshof, Histoire du moyen-âge I 301, 326–328; Zöllner, Geschichte der Franken 182–184.

[26] Vgl. dazu Lot-Pfister-Ganshof, Histoire du moyen-âge I 329–331.

[27] Vgl. Folz, De l'antiquité 119. Zu Bischofswahlen siehe unten Anm. 51.

[28] Vgl. dazu Ewig, Die lateinische Kirche im Übergang 111 f.

richtete er an die Bischöfe ein Schreiben, in dem er die Kirchengüter und die dazu gehörenden Personen unter seinen Schutz stellte.[29] Bis zum Ende des 6. Jahrhunderts erließen die Merowinger überdies selbst keine Gesetze; sie ließen vielmehr durch die Bischöfe Konzilskanones aufstellen. Die Könige waren es, die zu diesem Zweck die Konzilien zusammenriefen.[30]

Dieses Verfahren, von Chlodwig auf dem Konzil von Orléans im Jahre 511[31] eingeführt, wurde von seinen Nachfolgern fortgesetzt. Durch die von den Königen einberufenen Konzilien sollte die Kirche den politischen Aufbau sanktionieren und Dekrete erlassen, in denen manche die Wurzeln des Gewohnheitsrechtes und der Freiheiten der gallikanischen Kirche sehen.[32] Burgund folgte auch diesem Beispiel; König Sigismund, der katholische Sohn des arianischen Gundobad, rief unter denselben Bedingungen im Jahr 517 ein Konzil in Epao zusammen.[33]

Der historische Hintergrund der Zeit von 533 bis 561

Bekanntlich wurde nach Chlodwigs Tod das fränkische Königreich wie dessen Privatbesitz behandelt und unter seine vier Söhne verteilt.[34] Durch die Teilungen sollten die Könige vor allem gleiche Einkünfte erhalten. So entstanden die sonderbaren Gebietsaufteilungen und die blutigen Bruderkämpfe bei der Erbteilung. Dies alles schloß aber die Vorstellung von

---

[29] Der Brief ist im Zusammenhang mit dem Konzil von Orléans 511 überliefert (vgl. dazu unten 25–28), gedruckt in MGH.Cap 1, hrsg. von A. Boretius (1883) 1 f. Dazu auch De Clercq, La législation 7 f.; Lot, Naissance de la France 35.

[30] Vgl. Folz, De l'antiquité 119; Barion, Synodalrecht 233 f.; Ewig, Die lateinische Kirche im Übergang 108–111; Zöllner, Geschichte der Franken 184 f., siehe auch unten 229 f.

[31] Vgl. dazu unten 23–26.

[32] Vgl. zum Beispiel Bimbenet, Les conciles d'Orléans bes. in Revue 21, 524; H. Leclercq, Gallicane (Eglise), in: DACL VI/1 (1924) 310–473, bes. 433 f.

[33] Vgl. dazu unten 34–36.

[34] Zu den Reichsteilungen vgl. grundlegend Ewig, Die fränkischen Teilungen und Teilreiche; außerdem Lot, Naissance de la France 41–45; Lot-Pfister-Ganshof, Histoire du moyen-âge I 197; Tessier, Le baptême 171–173; Zöllner, Geschichte der Franken 74–79; Folz, De l'antiquité 117. – Theuderich, der Älteste und Sohn einer Konkubine, besaß das ganze Gebiet zwischen Maas und Rhein und außerdem die Auvergne, an deren Eroberung er beteiligt war, und einen großen Teil von Aquitanien. Von den drei Söhnen, die Chlodwig und Chlothilde hatten, war der älteste, Chlodomir, König von Orléans, Childebert König von Paris und Chlothar König von Soissons. Jeder von ihnen erhielt einen Teil Nordgalliens, weil es der Mittelpunkt des fränkischen Königreiches war, und einen Teil von Aquitanien, weil dies die fruchtbarste Gegend war.

der Einheit des Königreiches nicht aus[35], und, wie F. Lot bemerkt, brachte diese erste Teilung das *regnum* nicht in Gefahr.[36] Erst nach der zweiten Teilung setzte die Verselbständigung der Teilreiche ein, und der Verfall der Dynastie begann. Obgleich sie beim ersten Mal alle Rivalen für die Güterteilung waren, schlossen sich nachher die Merowinger als Eigentümer der verschiedenen Teile des Königreiches zusammen, um ihren jeweiligen Anteil zu verteidigen oder zu vergrößern.[37]
Die Söhne Chlodwigs schlossen die Unterwerfung Galliens ab, indem sie das Königreich Burgund 534 zerstörten[38], das Gebiet der Thüringer (532–533) angliederten und sich der Provence bemächtigten (536). Die Provence wurde nach der fränkischen Eroberung nicht aufgeteilt, sondern weiterhin von Patriziern aus dem Senatorenstand verwaltet und „resta comme une sorte d'État romain en union personelle avec les royaumes mérovingiens“[39]. Dementsprechend war die Kirchenprovinz Arles bis 541 nicht auf fränkischen Nationalkonzilien vertreten. Ebenso wie ihr Vater taten sich die Söhne Chlodwigs zusammen, um auf dem Wege über die Konzilien gesetzgeberisch tätig zu werden. Doch dies alles vollzog sich mitten in Bürgerkriegen, in denen sich oftmals die Grausamkeit der Fürsten zeigte[40]: jeder private Zwist drohte in eine bewaffnete Auseinan-

---

35 Jeder der Söhne hatte übrigens den Titel „rex Francorum“, der trotz der verschiedenen Teilreiche eine Einheit andeutet. Paris verliert vorläufig seine Rolle als königliche Residenz, wird aber nach Chlodwigs Tod die ideale Hauptstadt, die von den Teilungen ausgeschlossen und Symbol der Einheit des fränkischen Königreiches ist (vgl. Lot-Pfister-Ganshof, Histoire du moyen-âge I 299).

36 Vgl. Lot, La fin du monde antique 376.

37 Vgl. Tessier, Le baptême 175.

38 Seit 524 hatten sich die drei Söhne aus der Ehe Chlodwigs mit Chlothilde zusammengetan, um Burgund zu erobern, das sie als Erbe ihrer Mutter ansahen; nachdem aber Chlodomir in einer Schlacht umgekommen war, verzichteten die beiden überlebenden Brüder vorläufig auf den burgundischen Feldzug, um sich des Erbes ihres Bruders auf Kosten von dessen Kindern zu bemächtigen, die sie beseitigten. Einige Jahre später eroberten sie Burgund mit Hilfe ihres Neffen Theudebert, der an der Teilung beteiligt wurde (vgl. dazu im einzelnen Lot, Naissance de la France 45 f.; Lot-Pfister-Ganshof, Histoire du moyen-âge I 201 f.; Tessier, Le baptême 176–178. Zu den weiteren Eroberungen der Chlodwig-Söhne vgl. Lot, Naissance de la France 48–50; Lot-Pfister-Ganshof, Histoire du moyen-âge I 204–208; Tessier, Le baptême 178–186; Zöllner, Geschichte der Franken 80–104).

39 Folz, De l'antiquité 98.

40 Vgl. Folz, De l'antiquité 125. Hier ist beispielsweise zu erinnern an den Versuch des Theuderich, Chlothar nach dem Feldzug in Thüringen zu beseitigen; an die Ermordung der zwei Kinder des Chlodomir, nachdem dieser im Krieg gegen die Burgunder gefallen war; das dritte Kind entging dem Mord, indem es in ein Kloster flüchtete; an die Tatsache, daß Chlothar seinen eigenen Sohn Chramn und seine Schwiegertochter ermordete und seine Enkel in einer Hütte lebendig verbrennen ließ und auch noch versuchte, den Theudebert, den Sohn des Theuderich, zu beseitigen (vgl. auch Lot-Pfister-Ganshof,

dersetzung zwischen ganzen Verwandtschaftsverbänden auszuarten, jedes politische Problem durch Krieg oder Mord gelöst zu werden. Die drei überlebenden Söhne Chlodwigs – nach dem Tode Chlodomirs im Jahre 524 – waren vor allem Krieger und reine Bandenhäuptlinge.[41] Sie besaßen weder die Intelligenz, noch die staatsmännische Erfahrung, noch das Ansehen ihres Vaters. Während Chlodwig sich um die Assimilation der Bevölkerung gekümmert hatte, indem er ihr Hab und Gut schützte und Plünderung untersagte, bot für seine Söhne jeder Krieg die willkommene Gelegenheit, sich zu bereichern und Beute zu machen. Ihre Züge nach Spanien[42] und Italien[43] waren nichts als Raubkriege. Sie hatten nicht einmal genug Autorität über ihre Heere, um Plünderungen zu verhindern. Als etwa im Jahre 532 Theuderich sich weigerte, seinen Brüdern bei der Eroberung von Burgund zu Hilfe zu kommen, wollte sein Heer zu diesen überlaufen. Um es zu halten, mußte er ihm die Plünderung der Auvergne versprechen.[44]

In gröblicher Verfälschung christlichen Glaubensgutes beruhigten diese Chlodwig-Söhne ihr durch Verbrechen belastetes Gewissen mit abergläubischen Frömmigkeitspraktiken, welche einerseits Leidenschaften anstachelten und zugleich die Gewissensbisse zum Schweigen brachten. Ohne Unterlaß gründeten sie reiche Klöster, schenkten den Mönchen und den Geistlichen ausgedehnten Besitz, befreiten sie von allen Abgaben, dehnten diese Abgabenbefreiung zu Ehren irgendeines Heiligen auf ganze Städte aus wie zum Beispiel Tours, suchten überall nach Reliquien, und meinten, das ewige Heil auf dem Weg rein äußerlicher Fröm-

---

Histoire du moyen-âge I 200; Tessier, Le baptême 175 f.; Zöllner, Geschichte der Franken 103 f.).

41 Zur Charakterisierung der Chlodwig-Söhne vgl. Tessier, Le baptême 173; Zöllner, Geschichte der Franken 104 f.; H. H. Anton, Childebert I., in: Reallexikon der germanischen Altertumskunde IV (1981) 439 f.; Ders., Chlothar I., ebd. 485 f.

42 Es war ein Feldzug Childeberts und Chlothars, um ihre Schwester Chlothilde von den Mißhandlungen zu befreien, die ihr Gatte Amalrich, König der Westgoten (531) ihr zufügte. Auf der Flucht wurde Amalrich von seinen Soldaten ermordet. 542 unternehmen die beiden Brüder einen neuen Feldzug nach Spanien, aber aus Aberglauben geben sie vor Zaragoza auf (vgl. Lot, Naissance de la France 51).

43 Zweimal unternahm Theudebert einen Feldzug nach Italien. Während des zweiten Feldzugs besetzte er Norditalien und setzte fränkische Bischöfe auf die Bischofssitze, die vom Patriarchat von Aquileja abhingen. Unter der Regierung seines Sohnes Theudebald, welcher weniger kühn war und es nicht wagte, persönlich einzugreifen, mußten sich die Franken über die Alpen zurückziehen, und Norditalien kam wieder unter die Herrschaft von Byzanz. Deshalb mußten von Childebert II. neue Feldzüge unternommen werden (vgl. Lot, Naissance de la France 51–53).

44 Vgl. Gregor von Tours, Hist. III 11, hrsg. von R. Buchner I 156/158.

migkeit zu erreichen. Das sind die Tugenden, welche die alten Annalisten lobend hervorheben[45], und mit denen sie Childebert, einen Blutschänder und Usurpator, überhäufen, dessen Eifer aber dem Chlodwigs ähnelte. Im Feldzug gegen Spanien gab er etwa die Belagerung von Zaragoza auf aus Furcht vor den Reliquien des hl. Vinzenz. Er erhielt das Gewand des Heiligen und war darüber so glücklich, daß er den Krieg beendete.[46]
Theudebert, der Sohn Theuderichs († 534), erinnert mehr an Chlodwig.[47] Er scheint seinem Vater und dessen Brüdern überlegen gewesen zu sein. Er war ein besserer Heerführer; dank seiner Hilfe wurde in einem zweiten Feldzug Burgund mit dem fränkischen Königreich vereinigt und durch Verhandlungen mit den Ostgoten auch die Provence gewonnen. Er scheint auch weniger grausam gewesen zu sein, und es fehlte ihm nicht ein gewisser Edelmut.[48] Er begann mit einer Reorganisation der Gebiete seines Reiches, aus denen das Königreich Austrasien hervorgegangen ist.[49]
Diesen Fürsten standen Bischöfe gegenüber, die zwar unfähig waren, die Barbarei zu hemmen, wohl aber den Hang zum Aberglauben auszunutzen vermochten. Als etwa Chlothar die Bischöfe seines Königreiches versammelte, um von ihnen Geld zu erhalten, antwortete ihm der Bischof Injuriosus von Tours: „Wenn Ihr wegnehmt, was Gott gehört, dann wird Gott Euch Euer Königreich wegnehmen." Der König, wie vom Blitz getroffen, machte aus Angst vor der Rache des hl. Martin dem Bischof Geschenke, um ihn zu besänftigen. Daraufhin verlangte der König nicht weiter nach Geld.[50]
Solch abergläubische Verfälschung des christlichen Glaubens hatte bedenkliche Folgen. Die Prälaten wurden nämlich wie Wundertäter behandelt. Da sie schon über die Religion Macht ausübten und sie außerdem viel Grundbesitz von der Krone erhalten hatten, war es für den König wichtig, sich ihres Gehorsams zu versichern und für das Bischofsamt treue Untertanen zu wählen. Mithin machten die Könige es sich zur Gewohnheit, an die Spitze der Bistümer nur solche Personen zu stellen

---

45 Vgl. die Zusammenstellung der Quellen bei ZÖLLNER, Geschichte der Franken 104 f.

46 Vgl. Gregor von Tours, Hist. III 29, hrsg. von R. Buchner I 180/182, dazu LOT, Naissance de la France 51.

47 Vgl. zu Theudebert TESSIER, Le baptême 174 f.; ZÖLLNER, Geschichte der Franken 95.

48 Der Bischof Desiderius von Verdun brachte ihm eine Geldsumme zurück, die den Einwohnern der Stadt geliehen worden war, doch er nahm sie nicht an (vgl. Gregor von Tours, Hist. III 34, hrsg. von R. Buchner I 186).

49 Vgl. EWIG, Die fränkischen Teilungen 166 f.

50 Vgl. Gregor von Tours, Hist. IV 2, hrsg. von R. Buchner I 194.

oder ernennen zu lassen, die sie für verläßlich hielten. Das Prinzip der kanonischen Wahl wurde dadurch verfälscht.[51]

Wenn auch die alte Wahlordnung an sich vorzuziehen war, hatte sie doch zu vielfachen Mißbräuchen geführt: es war oft vorgekommen, daß Bewerber um die Bischofswürde, wenn sie nicht beim Herrscher intrigierten, sich die Stimmen des Klerus und des Volkes kauften oder gar erpreßten. Die Versuche der Konzilien, diesem Übel abzuhelfen[52], scheinen wirkungslos geblieben zu sein. Das 5. Konzil von Orléans unter Childebert läßt deutlich die Abhängigkeit des Bischofs vom Herrscher erkennen, wenn es bestimmt, daß der von Klerus und Volk Gewählte mit Einwilligung des Königs geweiht werden solle. Diese Einwilligung des Herrschers war also in Zukunft bei einer Bistumsbesetzung notwendig. Gegen diesen Mißbrauch versuchte das Konzil von Paris (561/62) vorzugehen, indem es verbot, die Bischofswürde aufgrund der Entscheidung des Herrschers gegen den Willen eines Bischofs anzunehmen.[53] Zu dieser Zeit jedoch blieb der Episkopat in den Händen der Galloromanen, und man findet eine Anzahl fähiger Bischöfe, wie den hl. Aubin in Angers oder Lupus in Lyon[54], die durch ihre Persönlichkeit die Konzilien beherrschten. Die Unterschriftenlisten eines jeden Konzils weisen eine Anzahl von Heiligen auf.[55]

Ungeachtet eines solchen Episkopats interessierte sich der Klerus wenig für theologische Diskussionen und kümmerte sich im allgemeinen kaum um Fragen der Kirchenlehre, doch stritt man über das Problem des Semipelagianismus, den das Konzil von Orange (529) schließlich überwand.[56] Anscheinend war der Klerus an manchen Orten auch vom sogenannten Drei-Kapitel-Streit[57] berührt worden, den Kaiser Justinian im

---

[51] Zu Bischofswahlen im Merowingerreich vgl. Ewig, Die lateinische Kirche im Übergang 111 mit weiterer Literatur und Claude, Die Bestellung der Bischöfe im merowingischen Reiche 1–75; Weidemann, Kulturgeschichte I 115–121; Scheibelreiter, Bischof 149–171.

[52] Vgl. Orléans II (533) cc. 3, 4, 7 (De Clercq, Conc. Gall. 99 f.); Clermont (535) c. 2 (ebd. 105 f.); Orléans III (541) c. 3 (ebd. 132).

[53] C. 8 (De Clercq, Conc. Gall. 208 f.). Vgl. auch unten 123.

[54] Aubin oder Albinus war 529–550 Bischof von Angers und nahm an den Konzilien in Orléans 538, 541 und 549 teil. Lupus von Lyon (vor 538 – 25. September um 541) leitete das Konzil von Orléans 538, vgl. unten 81.

[55] Vgl. das Verzeichnis der Konzilsteilnehmer unten 308–321 und Wallace-Hadrill, The Frankish Church 75–93.

[56] Vgl. dazu unten 67–71.

[57] Zum Drei-Kapitel-Streit vgl. allgemein E. Amann, Trois-Chapitres, in: DThC XV/2 (1950) 1868–1924; F.-X. Murphy – P. Sherwood, Constantinople II et Constantinople III (= Histoire des conciles oecuméniques 3) Paris 1974; zu den Auswirkungen in Gallien vgl. Ewig, Die lateinische Kirche im Übergang 108 f.

Osten hervorgerufen hatte. Wenn auch die Schriften, die unter dem Namen der Drei-Kapitel bekannt waren, anscheinend nur wenig Anhänger in ganz Gallien hatten, scheint der fränkische Klerus in der Gegend von Orléans teilweise die Irrlehren des Nestorianismus und des Monophysitismus befürwortet zu haben, die auf dem Konzil von Konstantinopel (553) verurteilt worden waren. Das *Judicatum* Papst Vigilius' war denkbar schlecht im Abendland aufgenommen worden und hatte eine wahre Auflehnung der Bischöfe gegen den Papst hervorgerufen. Bischof Aurelian von Arles drängte König Childebert deshalb, mit dem Papst zu verhandeln. Der König tat dies über mehrere Unterhändler, verlangte vom Papst ein Glaubensbekenntnis und unterbreitete das Problem dem Konzil von Orléans (549), wo der Bischof von Tongern eifrig gegen diese Irrlehren predigte.[58]

Ein weiteres Kennzeichen dieser Zeit ist die Ausbreitung des Mönchtums. Die Regel des hl. Caesarius von Arles, des Gründers eines Frauenklosters, gestattete, Kinder von 6 bis 7 Jahren aufzunehmen, um sie zu Nonnen zu erziehen.[59] Die Regel des hl. Benedikt erlaubte dasselbe für Mönche. Ein Vater konnte seinen Sohn im Kindesalter dem Kloster übergeben; er legte dabei ein schriftliches Versprechen ab, das als Verpflichtung angesehen wurde.[60] Man erkennt sofort, wie diese neuen Regeln die Klöster bevölkern mußten, zumal zu gleicher Zeit die Freigebigkeit der Fürsten viele Untertanen in die Klöster zog. Diese Entwicklung des Klosterlebens brachte manche Probleme hinsichtlich des Besitzes, der Gerichtsbarkeit und der Disziplin mit sich, Probleme, mit denen die Konzilien sich zu befassen hatten.

Man kann in dieser ersten Epoche der merowingischen Konzilstätigkeit drei Typen von Versammlungen unterscheiden:

1. Gesetzgebende Konzilien, die einen nationalen Charakter annehmen und an denen 26 bis 78 Bischöfe aus dem gesamten Frankenreich teilnehmen. Diese Konzilien behandeln sowohl Fragen, die sich aus den politischen Ereignissen, z. B. den Reichsteilungen und Gebietserweiterungen ergeben, als auch Probleme des Glaubens und der christlichen Lebensführung.

2. Daneben gibt es zwei Konzilien, die sich ausschließlich mit der Kirchenlehre befassen (Valence 529, Orange 529).

---

[58] Vgl. dazu unten 94–101.

[59] Vgl. Caesarius von Arles, Statuta sanctarum virginum c. 5, hrsg. von G. Morin, S. Caesarii opera omnia II, Maredsous 1942, 104.

[60] Vgl. Benedicti Regula 59, 1, hrsg. von R. Hanslik, CSEL^2 75, Wien 1977, 151.

3. Eine weitere Gruppe von Konzilien, meist nur von Bischöfen einer oder zweier Kirchenprovinzen besucht, hat vor allem rechtsprechende und administrative Funktionen: Streitigkeiten werden beigelegt, Strafen verhängt, Wahlen und Schenkungen bestätigt. Nur die Konzilien der Kirchenprovinz Arles erfüllen als Provinzialsynoden sowohl legislative als auch rechtsprechende Aufgaben.

2. Kapitel

DIE GALLOFRÄNKISCHEN KONZILIEN IN DER ZEIT VON 511 BIS 533

a) Das Konzil von Orléans (10. Juli 511)[1]

Zu diesem Konzil versammelten sich die Bischöfe des fränkischen Gallien und der Provinzen, die Chlodwig den Westgoten entrissen hatte. Als Chlodwig es zusammenrief, waren vier Jahre verstrichen, seit er den gallischen Teil des westgotischen Königreiches angegliedert hatte. Am 10. Juli 511[2] trat das Konzil zusammen.

Mit Hilfe dieses Konzils habe, so meinen manche Autoren, der König versucht, politischen Druck auf die Bischöfe seines Reiches auszuüben, während diese sich durch den Wunsch, die Integration des römischen Elements in die germanische Gesellschaft zu fördern, zu Zugeständnissen bewegen ließen.[3] Andere Autoren[4] hingegen sehen das Konzil als Ergebnis des Drucks, den die Bischöfe auf Chlodwig ausgeübt hätten, insbesondere habe der hl. Caesarius von Arles über eine Mittelsperson auf den König eingewirkt. Der wahre Sachverhalt war jedoch komplizierter und nicht so eindeutig. Wahrscheinlich standen der Wunsch der Bischöfe, ein Konzil abzuhalten, und das politische Kalkül Chlodwigs nebeneinander. Chlodwig wünschte gewiß, nach der faktischen Eroberung der westgoti-

[1] Hier wie im folgenden werden zu jedem Konzil die Drucke und die wichtigste neuere Literatur angegeben. Es erübrigt sich, auf die handschriftliche Überlieferung einzugehen, da diese in den Editionen von Maassen und De Clercq vollständig erfaßt ist. Drucke (in chronologischer Reihenfolge): Crabbe ²I 1045–1048; Surius ²II 510–513; Binius II 309–312; Sirmond I 177–184; Coll. regia X 399–413; Maan II 12–15; Labbe-Cossart IV 1403–1412; Hardouin II 1007–1014; Coleti V 541–552; Bouquet VI 103 f. (Exzerpte); Mansi, Suppl. I 385–390; Mansi VIII 347–372; Labat I 833–848; Gonzalez 245–250; Tejada I 428–438; Bruns II 160–166; Maassen, Conc. I 1–14; De Clercq, Conc. Gall. 3–19. Literatur: Hefele-Leclercq II/2, 1005–1015; De Clercq, La législation 8–13; Bimbenet, Les conciles d'Orléans, bes. in Revue 24, 246–263; Lot, Naissance de la France 35–39; Kurth, Clovis II 145–169; H. Leclercq, Gallicane (Eglise), in: DACL VI/1 (1924) 419–422; Barion, Synodalrecht 351 f.; Champagne-Szramkiewicz, Recherches 9; Fleury, Mariage canonique 85 f.; Rouche, L'Aquitaine 52, 55; Wallace-Hadrill, The Frankish Church 95 f.

[2] Die meisten Handschriften nennen dieses Jahr, der Tag wird in zweien (Paris, Bibl. Nat. lat. 12097 und 1458) genauer bezeichnet, eine weitere (Köln, Dombibliothek 212) nennt zusätzlich die Indiktion.

[3] Vgl. so Bimbenet, Les conciles d'Orléans, in: Revue 23, 290–307.

[4] Vgl. z. B. Kurth, Clovis II 150–153.

schen Gebiete mit Hilfe des Episkopates auch eine moralische Einigung zu erreichen. Durch die Vermittlung der Bischöfe hoffte er, die galloromanische Bevölkerung auf seine Seite zu ziehen. Wenigstens hatte er bisher diese Methode in den eroberten galloromanischen Gebieten mit gutem Erfolg praktiziert.[5]
Durch seine Bekehrung hatte sich Chlodwig die Galloromanen verbunden, die den Irrglauben der Westgoten und der arianischen Burgunder fürchteten. Die Galloromanen, die in Südgallien die Mehrheit darstellten, erblickten in den Franken nunmehr ihre Befreier. Man beneidete sie, weil für sie nach den Worten des hl. Avitus jeder Sieg ein Triumph ihres Glaubens war.[6]
Überall – so Gregor von Tours – sehnte man die Herrschaft der Franken herbei.[7] Wahrscheinlich gab es schon vor der fränkischen Eroberung in Aquitanien eine politische Opposition der Bischöfe, auf die sich Chlodwig stützen konnte, indem er geheime Verbindungen mit einigen von ihnen unterhielt.[8] So erklärt es sich, daß manche Bischöfe von den westgotischen Königen verbannt, eingekerkert oder sogar umgebracht wurden.[9] Um der Gefahr entgegenzutreten, die durch die Unzufriedenheit der in ihrem Glauben verletzten Bevölkerung hervorgerufen worden war, und um die Ruhe wiederherzustellen, ergriff König Alarich mehrere Maßnahmen; er veröffentlichte nicht nur sein Breviarium[10] und ließ einige Bischöfe, unter ihnen Caesarius von Arles, in ihre Diözesen zurückkehren, sondern gestattete auch, das Konzil von Agde abzuhalten.[11]

---

5 Vgl. Ewig, Die fränkische Reichsbildung 257.

6 Vgl. den Brief des hl. Avitus in MGH. AA VI/2, hrsg. v. R. Peiper (1883) 76 Nr. 46 A; in der Ausgabe von Chevalier, Oeuvres 193.

7 Vgl. Gregor von Tours, Hist. II 35, hrsg. von R. Buchner I 128; Hist. II 23, ebd. 108. Zur Wertung der Stelle vgl. Schäferdiek, Die Kirche in den Reichen der Westgoten und Suewen 33 f.

8 Das ist die Theorie von Dahn, Könige der Germanen V 105–107 und Lot, La fin du monde antique 368 f.

9 Vgl. z. B. zur Verbannung des Volusianus und Verus von Tours Gregor von Tours, Hist. II 26, hrsg. von R. Buchner I 110; Hist. X 31, ebd. II 408. Zu Caesarius von Arles, der beschuldigt wurde, für die Burgunder zu wirken, vgl. Vita Caesarii I 21, hrsg. von G. Morin, Sancti Caesarii episcopi Arelatensis opera omnia II, Maredsous 1942, 304; dazu auch G. Bardy, L'attitude politique de Saint Césaire d'Arles, in: RHEF 33 (1947) 241–256. Anders Kurth, Clovis II 55–57, der in den Verfolgungen nur ein Zeichen von religiösem Fanatismus sieht. Zu den Vorgängen insgesamt vgl. Schäferdiek, Die Kirche in den Reichen der Westgoten und Suewen 33–42.

10 Zum Breviarium Alarici = Lex Romana Visigothorum vgl. H. Siems, Lex Romana Visigothorum, in: HRG II (1978) 1940–1949; zur Bedeutung im Rahmen von Alarichs Politik vgl. Schäferdiek, Die Kirche im Reich der Westgoten und Suewen 42–55.

11 Vgl. dazu in diesem Zusammenhang Schäferdiek, Die Kirche in den Reichen der Westgoten und Suewen 55–67.

Chlodwig mußte sich also gegenüber den Bischöfen von Aquitanien zu Dank verpflichtet fühlen und durfte sie nicht enttäuschen. Als er den Winter 506/07 in Bordeaux verbrachte, hatte er wohl mehrfach Kontakt mit Bischof Cyprianus. Dieser hatte einerseits in seiner Stadt den hl. Caesarius aufgenommen, der eine wichtige Rolle bei der Einberufung der Konzilien spielte[12], andererseits hatte er mit einigen seiner Amtsbrüder im Jahre 506 am westgotischen Nationalkonzil in Agde teilgenommen.
Für das nächste Jahr hatte Alarich ein weiteres Konzil vorgesehen, wohl um damit die Bischöfe für sich zu gewinnen, doch konnte er dieses Vorhaben wegen der Kriegswirren nicht verwirklichen. Die Bischöfe Aquitaniens – durch Caesarius mit der Institution der Konzilien vertraut gemacht – rechneten wohl noch immer mit diesem vorgesehenen Konzil.[13] Der katholische König Chlodwig konnte es deshalb nicht wagen, weniger zu tun als der arianische Alarich. Da nun das Konzil von Agde von 506 ein Nationalkonzil des Westgotenreiches gewesen war, lag es nahe, daß Chlodwig den ersten Schritt zur Einberufung eines fränkischen Nationalkonzils unternahm.
Chlodwig hatte außerdem bei Kriegsbeginn ein Schreiben an die Bischöfe gerichtet, in dem er ihnen Schutz für den kirchlichen Besitz und den Klerus zusagte.[14] Nach der Eroberung Aquitaniens mußte dieser Schutz nun verwirklicht werden, und zwar durch Wiedergutmachung der erlittenen Ungerechtigkeiten, Lösung der mit dem Krieg verbundenen Probleme und Behebung der Reibereien zwischen König und Kirche und zwischen Kirche und Privatleuten in den Fragen des Asylrechts und der Sklaverei. Der König mußte schließlich auch das eroberte Land für die Zukunft politisch neu organisieren. Doch Chlodwig kümmerte sich zunächst um die schriftliche Festsetzung der Sühnegelder und die Fixierung einiger Punkte des germanischen Rechtes in der Lex Salica.[15] Er hielt es für günstig, die Macht des Episkopates zu benutzen, um in den eroberten Gebieten weitere Gesetze zu erlassen. Auf diese Weise meinte er, für viele wichtige Fragen Lösungen zu finden, die von der Bevölkerung ohne

---

12 Caesarius führte in Agde 506 den Vorsitz, zu seiner Rolle vgl. Malnory, Saint Césaire 64; Arnold, Caesarius von Arelate 224 f.

13 Ohne die Theorie von Kurth, Clovis II 150 f. zu akzeptieren, der Caesarius die Initiative zum Konzil von Orléans 511 zuschreibt – vgl. die Widerlegung bei Hefele-Leclercq II/2, 1006 Anm. 2 –, kann man wohl davon ausgehen, daß die aquitanischen Bischöfe das Konzil wünschten.

14 Der Brief ist gedruckt in MGH. Cap I, hrsg. von A. Boretius (1883) 1 f., vgl. dazu mit Nachträgen zur handschriftlichen Überlieferung De Clercq, La législation 7 f.

15 Vgl. dazu oben 11 Anm. 8. Die Lex Salica ist vermutlich in ihrer ersten Fassung nach der Eingliederung der westgotischen Gebiete in das fränkische Reich im Jahre 507 kodifiziert worden, vgl. R. Schmidt-Wiegand, wie oben 11 Anm. 8, 1950.

Schwierigkeiten angenommen würden. Indem Chlodwig auf einem Konzil die Bischöfe des fränkischen Königreiches zusammen mit denen der angegliederten Gebiete versammelte, konnte er außerdem beweisen, daß diese Gebiete vollständig integriert waren. Mit einer solchen Methode – auf dem Konzil von Orléans erstmals praktiziert – wurde eine enge Verbindung zwischen Krone und Episkopat geknüpft.
Im Gegensatz zu dem, was bis zum Konzil von Agde der Normalfall gewesen war, wurde nun das Konzil nicht auf Provinzialebene abgehalten, sondern als gesamtfränkisches Reichskonzil. Waren bei dem Konzil von Agde auf Veranlassung des Metropoliten von Arles, des hl. Caesarius, die Bischöfe des westgotischen Königreiches versammelt, um Probleme zu behandeln, die sich für den Metropoliten und seine Amtsbrüder stellten, so wurde das Konzil von Orléans auf Veranlassung des Königs abgehalten, um die Fragen des Königs zu beantworten. Der König selbst hatte es zusammengerufen und die Tagesordnung bestimmt, so wie die Konzilsväter in der Präambel schreiben: *secundum voluntates (!) vestrae* (sc. des Königs) *consultationem et titulos, quos dedistis, ea quae nobis visum est definitione respondimus.*[16] Der König, der die Ernennung der Bischöfe für sich beanspruchte, machte aus ihnen Beamte, die ihm voll und ganz zu gehorchen hatten. So folgte auch der hierarchische Aufbau der Bistümer den Strukturen der Zivilverwaltung. Dennoch hielten die Bischöfe ihre Sitzungen allein ab, Chlodwig nahm am Konzil nicht teil. Sie genossen also Handlungsfreiheit bei ihren Beratungen und bei der Abfassung der Kanones, die aber vom König genehmigt wurden, damit sie Gesetzeskraft erhielten, wie aus den Prolegomena des Konzilstextes hervorgeht: *Si ea quae nos statuimus etiam vestro recta esse iudicio conprobantur, tanti consensus regis ac domini maiori auctoritate servandam tantorum firmet sententiam sacerdotum.*[17] Der Tagungsort des Konzils war die an der Grenze des fränkischen Königreiches zu den kürzlich angegliederten westgotischen Provinzen gelegene Stadt Orléans. Dorthin begaben sich die Bischöfe dieser Provinzen in großer Zahl.
Unter den 32 Teilnehmern waren zehn Bischöfe aus den Provinzen Bordeaux und Bourges und zwei aus der Provinz Eauze.[18] Die drei Metropoliten, Cyprianus von Bordeaux, Leontius von Eauze und Tetradius von

[16] De Clercq, Conc. Gall. 4, Z. 5–7.

[17] De Clercq, Conc. Gall. 4, Z. 8–10.

[18] Provinz Bordeaux: Cyprianus (um 485–nach 511) Metropolit von Bordeaux; Petrus (um 511) Bischof von Saintes; Cronopius (506–nach 533) Bischof von Périgueux; Sextilius (506–nach 511) Bischof von Bazas; Adelfius (507–nach 533) Bischof von Poitiers; Lupicinius (vor 511–nach 541) Bischof von Angoulême.
Provinz Bourges: Tetradius (506–nach 511) Metropolit von Bourges; Eufrasius

Bourges, befanden sich unter ihnen. Die Provinz Tours war durch ihren Metropoliten Licinius und fünf Bischöfe[19] vertreten, die Provinz Rouen durch ihren Metropoliten Gildardus und vier Bischöfe[20], die Provinz Sens durch fünf Bischöfe[21], ihr Metropolit aber war nicht anwesend. Die Provinz Reims hatte vier Bischöfe entsandt[22], ihr Metropolit jedoch, der hl. Remigius, nahm nicht teil. Der Grund für sein Fehlen ist unbekannt. Vielleicht hätte seine Anwesenheit ein Problem für den König dargestellt, der Cyprianus, dem Bischof von Bordeaux, den Vorsitz übertragen wollte. Aus diesem Grunde mochte die Anwesenheit des Metropoliten von Reims unerwünscht gewesen sein. Es ist auch möglich, daß Remigius aus irgendeinem ganz alltäglichen Grund, etwa wegen Krankheit, an der Reise nach Orléans gehindert war. Jedenfalls führte der Metropolit von Bordeaux den Vorsitz, eine Grenzstadt wurde zum Tagungsort gewählt, eine große Anzahl der Bischöfe kam aus dem früheren westgotischen Königreich, die einzigen lokalen Interessen bezogen sich auf Probleme dieses Gebietes. All dies zeigt, daß Chlodwig den Aquitaniern demonstrieren wollte, daß sie jetzt zum fränkischen Reich gehörten.

Daß die Bischöfe aus der ehemaligen *Germania superior* und *inferior* fehlten, wird von den meisten Autoren als ein Zeichen der Entchristlichung dieser Gebiete angesehen, die zum Heidentum zurückgekehrt waren.[23]

(490–515) Bischof von Clermont-Ferrand; Quintianus (506–515) Bischof von Rodez; Boetius (506–nach 511) Bischof von Cahors.

Provinz Eauze: Leontius (um 511) Metropolit von Eauze; Nicetius (506–nach 511) Bischof von Auch.

19 Provinz Tours: Licinius (vor 511–um 522) Metropolit von Tours; Principius (vor 511–vor 524) Bischof von Le Mans; Eustocius (511) Bischof von Angers; Epiphanius (um 511) Bischof von Nantes; Melanius (vor 511–530) Bischof von Rennes; Modestus (um 511) Bischof von Vannes.

20 Provinz Rouen: Gildardus (um 490–525) Metropolit von Rouen; Litardus (um 511) Bischof von Séez (früher Hyesmes), jedoch Provinz Rouen und nicht Tours, wie De Clercq, Concilia 13 Anm. 24 behauptet; Nepos (um 511) Bischof von Avranches; Leontanius (um 511) Bischof von Coutances; Maurusus (480 – nach 511) Bischof von Evreux.

21 Provinz Sens: Camillianus (491–525) Bischof von Troyes; Heraclius (vor 511–525) Bischof von Paris; Eusebius (nach 498–520) Bischof von Orléans; Theodosius (um 508–515) Bischof von Auxerre; Aventus (um 511) Bischof von Chartres.

22 Provinz Reims: Lupus (vor 511 – nach 535) Bischof von Soissons; Edibius (um 511) Bischof von Amiens; Suffranius (um 511) Bischof von Noyon; Livanianus (vor 511 – um 513) Bischof von Senlis.

23 Vgl. z. B. Ganshof, Le Moyen Age 13: „Le nord et l'est de la Gaule, y compris la Rhénanie, ainsi qu'une partie des territoires du sud de la Germanie, colonisés par les Francs, les Alamans et les Bavarois païens, avaient vu le christianisme éliminé ou réduit à peu de chose."

Die Diözesen von Novempopulanien am Fuße der Pyrenäen, wie Couserans, Saint-Bertrand de Comminges, Tarbes, Lescar, Oloron, Dax, Lectoure, Aire und Agen waren – mit Ausnahme der beiden letzten – alle auf dem Konzil von Agde vertreten gewesen. Am Konzil von Orléans nahmen sie jedoch nicht teil, weil sie nicht zu dem Gebiet gehörten, das von Chlodwig erobert worden war.

Die in Orléans tagende Versammlung erwies sich als sehr fruchtbar. Ihre Ergebnisse sind in 31 Kanones enthalten, denen ein Schreiben an den König und ein kurzes Vorwort vorangestellt sind.[24] Die Kanones 4–7 beziehen sich auf den König, cc. 1, 14, 15, 17, 29 auf frühere Vorschriften und insbesondere auf den Codex Theodosianus. Die Kanones 18, 25, 26, 31 stellen eine Wiederholung der Kanones des Konzils von Agde dar. Jede Beschäftigung mit der Lehre war ausgeschlossen, da die Tagesordnung vom König aufgestellt worden war, der vor allem gesellschaftspolitische und organisatorische Ziele verfolgte, wobei das Verhältnis von König und Kirche, sowie von Laien und Klerus den ersten Rang einnahmen.

In diesem Zusammenhang billigte das Konzil die Einflußnahme des Königs auf die Erteilung der Weihen (c. 4), was für den König deshalb von Bedeutung war, weil der Klerus von allen militärischen und zivilen Verpflichtungen entbunden war, und der König jedesmal einen Krieger oder einen potentiellen Beamten verlor, wenn ein Laie in den Klerus eintrat.

Was die Sklaverei betrifft, so beabsichtigte die Kirche, die Rechte der Herren mit ihren eigenen Grundsätzen in Einklang zu bringen, indem sie versuchte, die Sklaverei zurückzudrängen und die Sklaven zu beschützen, ohne jedoch zu offensichtlich das Eigentumsrecht anzugreifen. Die Dringlichkeit einer kirchlichen Regelung der Sklaverei ergibt sich aus deren Verbreitung. Nach den Stammesrechten der Westgoten, Burgunder und Alemannen wurden viele Verbrechen und Vergehen mit Sklaverei bestraft. Wer bei den kriegerischen Franken die Steuer zur Befreiung vom Kriegsdienst nicht bezahlen konnte, wurde ein Sklave des Königs. Wenn ein Freier das Wergeld[25] nicht bezahlte, so wurde er zugunsten des Geschädigten zum Sklaven gemacht. Nur durch Eintritt in den geistlichen Stand konnte er sich der Sklaverei entziehen. Das Konzil übernahm diese Art der Bestrafung im Kanon 2, der bestimmt, daß der Entführer eines

---

[24] De Clercq, Conc. Gall. 4–19.

[25] Das Wergeld ist die Entschädigung, die ein Übeltäter seinem Opfer oder dessen Anverwandten bezahlen muß, um sich deren Rache zu entziehen. Der Betrag richtet sich nach dem Rechtsstand des Opfers.

Mädchens zwar Sklave des betroffenen Vaters werden, aber doch die Möglichkeit haben sollte, sich wieder loszukaufen.[26] Diesen Grundsatz modifizierte man im Kanon 8, der dem Sklaven, der ohne Wissen seines Herren zum Diakon oder Priester geweiht worden war, gestattete, sein geistliches Amt zu behalten gegen eine doppelte Entschädigung, die dem Herrn des Sklaven vom Bischof zu bezahlen war, wenn letzterer bei der Weihe gewußt hatte, daß es sich um einen Sklaven handelte. War der Bischof aber von anderen irregeleitet worden, die bezeugten, daß es sich nicht um einen Sklaven handelte, dann mußten diese die Entschädigung entrichten. Erst 626/27 wurde im Kanon 19 des Konzils von Clichy verboten, einen Freien zum Sklaven zu machen.[27]

Ein Kompromiß zwischen den verschiedenen Ansprüchen wurde auch beim Asylrecht[28] versucht. Hier ging es darum, sowohl das Eigentumsrecht des Herrn zu wahren – denn der Sklave war ein Besitztum wie jedes andere –, als auch den Sklaven als menschliches Wesen in Schutz zu nehmen. Das Konzil wollte dem Herrn den Sklaven, der in der Kirche Zuflucht gesucht hatte, nicht wegnehmen; aber bevor die Kirche ihn auslieferte, verlangte sie vom Herrn die eidliche Verpflichtung, ihn nicht zu bestrafen. Verletzte der Herr diesen Eid, wurde er exkommuniziert. Weigerte sich aber der Sklave, seinen Dienst wieder aufzunehmen, obwohl der Herr geschworen hatte, sich jeglicher Gewalttätigkeit gegenüber dem Sklaven zu enthalten, dann durfte der Herr ihn ergreifen.

Das Asylrecht bezog sich aber nicht nur auf das Gotteshaus, sondern auch auf die Vorhalle – *atrium* – und auf die umliegenden kirchlichen Wohnhäuser. Es war dem Verfolger verboten, Mörder, Diebe oder Ehebrecher dort herauszuholen, bevor er nicht auf die Bibel geschworen hatte, daß er sie weder töten, noch verstümmeln, noch sonstwie körperlich bestrafen werde. Verletzte der Beleidigte diesen Eid, wurde er exkommuniziert. Im Falle einer Entführung (c. 2) gab die Kirche dem Vater die Tochter zurück; dabei war es unerheblich, ob die Entführung gewaltsam oder mit Einwilligung der Tochter geschehen war. Welche Entschädigung der Vater vom Entführer, der ebenfalls gegen die Rache des Vaters durch dessen Eid geschützt war, verlangen konnte, wurde oben erwähnt.

---

26 Dasselbe Prinzip wird auf dem Konzil von Toledo (589) in c. 5 angenommen, wo die Frauen, die mit einem Geistlichen zusammen wohnen, dazu verurteilt werden, als Sklavinnen verkauft zu werden, vgl. zu dem Konzil ORLANDIS – RAMOS-LISSÓN, Die Synoden auf der Iberischen Halbinsel 95–117.

27 Vgl. unten 189–192.

28 Vgl. O. HEUSSLER, Asylrecht, in: HRG I (1964–71) 243–246 mit weiterführender Literatur; zum kirchlichen Asylrecht P. LANDAU, Asylrecht, in: TRE IV (1979) 315–327.

Die Kanones 4, 19 und 25 beschäftigten sich mit den Beziehungen zwischen den Äbten und den Mönchen sowie zwischen den Bischöfen und dem Klerus im allgemeinen. Im Kanon 25 wird die Einheit der Diözese betont. Der Kanon 19 gibt dem Bischof alle Macht über die Äbte und diesen über die Mönche. Die Bischöfe halten unter den Äbten strenge Zucht aufrecht, weisen sie zurecht, wenn sie von der Disziplin abweichen, und bestimmen den Ort, an dem sie sich alljährlich zu versammeln haben. Die Äbte wiederum müssen von den Mönchen gänzliche Ergebenheit und Gehorsam verlangen. Sie dürfen den Mönchen weder ein unstetes Wanderleben noch den Besitz von Privateigentum gestatten. Ohne Einwilligung des Bischofs dürfen die Geistlichen keine Pfründe annehmen. Kanon 4 macht die Nachkommen der Geistlichen bis zur vierten Generation von den Bischöfen abhängig.

Wir haben gesehen, daß Kanon 2 die Beziehungen des Vaters mit dem Entführer seiner Tochter und mit der Tochter, die sich entführen läßt, regelt. Kanon 18 beschäftigt sich mit der Schwagerehe, die bei den Franken verbreitet war, ja sogar empfohlen wurde. Das Konzil kämpft gegen solche Ehen und rügt scharf jeden, der die Witwe seines Bruders oder die Schwester seiner verstorbenen Frau heiratet.

Kanon 13 verbietet Witwen von Priestern oder Diakonen wieder zu heiraten, während Kanon 29 den Klerikern die gewissenhafte Einhaltung der den Umgang mit den *extraneae mulieres* regelnden Vorschriften anempfiehlt.

Mit den Rechten und Pflichten der Bischöfe beschäftigen sich die Kanones 6, 7, 17, 29, 31. Durch sie festigte das Konzil die Gewalt der Bischöfe über Klerus und Mönche, indem es ihnen eine nahezu uneingeschränkte Machtfülle über den Klerus, über die Personen wie über die Güter verlieh. Die gesamte Verwaltung der Kirchengüter und die Gerichtsbarkeit über alle Kirchen der Diözese lagen in ihren Händen. Sie verteilten die Schenkungen des Herrschers, von denen sie einen großen Teil für sich behalten durften (cc. 14, 15). Der Klerus erhielt zwei Drittel der Opfergaben, während die Bischöfe alle Liegenschaften für sich behielten. Sie kümmerten sich auch um eine vernünftige Verwendung der Spenden, durften diese aber nicht als persönliche Geschenke ansehen, sondern als Gunst, die der Kirche erwiesen wurde: Sie mußten für die Kosten des Kultus und den Unterhalt des Klerus aufkommen und die Hälfte der Opfergaben an die Geistlichen zu deren Unterhalt verteilen (c. 14). Außerdem hatten sie die Armen und Behinderten zu unterstützen und diejenigen zu ernähren, die aus Gesundheitsgründen nicht mehr körperlich arbeiten konnten (c. 16).

Das Provinzialkonzil sollte dafür sorgen, daß die Bischöfe ihre Pflicht erfüllten, und sie tadeln, wenn sie ihre Pflicht vernachlässigten (c. 5). Bei Mißbräuchen wurden Strafmaßnahmen ergriffen. Nur Krankheit erlaubte dem Bischof, der in der ihm zunächstgelegenen Kirche am Sonntag gefeierten Messe fernzubleiben (c. 31).

Das Konzil ging kaum auf den Zölibat der Geistlichen (c. 29) ein, wohl aber beschäftigte es sich mit der *stabilitas loci* der Mönche (cc. 19, 22). Diese verließen oft das Kloster, um zu heiraten, verfügten über Privatbesitz, wechselten häufig das Kloster oder bauten sich Einsiedeleien. So zeigt uns die Geschichte der Abtei Micy[29], daß die Heiligen Avitus, Victor und Calxis von einem Kloster ins andere überwechselten und sich in Klausen zurückzogen. Dieses Verhalten drohte zu Mißbräuchen zu führen, die das Konzil verhindern wollte.

Eine wichtige Bestimmung traf c. 10, der die Eingliederung des ehemals arianischen Klerus und seiner Kirchen in das Gefüge der katholischen Hierarchie regelte, wobei sowohl die Kleriker einer *impositae manus benedictio* als auch die Kirchen erneuter Konsekration bedurften.

Einen mönchsähnlichen Stand bildeten jene, die aus Reue über ihre Sünden freiwillig ein Leben der Buße führten. Wurde einer von ihnen seinem Gelübde untreu, so schloß Kanon 11 sie von der Kommunion und der kirchlichen Gemeinschaft aus, und exkommunizierte auch jene, die mit ihnen Gemeinschaft pflegten.[30]

Mit Fragen der kirchlichen Vermögensverwaltung befaßten sich die Kanones 5, 7, 14, 15, 17 und 23. Die Güter wurden darin ihrer Herkunft entsprechend unterschiedlich behandelt:

- Kanon 5 betraf die Ländereien, die früher den Arianern gehört hatten und vom König an die Kirchen verteilt worden waren.
- Kanon 7 betraf die Lehen, bei denen der König nur die Nutznießung gestattet hatte.
- Die Kanones 14 und 15 betrafen die Verteilung der Opfergaben, die in der Bischofsstadt und außerhalb dargebracht worden waren.

Zum Schluß folgen noch einige Kanones, die sich auf das religiös-kirchliche Leben der Bevölkerung beziehen. So beschäftigte sich das Konzil mit der Ausrottung des heidnischen Aberglaubens (c. 30)[31], es bestätigte die Bittprozessionen oder Litaneien an den drei Tagen vor Christi Him-

---

[29] Vgl. die Quellen und Literatur bei Cottineau II 1845 f.

[30] Zu den Bußbestimmungen und zur Interpretation von c. 12 vgl. Vogel, La discipline pénitentielle 147.

[31] Vgl. V. F. Roquain, Le sort des saints ou des apôtres, in: BECh 41 (1880) 458 Anm. 3.

melfahrt, erklärte diese zu Feiertagen für die ganze Bevölkerung und verpflichtete den Klerus zur Teilnahme (c. 27 und 28).
Die Dauer der Fastenzeit wurde auf 40 Tage festgesetzt (c. 24). Keiner der *cives* dürfe außer im Falle von Krankheit das Osterfest, Weihnachten und Pfingsten *in villa* feiern (c. 25). Es wurde außerdem verboten, die Messe vor deren Ende zu verlassen, das heißt vor dem Segen des Bischofs, falls dieser anwesend war (c. 26). Das Konzil beschäftigte sich auch mit der Kleidung der Geistlichen und gestattete den Weltgeistlichen, wieder Schuhe und *Orarium*[32] zu tragen, die in den Klöstern verboten waren.
Eine abschließende Untersuchung des Schreibens an die Bischöfe, das als Präambel den Kanones des Konzils vorangestellt ist, der Liste der Unterzeichner sowie der veröffentlichten Beschlüsse ergibt eine Reihe von bemerkenswerten Beobachtungen.
Zuerst wird ein gewisser „Gallikanismus" der Synode sichtbar. Dieses Konzil war nämlich zu gleicher Zeit eine „nationale" und eine religiöse Versammlung, welche die Kirche des Frankenreichs gestaltete. Die Bischöfe, vom Verband des Imperium Romanum losgelöst, formierten sich in Orléans zur fränkischen Landeskirche innerhalb der katholischen Kirche. Der Frankenkönig, der das Konzil einberufen, die Tagesordnung festgesetzt und die Themen umgrenzt hat, erscheint als der Herr dieser fränkischen katholischen Kirche, die sich auf ihn beruft, und nicht auf den Papst. Rom ist weit entfernt, die Beziehungen zwischen Gallien und dem Heiligen Stuhl scheinen sehr schwach gewesen zu sein; die Verbindungen zwischen Klerus und Papst laufen über den König.
Weiter fällt der Mangel dieses Konzils an eigentlich religiös-kirchlicher Problematik ins Auge. Es kümmert sich weder um die christliche Lehre, noch um die Verbreitung des Evangeliums. Seine Dekrete betreffen vielmehr nur die bestehenden Diözesen, den Raum, in dem die katholische Religion bereits vorherrscht. Es beschäftigte sich hauptsächlich mit der religiösen Praxis, mit gesellschaftlichen und disziplinären Problemen. Allerdings entsprachen die behandelten Fragen der von Chlodwig festgesetzten Tagesordnung, was die Bischöfe denn auch in ihrem Schreiben eigens hervorhoben, als wollten sie jede Verantwortung für die Auswahl der behandelten Themen von sich weisen.
Schon daraus ergibt sich die weitere Beobachtung, daß es Chlodwig gelungen war, sich den Episkopat seines Reiches zu unterwerfen. Dem entspricht es, daß anscheinend alle eingeladenen Bischöfe am Konzil teil-

---

[32] Vgl. O. Pontal, Recherches sur le costume des clercs des origines au XIVe siècle d'après les décrets des conciles et des synodes, in: ACan 17 (1973) 769–796.

nahmen: *Domno suo . . . Chlothovecho . . . omnes sacerdotes, quos ad concilium venire iussistis.*[33] Alle haben unterschrieben. Wenn aber nur 32 Bischöfe anwesend waren, so deswegen, weil Chlodwig ausschließlich die Bischöfe der annektierten Gebiete zusammengerufen hatte, um sie für sich zu gewinnen. Weil er ihnen aber zeigen wollte, daß diese Gebiete nun vollständig zum Frankenreich gehörten, hatte er auch Bischöfe aus Gebieten eingeladen, die schon viel früher erobert worden waren, und zwar solche Bischöfe, von deren Ergebenheit Chlodwig überzeugt war.

Tatsächlich zeigen die Bischöfe in ihrem Schreiben, das als Vorwort zu den Kanones dient, eine gewisse Servilität gegenüber dem König. Sie adressieren die Konzilsbeschlüsse „an ihren Herrn Chlodwig, den Sohn der katholischen Kirche, den sehr ruhmreichen König . . . Da Eure Sorge um unseren ruhmvollen Glauben so groß ist, daß Ihr in ganz priesterlicher Gesinnung den Bischöfen befohlen habt, sich zu versammeln, um gemeinsam die dringenden gegenwärtigen Probleme zu behandeln gemäß Eurem Ratschluß, gemäß den von Euch gestellten Fragen und gemäß dem von Euch festgesetzten Programm . . . antworten wir, wie folgt . . .“[34]. Vielleicht aber war dies auch nur Diplomatie, um Beschlüsse durchzusetzen, die die Bischöfe zu unumschränkten Herren ihrer Bistümer machen sollten. Auch darf nicht übersehen werden, daß der König Gebieter über die Bistümer und Abteien war, und daß er sie vergab. Wenn die Bischofswahl auch als Rechtsinstitut bestand, so war sie doch bloße Formsache, da fast immer nur der Kandidat des Königs sich zur Wahl stellte. Hätte jemand ohne die Einwilligung des Königs die Leitung einer Diözese oder einer Abtei angenommen, wären ihm daraus unaufhörliche Schwierigkeiten entstanden, während der König seine eigenen Schützlinge mit Gunst und Schenkungen überhäufte.[35]

Aus den Kanones wird jedoch auch die Machtstellung des Episkopats erkennbar. Indem der König nach der Meinung der Bischöfe fragt, um kraft ihres Ansehens alte und neue Vorschriften bestätigen zu lassen,

---

[33] De Clercq, Conc. Gall. 4 Z. 1 f.

[34] *Domno suo catholicae ecclesiae filio Chlothovecho gloriosissimo regi . . . qui tanta ad religionis catholicae cultum gloriosae fidei cura vos excitat, ut sacerdotalis mentis affectum sacerdotes de rebus necessariis tractaturos in unum collegi iusseritis, secundum voluntates vestrae consultationem et titulos, quos dedistis, ea quae nobis visum est definitione respondimus.*
De Clercq, Conc. Gall. 4 Z. 1–7. Vgl. zur Interpretation dieser Stelle auch Barion, Synodalrecht 351 f.

[35] Das war z. B. der Fall unter Chlodwig für Bischof Remigius von Reims, oder für Germerius, Bischof von Toulouse, und später unter Sigibert, für Promotus, unter Brunechild für Aridius von Lyon, vgl. dazu auch Scheibelreiter, Der Bischof in merowingischer Zeit 144 f, 149–166.

zeigt er, daß er die Autorität der Bischöfe anerkennt. Einerseits legte das Konzil in mehreren Dekreten die Befugnisse der Bischöfe genau fest und festigte ihr Regiment über den Welt- und Ordensklerus; so wird es im Kanon 19 den Geistlichen verboten, ohne Einwilligung des Bischofs Pfründen anzustreben. Andererseits wurde die weltliche Macht der Bischöfe gestärkt, indem ihnen die Verwaltung ausgedehnter Güter anvertraut wurde. Außerdem übernahmen sie soziale Verpflichtungen, die früher dem römischen Staat obgelegen hatten.

Schließlich hat das Aurelianense I nicht unbedeutende Wirkung auf die Entwicklung des kanonischen Rechts ausgeübt. Über verschiedene kleinere Sammlungen[36] sowie die großen Sammlungen der Bischöfe Burchard von Worms (1000–1025) und Ivo von Chartres (1090–1116) fanden fünfundzwanzig der einunddreißig Kanones von Orléans Eingang in das Dekret Gratians († nach 1140).[37] Außer diesen authentischen Kanones haben Burchard, Ivo und Gratian diesem Konzil noch weitere Kanones zugeschrieben.[38]

In Orléans unterstützten sich also königliche und kirchliche Macht gegenseitig: Wird die Macht des Episkopats vom Herrscher anerkannt, so wird auch die Macht des Königs gefestigt und von der Kirche, die den König unterstützt und sich für ihn bei den neuen Untertanen verbürgt, bestätigt.

Als Schlußfolgerung ergibt sich der religiös-politische Doppelcharakter, der diesem Konzil als der einzigen der gallischen Synoden dieser Zeit zukommt. An ihm sollte sich in der Zukunft eine ganze Reihe von Konzilien orientieren, deren Werk die gesamte fränkische Gesetzgebung bildete.

b) Das Konzil von Epao (6.–15. September 517)[39]

Sechs Jahre nach dem bedeutenden Aurelianense I versammelte ein Konzil zu Epao alle Bischöfe jener Gebiete, die im Jahre 516 von den Burgundern besetzt worden waren. Das Königreich der Burgunder stellte

---

36 Vgl. dazu unten 285.

37 Vgl. dazu unten 294 f.

38 Zu den Fehlzuschreibungen Burchards vgl. Fournier, Etudes 247–249.

39 Das Konzil von Epao ist eingehend untersucht worden von Gaudemet, Epaone, in: DHGE XV (1963) 524–545. Drucke: Crabbe ²I 993–996; Surius ²II 527–530; Binius II 312–314; Sirmond I 194–201 und 603; Coll. regia X 637–651; Delalande 48 f.; Labbe-Cossart IV 1573–1583; Hardouin II 1045–1052; Coleti V 707–718; Bouquet IV 104 f. (Exzerpte); Mansi, Supp. I 399; Mansi VIII 555–568; Charvet 643–653; Amort II

eine für das Gallien der Merowingerzeit typische „dualistische" Monarchie dar. Der intelligente, geschickte und versöhnliche König Gundobad – Bischof Avitus von Vienne lobt seinen philosophischen Geist, seinen Scharfblick, seine Beredsamkeit und seine Bildung[40] – wünschte die Verschmelzung der burgundischen Bevölkerung mit den Galloromanen. Man merkt bei Gundobad die Absicht, römische Strukturen zu erhalten. Dies tat er, indem er die römischen Municipia mit ihren Ämtern des *questor, cancellarius* und *maiordomus*, ihre lateinische Amtssprache, das kaiserliche Bildnis auf den Münzen, die Vorrangstellung der Senatorenklasse, Datierung nach Konsulaten, usw., beibehielt. Er wahrte aber auch im größeren politischen Rahmen die römische Tradition, indem er das germanische Wahlkönigtum ablehnte und sich selbst als *patricius*, als Repräsentanten des Kaisers verstand.[41]

Die Lex Gundobada[42] ist darum trotz sehr bedeutender germanischer Elemente nicht ausschließlich für die Burgunder bestimmt, sondern regelt auch deren Beziehungen zu den Galloromanen: die Burgunder und die Römer sollen denselben Vorschriften unterworfen sein. Außerdem regelt die Lex Romana Burgundionum die Beziehungen der Galloromanen untereinander.

Die arianische germanische Bevölkerung und die katholische galloromanische sollten, falls sie sich nicht ohnehin vermischt hatten, unter der Verwaltungsform des *foedus* friedlich nebeneinander leben.[43] Derselbe Geist der Versöhnung kennzeichnet Gundobads Religionspolitik. Bei ihm fanden die Bischöfe williges Gehör und hatten jede Möglichkeit, Konzilien einzuberufen. Beim Tode Gundobads bekehrte sich dessen

---

222–227; Labat I 887–900; Peiper, MGH. AA VI/2, 165–175; Bruns II 166–172; Chevalier, Oeuvres 117–120; Tejada I 455–466; Maassen, Conc. I 15–30; De Clercq, Conc. Gall. 20–37. Literatur: Hefele-Leclercq II/2, 1031–1042; Burckhardt, Die Briefsammlung des Bischofs Avitus 46–50, 91–94; Binding, Geschichte des Burgundisch-romanischen Königreichs 226–239; Jahn, Geschichte der Burgundionen 141–148; Loening, Kirchenrecht I 567–579; Fleury, Mariage canonique 86–100; P. Mikat, Die Inzestverbote des Konzils von Epaon. Ein Beitrag zur Geschichte des fränkischen Eherechts, in: Rechtsbewahrung und Rechtsentwicklung. Festschrift für Heinrich Lange zum 70. Geburtstag 25. März 1970, hrsg. von K. Kuchinke, München 1970, 63–84.

40 Vgl. die Briefe Avitus', hrsg. von U. Chevalier, Oeuvres complètes de saint Avit, évêque de Vienne, Lyon 1890, 117–269, bes. 121–130, 156 f., 167–170, 187 f., 242–246. Dazu Burckhardt, Die Briefsammlung.

41 Vgl. zu Burgund allgemein Wenskus, Die Burgunder 232–234; H. H. Anton, Burgundia, in: Reallexikon der germanischen Altertumskunde IV (1981) 271–274 jeweils mit weiterführender Literatur.

42 Zur Lex Gundobada vgl. oben 14.

43 *Foedus* ist ein Bündnis zwischen den germanischen Eroberern und der gallo-romanischen Bevölkerung. Grundsätzlich garantiert es die Achtung der zivilen Einrichtungen.

Sohn und Nachfolger Sigismund, ein dankbarer und ergebener Zögling des Avitus, zum Katholizismus, und sicherte so den Sieg des katholischen Glaubens über den Arianismus. Wie Chlodwig wünschte auch er ein Konzil der Bischöfe seines Königreiches, und so kam es 517 zu dem Konzil von Epao.

Vor diesem soll ein Konzil in Lyon stattgefunden haben, das allerdings nur aus einem Brief des Avitus bekannt ist.[44] Vielleicht handelt es sich dabei um jenes Konzil, auf dem der *praepositus fisci* Stephanus exkommuniziert wurde.[45] Außerdem soll vorher oder nachher – das Datum ist umstritten – eine Versammlung in Agaune stattgefunden haben, als das Kloster Saint-Maurice vollendet und der Abt eingesetzt wurde.[46]

Wenn über letztere Versammlung so oft diskutiert wurde, dann deshalb, weil man sie als Konzil ansehen wollte. Sie fand sicher statt, denn die Predigt, die Avitus dort hielt, ist überliefert.[47] Ob aber nun das Protokoll echt ist oder nicht, ein Konzil ist die Versammlung nicht gewesen. Es mag sich eher um eine Zusammenkunft aus Anlaß der Kirchweihe, der Einsetzung des Abtes und der Einführung der Klosterregel gehandelt haben. Daher sollen hier nur die Beziehungen, die diese Versammlung mit dem eigentlichen Konzil hatte, und die Hinweise, die sie uns zu diesem liefern kann, zur Sprache kommen.

Das eigentliche Konzil fand in Epao statt. Der Ort wurde bis heute nicht mit Sicherheit identifiziert.[48] Nachdem man lange für Agaune (Wallis /

[44] Brief des Avitus an König Gundobad, hrsg. von Chevalier, Oeuvres 167: *Rediens ab urbe Lugdunensi sanctus Chartenius episcopus, in qua nobis de concilio discedentibus ad privata quaedam negotia expedienda resederat, quaestionem sibi, . . .*

[45] Die Datierung des Konzils von Lyon ist umstritten, die Annahmen reichen von 499 (Chevalier, Oeuvres 167) über 517 (Rivet, Histoire literaire de la France III 89) bis 523 (Pagi, Critica 515). Vgl. im einzelnen Martin, Conciles et bullaire de Lyon 12 f.; Hefele-Leclercq II/2, 1025 Anm. 4; Burckhardt, Die Briefsammlung 30 f.; Coville, Recherches 312 f.; vgl. auch unten 46–48 zu Lyon 518.

[46] Bei den älteren Autoren war die Existenz der Versammlung umstritten. Bejaht wurde sie von Mabillon, Annales bénéd. I n.71–72; Pagi, Critica 522 n. 14–15 und Ceillier, Histoire générale ²X 746 f.; bestritten von Chifflet, in: AASS Sept. VI 352–355 und LeCointe, Annales I 227. LeCointe bezweifelt auch die Echtheit des Protokolls. Ihm folgen E. F. Gelpke, Kirchengeschichte der Schweiz I, Bern 1856, 116 f.; Jahn, Geschichte der Burgundionen II (1874) 293–297. Hefele-Leclercq II/2, 1017–1019 akzeptieren die Existenz des Konzils, halten aber die Akten für nicht authentisch. Vgl. zu der Diskussion im einzelnen außerdem H. Leclercq, Agaune, in: DACL I/1 (1907) 856–858; Martin, Conciles et bullaire de Lyon 11; J.-M. Theurillat, L'acte de fondation de l'abbaye de Saint-Maurice d'Agaune, in: BECh 110 (1953) 57–88 (versucht den Nachweis, daß es sich bei den Gründungsakten um Fälschungen aus karolingischer Zeit handelt); Hefele-Leclercq II/2, 1017–1022.

[47] Vgl. unten Anm. 53.

[48] Zur Literatur über die Identifizierung von Epao vgl. Hefele-Leclercq II/2, 1031 Anm. 3; Chevalier, Oeuvres 118–120 (Anm. 12).

Schweiz) oder für Yenne (Savoyen) plädiert hatte, scheint man sich heute für Albon (Drôme) entscheiden zu wollen[49], da dieser Ort zugänglicher ist und mithin besser dem Bild im Einberufungsschreiben des Bischofs Avitus entspricht: ... *in parochia Eponensi adesse dignemini, qui omnium fatigatione perpensa conventui medius atque oportunus locus electus est* ...[50]. Bei allen Diskussionen um die Lokalisierung, Datierung und Echtheit der Versammlungen und Akten von Agaune und Epao scheint bisher nicht berücksichtigt worden zu sein, daß das Konzil von Epao gleichzeitig mit der Einweihungsfeier des Klosters Agaune, mit der Einsetzung des Abtes und der Einführung der Klosterregel hat stattfinden können. Für eine solche Feier genügte eine Einladung von seiten des Königs, wie er sie laut Protokoll auch hat ergehen lassen.[51] Für das Konzil aber, das ja ein gesetzgebendes Organ der Kirche ist, war die Einladung von seiten der Bischöfe erforderlich. Wie die Synoden von Arles 524 und Orange 529[52] zeigen, nutzte man zu dieser Zeit gerne die Einweihung einer Kirche zur Abhaltung von Konzilien, damit die Bischöfe, die von weither kamen, nicht zweimal hin und her zu reisen brauchten. Nach der Predigt, die Avitus bei der Einweihung hielt[53], fand die Versammlung von Agaune am 22. September, dem Fest des hl. Mauritius, statt. Avitus starb nach dem letzten Stand der Forschung am 5. Februar 518[54]: die Versammlung von Agaune fand also wahrscheinlich am 22. September im Jahre 517 statt. Dieses Datum könnte durchaus mit dem möglichen Einweihungsdatum des Klosters St. Maurice übereinstimmen, mit dessen Bau man 515 nach der Chronik des Marius von Avenches[55], oder 516 nach Gregor von Tours[56] begonnen haben soll. Mit der Datierung der Versammlung in das Jahr 517 ist auch die von LECLERCQ beklagte Unsicherheit in bezug auf die *Chronologica series primorum duodecim abbatum Agaunensium* zu lösen.[57] Dort wird in einer Grabinschrift dem Abt Ambrosius die Urheberschaft der *laus perennis,* die mit der Einweihung des Klosters eingerichtet wurde,

---

49 Vgl. GAUDEMET, Epaone 524.

50 De Clercq, Conc. Gall. 22 Z. 19–21.

51 Vgl. den Text bei THEURILLAT, L'acte de fondation 80.

52 Vgl. unten 67–71.

53 Bei der Inauguration der *laus perennis* hielt Avitus eine Homilie, von der wir die Einleitung und den Schluß besitzen (Paris, Bibl. nat. lat. 8913 fol. 7, Sammlung von Homilien des Avitus auf Papyrus, 6. Jh.), unter dem Titel: *In basilica sanctorum Acaunensium in innovatione monasterii* ... Vgl. zur Überlieferung und zu den Drucken LECLERCQ, Agaune, in: DACL I/1 (1907) 862 f.; CHEVALIER, Oeuvres 337–339.

54 Vgl. J. A. FISCHER, Avitus, in: LThK² I (1957) 1154 f.

55 Hrsg. von Th. Mommsen, MGH. AA XI (1894) 234.

56 Vgl. Hist. III 5, hrsg. von R. Buchner I 148.

57 Vgl. im einzelnen LECLERCQ, Agaune, in: DACL I/1 (1907) 858–867, bes. 860.

zugeschrieben. Ambrosius kann als Nachfolger des Abtes Enomodus, der am 3. 1. 516 starb, erst nach diesem Datum ins Amt gekommen sein. Da Ambrosius fünf Jahre Abt war, muß er 520 oder 521 gestorben sein.[58] Demnach würde die Versammlung von Agaune weder ins Jahr 515 noch ins Jahr 522 passen, sondern kann durchaus eine Woche nach Abschluß des Konzils von Epao (6.–15. 9. 517) am 22. 9. 517 stattgefunden haben. Demzufolge wäre allerdings der Ort Epao nicht allzuweit von Agaune entfernt gewesen.[59]

Ein weiterer Anhaltspunkt für die Annahme, daß die Versammlung in Agaune im Zusammenhang mit dem Konzil von Epao tagte, findet sich in dessen Kanones 8 und 25, die anscheinend schon die Probleme ins Auge faßten, die durch die geplante Einführung des Psalmengesanges entstanden, und über die Avitus bestimmt informiert war. „Die Einführung der beständigen Psalmodie machte nöthig, daß man für die Mönche von Agaunum eine andere Regel aufstellen mußte, als für die übrigen Klöster, denn sie konnten jetzt offenbar manche den letztern vorgeschriebene Werke und Arbeiten nicht mehr vollziehen."[60] Die Versammlung von Agaune wollte nun nicht auf alle Einzelheiten der neuen Regel eingehen. Kanon 8 des Konzils von Epao löste aber dieses Problem, indem es die Handarbeit Sklaven zuwies: *Mancipia vero monachis donata ab abbate non leceat manumitti; iniustum enim potamus, ut monachis cotidianum rorale opus facientebus servi eorum libertatis otio potiantur.*[61]

Was nun das Datum der Synode betrifft, so gibt das Einberufungsschreiben des Metropoliten Avitus von Vienne[62] den 6. September 517 als Datum des Konzils an. Es findet im Schreiben des Metropoliten von Lyon, Viventiolus, eine weitere Stütze.[63] Die Sitzungen des Konzils waren am 15. September beendet, wie es dem Protokoll zu entnehmen ist.[64]

In diesem vom April 517 datierten Einberufungsschreiben gaben Avitus und Viventiolus Motive für die Abhaltung des Konzils an. Avitus erinnerte an die päpstliche Anordnung, zweimal im Jahr Provinzialkonzilien abzuhalten – allerdings scheint dieser Grund ein Vorwand gewesen

58 Vgl. M. Besson, Ambroise, in: DHGE II (1924) 1109.

59 Vgl. dazu oben Anm. 49. Nimmt man die Gleichzeitigkeit der Versammlungen an, spräche das für Yenne, denn die beiden Orte sind durch das obere Rhônetal verbunden, so daß Yenne ein bequemer Etappen- und Treffpunkt für die Bischöfe aus dem mittleren und unteren Rhônetal und aus den Gebieten der Saône auf dem Weg nach Agaune gewesen sein könnte.

60 Hefele, Conciliengeschichte II 671; vgl. Hefele-Leclercq II/2, 1022.

61 De Clercq, Conc. Gall. 26 Z. 113–116.

62 De Clercq, Conc. Gall. 22 f.

63 De Clercq, Conc. Gall. 23 f.

64 De Clercq, Conc. Gall. 35.

zu sein.[65] Viventiolus hingegen nennt die Notwendigkeit, unter den Geistlichen die Disziplin wiederherzustellen und tadelnswerte Vorfälle aufzugreifen. Gewiß mußten nach der Bekehrung König Sigismunds zum Katholizismus Disziplin und Sitte in den burgundischen Diözesen korrigiert werden, so wie Chlodwig es auf dem Konzil von Orléans getan hatte. Sicherlich spielte auch das Vorbild Chlodwigs eine Rolle, der zusammen mit den Metropoliten seines Reiches ein Konzil plante. Wenn auch die politischen Motive, von denen Chlodwig nach der Eroberung von Aquitanien sich hatte leiten lassen, für Sigismund nicht galten, so waren doch die gesellschaftlichen Anliegen die gleichen. In den Kanones von Epao finden wir darum dasselbe Bestreben wie in denen von Orléans oder Agde: nämlich die Stärkung der Autorität der Bischöfe, die Wiederherstellung der Disziplin und die Reform der Sitten. Diesen Zielen entsprechend übernahm man entweder die Dekrete von Orléans bzw. Agde oder bezog die Gegenposition.

Das Konzil wurde von den beiden burgundischen Metropoliten einberufen, der Bischof von Besançon trat nur als einer unter anderen Bischöfen auf. Jeder Metropolit rief die Suffragane seiner Provinz zusammen und erinnerte sie an die Verpflichtung, Provinzialkonzilien abzuhalten. Das Konzil weist aber eher die Strukturen eines burgundischen Reichskonzils auf, weil alle Gebiete vertreten waren, die zur Zeit des Konzils von den Burgundern besetzt waren – damals hatte das Burgunderreich seine größte territoriale Ausdehnung.[66] Es erstreckte sich vom Plateau von Langres bis zur Durance und vom Wallis bis zum Nivernais. Die einberufenden Metropoliten griffen also weit über den Rahmen ihrer Provinzen hinaus, wie er von Papst Symmachus (498–514) festgelegt worden war. Im Süden wurden Bistümer erfaßt, die vorher zu Arles gehörten, und deren Bischöfe wir auf dem dortigen Konzil vom Jahre 524 wiederfinden werden, weil die Burgunder inzwischen diese Diözesen wieder verloren hatten.

In dem Einberufungsschreiben, das Avitus von Vienne an seine Suffragane richtet[67], wird besonders hervorgehoben, daß nur Krankheit ein genügender Grund für Abwesenheit sei, und daß in diesem Fall der Bischof einen Vertreter schicken müsse. Viventiolus von Lyon rief nicht

---

[65] Das Schreiben von Papst Hormisdas an Avitus vom 15. Februar 517 (JK 784) enthält keine Klage darüber, daß in Burgund keine Provinzialkonzilien mehr stattgefunden hätten.

[66] Vgl. hierzu und zum folgenden Gaudemet, Epaone 535 f.

[67] Die Adressierung des Briefes in einigen Hss. an Bischof Quintianus von Clermont beruht vermutlich auf einem Kopistenfehler, vgl. dazu im einzelnen Chevalier, Oeuvres 117; Gaudemet, Epaone 524.

nur die Bischöfe, sondern auch die Geistlichen und die Laien seines Sprengels zusammen und gab so dem Konzil die Form eines „gemischten Konzils", wie es schon öfter, etwa in Riez 439 oder in Tarragona 516[68], stattgefunden hatte und in der Karolingerzeit üblich wurde.

Wenden wir uns nun den Konzilsteilnehmern zu. Unter ihnen waren, wie erwähnt, zwei Metropoliten, Avitus von Vienne und Viventiolus von Lyon. Sie haben auch die Einberufungsschreiben versandt und oben auf der Vorderseite das Protokoll unterschrieben. Fast alle ihre Suffragane waren anwesend. Der Bischof von Besançon unterschied sich nicht von den anderen Bischöfen; von den Unterzeichnern könnten zwei Besançon zugeordnet gewesen sein, das demnach in dieser Zeit seinen Rang als Metropole verloren zu haben scheint.[69] Außer den erwähnten Metropoliten nahmen 22 Bischöfe und ein Priester als Stellvertreter für den Bischof von Avignon teil und unterschrieben das Protokoll.[70] Nicht anwesend waren die Bischöfe von Belley, Mâcon und Lausanne.

Im Gegensatz zu dem Verfahren von Orléans ging es in Epao nicht darum, eine vom König vorgelegte Tagesordnung abzuhandeln. Bischof Viventiolus betonte vielmehr in seinem Konvokationsschreiben, daß die Diskussion frei und offen sein werde. Avitus verlangte, daß jene Priester, die abwesende Bischöfe vertreten, imstande sein müßten, an den Beratungen teilzunehmen. Aber Avitus, der den Vorsitz führte und die Diskussionen leitete, scheint durch seine Persönlichkeit das Konzil vollständig beherrscht zu haben. Das geht ebenso aus den Dekreten hervor, die den Vorrang und die Autorität des Metropoliten bekräftigen, wie aus der

68 Vgl. Orlandis – Ramos-Lissón, Die Synoden auf der Iberischen Halbinsel 53–58.

69 Nach Duchesne, L'Eglise au VIe siècle 506 Anm. 3 hat Besançon viel unter den Einfällen der Alemannen gelitten. Als einziger seiner Suffragane erscheint der Bischof von Windisch (Avenches) in Epao.

70 Hier die Liste nach der Ausgabe von De Clercq: Avitus, Bischof von Vienne (494–518); Viventiolus, Bischof von Lyon (um 517 – vor 538); Silvester, Bischof von Chalon-sur-Saône (vor 517–526); Gemellus, Bischof von Vaison (509 – nach 517); Apollinaris, Bischof von Valence (499 – um 520); Valerius, Bischof von Sisteron (um 517); Victorius, Bischof von Grenoble (516–523); Claudius, Bischof von Besançon (um 517); Gregorius, Bischof von Langres (507–539); Pragmatius, Bischof von Autun (um 517); Constantius, Bischof von Sitten (vor 517–529); Catolinus, Bischof von Embrun (um 517); Sanctus, Bischof von Tarentaise (um 517); Maximus, Bischof von Genf (513–533); Bubulcus, Bischof von Windisch, Bischofssitz nach Konstanz verlegt (um 517); Saeculatius, Bischof von Die (vor 517 – nach 518/19); Julianus, Bischof von Carpentras (um 483 – um 530); Constantius, Bischof von Gap (vor 517 – nach 529); Florentius, Bischof von Orange (vor 517 – nach 524); FLorentius, Bischof von Saint-Paul-Trois-Châteaux (vor 517 – nach 524); Fylagrius, Bischof von Cavaillon (vor 517 – nach 533); Venantius, Bischof von Alba bei Viviers (vor 517 – nach 535); Praetextatus, Bischof von Apt (516–546); Tauricianus, Bischof von Nevers (um 517); Bischof Salutaris von Avignon (um 517) wird vertreten durch den Priester Paladius.

Annahme des Kanons 33, die zweifellos unter dem Einfluß des Avitus erfolgte. C. 33 steht im Gegensatz zu einer Entscheidung von Orléans 511, und Avitus hatte seinen Standpunkt in einem Brief an den Bischof von Grenoble dargelegt.[71]

Die Ergebnisse der Beratungen sind in 40 Kanones festgehalten, die sich hauptsächlich mit denselben Anliegen, die schon das Konzil von Orléans 511 behandelt hatte, befaßten. Die Sorge um die Glaubenswahrheit spielte offenbar auch hier keine Rolle, während Disziplin, gesellschaftliche Strukturen und Standesfragen zur Diskussion standen. Hinzu kommen noch liturgische Vorschriften, die in Orléans fehlten.

Von Interesse ist es nun zu erfahren, aus welchen Quellen die Väter von Epao bei der Formulierung ihrer Kanones geschöpft haben. Der eben erwähnte Briefwechsel zwischen Avitus und dem Bischof von Grenoble zeigt, daß sie sich in der Tat mit denselben Problemen beschäftigten wie diejenigen von Orléans. Obgleich kein in Epao anwesender Bischof am Konzil von Orléans teilgenommen hatte, kannten sie doch dessen Beschlüsse und behandelten dieselben Themen – um sie zu bestätigen, anzupassen und weiter zu entwickeln, oder um sie zu modifizieren[72], indem sie einige neue Kanones hinzufügen. Der Einfluß von Orléans zeigt sich klar in neun Kanones, der des Konzils von Agde ist in zwölf Kanones nachzuweisen.[73]

Ein inhaltlicher Überblick zeigt zunächst die Vorrangstellung des Metropoliten. Während das Konzil von Orléans dem Episkopat unbeschränkte Vollmacht einzuräumen scheint, betont das von Epao den Vorrang des Metropoliten, von dem die Bischöfe abhängen, und dessen Autorität sie bejahen müssen (c. 12). Der Bischof muß ohne Zaudern der Einberufung des Metropoliten folgen, er darf nichts vom Kirchenbesitz ohne dessen Ermächtigung verkaufen, darf jedoch tauschen, wenn es zum Nutzen der Kirche geschieht. Der Metropolit entscheidet in Streitfällen zwischen dem Bischof und einem Abt; in der ganzen Provinz schreibt er die Beachtung des *ordo* vor.

Die Dekrete von Epao bestätigen jedoch auch Autorität und Verantwortung des Bischofs gegenüber dem Welt- und Ordensklerus wie bei der Verwaltung des Kirchenguts. Die Erlaubnis des Bischofs ist erforderlich für reisende Geistliche, denen sonst die Kommunion nicht gewährt werden darf (c. 6), für die Übertragung eines Prozesses an ein weltliches

---

[71] Chevalier, Oeuvres 133–139, vgl. dazu Gaudemet, Epaone 535 f.

[72] Z. B. widerspricht Epao c. 33 (De Clercq, Conc. Gall. 33) c. 10 von Orléans (ebd. 7 f.).

[73] Vgl. die ausführliche Studie von Gaudemet, Epaone 526–539 mit tabellarischer Übersicht 538.

Gericht (c. 12), für Äbte, die Güter verkaufen oder Sklaven befreien wollen (c. 8). Die Äbte sind dem Bischof untergeordnet in Straf- und Ernennungsangelegenheiten (c. 19). Auch Mönche, die Einsiedeleien oder Brüderschaften gründen wollen, benötigen dazu die Erlaubnis des Bischofs (c. 10). Wenn auch der Bischof im Vergleich zu den Äbten für die Güterverwaltung verantwortlich ist, so ist doch seine eigene Verwaltungsbefugnis über die Kirchengüter beschränkt und viel stärker eingeengt, als das Konzil von Orléans dies getan hatte. Das Konzil wacht besonders darüber, daß der Bischof seinen eigenen Besitz nicht mit dem der Kirche vermengt (cc. 12, 14, 17). Verkauf und Vererbung von Kirchengut sind streng reglementiert. Bischöfe werden für schwere Vergehen ebenso bestraft wie Priester oder Diakone (c. 22). Außerdem ist der Bischof verantwortlich für Verfehlungen seiner Geistlichen (c. 5). Die Kanones 5, 8 und 35 garantieren Umfang und Einheit der Diözese.

Ein zweiter Komplex von Bestimmungen regelt die Standesrechte und -pflichten des Klerus: Sieben Kanones (cc. 2, 3, 4, 11, 20, 24, 37) beziehen sich auf den Eintritt in den Klerikerstand. Kanon 2, der verbietet, wiederverheiratete Männer oder solche, die mit Witwen verheiratet sind, zum Priester oder Diakon zu weihen, nimmt Kanon 16 der Canones Apostolorum und Kanon 1 von Agde auf. Die öffentlichen Büßer (Nizäa c. 9, Agde c. 43) sind von den Weihen ausgeschlossen, und für die Aufnahme in den Klerus wird eine asketische Lebensführung vorausgesetzt (c. 37; vgl. Agde c. 16).

Wenn die Kleriker einerseits zu einer strengen Lebensführung – Jagdverbot (c. 4), kein Besuch bei Frauen (c. 20) – verpflichtet wurden, so hatten sie auf der anderen Seite den Vorzug eines eigenen Gerichtsstandes, das *privilegium fori* (cc. 11 und 24). Das Konzil erkennt die weltliche Gerichtsbarkeit über angeklagte Geistliche nicht an, duldet sie aber, wenn sie den Geistlichen aufgezwungen wird, und wie in allen Konzilien dieser Zeit (vgl. Agde c. 32) wird zugestanden, daß der Bischof einem Geistlichen erlauben kann, seine Sache bei einem weltlichen Gericht anhängig zu machen. Das Konzil von Epao wiederholt hier den Wortlaut des Breviarium Alarici[74] mit der Verpflichtung, sich der *pulsatio* des weltlichen Gesetzes zu unterwerfen, während das Konzil von Orléans sich weniger an die römische Gesetzgebung angepaßt und diese Verpflichtung abgelehnt hatte; dort war auch für den angeklagten Geistlichen die bischöfliche Erlaubnis erforderlich.

In den Kanones 9, 10, 38 und 21 regelt das Konzil von Epao das Kloster-

[74] Vgl. dazu ausführlich Gaudemet, Epaone 528–530.

leben für die Männer und – eine Neuheit – auch für Frauen. Andere Bestimmungen gelten den Laien: Die Frauen werden von kirchlichen Ämtern (c. 21)[75] und vom Klerikerstand im allgemeinen ferngehalten. Nur wenn sie alt geworden sind, haben sie das Recht, in religiösen Gemeinschaften zu leben. Die Witwen der Diakone oder Priester müssen für immer Witwen bleiben.

Wie in Orléans (c. 18) wird ausdrücklich die Verwandtenehe verboten (c. 30)[76], aber die Duldung bereits bestehender Verwandtenehen zeigt, daß ein alter Brauch nur abgeschwächt wurde.

Die Probleme des Asylrechtes werden weniger ausführlich behandelt als in Orléans. Das Konzil von Epao berücksichtigt nur das Asylrecht des Sklaven und kommt dem Herrn soweit entgegen, als es ihm gestattet, seinen Sklaven zu scheren und ihm irgendeine Arbeit aufzutragen; es verbietet jedoch wie das Konzil von Orléans (c. 3) körperliche Züchtigung (c. 39).[77]

Die Kanones 15, 16, 33, 29 regeln die Beziehungen von Katholiken mit Häretikern; die Kanones 16 und 19 betreffen die Aufnahme von Konvertiten; ihre Rekonziliation (c. 29) ist an weniger strenge Bedingungen geknüpft als in den früheren Konzilien: die *lapsi* müssen nur zwei Jahre lang büßen, während das Konzil von Nizäa (c. 11) zwölf Jahre vorgeschrieben hatte. Kanon 33 lehnt es im Gegensatz zu c. 10 von Orléans ab, von Häretikern benutzte Kirchen für den katholischen Gottesdienst zu verwenden. So wollte man wahrscheinlich Reibereien mit der arianisch gebliebenen Bevölkerung verhindern, die entstanden wären, wenn man sich Kirchen angeeignet hätte, die ihr gehörten. Bevor diese Bestimmungen angenommen worden waren, hatten sie zu einem Briefwechsel zwischen Avitus und dem Bischof von Grenoble geführt, in dem Avitus die Befürchtung äußert, wegen Beraubung der Arianer angeklagt zu werden und Vergeltungsmaßnahmen gegen die katholische Bevölkerung der Nachbargebiete heraufzubeschwören, falls er dieselben Vorschriften wie in Orléans annehmen würde.[78] Er weigert sich, gegenüber den Häretikern dieselben Methoden anzuwenden wie diese gegenüber den Christen: *Sed*

---

75 Vgl. zu c. 21 Vogel, La discipline pénitentielle 131; Gaudemet, Epaone 530. Er wird zitiert auf dem Konzil von Tours 567, c. 21 (20), vgl. De Clercq, Conc. Gall. 187 Z. 345–347.

76 Dieser wirklichkeitsnahe Kanon betraf einen aktuellen Skandal: der *praepositus fisci* Stephan hatte nach dem Tode seiner Frau deren Schwester geheiratet und wurde auf einem Konzil in Lyon später exkommuniziert, vgl. oben Anm. 45 und unten 46–48. Vgl. auch Gaudemet, Epaone 534.

77 Vgl. dazu Gaudemet, Epaone 532.

78 Vgl. den Text bei Chevalier, Oeuvres 133–139. Dazu auch Gaudemet, Epaone 535 f.

vim intendere, loca pervadere, altaria commutare non pertinet ad columbam.[79] Dieser Standpunkt wurde dann im Kanon 33 übernommen.

Die Kanones 25, 26, 27 und 35 handeln von der Bedeutung der Metropolitanverfassung für den Kultus (c. 27) und versuchen, die Gebräuche in den Diözesen zu vereinheitlichen. Auch die Bedeutung des Psalmengesanges in der Liturgie (c. 25) und die Versammlung der Geistlichen um den Bischof wenigstens zu Weihnachten und Ostern werden als wichtig angesehen. Zum erstenmal werden in c. 26 steinerne Altäre vorgeschrieben (nur diese dürfen geweiht werden), während bisher hölzerne allgemein üblich waren.[80]

Am Schluß soll ein Vergleich zwischen den Kanones von Epao und denen von Orléans stehen.[81] Ähnlichkeiten bestehen zwischen den Kanones 11 von Orléans und 23 von Epao: diejenigen, die Buße und Askese gelobt haben, werden exkommuniziert, wenn sie ihre Gelübde nicht halten; Orléans bedrohte auch diejenigen, die gemeinsam mit den Gelübdebrechern speisten, mit der Exkommunikation. Inhaltliche Übereinstimmung besteht auch zwischen c. 13 von Orléans und c. 32 von Epao über Witwen von Priestern oder Diakonen, die wieder heiraten: in beiden Fällen wird die Exkommunikation angedroht; und die Kanones 22 von Orléans und 10 von Epao[82] verbieten Mönchen, ohne Ermächtigung des Bischofs Einsiedeleien zu errichten. Epao fügt noch das Verbot hinzu, ohne bischöfliche Erlaubnis Mönchsgemeinschaften zu gründen.

Die Notwendigkeit, ausführlicher als in Orléans auf das Mönchtum einzugehen, zeigt, welche Bedeutung das Klosterleben seither erlangt hatte: vier Kapitel beschäftigen sich mit diesem Thema. Dabei hat c. 10 bereits Vorbilder in c. 38 von Agde und in c. 22 von Orléans. Das Konzil verbietet, daß ein Abt gleichzeitig zwei Klöster leitet (c. 9) und beschäftigt sich außer mit Mönchen auch mit Nonnen. Wie in Orléans wird versucht, die Einheit der Diözese durchzusetzen, indem der Gebrauch von privaten Oratorien beschränkt wird, dazu gewinnen auch die Probleme der Liturgie und des Kultus zunehmendes Gewicht, die in vier Kapiteln behandelt sind.

Offenkundige Unterschiede liegen vor zwischen c. 3 von Orléans und c. 39 von Epao über das Asylrecht von Sklaven. In Orléans wurde der

[79] Chevalier, Oeuvres 137. Zur Interpretation vgl. BURCKHARDT, Die Briefsammlung 87–89.

[80] Vgl. dazu E. MANGENOT, Autel, in: DThC I/2 (1923) 2579. Zu den liturgischen Kanones vgl. auch GAUDEMET, Epaone 534–536.

[81] Vgl. auch den weiterführenden Vergleich mit den Konzilien des 4. und 5. Jh. bei GAUDEMET, Epaone 537–539 sowie den ausführlichen Vergleich zwischen Agde 506, Orléans 511 und Epao 517 bei ARNOLD, Caesarius von Arelate 232–239.

[82] Beide Konzilien nehmen an dieser Stelle c. 38 von Agde wieder auf.

Herr verpflichtet, Sklaven körperlich nicht zu züchtigen, anderenfalls wurde er exkommuniziert; in Epao hingegen wird ihm gestattet, den Sklaven zu scheren und von ihm jede beliebige Arbeit zu verlangen, und das Verbot körperlicher Züchtigung wird nicht unter Androhung von Bestrafung des Herrn erlassen, nur bei Tötung des Sklaven erfolgt die Exkommunikation. Unterschiedlich sind auch die Kanones 25 von Orléans und 35 von Epao: Orléans verpflichtet alle, Weihnachten, Ostern und Pfingsten in der Gemeinschaft der Diözese zu feiern; in Epao wird die Bestimmung auf die Adligen und auf Weihnachten und Ostern beschränkt. Der Gegensatz zwischen c. 10 von Orléans und c. 33 von Epao wurde bereits erwähnt.

Wenn die Konzilsväter von Epao – wie in Orléans – eine gewisse Unabhängigkeit gegenüber dem weltlichen Recht andeuten durch Betonung des *privilegium fori* und des Asylrechtes, so tun sie dies sehr vorsichtig. Sie wollen weder die Bevölkerung noch die weltliche Macht verärgern, deren Haltung zur Kirche anscheinend nicht sehr stabil war; daher findet sich eine gewisse Ängstlichkeit bei der Festsetzung der neuen Strafbestimmungen, z. B. werden ungesetzliche Ehen nicht bestraft und eine gesteigerte Achtung des Besitzes verbunden mit einer gewissen Zurückhaltung gegenüber den Häretikern. Ihnen gegenüber wurde kein Gütereinzug (c. 30) verhängt und den *lapsi* nur eine milde Buße auferlegt (c. 29).

Ein „barbarisches" Element ist vielleicht die Vorschrift von c. 15, wonach die Angehörigen des niederen Klerus körperlich gezüchtigt werden konnten. Auch die Vorliebe für ungeistliche Tätigkeiten, gegen die das Konzil anzukämpfen versucht (Verbot, die Jagd auszuüben und Hunde zu halten), zielt wohl auf „barbarischen" Einfluß.

In Orléans scheinen der König und die Bischöfe, in Epao dagegen der Metropolit und die Bischöfe bestimmend gewesen zu sein. In einer Zeit, in der die Metropolen an Bedeutung verlieren, fallen die Anstrengungen des Avitus auf, Vorrang und Gewalt des Metropoliten zu betonen. Die bischöfliche Gewalt wird durch Epao zwar auch auf Äbte ausgedehnt, ist aber stärker als in Orléans auf den Klerus der Diözese und auf die weltliche Verwaltung beschränkt.

Schließlich sanktioniert der letzte Kanon des Konzils von Epao die Beschlüsse nicht durch Berufung auf die Autorität des Königs wie in Orléans, sondern indem er alle Teilnehmer durch das *signum* verpflichtet, das auch für die Nachfolger der Bischöfe gültig bleibt. Während wir in Orléans mehrmals die Einmischung des Königs, also des „Staates", feststellen konnten, der die Form des Konzils und auch manche Beschlüsse bestimmte, kennzeichnet eine deutliche „Trennung von Kirche und

Staat" das burgundische Konzil: den Übertretern seiner Vorschriften wird nur die Strafe Gottes angedroht.

Die Konzilsväter von Epao scheinen jedoch sorgfältig über die Einhaltung der Beschlüsse gewacht zu haben. Die Übertretung einzelner Kanones sollte nämlich Grund für die Einberufung des folgenden Konzils sein.[83]

Wie die Kanones von Orléans 511 so gingen auch Kanones von Epao 517 in die kanonistische Tradition ein.[84] Das Dekret Gratians enthält zwölf Kanones von Epao, von denen allerdings nur drei Epao selbst, die anderen Agde zugewiesen werden.[85]

c) Das Konzil von Lyon (518/19)[86]

Dieses Konzil[87], das an einem unbestimmten Datum, aber jedenfalls nach dem Konzil von Epao stattfand[88], reichte über den Rahmen der Provinz Lyon hinaus, denn es vereinigte elf Bischöfe[89], von denen drei vom

---

[83] Vgl. unten 47.

[84] Vgl. dazu im einzelnen GAUDEMET, Epaone 539–545.

[85] Vgl. dazu GAUDEMET, Epaone 534–545 und unten 283 Anm. 37.

[86] Drucke: Sirmond I 202–204; Coll. regia X 652–655; Delalande 350 f.; Labbe-Cossart IV 1584–1586; Coleti V 721–724; Labat I 900–906; Mansi, Suppl. I 399; Mansi VIII 567–572; Bruns II 172–174; Maassen, Conc. I 31–34; De Clercq, Conc. Gall. 38–41.
Literatur:
HEFELE-LECLERCQ II/2, 1042–1046; MARTIN, Conciles et bullaire de Lyon 12 f.; BINDING, Geschichte des Burgundisch-romanischen Königreichs 238–241; JAHN, Geschichte der Burgundionen 43–48; COVILLE, Recherches 220–222, 315.

[87] Wenn auch in den älteren Editionen als 1. Konzil von Lyon gezählt – z. B. bei Sirmond – dürften doch weitere Synoden vorher an diesem Ort getagt haben, vgl. MARTIN, Conciles et bullaire de Lyon 12 f., der dieses als 6. Konzil von Lyon bezeichnet. – Bei Mansi VIII 571 sind den vier (bzw. sechs) Kanones weitere sechs zugeordnet, sie stammen jedoch aus Fehlzuschreibungen bei Burchard von Worms und Ivo von Chartres.

[88] Dieser terminus post quem ergibt sich deutlich daraus, daß ein Kanon dieses Konzils übertreten wurde. Ein terminus ante quem ist weder aus den Akten noch den Sedenzzeiten der Bischöfe zu entnehmen. Im allgemeinen wird in der Literatur das Todesjahr des Königs Sigismund 523 genannt. Der Bezug zu Epao spricht eher für eine Datierung auf die Jahre 518/19.

[89] Viventiolus, Metropolit von Lyon (um 517 – vor 538); Julianus, Metropolit von Vienne (518 – nach 533) – so De Clercq, Conc. Gall. 40; Chevalier, Oeuvres VII Anm. 31 – oder Bischof von Carpentras (um 483 – um 530) – so Peiper, MGH. AA VI/2 316 –; Silvester, Bischof von Chalon-sur-Saône (vor 517–526); Apollinaris, Bischof von Valence (499 – um 520); Victorius, Bischof von Grenoble (516–523); Claudius, Bischof von Besançon (vor 517 – nach 518/19); Gregorius, Bischof von Langres (507–539); Maximus, Bischof von Genf (513–533); Saeculatius, Bischof von Die (vor 517 – nach 518/19); Florentius, Bischof von Orange (vor 517 – nach 514); Fylagrius, Bischof von

Metropoliten von Lyon abhingen und acht von Vienne; wie in Epao war auch hier Claudius von Besançon anwesend. Auf keiner der beiden Listen befindet sich jedoch die Unterschrift des Metropoliten Avitus von Vienne, was vermuten läßt, daß das Konzil nach seinem Tode (5. 2. 518) stattfand.[90]

Anlaß des Konzils war der Fall des königlichen Beamten Stephan, der trotz vorheriger Warnungen den Kanon 30 von Epao übertreten hatte, indem er als Witwer Palladia, die Schwester seiner Frau heiratete. Das Konzil von Lyon wurde zusammengerufen, um ihn abzuurteilen. Nach Kanon 1 hatte schon vorher ein Konzil stattgefunden, auf dem er exkommuniziert worden war.[91] Die Viten des hl. Apollinarius, der auf dem Konzil anwesend war, und seines Bruders Avitus berichten von dieser Exkommunikation[92] und beschreiben die Wut des Königs nach Empfang dieser Nachricht. Das erklärt den Druck, den der Kanon 1 des Konzils von Lyon auf den König auszuüben suchte, um ihn zur Einsicht zu bringen.

In den älteren Konzilsausgaben wurde der Konzilstext in sechs Kanones aufgeteilt. Maassen und De Clerq fassen dagegen cc. 1–3 in einen Kanon zusammen. Der Kanon 6 der älteren Editoren ist in Wirklichkeit aber nichts anderes als ein zusätzlicher Vermerk über das Entgegenkommen, das die Bischöfe gegenüber den Schuldigen zeigen, um dem König einen Gefallen zu tun. Auf diesen Vermerk folgen nochmals 9 Unterschriften; diejenigen des Metropoliten von Lyon und des Bischofs von Orange fehlen hier, obwohl beide die Kanones unterschrieben hatten. Vielleicht waren sie schon abgereist, als dieser Antrag nachträglich eingebracht wurde, oder sie waren nicht damit einverstanden.

Der erste Kanon betrifft gleichzeitig die Exkommunikation derjenigen, welche die Kanones von Epao übertreten und die Mittel, welche die Bischöfe anwenden, um sich einerseits den Strafmaßnahmen der weltlichen Gewalt gegen sie zu widersetzen und andererseits den König zur

---

Cavaillon (vor 517 – nach 533). Diese Namen entsprechen der Subskriptionsliste unter den Kanones. Im Anschluß an einen Nachtrag findet sich eine weitere Liste mit neun Namen, es fehlen dort Viventiolus und Florentius.

90 Dies ist auch ein Grund mehr, Julianus in der Unterschriftenliste als Metropoliten von Vienne zu identifizieren, zumal sein Name unmittelbar auf den des Erzbischofs von Lyon folgt.

91 *In nomine Trinitatis congregati iterato in unum in causa Stephani incesti crimine polluti in Leudunensi urbe degentes decrevimus* . . . (De Clercq, Conc. Gall. 39). Dieses frühere Konzil von Lyon ist wahrscheinlich mit dem oben 36 erwähnten identisch.

92 Vgl. den Bericht bei Chevalier, Oeuvres XII f. (nachgedruckt bei Hefele-Leclercq II/2, 1043 Anm. 1).

Erkenntnis seines Fehlers zu bringen, wenn er sich von der Kirche entfernt. Die beiden folgenden Kanones verteidigen die Rechte des Bischofs in seiner Diözese. Da die Bischöfe drohten, ihr Amt niederzulegen und sich in Klöster zurückzuziehen, gab der König nach, und Stephan und Palladia entschlossen sich, die öffentliche Buße auf sich zu nehmen.[93] Dieses Konzil, aus aktuellem Anlaß einberufen, hat Kanones erlassen, die wiederum direkten Bezug zu dem aktuellen Problem haben. Es ist daher nicht weiter verwunderlich, daß der Text in relativ wenigen Handschriften überliefert ist und auch nur von wenigen Sammlungen rezipiert wurde.[94]

---

[93] Vgl. den zusätzlichen Vermerk bei De Clercq, Conc. Gall. 41 Z. 55–58.
[94] Vgl. dazu im einzelnen unten 285.

3. Kapitel

DIE KONZILIEN DER PROVINZ ARLES (524–533)

Die Provinz Arles hatte unter den Kriegen der Franken mit den Burgundern und den West- und Ostgoten viel gelitten. Im Jahr 506, zur Zeit des Konzils von Agde, gehörten zur Kirchenprovinz Arles auch die Diözesen zwischen Drôme und Durance, deren Gebiete – wie auch der restliche Teil der Provinz Arles – vom Westgotenreich abhingen. Die oberbischöfliche Autorität des Bischofs von Arles wurde durch die Ansprüche der Bischöfe von Vienne und durch die Ausdehnung des burgundischen Staates in Frage gestellt, in dessen Verband die Burgunder das Gebiet der erwähnten Diözesen im Jahr 507 ihrem Reich eingliederten. Wir haben gesehen, daß am Konzil von Epao Bischöfe teilnahmen, die früher Suffragane von Arles gewesen waren. Im gleichen Jahr haben die Ostgoten Arles von den Burgundern und Franken „befreit" und für die kommenden Jahre den restlichen Teil der Provinz Arles besetzt.[1]
Die Konzilien der Provence werden bis zum Jahr 534 vollständig von Caesarius beherrscht. Seit 502 Bischof von Arles[2], erlebte Caesarius nacheinander die Herrschaft der Westgoten unter Alarich II. (484–507) und der Ostgoten unter Theoderich und Athalarich (508–534), dann um 534/35 den Zusammenbruch der gotischen Herrschaft, als die Frankenkönige sich der Provence bemächtigten. Caesarius mied jede Auseinandersetzung mit der neuen Herrschaft und versuchte, die offiziellen Beziehungen zwischen Kirche und Königtum zu „normalisieren". Er erneuerte die Kontakte zum Heiligen Stuhl im Gegensatz zum gesamten merowingischen Episkopat, für den die päpstlichen Dekretalen toter Buchstabe geblieben waren; er veranlaßte ein Eingreifen des Papstes jedesmal, wenn in einer wichtigen Frage eine Entscheidung zu treffen war. Die Entscheidung des Papstes benutzte er dann wie ein Gesetz; sie wird ein Rechtssatz wie die Konzilskanones es sind.[3] Aus diesem Grunde kommt es zu zahl-

---

[1] Vgl. zu der Entwicklung Wenskus, Die Burgunder 233; zu der Auseinandersetzung zwischen Vienne und Arles Gundlach, Der Streit der Bisthümer Arles und Vienne.

[2] Zu Caesarius (* 470/71, Bischof 502, † 27. August 542) vgl. R. J. H. Collins, Caesarius von Arles, in: TRE VII (1981) 531–536 mit weiteren Literaturangaben.

[3] Vgl. dazu den Briefwechsel um die Bestrafung des Bischofs Contumeliosus im Zusammenhang mit der Synode von Marseille unten S. 58–60.

reichen Anfragen an den Heiligen Stuhl, die auch veröffentlicht werden. Doch war dies ein zweischneidiges Schwert; wir werden sehen, daß der Papst sich Caesarius öfters widersetzte.[4]
Als „Mann der Tat" gründet er Klöster und wohltätige Einrichtungen; er erbaut Kirchen und Hospitäler. Kein origineller Theologe, ist er konservativ und traditionsbewußt: „Nous trouvons là, comme dans toutes les assemblées provinciales qu'il a présidées ou inspirées, comme aussi dans sa prédication, l'attrait de Césaire pour la compilation, son goût pour les thèmes et les sentences, qu'il emprunte à ses devanciers, parfois jusqu'au plagiat."[5] Er zeigt sich als gewissenhafter, sogar als peinlich genauer Seelsorger und wacht ebenso eifersüchtig über seine Vorrechte.
Auf dem Konzil von Orange kümmert er sich um die kirchliche Lehre; außerdem beschäftigen ihn vor allem drei Problemkreise:

1. die Organisation der Liturgie und der Pfarrei nicht nur in der Diözese, sondern in der ganzen Provinz[6];
2. in bezug auf sein Amt und seine Gerichtsbarkeit will er die Vorrechte des Sitzes von Arles gegen die Ansprüche des Bischofs von Vienne verteidigen[7];
3. in politischer Hinsicht sucht er einerseits die Achtung seines Priestertums und die Verteidigung der Interessen und Rechte der katholischen Bevölkerung durch die germanischen Könige zu erreichen, andererseits normale Beziehungen zwischen der katholischen Bevölkerung der Provence (ostgotisches Königreich) und derjenigen des oberen Rhônetales (burgundisches Königreich) zu erhalten.[8]

Im Jahre 513 war Caesarius nach Ravenna gerufen worden, um sich vor dem König zu rechtfertigen, weil von seiten der Regierung Theoderichs eine inhaltlich kaum bestimmbare, aber sicherlich ziemlich schwere Anklage gegen ihn erhoben wurde. Caesarius konnte sich jedoch allem Anschein nach leicht rechtfertigen, denn er begab sich, von Theoderich mit Geschenken überhäuft, zu Papst Symmachus, der zugunsten des

---

[4] Agapit I. gestattete ihm z. B. nicht, aus den bischöflichen Einkünften die Summe zu entnehmen, um ein Hospital zu gründen. Vgl. LANGGÄRTNER, Die Gallienpolitik 147.

[5] VOGEL, Saint Césaire d'Arles 10. Zu Caesarius' Rolle als Theologe vgl. auch W. M. DALY, Caesarius of Arles, a Precursor of Medieval Christendom, in: Traditio 26 (1970) 1–28; P. LEJAY, Le rôle théologique de Césaire d'Arles, in: Revue d'histoire et de littérature religieuse 10 (1905) 135–188, 217–266, 444–487, 579–616, auch separat Paris 1906.

[6] Zur Seelsorge unter Caesarius vgl. H. G. BECK, The Pastoral Care of Souls in South-east France during the Sixth Century, Rom 1950 (= Analecta Gregoriana 51); MALNORY, Saint Césaire 129–158.

[7] Vgl. dazu im einzelnen GUNDLACH, Der Streit der Bisthümer Arles und Vienne und LANGGÄRTNER, Die Gallienpolitik 107–165.

[8] Zu diesem Aspekt vgl. BARDY, L'attitude politique 241–256.

Caesarius die Vorrechte der Metropole Arles am 6. November 513 bestätigte, ihm das Pallium verlieh und ihn zum apostolischen Vikar von ganz Gallien ernannte (11. Juni 514) – was den Gegensatz zur Metropole Vienne nicht gerade verringerte.[9]

Im Jahre 514 erneuerte zudem Theoderich die Präfektur von Arles und ernannte den *patricius* Liberius, einen Römer und Katholiken, zum Präfekten. Dieser übte die Verwaltung gemeinsam mit Caesarius aus, der so eine wirksame Hilfe fand, um die Probleme der Disziplin und des Kirchenguts zu lösen.[10] Es fällt auf, daß Caesarius zwischen 506 und 524 kein Konzil abhielt, obgleich er sich sehr um die Entwicklung der Pfarreien, die Verteilung der kirchlichen Einkünfte und die Intensivierung der christlichen Religion auf dem Lande kümmerte. Nach seiner Rechtfertigung in Ravenna scheint die weltliche Gewalt ihn nicht an der Einberufung von Konzilien gehindert zu haben, denn er war der Unterstützung des Präfekten sicher. Vielleicht hat er auf Konzilien verzichtet, weil die Bischöfe nördlich der Durance davon ausgeschlossen gewesen wären, die er aber noch immer als seine Suffragane ansah, obgleich ihr Gebiet zum Königreich Burgund gehörte. Nachdem Theoderich im Jahre 523 diese Gebiete wiedergewonnen hatte, mithin der Metropolit Caesarius nun auch seine früheren Suffragane zurückerhalten hatte, bewies er seine Autorität und berief Konzilien ein. Wahrscheinlich hat er absichtlich die Konzilien in Carpentras, Orange und Vaison einberufen, also in Städten, die er von der Metropole Vienne zurückerhalten hatte.

Er setzte jetzt auch die Organisation der Pfarreien fort, die auf dem Konzil von Agde begonnen worden war, und berief in regelmäßigen Abständen Provinzialkonzilien ein. Diese Konzilien erließen nicht nur Gesetze, sie dienten auch als Gerichtshöfe, vor denen die Vergehen von Bischöfen abgeurteilt wurden. Zu den Problemen der Disziplin kamen für Caesarius noch Probleme der Kirchenlehre, die aufgrund der Rivalität zwischen den Metropolen Arles und Vienne verschärft wurden.

Daher gab es in der Provence zwei Arten von Konzilien: die einen betrafen die Disziplin des Klerus und die Organisation der Pfarreien (Arles 524, Vaison 529, Marseille 533) und zusätzlich die Verurteilung der Verstöße gegen bestehende Vorschriften (Carpentras 527); die anderen befaßten sich mit der Kirchenlehre (Orange 529) und reagierten auf den rivalisierenden Metropoliten (Valence 529).

---

[9] Zu den Quellen und ihrer Interpretation vgl. zuletzt Langgärtner, Die Gallienpolitik 118–138.

[10] Vgl. dazu im einzelnen Bardy, L'attitude politique 252 f.

a) Das Konzil von Arles (6. Juni 524)[11]

Anlaß für die Abhaltung dieses Konzils war die Weihe der Marienkirche zu Arles am 6. Juni 524, zu der vierzehn Bischöfe der Provinz zusammengekommen waren. In einem kurzen Vorwort sagen sie selbst: *Cum ... in Arelatensi civitate sacerdotis Domini convenissent, congruum eis et rationabile visum est ut primum de observandis canonibus ... qualiter ... regola servaretur, salubri consilio definirent.*[12]
An diesem Konzil nahmen außer Caesarius dreizehn Bischöfe persönlich teil[13], vier weitere hatten Vertreter entsandt.[14] Einige der Bischöfe hatten schon am Konzil von Epao 517 teilgenommen, weil ihre Diözese damals unter burgundischer Herrschaft stand.[15]
Das Konzil von Arles hat nur vier Kanones verabschiedet, vielleicht weil

---

[11] Dieses Konzil wird von den Autoren, die die Echtheit des Konzils aus dem Jahre 443 oder 451 bestreiten, als das 3. Konzil von Arles bezeichnet. In den meisten alten Konzilsausgaben findet man es unter dem Namen Arelatense III, aber seit Sirmond heißt es Arelatense IV, und das falsche Konzil von 451 trägt die Nummer II.
Drucke: Crabbe ²I 630–632; Binius II 385–387; Sirmond I 207–209; Coll. regia XI 33–40; Labbe – Cossart IV 1622–1626; Hardouin II 1069–1072; Coleti V 763–768; Mansi VIII 625–632; Labat I 918–920; Bruns II 174 f.; Maassen, Conc. I 35–39; Morin, Sancti Caesarii opera II 60–62; De Clercq, Conc. Gall. 43–46.
Literatur: Hefele – Leclercq II/2, 1060–1062; Malnory, Saint Césaire 135 f.

[12] De Clercq, Conc.Gall. 43 Z. 1–6.

[13] Die Hs. Vat. Pal. lat. 574 spricht dies aus: *in hanc constitutionem XIIII episcopi subscripserunt.* Mehrere Hss., darunter Köln 212 (6. Jh.) und Berlin, Phillips 1745 (7. Jh.), erwähnen zweimal Cyprian und zweimal Florentius; andere Hss. (Berlin, lat. 435 und Phillips 1743, Paris, lat. 3846) erwähnen diese Namen nur einmal, sie enthalten auch nicht Montanus und Praetextatus und zählen also nur 10 Bischöfe auf. Hefele – Leclercq II/2, 1061 nennen 13 Bischöfe, ohne ihre Namen zu erwähnen. Hier die Liste nach De Clercq, Conc.Gall. 44 f. bzw. der Hs. Köln 212: Caesarius, Bischof von Arles (502–542); Contumeliosus, Bischof von Riez (vor 524 – nach 535); Cyprianus, Bischof von Toulon (vor 524 – um 549); Praetextatus II., Bischof von Apt (516–546); Julianus, Bischof von Carpentras (um 483 – um 530); Philagrius, Bischof von Cavaillon (vor 517 – nach 533); Cyprianus, nicht identifiziert; Maximus, Bischof von Aix (vor 524 – nach 541); Florentius, Bischof von Orange (vor 517 – 17. Oktober 524); Eucherius, Bischof von Avignon (vor 524 – nach 533); Florentius, Bischof von Saint-Paul-Trois-Châteaux (vor 517 – nach 524); Montanus, nicht identifiziert; Porcianus, Bischof von Digne (vor 524 – nach 533); Caelestius, nicht identifiziert.

[14] Es handelt sich um: Catafronius, Vertreter von Bischof Agricius von Antibes (vor 506 – nach 529) und von Severus, nicht identifiziert; Desiderius, Vertreter von Johannes, Bischof von Fréjus (521 – nach 524); Leontius, Vertreter des Constantius, Bischof von Gap (vor 517 – nach 529); Emeterius, Vertreter des Gallecanus, Bischof von Embrun (nach 517 – nach 549).

[15] Praetextus von Apt, Philagrius von Cavaillon, Florentius von Orange, Florentius von Saint-Paul-Trois-Châteaux.

es nicht genügend vorbereitet war, doch wurde die Reihe der Dekrete auf dem Konzil von Vaison im Jahre 529 fortgesetzt.[16]
Die Beschlüsse bringen zwar an sich nichts Neues, doch enthalten sie Auskünfte über die Entwicklung der Pfarreien und der Pfarrorganisation, wobei in der Regelung des Priesternachwuchses offenbar das wichtigste Problem bestand. Diesem Thema gelten alle vier Kapitel:

c. 1. betrifft das Weihealter: 25 Jahre für den Priester, 30 Jahre für den Bischof;
c. 2. gilt der Verpflichtung, ein Jahr in der Abgeschiedenheit von der Welt zu leben, um sich auf den geistlichen Stand vorzubereiten;
c. 3. verbietet, einen öffentlichen Büßer oder einen (sukzessiven) Bigamisten zu weihen;
c. 4. beschäftigt sich mit den flüchtigen Geistlichen.

Zwei von diesen vier Kapiteln wiederholen lediglich in anderem Wortlaut Kanones von Epao:

– Kanon 3 entspricht den Kanones 2 und 3 von Epao, wobei ein Unterschied in der Festsetzung der Strafen besteht. In Arles wird der Übeltäter exkommuniziert, in Epao aber wird er dem Urteil seiner geistlichen Brüder unterworfen und zeitweilig suspendiert.
– Kanon 4 wiederholt c. 7 von Epao, der selbst wiederum von c. 19 von Orléans beeinflußt ist.
– Kanon 1 wiederholt c. 1 von Karthago (397), der für das Diakonat das Alter von 25 Jahren festgesetzt hatte[17], sowie c. 11 von Neocäsarea (314/15), der für die Bischofswürde ein Alter von 30 Jahren verlangte.[18]

So kommen frühere Vorschriften wieder zu Ehren. Der Kanon über das Weihealter wurde anscheinend veröffentlicht, um zu junge Männer auszuschließen, und um so die Bischöfe der Zudringlichkeit mancher Großen nicht auszusetzen, welche die Weihe ihrer Schützlinge verlangten. Außerdem sollte auch von der Weihe ausgeschlossen werden, wenn es an der nötigen Reife fehlte. Ein Probejahr wurde verlangt, um sicher zu gehen, daß die Laien, die geweiht werden wollten, dazu auch würdig waren.
Die Kanones 3 und 4 wurden später in das Dekret Gratians aufgenommen.[19]

---

[16] Vgl. unten 56–58.
[17] Vgl. Munier, Conc. Africae 33.
[18] Vgl. zu dem Konzil G. Bardy, Néocésarée, in: DDC VI (1954) 995–997; Text bei Turner, Ecclesiae Occ. Mon. Iur. Ant. II (1907–39) 133 und 135 (Dionysii II). Eher ist wohl an eine Übernahme aus den Kanones von Agde 506 zu denken, die in c. 16 und 17 entsprechende Vorschriften enthalten, vgl. Munier, Conc. Gall. 201.
[19] D. LV c. 2 und C. XXXI q. 5 c. 51; das Konzil war so bekannt, daß Burchard, Ivo von

b) Das Konzil von Carpentras (6. November 527)[20]

Einerseits bemühte sich, wie wir schon feststellten, Caesarius darum, die Provinzialkonzilien wieder zu Ehren zu bringen und sie möglichst abwechselnd in den verschiedenen Bischofsstädten zusammenzurufen. Andererseits war dieses Konzil als Gerichtshof gedacht, weil der Bischof von Antibes den Kanon 2 des Konzils von Arles 524 nicht beachtet hatte. Tatsächlich hatte Bischof Agricius von Antibes einen gewissen Protadius zum Priester geweiht, ohne das geforderte Probejahr von ihm zu verlangen. Dieses Vergehen mußte bestraft werden, wenn man dem geltenden Recht Achtung verschaffen wollte. Schließlich mußte auch die Organisation der Diözesen in dem Maße fortgesetzt werden, in dem sich neue Probleme stellten.

Das Konzil von Carpentras war also ein Provinzialkonzil mit jurisdiktionellem Charakter. Der Metropolit hatte es einberufen, und 15 Bischöfe nahmen teil, weitgehend dieselben, die schon in Arles dabei waren, mit Ausnahme des angeklagten Bischofs, der nicht erschien und sich auch nicht vertreten ließ. Außerdem waren die Bischöfe von Vaison und von Vence sowie zwei Bischöfe, deren Sitze sich nicht feststellen lassen, anwesend. Die Bistümer Orange, Saint-Paul-Trois-Châteaux und Fréjus hatten inzwischen neue Bischöfe, die alle persönlich erschienen.[21] Zum Schluß des Konzils wurde ein Synodalschreiben verfaßt und unterzeich-

---

Chartres, Gratian und die Sammlung von Saint Bavo ihm noch zahlreiche andere Kanones zuschrieben. Mansi hat 23 gedruckt, die fälschlich diesem Konzil von Arles zugeschrieben wurden. Vgl. dazu auch unten 297.

[20] Drucke: Crabbe ²I 630; Binius II 395 f.; Sirmond I 212–214; Coll. regia XI 57–60; Labbe – Cossart IV 1663–1666; Hardouin II 1095 f.; Coleti V 805–808; Mansi, Suppl. I 412; Mansi VIII 707–710; Labat I 926–928; Gonzalez 267 f.; Bruns II 175 f.; Tejada I 468–475; Maassen, Conc. I 40–43; Morin, Sancti Caesarii opera II 63–66; De Clercq, Conc. Gall. 47–52.

Literatur: Hefele – Leclercq II/2, 1074–1076; Malnory, Saint Césaire 136; M.-H. Laurent, Carpentras, in: DHGE XI (1949) 1114.

[21] Liste der Bischöfe nach De Clercq, Concilia 48 f.: Caesarius, Bischof von Arles (502 – 25. August 542); Contumeliosus, Bischof von Riez (vor 524 – nach 535); Julianus, Bischof von Carpentras (um 483 – um 530); Cyprianus, Bischof von Toulon (vor 524 – um 549); Constantius, Bischof von Gap (vor 517 – nach 529); Philagrius, Bischof von Cavaillon (vor 517 – nach 533); Porcianus, Bischof von Digne (vor 524 – nach 533); Eucherius, Bischof von Avignon (vor 524 – nach 533); Gallecanus, Bischof von Embrun (nach 517 – nach 549); Prosper, Bischof von Vence (525 – nach 533); Alethius, Bischof von Vaison (vor 527 – nach 541); Uranius, nicht identifiziert; Heraclius, Bischof von Saint-Paul-Trois-Châteaux (vor 527 – nach 541); Lupercianus, Bischof von Fréjus (vor 527 – nach 529); Principius, nicht identifiziert; Vindimialis, Bischof von Orange (vor 527 – nach 549).

net, um dem schuldigen und abwesenden Bischof das Ergebnis der Beratungen mitzuteilen. Ein anderes Schreiben ging an den Heiligen Stuhl zu dessen Information und mit der Bitte um Bestätigung der Konzilsbeschlüsse. Darin war bereits ein weiteres Konzil vorgesehen, das ursprünglich am 6. November des folgenden Jahres in Vaison tagen sollte, tatsächlich aber erst zwei Jahre später stattfand.[22]

Nun zu den Verhandlungsgegenständen des Konzils:

1. Die Verurteilung des Agricius wird uns in dem Synodalschreiben überliefert, das von den Konzilsbischöfen unterschrieben ist und dem Schuldigen folgendes Urteil bekanntgibt[23]: Da er ein Gesetz übertreten hat, das er zudem selbst unterschrieben hatte, wird er für die Dauer eines Jahres seines Amtes enthoben. Um sicher zu sein, daß in Zukunft die Anwendung des Kanons über die *praemissa conversio*, die für die Dauer eines Jahres von den Laien verlangt wird, nicht mehr bestritten wird, erbat Caesarius vom Heiligen Stuhl eine Bestätigung der Entscheidung des Konzils. Diese erfolgte in einem Schreiben von Papst Felix IV. vom 3. Februar 528 an Caesarius von Arles.[24]

2. Außer mit der Verurteilung des Agricius hatte das Konzil sich auch mit Klagen des Landklerus zu beschäftigen und die dringenden Probleme seines Lebensunterhaltes zu lösen. Gemäß dem Konzil von Agde 506 war der Bischof für das Kirchengut verantwortlich. Dieses System erleichterte zwar die Güterverwaltung, führte aber auch zu Mißbräuchen: die Bischöfe nahmen da und dort die Einkünfte für sich selbst in Anspruch. Schon zu Orléans 511 (c. 6) hatten die Bischöfe des fränkischen Königreiches, in Epao 517 die des burgundischen versucht, diese Verstöße einzuschränken. Auch Caesarius sah sich gezwungen, Maßnahmen zu ergreifen, um den Lebensunterhalt des Pfarrklerus zu sichern. Dies war aber nur eines der vielen Probleme, welche die Organisation der Pfarreien stellte, nicht der Hauptzweck des Konzils. Daher wurde ein weiteres Konzil für das kommende Jahr in Vaison geplant.[25]

---

[22] Vgl. unten 56.
[23] Vgl. den Text bei De Clercq, Conc. Gall. 48.
[24] Vgl. JK 874, Text bei De Clercq, Conc. Gall. 51 f.
[25] Vgl. De Clercq, Conc. Gall. 48 Z. 21 f.

c) Das Konzil von Vaison (5. November 529)[26]

Obwohl für das Jahr 528 vorgesehen, fand es erst ein Jahr später statt. Vielleicht wurde es verschoben, weil man sich mit dogmatischen Problemen und der Vorbereitung des Konzils von Orange (Juli 529) befassen mußte. Jedenfalls wurden diese Themen nicht vermischt, die beiden Konzilien wurden vielmehr im selben Jahr im Abstand von wenigen Monaten abgehalten. Obgleich das von Orange zeitlich vor dem von Vaison stattfand, werden wir dieses zuerst besprechen, da es die Konzilien von Arles und Carpentras ergänzt und noch einmal die Disziplin der Kleriker und die Pfarrorganisation behandelt. Ursprünglich war diese Reihenfolge ja auch vorgesehen.

Diesmal versammelte sich das Konzil nicht, um als Gerichtshof einen bestimmten Fall abzuurteilen, sondern es war geplant und periodisch notwendig. Sein Ziel war, an frühere Disziplinvorschriften zu erinnern und durch einige neue Kanones Pfarreien und Liturgie zu ordnen.

Zu dem Provinzialkonzil der Provinz Arles kamen unter dem Vorsitz des Caesarius elf Bischöfe zusammen, die nach einigen frühen Handschriften[27] teils mit dem Zusatz „einverstanden“ *(consensi)*, teils mit dem einfachen Vermerk „gelesen“ *(relegi)* unterzeichneten. Spätere Handschriften bieten nur die Unterschriften. Die meisten Bischöfe hatten schon an früheren Konzilien teilgenommen. Die Unterschrift des Bischofs von Vaison fehlt.[28]

---

26 In den meisten Konziliensammlungen wird dieses Konzil als Concilium Vasense II bezeichnet. Drucke: Crabbe ²I 626 f.; Binius II 394 f.; Sirmond I 225–227; Coll. regia XI 75–79; Labbe – Cossart IV 1679–1682; Hardouin II 1105 f.; Coleti V 821–824; Mansi VIII 725–728; Amort II 339–341; Labat I 954–958; Bruns II 183 f.; Tejada I 394–397; Maassen, Conc. I 55–58; Morin, Sancti Caesarii opera II 85–88; De Clercq, Conc. Gall. 77–81. Literatur: Hefele – Leclercq II/2, 1110–1115; Malnory, Saint Césaire 138–143; Arnold, Caesarius von Arelate 353–356; Langgärtner, Die Gallienpolitik 144–147.

27 Paris, Bibl. nat. lat. 12 097; Köln 212; Berlin, Phillips 1745; vgl. De Clercq, Conc. Gall. 80. Die Hs. von Köln fügt an die Liste der Bischöfe vier delegierte Priester an, aber mit dem Datum *sub die VIII. id. Aprilis Florentio u. c. consule* (6. 4. 515), was die Tatsache ziemlich verdächtig macht: sie vertraten Agricius, Bischof von Antibes (vor 506 – nach 529), Lupercianus, Bischof von Fréjus (vor 527 – nach 529) und die nicht identifizierten Bischöfe Rusticius und Principius.

28 Liste der Bischöfe nach De Clercq, Conc. Gall. 80 bzw. den in Anm. 27 genannten Hss.: Caesarius, Bischof von Arles (502 – 25. August 542); Contumeliosus, Bischof von Riez (vor 524 – nach 535); Constantius, Bischof von Gap (vor 517 – nach 529); Cyprianus, Bischof von Toulon (vor 524 – um 549); Maximus, Bischof von Aix (vor 524 – nach 541); Porcianus, Bischof von Digne (vor 524 – nach 533); Eucherius, Bischof von Avignon (vor 524 – nach 533); Gallicanus, Bischof von Embrun (nach 517 – nach 541); Prosper, Bischof von Vence (525 – nach 533); Heraclius, Bischof von Saint-Paul-Trois-

Nachdem die Bischöfe die älteren Kanones gelesen hatten, veröffentlichten sie fünf Kanones, denen eine kurze Vorrede vorausgeht. Von diesen Kanones[29] lehnten drei sich an Vorbilder an, die anderwärts schon in Kraft waren: in Italien, in Afrika und im Orient (cc. 1, 3, 5).
Zwei Kanones beziehen sich auf die Pfarrorganisation und fordern die Gründung von Priesterschulen, um Lektoren auszubilden und um den Priesternachwuchs zu sichern (c. 1), sowie auf die Predigt in den Kirchen auf dem Lande durch Priester oder Diakone (c. 2).
Die übrigen Kanones befassen sich mit dem Ritus: Gesang des *Kyrie eleison* zur Matutin, bei der Messe und in der Vesper, des *Sanctus* in der Messe (c. 3); Erwähnung des amtierenden Papstes in der Liturgie (c. 4); Hinzufügung der Worte *sicut erat in principio* ... am Schluß des *Gloria patri,* um anzudeuten, daß der Gottessohn ewig ist (c. 5).
Wirkliche Neuerungen stellten die beiden Kanones über die Pfarrorganisation dar: Im ersten sieht man, wie der Metropolit sich ständig um den Nachwuchs und die Ausbildung des Klerus kümmerte. Die Eheerlaubnis für die Lektoren setzt für diese, ohne daß es ausdrücklich gesagt wird, die Möglichkeit voraus, auf den unteren Stufen des geistlichen Amtes zu bleiben.[30]
Das zweite Kapitel gibt den Priestern das Recht zu predigen, das bisher den Bischöfen vorbehalten war. Dies bedeutet einen wirklichen Umschwung, bedenkt man, daß noch Papst Cölestin I. ein Jahrhundert zuvor den Bischöfen verboten hatte, den Priestern das Predigen zu übertragen.[31] Caesarius hingegen zieht nun in Betracht, daß sich die Pfarreien vergrößert hatten und ihre Zahl gestiegen war, so daß es den Bischöfen fortan unmöglich war, in jeder Pfarrei zu predigen. Caesarius will jedoch die Unwissenheit der Gläubigen beheben, die deshalb vom Priester – oder wenn dieser verhindert ist – von einem Diakon unterrichtet werden sollen. Falls letzterer nicht das Recht hat zu predigen, kann er wenigstens die Homilie eines Kirchenvaters vorlesen.[32] Dementsprechend hatte Caesarius die Bischöfe zur eifrigen Predigt ermahnt und ihnen eingeschärft, daß sie, falls das Predigen ihre Kräfte und Fähigkeiten übersteige, ihre Priester oder ihre Diakone damit beauftragen sollen: „Ce n'est donc

---

Châteaux (vor 527–541); Vindimialis, Bischof von Orange (vor 527 – nach 549); Aquitanus, nicht identifiziert.

29 Gratian schreibt in C. XIII q. 2 c. 15 diesem Konzil einen weiteren Kanon zu, der in Wahrheit c. 6 des sog. *Concilium Namnetense* ist. Vgl. dazu unten 203.

30 Vgl. Hefele-Leclercq II/2, 1112 Anm. 1.

31 Vgl. JK 381, Text in Migne PL 50, 528.

32 Vgl. Malnory, Saint Césaire 139.

pas", schreibt A. Malnory, „dans un esprit hostile aux prérogatives de ses collègues que l'evêque d'Arles a fait entrer les prêtres en partage de la prédication, mais plutôt par condescendance pour leur faiblesse et leur inexpérience"[33].

d) Das Konzil von Marseille (26. Mai 533)[34]

Contumeliosus, Bischof von Riez, hatte die Kanones über die Verwaltung der kirchlichen Güter verletzt. Außerdem war er wegen Ehebruchs und Sittenlosigkeit angeklagt. Um ihn zu verurteilen, rief Caesarius ein Konzil in Marseille zusammen, das letzte, das Caesarius abhielt. Es ist ein Provinzialkonzil mit richterlichem Charakter, wie das Konzil von Carpentras im Jahre 527. Es trat am 26. Mai 533 unter dem Vorsitz des Caesarius zusammen; 14 Bischöfe[35] und ein bevollmächtigter Priester waren anwesend.[36] Nach dem Metropoliten unterzeichneten sie das Protokoll. Der Angeklagte erschien diesmal persönlich und gestand seine Vergehen ein. Diesem Protokoll wurden später die mit dem Konzil zusammenhängenden Briefe angefügt[37]:

- ein Brief des Papstes Johannes II. an die Bischöfe Galliens[38];
- ein Brief desselben Papstes an die Gemeinde des verurteilten Bischofs Contumeliosus von Riez[39];

---

33 Malnory, Saint Césaire 142.

34 Drucke: Labat I 966–976; Maassen, Conc. I 60 f.; Morin, Sancti Caesarii opera II 88–89; De Clercq, Conc. Gall. 84–97. Literatur: Hefele-Leclercq II/2, 1125–1130; Malnory, Saint Césaire 154–158; Arnold, Caesarius von Arelate 373–390; Barion, Synodalrecht 208 f.; Langgärtner, Die Gallienpolitik 144–147.

35 Liste der Bischöfe nach De Clercq, Concilia 85 f.: Caesarius, Bischof von Arles (502 – 25. August 542); Cyprianus, Bischof von Toulon (vor 524 – um 549); Maximus, Bischof von Aix (vor 524 – nach 541); Praetextatus, Bischof von Apt (516–546); Porcianus, Bischof von Digne (vor 524 – nach 533); Eucherius, Bischof von Avignon (vor 524 – nach 533); Eucherius, Bischof von Antibes (vor 529 – nach 541); Prosper, Bischof von Vence (525 – nach 533); Aletius, Bischof von Vaison (vor 527 – nach 541); Heraclius, Bischof von Saint-Paul-Trois-Châteaux (vor 527–541); Vindimialis, Bischof von Orange (vor 527 – nach 549); Rusticius, Rodanius, Auxanius, nicht identifiziert; Pentadius, Bischof von Digne? (506 – nach 533). Es ist möglich, daß es zwei Bischöfe auf einem Bischofssitz gab, denn dies wird auf dem Konzil von Clichy 626/27 verboten, siehe unten 189–192. Vielleicht gab es aber auch einen Koadjutor eines Bischofs, der als Nachfolger ausersehen war: Bischof Julianus von Carpentras, der in Orange 529 vertreten ist, stand immerhin schon im 46. Jahr seines Episkopats, vgl. dazu unten 67.

36 Abt Valentinus, Delegierter des Bischofs Fylagrius von Cavaillon (vor 517 – nach 533).

37 Vgl. zu den Hss. De Clercq, Conc. Gall. 84.

38 JK 886, 7. 4. 534, Text bei De Clercq, Conc. Gall. 86.

39 JK 887, 6. 4. 534, Text bei De Clercq, Conc. Gall. 86 f.

– ein weiterer Papstbrief an Caesarius von Arles, den dieser mit Kanoneszitaten und einer längeren Abhandlung anreicherte, ehe er ihn an seine Suffragane weiterleitete[40];
– ein Brief des Papstes Agapit I. an Caesarius von Arles, der – auf Intervention des angeklagten Bischofs – das Urteil von Marseille rügt.[41]

Zwar lassen der Konzilstext und seine Nachwirkungen die Anschuldigungen gegen Contumeliosus nicht genau erkennen (*multa turpia et inhonesta*[42]), aber sie berichten in aller Klarheit, daß Contumeliosus die Anschuldigungen anerkannte (*ore proprio se confessus est perpetrasse*[43]) und auch die Verurteilung akzeptierte, nämlich in einem Kloster Buße zu tun und aus seinem Privatbesitz alles zurückzuerstatten, was er zu seinem eigenen Vorteil sich aus den Kirchengütern angeeignet hatte.

Das Konzil schickte dann offensichtlich an Papst Johannes II. einen Bericht über die Verhandlungen. Aus der Antwort des Papstes erfahren wir nun den genauen Tatbestand und die Verfehlungen, die dem Bischof von Riez zur Last gelegt wurden. Johannes II. war nicht mit den Beschlüssen des Konzils einverstanden: das Urteil erschien ihm zu milde. Außer der Internierung des Contumeliosus in einem Kloster zur Buße und der Rückgabe der Güter, die er der Kirche weggenommen hatte, beschloß der Papst, ihn abzusetzen und bis zur Ernennung eines neuen Bischofs in Riez einen Administrator einzusetzen. Diesen Beschluß gab er in den drei oben genannten Schreiben bekannt. Dem Brief an Caesarius fügte der Papst zur Begründung eine Reihe von Kanones über die Absetzung von zuchtlosen Geistlichen bei. Das nahm Caesarius wohl zum Anlaß, um in einer langen Abhandlung unter Berufung auf eine weitere Reihe von Kanones bei seinen Suffraganen die Annahme des päpstlichen Beschlusses zu erreichen.[44]

Contumeliosus jedoch hatte zwar auf dem Konzil seine Fehler eingestanden, da sie zu offenkundig waren und nicht geleugnet werden konnten, und die Buße in einem Kloster angenommen. Aber er beabsichtigte, schon vor Beendigung seiner Buße auf seinen Bischofssitz zurückzukehren und stützte sich dabei auf einen Formfehler des Prozesses: um die Strafe vollstreckbar zu machen, hätte das Konzil die Verfehlung des Bischofs genau bestimmen müssen. Die Absetzung wurde ausgesprochen,

[40] JK 888, vermutlich ebenfalls am 7. 4. 534 verfaßt, Text – mit den Hinzufügungen des Caesarius – bei De Clercq, Con. Gall. 87–96.
[41] JK 890, 18. 7. 535, Text bei De Clercq, Conc. Gall. 96 f.
[42] De Clercq, Conc. Gall. 85 Z. 6.
[43] De Clercq, Conc. Gall. 85 Z. 7.
[44] Vgl. den Text mit Angabe der Kanones und deren Identifizierung bei De Clercq, Conc. Gall. 88–95.

aber Contumeliosus legte Berufung beim Heiligen Stuhl ein. Da Papst Johannes II. inzwischen gestorben war, nützte Contumeliosus geschickt die Gelegenheit aus und erhob Anfang des Jahres 535 beim neuen Papst Einspruch.

Agapit I., der Nachfolger Johannes' II., antwortete in einem Brief vom 18. Juli 535 und warf Caesarius vor, den aufschiebenden Charakter des Berufungsschreibens nicht beachtet und einen Bischof wie einen gewöhnlichen Gläubigen einer Buße unterworfen zu haben.[45] Dieser Brief enthielt eine neue Reihe von Kanones[46] und ordnete eine Untersuchung durch ein neues Gericht an. Bis zum Ergebnis dieser Untersuchung könne der Bischof, wenn er seine Buße beendet habe, wieder in sein Bistum zurückkehren, aber er solle es unterlassen, Messe zu lesen und die Kirchengüter zu verwalten, von denen der notwendige Unterhalt des Bischofs bestritten würde. Wie dieser Streit endgültig beigelegt wurde, ist nicht mehr überliefert.

Von Papst Johannes II. wegen mangelnder, dann von Papst Agapit wegen zu großer Strenge getadelt, hatte Caesarius sich besonders auf die gallischen Konzilien berufen, um die Absetzung des Bischofs Contumeliosus und die Verweigerung der Restitution nach Leistung der Buße zu rechtfertigen.[47] Da das Konzil von Marseille trotz seiner Mängel in der Prozeßführung eine erdrückende Beweislast gegen Contumeliosus aufgehäuft hatte, erscheint die Milde Roms gegenüber diesem Mann als ein Ausdruck einer eher die formalen als die materiellen Aspekte des Rechts betonenden römischen Denkart.

[45] Vgl. De Clercq, Conc. Gall. 96 f.

[46] Sie werden angekündigt, sind aber in keiner Hs. überliefert.

[47] Vgl. De Clercq, Conc. Gall. 89: *Incipiunt tituli canonum Galleganis.* Es folgen c. 4 des Konzils von Valence 374, Munier, Conc. Gall. 40; c. 9 des Konzils von Orléans 511, De Clercq, Conc. Gall. 7; c. 12 von Orange 441, Munier, Conc. Gall. 84; c. 22 des Konzils von Epao 517, De Clercq, Conc. Gall. 29 f.

4. Kapitel

DOGMATISCHE KONZILIEN ZU VALENCE UND ORANGE 529

Zur erwähnten politischen Rivalität zwischen den Metropolen Vienne und Arles kamen noch theologische Meinungsverschiedenheiten, die den Ausgangspunkt für zwei Konzilien darstellten. Das eine, von dem weder das genaue Datum noch der genaue Text bekannt ist, fand in Valence statt, das andere in Orange im Jahre 529. Letzteres war das erste Konzil in Gallien, das dogmatische Beschlüsse faßte und daher trotz der begrenzten Zahl von Teilnehmern in der Kirche des Westens Bedeutung erlangte.

Es steht im Zusammenhang mit der Auseinandersetzung um Pelagius, der sich gegen jene Lehre wandte, die seiner Ansicht nach den Menschen erniedrigt, indem sie seine volle Willensfreiheit bestreitet und das Böse als Grundprinzip annimmt. Er formulierte daher die nach ihm benannte Lehre, der der hl. Augustinus seine Gnadenlehre entgegengesetzt hat. Die beiden Positionen seien im folgenden kurz gegenübergestellt[1]:

Pelagius:

1. Die Sünde Adams hat die Natur seiner Nachkommen nicht beeinflußt; der Mensch ist vollkommen frei, zwischen Gut und Böse zu wählen.
2. Die Gnade besteht einzig und allein in den Fähigkeiten, die Gott uns gegeben hat, sowie im Vorbild und in der Lehre Christi.
3. Selbst wenn es eine innere Gnade gibt, so ist sie doch nicht notwendig; der Mensch kann allein durch seine eigenen Kräfte die Sünde meiden.

---

[1] Zur Lehre des Pelagius und den daraus sich ergebenden Auseinandersetzungen vgl. zuletzt O. Wermelinger, Rom und Pelagius. Die theologische Position der römischen Bischöfe im pelagianischen Streit in den Jahren 411–432 (= Päpste und Papsttum 7) Stuttgart 1975; vgl. auch Baus-Ewig, Die Reichskirche nach Konstantin dem Großen 168–185 (Pelagius und die Folgen); zu Augustinus' Gnadenlehre vgl. A. Zumkeller, Einführung und Erläuterung. Sankt Augustinus – Lehrer der Gnade. Schriften gegen die Pelagianer I, Würzburg 1971, II Würzburg 1964, VII Würzburg 1955. Eine kurze systematisierende Darstellung der Lehren des Augustinus und des Pelagius findet sich bei Lorenz, Das vierte bis sechste Jahrhundert C 58 – C 61 (Augustinus' Gnadenlehre) C 63 – C 68 (Pelagius).

Augustinus:

1. Infolge der Sünde Adams werden alle Menschen ohne die heiligmachende Gnade geboren und sind daher der Unwissenheit, der Konkupiszenz, dem Schmerz, dem Tode und der ewigen Verdammnis preisgegeben.
2. Ohne Gottes Hilfe, durch die der Geist des Menschen erleuchtet und sein Wille gestärkt wird, das heißt ohne die wirkende Gnade kann der Mensch sein Heil nicht finden.
3. Obgleich der Mensch nicht absolut determiniert ist, eine bestimmte Sünde zu begehen, ist er doch trotz aller Anstrengung unfähig, jede Sünde zu meiden.

Wenn nun Pelagius auch annimmt, daß Gott uns hilft, so daß wir unter Gottes Führung ohne Sünde leben können, so leugnet er doch die Erbsünde. Indem er die Folgen der Sünde Adams vermindert, verkleinert er auch die Bedeutung der Erlösung durch Christus.
Augustinus hingegen geht seinen Weg konsequent zu Ende und kommt zu der Auffassung, daß die Prädestination absolut ist und von Ewigkeit her besteht. Niemand werde von der ewigen Verdammnis erlöst ohne die Barmherzigkeit Gottes und ohne eine Gnade, auf die er kein Anrecht habe. Die Lehre des Pelagius hatte einen großen Einfluß im Abendland, wo die Theologie sich hauptsächlich mit dem Heil des Einzelnen befaßte, und nicht wie im Orient mit der Erforschung des Wesens oder der Person Christi. Besonders in Gallien war das theologische Denken an erster Stelle auf praktische Fragen ausgerichtet, deren Lösung im Interesse der Tätigkeit und des täglichen Lebens der Menschen liegt. Die Lehre des Pelagius war auf den Konzilien von Karthago (411) und von Jerusalem (415) verurteilt worden, und trotz der gemäßigten Beschlüsse des Konzils von Diospolis (415)[2] war die Verurteilung nachher von den Konzilien von Mileve (416) und von Karthago (418) bestätigt worden. Die Kirche Galliens nahm die Lehre des heiligen Augustinus an. Doch diese Lehre stieß wegen ihrer pointierten Lösungen auf wenig Verständnis in einem Lande, wo man von Natur aus wenig zum Mystizismus neigt: der Gnade Gottes allen Verdienst an menschlichen Taten zuzuschreiben, drohte den Menschen bei der Suche nach dem Guten zu entmutigen, da das Gefühl seiner Ohnmacht ihn erdrückte. Die Theologen aus Gallien sorgten deshalb dafür, daß dem freien Willen der Anteil gebilligt wurde, der ihm zusteht. In Südgallien bildete sich eine Partei, die zwar die Irrlehre des

[2] Das Konzil von Diospolis (Lydda) erklärte Pelagius für unschuldig, obgleich es verschiedene Punkte seiner Lehre verurteilte, vgl. Wermelinger, Rom und Pelagius 46–56.

Pelagius ablehnte, sich aber weigerte, die Schlüsse des hl. Augustinus vorbehaltlos anzunehmen. Das Zentrum dieser Partei befand sich im Kloster Lérins, und ihre Anhänger wurden von den Zeitgenossen Massilienses genannt. Sie gaben den ersten Anstoß zu der Lehre des sogenannten Semi-Pelagianismus[3], die zwischen der Auffassung des Augustinus und des Pelagius liegt.

Der Semi-Pelagianismus wird von Cassian von Marseille († 430/35) in den *Collationes* dargelegt und in Gallien durch Cassian, Faustus von Riez († vor 500) und Gennadius († 492/505) verbreitet. Er sucht nach einem Mittelweg zwischen dem augustinischen Extrem bezüglich der Notwendigkeit der zuvorkommenden Gnade und dem Extrem des Pelagius, der alles Heil in die Macht des Menschen legt. Cassian versucht darum, die Gnade mit dem freien Willen in Übereinstimmung zu bringen: wenn Gott den Gerechten seine Gnade gibt und ihnen so gestattet, das ewige Heil zu erlangen, dann belohnt er sie für ihre Verdienste.

Cassian nimmt jedoch an, daß beim Heilsprozeß der größte Teil nicht den guten Werken zu verdanken ist, sondern der göttlichen Gnade. Im Gegensatz zur Auffassung des Augustinus kann der Mensch also die Gnade verdienen. Prosper von Aquitanien († nach 455) bekämpfte diese Lehre. Obgleich sie im Jahre 431 von Papst Cölestin I.[4], dann durch ein Schreiben des Anastasius II. an die Bischöfe Galliens 498[5], abgelehnt wurde, hatte sie noch zu Beginn des 6. Jahrhunderts Bestand und war in Gallien von einer großen Mehrzahl der Bischöfe angenommen worden, insbesondere in der Provinz Vienne.

Caesarius von Arles, ein getreuer Anhänger der Lehre des Augustinus, war beeindruckt von einer neuen Streitschrift des Johannes Maxentius (Anf. 6. Jh.) und von den Abhandlungen des Fulgentius von Ruspe († 532) und trat offen für die unentbehrliche und zuvorkommende Wirkung der Gnade ein. Das war der theologische Hintergrund für die Konzilien von Valence und Orange.

H. Leclercq[6] hebt hervor, daß nicht nur die theologische Frage, sondern

[3] Der Ausdruck Semi-Pelagianismus, heute meist gebraucht, um die Marseiller Lehre zu bezeichnen, tauchte erst Anfang des 17. Jahrhunderts bei den Diskussionen über den Molinismus auf, die von den Kongregationen „de auxiliis“ in Rom auf Anordnung Clemens VIII. geführt wurden. Er wurde auch von Noris in seiner Historia pelagiana gebraucht (Padua 1673, Leipzig 1677, Louvain 1702, Wien 1775). Zum Semi-Pelagianismus vgl. M. Flick, Semipelagianismus, in: LThK² IX (1964) 650–652 mit weiterführender Literatur; Vogt, Semipelagianerstreit, in: HKG (J) II/2 (1975) 297–302; Lorenz, Das vierte bis sechste Jahrhundert C 68 – C 71.

[4] JK 381.

[5] JK 751.

[6] Vgl. Hefele-Leclercq II/2, 1385; ebenso Langgärtner, Die Gallienpolitik 143 f.

auch die Rivalität zwischen den Metropolen Vienne und Arles sowie der politische Zusammenhang, in dem sich diese Rivalität entfaltete, für die Einberufung der Konzilien maßgebend war. Der Metropolit von Vienne, Avitus, hatte wohl nicht ohne Verdruß mitangesehen, wie Papst Symmachus dem Caesarius das Vikariat über Gallien anvertraute und auch die Abhängigkeit der Bischöfe der Diözesen zwischen Drôme und Durance als Suffragane von Arles bestätigte.[7] Übrigens ging Avitus über diese Einteilung der Diözesen hinweg, als er eben diese Suffragane zum Konzil von Epao einlud. Indem er sich so um die Bischofsstädte kümmerte, die von Arles abhingen, zog er sich die Vorwürfe von Papst Symmachus zu, der ihn beschuldigte, sich auf die weltliche Macht, die *patrocinia saecularia*[8], zu stützen.

Julianus, der Nachfolger des Avitus, erhob für sich dieselben Ansprüche, mußte aber mitansehen, daß diese Diözesen ihm endgültig verloren gingen, als sie an die Provence angegliedert wurden.[9]

Caesarius nahm andererseits sein Vikariat ernst, und als Vikar des Papstes sorgte er für die Aufrechterhaltung der Orthodoxie in streng römisch-katholischem Sinne.

Welches der beiden Konzilien[10], das von Orange oder das von Valence, zuerst stattfand, läßt sich nicht mit letzter Gewißheit sagen. Vom Konzil von Orange kennen wir Akten bzw. Kanones und das genaue Datum: 3. Juli 529, wogegen das Datum des Konzils von Valence, das wir nur aus der „Vita Caesarii" kennen, nirgends überliefert ist. Diese Vita ist von fünf Schülern des Caesarius verfaßt worden: von Cyprianus von Toulon, von

---

[7] Vgl. oben 50 f.

[8] Vgl. JK 765.

[9] Vgl. oben 17.

[10] Orange 529, Drucke: Crabbe [2]I 627–629; Binius II 391–394; Sirmond I 215–222; Coll. regia XI 61–75; Labbe-Cossart IV 1666–1678; Hardouin II 1097–1104; Coleti V 807–820; Mansi VIII 711–724; Labat I 936–950; Bouquet IV 105 f. (Exzerpte); Bruns II 176–183; Maassen, Conc. I 44–54; Morin, Sancti Caesarii opera II 66–85; De Clercq, Conc. Gall. 53–76. Literatur: Duchesne, L'Eglise au VIe siècle 513–517; Daly, Caesarius 7; Hefele-Leclercq II/2, 1085–1108, 1385–1388; Lejay, Le rôle théologique 93–106; Gundlach, Der Streit 240–243; Malnory, Saint Césaire 143–154; Langgärtner, Die Gallienpolitik 142–244; Arnold, Caesarius von Arelate 343–372; 533–573; P. Fransen, Orange, in: LThK[2] VII (1962) 1188 f., G. Fritz, Orange, in: DThC XI/1 (1931) 1087–1103; G. de Plinval, Césaire d'Arles, in: DHGE XII (1953) 186–196; P. Portalié, Augustinisme, in: DThC I/2 (1923) 2526 f.
Valence 529, Drucke: Sirmond I 232–239; Delalande 49; Labbe-Cossart IV 1678 f.; Hardouin II 1103–1106; Labat I 950; Coleti V 819–822; Mansi VIII 723–726; Maassen, Conc. I 59 f.; Morin, Sancti Caesarii opera II 321 f.; De Clercq, Conc. Gall. 82 f. Literatur: Hefele-Leclercq II/2, 1108–1110; Lejay, Le rôle théologique 85–93; Arnold, Caesarius von Arelate 346–350; Barion, Synodalrecht 208 f.

Firminus von Uzès, von Viventius, vom Priester Messianus und vom Diakon Stephan.[11] Es ist hervorzuheben, daß in dieser Vita kein einziges Konzil erwähnt wird, das Caesarius einberufen hat, nicht einmal das von Agde. Der Abschnitt, der das Konzil von Valence betrifft, wurde von Firminus von Uzès verfaßt und ist ziemlich kurz.[12] Darin wird nur gesagt, daß die Bischöfe der Provinz Vienne sich auf Anregung ihres Metropoliten Julianus in Valence versammelten, um die Auffassung des Caesarius über die Gnade und den freien Willen zu diskutieren, und daß sie auch ihre Amtsbrüder des Metropolitansprengels von Arles einluden. Der kranke Caesarius schickte Vertreter unter der Führung des Bischofs von Toulon, Cyprianus. Der Verfasser fügt hinzu: „Nachdem Bonifatius, gesegneten Andenkens Papst der römischen Kirche, von dieser Diskussion erfahren hatte, unterdrückte er die Anschuldigung, die seine Gegner erhoben hatten, und bestätigte kraft seiner Autorität die Auffassung des heiligen Caesarius."[13] Diese Verordnung des Bonifatius trägt das Datum des 25. Januar: es kann sich nur um den 25. Januar des Jahres 531 handeln, denn Felix IV., der Vorgänger des Bonifatius, war im September 530 gestorben.[14]

In der lange Zeit kontroversen Frage, ob das Konzil von Orange vor dem von Valence stattgefunden hat oder umgekehrt, argumentierten die Vertreter der älteren Auffassung, Orange habe vor Valence stattgefunden[15], Caesarius habe als apostolischer Vikar sich verpflichtet gefühlt, in streng römisch-katholischem Sinn für die Orthodoxie in Gallien zu sorgen, und deshalb als besonders eifriger Anhänger der Lehre des Augustinus den in Gallien herrschenden Semi-Pelagianismus ausmerzen wollen. Daher habe er Akten zusammengestellt, die er als Vorschläge zur Verurteilung des Semi-Pelagianismus nach Rom schickte. Er habe das Konzil von Orange benutzt, um seine Vorschläge von den Bischöfen bestätigen zu lassen, die von Rom geprüft und verbessert worden waren.

---

[11] Vgl. dazu die Ausgabe der Vita von G. Morin, S. Caesarii opera II, Maredsous 1942, 293–345.

[12] Vita Caesarii c. 60, hrsg. von G. Morin, S. Caesarii opera II, Maredsous 1942, 321 f., hier zitiert nach De Clercq, Conc. Gall. 82 f.

[13] De Clercq, Conc. Gall. 82 Z. 33–83 Z. 36: *Nam et beatae memoriae Bonefacius Romanae ecclesiae papa, eandem conluctationem compertam, calcata intentione iurgantium, prosecutionem sancti Caesarii apostolica auctoritate firmavit.*

[14] Vgl. dazu JK 881, Text bei De Clercq, Conc. Gall. 66–69.

[15] Diese Ansicht wird in der Literatur vertreten von Noris, Historia pelagiana II 23, in: Opera omnia I 528; Pagi, Critica 529 Anm. 10; Malnory, Saint Césaire 154; Hefele-Leclercq II/2, 1110; Duchesne, L'Eglise au VIe siècle 516; G. Fritz, Orange, in: DThC (1931) XI/1, 1087 f.

Diese Demonstration in Orange habe jedoch den Bischöfen des Königreiches Burgund mißfallen, weshalb ein Konzil in Valence zusammengetreten sei, um vom Metropoliten von Arles Rechenschaft zu verlangen. Um den Widerstand der Bischöfe zu beenden, habe Caesarius vom Heiligen Stuhl die Bestätigung der Kanones des Konzils von Orange verlangt, die durch ein Schreiben von Papst Bonifatius am 25. Januar 531 erfolgte, das heißt zwei Jahre nach dem Konzil von Orange. Nach dieser Hypothese hätte das Konzil von Valence zwischen dem 3. Juli 529 (Datum des Konzils von Orange) und dem 18. September 530, dem Todestag von Papst Felix IV., an den Caesarius sich gewandt hatte, stattgefunden.

Nach der heute allgemein rezipierten Auffassung, Valence habe vor Orange stattgefunden[16], stellt sich der historische Ablauf so dar:

Da Caesarius – wie oben erwähnt – daran gelegen war, daß in Gallien die Theorie des Augustinus verbreitet wurde, und da Julianus von Vienne über die Provinzialkonzilien keinen Einfluß mehr auf die Suffragane des Caesarius ausüben konnte, rief Julianus die Bischöfe zusammen, um eine Frage der Kirchenlehre zu erörtern; die Orthodoxie des Caesarius selbst wurde in Zweifel gezogen. Auf Veranlassung ihres Metropoliten Julianus, des Nachfolgers des Avitus, beschlossen die Bischöfe der Provinz Vienne, sich in Valence zu treffen, um über die Bedenken zu diskutieren, welche die Anhänger des Semi-Pelagianismus gegen die Lehre des Caesarius hegten. Auch die Bischöfe der Provinz Arles waren eingeladen. Caesarius erschien nicht, schickte aber Vertreter unter der Leitung des Bischofs Cyprianus von Toulon, der die Auffassung des Caesarius über die Gnade verteidigte. Obgleich er glänzend diskutiert hatte, konnte er doch nicht die Zustimmung der Bischöfe erlangen. Daher ist es verständlich, daß Caesarius diesen Mißerfolg nicht hinnehmen konnte; er fragte im Gegenzug den Heiligen Stuhl um Rat und tauschte mit ihm Unterlagen aus, einen Entwurf des Caesarius, der in Rom geprüft, verbessert und vervollständigt wurde. Auf diese Weise konnte er auf dem Konzil von Orange die Vorschläge Roms bekanntgeben.[17] Im nachhinein bat er den Papst, die Kanones des Konzils zu bestätigen, und da Papst Felix IV. eben gestorben war, antwortete sein Nachfolger Bonifatius am 25. Januar 531. In dem

[16] In der Literatur vertreten von P. Lejay, Césaire d'Arles, in: DThC II/2 (1905) 2178; Leclercq, in: Hefele-Leclercq II/2, 1108 Anm. 1; Arnold, Caesarius von Arelate 346; Cappuyns, L'origine 121; G. de Plinval, Césaire d'Arles, in: DHGE XII (1953) 186–196 (mit Datierung von Valence auf September 528); Langgärtner, Die Gallienpolitik 142; De Clercq, Conc. Gall. 53, 82. In der Edition von Maassen wird nicht eindeutig Stellung bezogen, MGH.Conc I 59 f., das Konzil aber hinter Vaison 529 eingeordnet.

[17] Das Problem wurde in allen Einzelheiten dargelegt von Lejay, Le rôle théologique de Césaire d'Arles 87–106.

Bericht über das Konzil von Valence beruft sich der Biograph des Caesarius auf diese Bestätigung der Auffassung des Caesarius durch Bonifatius, und er gibt stark zusammengefaßt nur die Ergebnisse des Streitgesprächs wieder, ohne auf das Konzil von Orange anzuspielen, das die Gelegenheit bot, die in Rom formulierten Kanones zu publizieren.

Man muß auch bedenken, daß die Biographie des Caesarius mehr als zwanzig Jahre nach diesen Ereignissen geschrieben wurde. Da es sich um eine Heiligenvita handelte, wurden nur solche Einzelheiten erwähnt, die den Verfassern wesentlich erschienen.

Stimmt man dieser heute allgemein akzeptierten These zu, so hat das Konzil von Valence vor dem von Orange stattgefunden, entweder schon Ende des Jahres 528 oder Anfang 529, denn bis die umfangreiche Post ihren Weg von Arles nach Rom und zurück zurückgelegt hatte, vergingen sicherlich einige Monate.

Das Konzil von Orange (3. Juli 529)

Das Konzil von Orange ging wie erwähnt auf den Wunsch des Caesarius zurück, den Semi-Pelagianismus in Gallien auszumerzen. Wenn außerdem das Konzil von Valence demjenigen von Orange vorausging, so diente das Konzil von Orange auch dem Zweck, den alten Forderungen der Metropole Vienne offensiv zu begegnen und sich für das Konzil von Valence zu revanchieren. Die Gelegenheit zum Konzil bot die Einweihung der Basilika, die vom *praefectus praetorio* Liberius erbaut worden war. Zur Einweihung hatte Liberius außer dem Metropoliten alle Bischöfe und mehrere der Notabeln der Provinz Arles eingeladen.

Caesarius benutzte diese Versammlung dazu, ein Konzil abzuhalten, das 25 Kanones oder Propositionen über die Gnade und den freien Willen annehmen sollte. Außer Caesarius und Liberius unterschrieben 13 Bischöfe und acht vornehme Laien das Dokument.[18] Das Konzil beriet also

[18] Liste der Bischöfe nach De Clercq, Conc. Gall. 64 f.: Caesarius, Metropolit von Arles (502 – 27. August 542); Julianus, Bischof von Carpentras (um 483 – um 530); Constantius, Bischof von Gap (vor 517 – nach 529); Cyprianus, Bischof von Toulon (vor 524 – um 549); Fylagrius, Bischof von Cavaillon (vor 517 – nach 533); Maximius, Bischof von Aix (vor 524 – nach 541); Praetextatus, Bischof von Apt (516–546); Eucherius, Bischof von Avignon (vor 524 – nach 533); Alethius, Bischof von Vaison (vor 527 – nach 541); Heraclius, Bischof von Saint-Paul-Trois-Châteaux (vor 527 – nach 541); Lupercianus, Bischof von Fréjus (vor 527 – nach 529); Principius, nicht identifiziert; Vindimialis, Bischof von Orange (vor 527 – nach 549); Eucherius, Bischof von Antibes (vor 529 – nach 541). Die Laien sind nicht näher zu bestimmen.

nicht, es hörte nur zu: der Metropolit legt dem Konzil ein vorbereitetes Dossier vor, das bereits vom Heiligen Stuhl geprüft, verbessert und erweitert worden war. So fand das Konzil allgemeine Beachtung trotz seines Charakters als Provinzialsynode. Die Entstehung der Kanones[19] haben wir uns folgendermaßen vorzustellen: da Caesarius dem Semi-Pelagianismus, der noch Anhänger in Gallien hatte, den Todesstoß versetzen wollte, schickte er an den Papst einen Vorschlag zu Konzilsbeschlüssen in 19 Kapiteln.

Aus diesem Vorschlag strich der Papst alles, was nicht die Irrlehre des Semi-Pelagianismus betraf, er behielt nur acht Propositionen bei; diese wurden die ersten acht Kanones des Konzils von Orange.[20] Der Papst fügte diesen noch 16 Sentenzen des Prosper hinzu.[21] Caesarius seinerseits verbesserte alsdann einige dieser Sentenzen und ergänzte eine weitere, die seinem eigenen Standpunkt entsprach und den 10. Kanon von Orange bildete; diese Sentenz hatte er aus Prospers *Contra collatorem* entnommen. Als Anhang fügte er ein Glaubensbekenntnis hinzu, das die Bedeutung der Taufe und die absolut unverdiente Gnade hervorhob. Das Ganze unterbreitete er dem Konzil zur Approbation.

---

[19] Vgl. dazu ausführlich G. Fritz, Orange, in: DThC XI/1 (1931) 1087–1103, der auch den Text, eine Übersetzung und Erläuterungen zu den Quellen bietet.

[20] Der Vorschlag Caesarius' soll in einer Trierer Hs. überliefert gewesen sein, die von dem Jesuiten Witheim im 17. Jh. entdeckt wurde, heute aber verloren und nur durch den Abdruck bei Labbe IV 1676 erhalten ist. Eine weitere Überlieferung bietet die Hs. Lucca 490, die Mansi VIII 722 benutzte. Eine etwas abweichende Form des Vorschlags überliefert die Hs. von Namur, die Pitra, Analecta V 161 druckte. Der Text umfaßt 19 Kapitel, von denen Rom elf gestrichen haben soll. Frühere Autoren, namentlich Lejay im DThC II/2, 2178 f., meinten, Caesarius habe diese elf Kapitel hauptsächlich dem Werk des Gennadius, De ecclesiasticis dogmatibus c. 14–20 (Migne PL 58, 984 f.) entnommen. Cappuyns, L'origine des „capitula" 126 versuchte dagegen nachzuweisen, daß die 19 *capitula* ein Werk des Johannes Maxentius seien, der Papst selbst habe diesen Text dem Caesarius zugesandt. Die Vergleiche, die Cappuyns anstellt, scheinen beweiskräftig, um so mehr, als man nicht versteht, warum Caesarius einen Text nach Rom geschickt haben soll, dessen ganzer zweiter Teil sich auf die Manichäer bezieht. Doch daraus folgt nicht, daß der Papst die acht ersten Kanones dem Werk des Maxentius entnommen hat, das könnte ebensogut Caesarius getan haben. Eine weitere Hypothese, die bisher nicht in Betracht gezogen wurde, wäre, daß die 19 *capitula* die Abhandlung sind, die Cyprianus von Toulon als Abgesandter des Caesarius dem Konzil in Valence vorlegte, denn die Vita Caesarii berichtet: *omnia quae dicebat de divinis utique scripturis adfirmans, et de antiquissimis patrum institutionibus probans ... Quorum intentionibus homo Christi dedit veram et evidentem ex traditione apostolica rationem ...* (zitiert nach De Clercq, Conc. Gall. 82 Z. 19–33). Aus dieser Abhandlung wären dann die acht Kanones für das Konzil von Orange entnommen worden.

[21] Für c. 9 die Sentenz 22, für cc. 11–25 die Sentenzen 54, 56, 152, 211, 225, 259, 295, 297, 308, 312, 315, 323, 388, 366 und 370, vgl. im einzelnen G. Fritz, Orange 1089–1092.

So wie die Stellung des Konzils von Orange im Verhältnis zu dem von Valence zu zahlreichen Diskussionen und verschiedenen Hypothesen Anlaß gab, so war dies auch der Fall mit dem Text der Konzilskanones. So wie der Text uns in den meisten Handschriften überliefert ist, umfaßt er:

1. eine kurze Einleitung, in der die Bischöfe darlegen, daß ihre Versammlung bei der Einweihung einer neuen Basilika stattfand, und daß sie über diejenigen urteilen sollten, die eine falsche Auffassung über die Gnade und den freien Willen haben. Sie fügen hinzu, daß sie die vom apostolischen Stuhl geschickten *Capitula ab apostolica . . . sede transmissa,* angenommen und unterschrieben haben. Diese *capitula* stellen Auszüge aus den Kirchenvätern dar: *ab antiquis patribus de sanctarum scripturarum voluminibus in hac praecipuae causa collecta sunt*[22];
2. 25 Kanones, von denen die ersten acht Irrtümer des Semi-Pelagianismus verurteilen[23], die übrigen 17 Glaubensdefinitionen in Form von Sentenzen enthalten[24];
3. eine *Definitio fidei,* der die Unterschriften der in Orange anwesenden Bischöfe und Laien angefügt sind[25];
4. das Bestätigungsschreiben des Papstes Bonifaz II. vom 25. 1. 531 (JK 881)[26];
5. ein Florileg mit historischer Präambel[27], das 17 Sentenzen aus Augustinus, Ambrosius und Hieronymus enthält: *Capitula sanctorum patrum,* die von Caesarius als Belegstellen den Konzilsakten später beigefügt wurden.[28]

In der Präambel des Florilegs erwähnt Caesarius das Schreiben des Papstes: *In hoc loco continetur sinodus Arausica, quam per auctoritatem sanctus papa Bonefatius confirmavit.*[29] Aus den folgenden Sätzen wird seine Stellung zum Heiligen Stuhl besonders deutlich: *Et ideo quicumque aliter de gratia et libero arbitrio crediderit, quam vel ista auctoritas continet, vel in illa*

---

22 De Clercq, Conc. Gall. 55.

23 Vgl. dazu oben Anm. 68.

24 De Clercq, Conc. Gall. 55–62.

25 De Clercq, Conc. Gall. 62–65.

26 De Clercq, Conc. Gall. 66–69.

27 De Clercq, Conc. Gall. 69.

28 Ein Exemplar nur dieser Capitula ist in der Hs. Neapel Lat. 2 erhalten (8./9. Jh.), fol. 36; hrsg. von G. Morin, Un travail inédit de Saint Césaire. Les Capitula sanctorum patrum sur la Grâce et le libre arbitre, in: RBen 21 (1904) 225–240, Text 226–232. Vgl. dazu auch Lejay, Césaire d'Arles, in: DThC II/2, 2179. Der Text ist neu ediert bei De Clercq, Conc. Gall. 69–76, die Herkunft der Sentenzen in den Anmerkungen vermerkt.

29 De Clercq, Conc. Gall. 69 Z. 1 f.; vgl. die Hss. Paris, Bibl. Nat. lat. 1451 fol. 92r und Vat. Reg. lat. 1127 fol. 126v.

synodo constitutum est, contrarium se sedi apostolicae et universae per totum mundum ecclesiae esse cognoscat.[30]
Der Konzilstext, der sorgfältig vorbereitet und promulgiert worden war, sollte nach der Absicht des Caesarius endgültig den Streit über die Gnade und den freien Willen beenden. Die päpstliche Bestätigung des gesamten Dokumentes setzte tatsächlich den Schlußpunkt.
Wir haben gesehen, daß der Konzilstext drei sehr verschiedene Teile enthält: acht Anathemata, 17 Sentenzen sowie ein Glaubensbekenntnis. Die insgesamt 25 Kanones können folgendermaßen aufgegliedert werden[31]:

1. Notwendigkeit der Gnade:
   a) um die Erbsünde zu tilgen (c. 2),
   b) weil der Wille durch den Sündenfall geschwächt wird (c. 1),
   c) weil selbst die Eigenschaft als Geschöpf Gottes die Gnade verlangt (c. 2),
   d) um alles Böse zu meiden und um alles Gute zu tun (c. 9, 20, 22), um standhaft zu sein (c. 10), für die Gelübde (c. 11), für die christlichen Tugenden (c. 17), für das Leben Christi in uns (c. 24), für die Liebe zu Gott (c. 25).
2. Rolle der Gnade vor der Rechtfertigung:
   Sie ist eine reine Gabe Gottes, sie geht jeder Anstrengung voraus, aus ihr allein gehen hervor:
   a) das Gebet (c. 5);
   b) die Anstrengung zum Glauben zu kommen (c. 6);
   c) jede heilsame Tat (c. 7);
   d) jede Vorbereitung (c. 8 und 12);
   e) jedes Verdienst (c. 18).
3. Umwandlung, die durch die Gnade in der Taufe bewirkt wird:
   Sie tilgt (c. 13), sie rechtfertigt (c. 14), sie veredelt (c. 15), sie verleiht die Gerechtigkeit Christi (c. 21).

Abschließend ist zu sagen, daß das Konzil die absolute Notwendigkeit der Gnade verkündet, da der freie Wille durch die Sünde Adams geschwächt wurde. So nimmt das Konzil die Lehre des Augustinus in den wesentlichen Grundsätzen an, wie sie gegen die Pelagianer und Semi-Pelagianer verteidigt wurden: Erbsünde, Notwendigkeit und Gratuität der Gnade,

[30] De Clercq, Conc. Gall. 69 Z. 2–6. Zur Interpretation vgl. Malnory, Saint Césaire 154.
[31] Vgl. die Zusammenfassung bei P. Portalié, Augustinisme, in: DThC I/2 (1923) 2526; eine sehr ausführliche Auseinandersetzung mit den einzelnen Kanones steht bei Arnold, Caesarius von Arelate 533–567.

absolute Abhängigkeit von Gott bei jeder heilswirksamen Tat. Es verwirft aber die These von der Prädestination zum Bösen durch den allmächtigen Gott. Diese Lehre wird in aller Form zurückgewiesen: *Aliquos vero ad malum divina potestate predistinatus esse non solum non credimus, sed etiam, si sunt, qui tantum mali credere velint, cum omni detestatione illis anathimam dicimus.*[32] Alle Getauften haben die volle und ganze Fähigkeit, zum ewigen Heil zu gelangen, wenn sie es wollen. Indem also das Konzil die Lehre des Augustinus hochhält, verkündigt es zugleich den freien Willen, die Freiheit und die hinreichende Gnade, die allen gegeben wird, um das ewige Heil zu erlangen.

Das Konzil von Orange setzte einen vorläufigen Schlußpunkt in der Diskussion um die Gnadenlehre, geriet sehr bald in Vergessenheit und wurde erst in den Beratungen des Konzils von Trient wieder ans Licht gezogen. „Aber [schon] Gregor d. Gr. folgt Augustin, von dem er weitgehend abhängt, nur so weit, wie es das Arausicanum tat, und zeigt so, daß die römische Tradition, als deren Ausdruck es zu verstehen ist, sich durchgehalten hat.“[33]

---

[32] De Clercq, Conc. Gall. 63 Z. 209–212.

[33] H. J. Vogt, in: HKG (J) II/2, 302. Zu den Kanones von Orange auf dem Konzil von Trient vgl. auch Arnold, Caesarius von Arelate 567–573. Zur Rezeption der Kanones von Orange vgl. auch J. Ernst, Die dogmatische Geltung der Beschlüsse des zweiten Konzils von Orange (529), in: ZkTh 30 (1906) 650–670; H. Bouillard, Conversion et grâce chez S. Thomas d'Aquin (= Théologie 1) Paris 1944, 94–102, 114–121.

5. Kapitel

DIE FRÄNKISCHEN KONZILIEN VON 533 BIS 561

a) Das Zweite Konzil von Orléans (23. Juni 533)[1]

Das Konzil von Orléans des Jahres 533 fand vor der Angliederung Burgunds und der Provence an das fränkische Reich statt und hätte daher im vorhergehenden Kapitel behandelt werden müssen. Da es aber eine ganze Reihe von gallo-fränkischen Konzilien eröffnet, soll es an die Spitze dieser Konzilien gestellt werden.

In den zwei Jahrzehnten nach Chlodwigs Tod hatte sich die Konzilstätigkeit auf Burgund und vor allem auf die Provence konzentriert. Im fränkischen Königreich, dessen Gebiete zweimal nacheinander geteilt worden waren[2], hatten nur einige bedeutungslose Provinzialkonzilien stattgefunden.[3] Erst seit 533 griffen die drei überlebenden Söhne Chlodwigs den Plan ihres Vaters wieder auf, mit dem Episkopat zusammenzuarbeiten, um im fränkischen Gallien die Gesetzgebung weiterzuführen. Zu dieser Zeit herrschten Ruhe und Frieden sowohl unter den drei Brüdern als auch mit den umliegenden Ländern. Vielleicht wollte der über die Gewalttätigkeit der drei Könige erschrockene Episkopat[4] diesen günstigen Augenblick ausnutzen, um durch die Erinnerung an das Werk ihres Vaters auf sie Druck auszuüben. Außer der zentralen Lage der Stadt Orléans trug wohl auch das Vorbild Chlodwigs dazu bei, daß Orléans wiederum zum Konzilsort gewählt wurde.

Da Orléans zu Childeberts Machtbereich gehörte, datierte man das Konzil nach den Jahren seiner Regierung, wie anhand der Unterschrift

---

[1] Drucke: Crabbe ²II 92 f.; Surius ²II 551; Binius II 477 f.; Sirmond I 228–232; Coll. regia XI 160–166; Maan II 16–18; Labbe-Cossart IV 1779–1784; Hardouin II 1173–1176; Coleti V 925–932; Mansi, Suppl. I 413; Mansi VIII 835–840; Labat I 960–964; Bruns II 185–187; Tejada I 439–454; Maassen, Conc. I 61–65; De Clercq, Conc. Gall. 98–103. Literatur: Hefele-Leclercq II/2, 1130–1135; De Clercq, La législation 14–16; Bimbenet, Des conciles d'Orléans; Champagne-Szramkiewicz, Recherches 36 f.; Rouche, L'Aquitaine 59; Wallace-Hadrill, The Frankish Church 96.

[2] Vgl. dazu im einzelnen oben 16 f.

[3] Vgl. Kapitel 6 unten 104–110.

[4] Vgl. dazu oben 17–19.

des Metropoliten von Bourges festgestellt werden kann: *die VIIII. kal. Iulias, anno XXII. domni Childeberti regis*[5], das heißt am 23. Juni 533.[6]
In den 22 Jahren, die zwischen dem Tode Chlodwigs und dem Konzil liegen, hatten sich die Institutionen nicht grundsätzlich verändert, aber die Roheit und der Verfall der Sitten hatten zugenommen, und sogar die Kirche befallen. Heidentum und Aberglaube breiteten sich wieder aus. Die Bischöfe ergriffen darum Gegenmaßnahmen und sicherten dem Klerus Achtung bei der Bevölkerung, indem sie solche Priester entfernten, die die Kirche in Verruf brachten.[7] Übrigens gewannen die Einkünfte aus dem Grundbesitz ständig an Bedeutung – nicht nur für die Finanzen des Königs, sondern auch für die der Kirche. Der Kirche und dem Adel gestatteten die Könige unermeßlichen Grundbesitz, was Verteilungs- und Verwaltungsprobleme mit sich brachte.
Die Absicht des Konzils zielte nur auf die Gesetzgebung und die Disziplin: man schloß an das Konzil des Jahres 511 an, das wieder aufgenommen und weitergeführt wird.
Es geht dem Konzil also darum – wie es im Vorwort heißt –, über die Beachtung der *legis catholicae* zu wachen.[8]
Das Konzil von Orléans 533 war ein Generalkonzil des fränkischen Reiches, denn es waren Bischöfe aus allen Teilreichen vertreten, bis auf die Auvergne, die durch Krieg verwüstet war. Es wurde *ex praeceptione gloriosissimorum regum*[9], also von den drei Chlodwig-Söhnen Childebert I., Chlothar I. und Theuderich I. gemeinsam einberufen. Den Vorsitz führte der Metropolit Honoratius von Bourges, dessen *civitas* zum Reiche Childeberts gehörte.[10] Außer dem Vorsitzenden nahmen vier Metropoliten[11], 21 Bischöfe[12] und fünf Priester teil, die fünf abwesende Bischöfe

---

[5] De Clercq, Conc. Gall. 102 Z. 89 f.

[6] Diese Datierung ergibt sich, wenn man von 511 als Todesjahr Chlodwigs ausgeht, eine falsche Datierung auf 536 haben Pagi, Critica 536 n. 17; Baronius 536 n. 124 und Mansi VIII 840, da sie Chlodwigs Tod in das Jahr 513 bzw. 514 setzten.

[7] Vgl. z. B. cc. 4, 9, 14, 16.

[8] Vgl. De Clercq, Conc. Gall. 99 Z. 2.

[9] De Clercq, Conc. Gall. 99 Z. 1.

[10] Vgl. Duchesne, Fastes I 83 Anm. 2.

[11] Liste nach De Clercq, Conc. Gall. 102 f.: Honoratus, Metropolit von Bourges (vor 533 – nach 535); Aspasius, Metropolit von Eauze (vor 533 – nach 551); Injuriosus, Metropolit von Tours (529–546); Elafius (Flavius), Metropolit von Rouen (533 – 23. August 542), Julianus, Metropolit von Vienne (518 – nach 533).

[12] Leuntius, Bischof von Orléans (um 533); Eleutherius, Bischof von Auxerre (532 – 26. Juli 561); Importunus, nicht identifiziert; Chronopius, Bischof von Périgueux (506 – nach 533); Lupicinus, Bischof von Angoulême (vor 511 – nach 541); Agripinus, Bischof von Autun (vor 533 – nach 538); Etherius, Bischof von Chartres (vor 533 – nach 541);

vertraten.[13] Alle unterschrieben die Kanones, hinter den Bischöfen die fünf Priester. Auf Anordnung Theudeberts, des Sohnes Theuderichs I., wurde dieses Konzil zwei Jahre später durch ein anderes für die Bischöfe der Auvergne ergänzt, die am Konzil von Orléans nicht hatten teilnehmen können oder wollen. Dieses Konzil galt auch für die Bischöfe der burgundischen Diözesen, die neu an das Königreich Theudeberts angegliedert worden waren.[14]

Das Konzil von Orléans veröffentlichte 21 Kanones, denen ein kurzes Vorwort vorausging, in dem sich die Bischöfe auf frühere Kanones berufen.[15] Sie wiederholen einen Kanon des Konzils von Orléans 511 und eine Anzahl Kanones von Epao 517, die in den Diözesen der meisten anwesenden Bischöfe noch keine Geltung besaßen. Sie betreffen den Eifer der Bischöfe, ihre Autorität über die Priester und Äbte und die Verwandtenehen.[16]

In Kanon 2 wird an die Verpflichtung erinnert, jährlich ein Provinzialkonzil abzuhalten.[17] Das Konzil versucht, die Simonie und die Abhängigkeit des höheren Klerus von den Herrschern zu bekämpfen, indem es die älteren Vorschriften über die Wahl der Bischöfe und Metropoliten durch Klerus und Volk wiederherzustellen versucht (cc. 3, 4, 7).[18] Im Gegensatz zu den vorhergehenden Konzilien betont dieses Konzil mehr die Pflichten als die Rechte der Bischöfe: sie müssen nicht nur an den Konzilien und an der Weihe ihrer Kollegen teilnehmen, sondern sollen auch bei der Bestattung ihrer verstorbenen Mitbrüder sorgfältig und gewissenhaft

---

Eumerius, Bischof von Nantes (vor 533 – nach 541), Calistus, nicht identifiziert; Emelius, Bischof von Paris (vor 533 – nach 541); Marcus, nicht identifiziert; Sustracius, Bischof von Cahors (vor 533 – nach 541); Perpetuus, Bischof von Avranches (vor 533 – nach 541); Eusebius, Bischof von Saintes (vor 533 – nach 549); Presidius, Bischof von Comminges (um 533); Passivus, Bischof von Séez (vor 533 – nach 549); Proculejanus, Bischof von Auch (vor 533 – nach 551); Clarentius, nicht identifiziert; Innocentius, Bischof von Le Mans (vor 533 – nach 541); Marcellus, Bischof von Aire (506 – nach 533); Laudus, Bischof von Coutances (529–575).

[13] Orbatus für Leo, Bischof von Sens (um 525 – um 541); Asciplius für Adelfius, Bischof von Poitiers (507 – nach 533); Laurentius für Gallus, Bischof von Clermont (525/26–551); Eledius für Sebastius, und Prosedonius für Artemius, nicht identifiziert.

[14] Vgl. zum Konzil von Clermont unten 76–78.

[15] Vgl. De Clercq, Conc. Gall. 99 Z. 7; vgl. auch c. 7: *antiquam institutionis furmulam renovamus*, ebd. 100 Z. 31 f.; c. 17: *contra interdicta canonum*, ebd. 101 Z. 65.

[16] C. 21 wiederholt Orléans 511, c. 19 und Epao 517, c. 19 in allgemeinerer Form. In den cc. 1, 10 und 17 werden die cc. 1, 30 und 21 von Epao übernommen. Vgl. im einzelnen mit weiteren Quellenidentifizierungen die Ausgabe von Maassen, MGH. Conc I 62–64.

[17] Damit wird die Verpflichtung von zwei Provinzialsynoden jährlich, die Nizäa in c. 5 und Antiochia in c. 20 gefordert hatten, reduziert.

[18] Vgl. die Interpretation der Kanones bei De Clercq, La législation 15.

vorgehen; der damit beauftragte Bischof muß ein Verzeichnis der Güter des verstorbenen Bischofs anlegen und einen Güterverwalter bestellen (cc. 5, 6).

Das Konzil erinnert auch an die Pflichten der Äbte: Unterwerfung unter die Anordnungen des Bischofs (c. 21), Verbot, ihre Befugnisse zu übertreten, insbesondere durch Empfehlungsschreiben (c. 13); c. 13 bezieht sich auch auf Kustoden und Priester, denen in c. 9 außerdem verboten wird, mit Laien zusammenzuwohnen.

Das Konzil legt ein Mindestwissen (Lesen, Kenntnis des Taufritus) als Voraussetzung für die Priesterweihe fest (c. 16), bestraft die Simonie (c. 4: Absetzung der *sacerdotes,* die ihr Amt gekauft haben) und die nachlässigen Geistlichen (c. 14).

So erhalten wir wichtige Auskünfte über die damaligen Sitten, insbesondere über die Fortdauer der Sklaverei, von der sogar die Diakone nicht verschont blieben: Sie durften nicht einmal als Sklaven heiraten. Taten sie es trotzdem, mußten sie nach ihrer Befreiung aus der Sklaverei aus ihrem Amt entfernt werden oder eine Buße ableisten (c. 8).

Weitere wichtige Beschlüsse wurden über die Ehe gefaßt: die Scheidung aus Krankheitsgründen (c. 11), die bei den Franken übliche Ehe mit der Stiefmutter (c. 10) und Heiraten zwischen Christen und Juden (c. 19) wurden unter Androhung der Exkommunikation verboten. Verheiratete Frauen, die zu Diakonissen geweiht worden sind, dürfen nicht ein zweites Mal heiraten (cc. 17, 18).[19]

Aus den Kanones wird deutlich, daß die Bischofswürde käuflich geworden war, und daß die Bischöfe bei jeder Gelegenheit Geldgeschenke empfingen (cc. 3, 5); daß es Sitte war, auch das Priesteramt durch Kauf oder durch Bestechungsgelder anläßlich der Weihe zu erwerben; daß der Metropolit in der Regel nicht mehr von den Bischöfen gewählt wurde. Erstmals beschäftigt sich in Orléans 533 ein Konzil mit dem Problem der Bischofsbestattung.

Obgleich dieses Konzil einen neuen Anfang für die fränkischen Konzilien darstellt und einen „nationalen“ Charakter hat, war seine Rezeption geringer als die des folgenden Konzils von Clermont, das seinerseits teilweise eine Wiederholung des Konzils von Orléans ist. Kanones von Orléans findet man nur in sehr wenigen Sammlungen[20] und keiner von ihnen wurde in das Dekret Gratians aufgenommen.

---

[19] Nachdem c. 21 von Epao 517 diese Weihen verboten hatte, wollten offensichtlich viele Frauen wieder ihren alten Familienstand erlangen, vgl. De Clercq, La législation 16.

[20] Vgl. unten 285.

b) Das Konzil von Clermont (8. November 535)[21]

Als im Jahre 533 ihr Bruder Theuderich gestorben war, wollten Childebert und Chlothar dessen Sohn Theudebert seines Erbes berauben, so wie sie es schon mit den Kindern des Chlodomer getan hatten. Doch Theudebert war kein Kind mehr. Da er siegreiche Feldzüge gegen die Dänen und Westgoten unternommen hatte, genoß er bereits ein gewisses Ansehen. Er vereitelte den Plan seiner Onkel und verhandelte mit ihnen. Er half ihnen bei der Eroberung des Königreiches Burgund und erhielt dann einen Anteil der annektierten Gebiete: Langres, Besançon, Avenches, Windisch, Sitten, Autun, Chalon, Vienne und Viviers. So wie Chlodwig nach der Eroberung von Aquitanien, gestattete auch er den Bischöfen aller Gebiete, die in Zukunft zu seinem Reich gehörten, sich zu einem Konzil in Clermont zu versammeln.[22] Die meisten dieser Bischöfe hatten nicht am Konzil von Orléans teilgenommen. Wahrscheinlich fiel die Wahl auf Clermont, weil die Auvergne nach der Plünderung durch Theuderich sich gerade von den Verwüstungen erholte und unterstützt werden mußte.[23]

Das Datum des Konzils steht in den Handschriften sofort hinter dem Titel und nicht bei den Unterschriften der Bischöfe: *sub die VI Id. Novembris post consolatum Paulini iunioris*[24], was dem 8. November 535 entspricht.

Dieses Konzil wollte sich an dem von Orléans ausrichten, das zwei Jahre zuvor stattgefunden hatte. Wie dieses wollte auch das Konzil von Clermont die früheren Kanones erneuern, anpassen und je nach den Umständen neue hinzufügen. Wie in Orléans versuchten die Bischöfe auch in Clermont, die Unabhängigkeit der Bischofswahlen und des Klerus gegenüber dem König und den Großen sicherzustellen, die Regelung der Probleme, die beim Tode eines Bischofs entstehen, zu ergänzen, auf den Konzilien den geistlichen Angelegenheiten vor den weltlichen den Vor-

---

21 Drucke: Crabbe ²II 128–130; Surius ²II 557–559; Binius II 508–511; Sirmond I 241–246; Coll. regia XI 190–203; Labbe-Cossart IV 1803–1810; Hardouin II 1179–1186; Coleti V 949–958; Mansi, Suppl. I 413–416; Mansi VIII 859–870; Labat I 978–986; Gonzalez 267–272; Bouquet IV 106 (Exzerpte); Bruns II 187–191; Tejada I 467; Maassen, Conc. I 65–71; De Clercq, Conc. Gall. 104–112.
Literatur: Hefele-Leclercq II/2, 1139–1142; De Clercq, La législation 17–20; Champagne-Szramkiewicz, Recherches 11, 37 f.; Fleury, Mariage canonique 100–102; Rouche, L'Aquitaine 59; Wallace-Hadrill, The Frankish Church 96 f.

22 . . . *consentiente . . . regi Theudebertho . . .*, De Clercq, Conc. Gall. 105 Z. 1 f.

23 Vgl. zu den Ereignissen im einzelnen oben 18 und Ewig, Die fränkische Reichsbildung 262.

24 De Clercq, Conc. Gall. 105.

rang zu geben und die Kirchengüter vor Plünderungen zu schützen (c. 14). Gerade dieser Kanon dürfte auf die aktuelle Situation angespielt haben, denn die Auvergne war in den Kriegswirren von Theuderich verwüstet, Kirchen waren entweiht und geplündert worden.[25]
Außerdem stellten die Gebietsteilungen neue Probleme: so gab es etwa Leute, die Güter in einem fränkischen Teilreich besaßen, in dem sie selbst nicht wohnten. Dieses Problem erörterten die Bischöfe zwar in Clermont, behandelten es aber nicht in einem Kanon, sondern in einem Schreiben an den König; dort wurde vorgeschlagen, daß diese Leute ihre Güter als Eigentum behalten sollten, und daß sie verpflichtet sind, nur an den Herrscher Steuern zu entrichten, in dessen Land die Güter liegen.[26]
Das Konzil ergänzt sozusagen das von Orléans aus dem Jahre 533, denn es versammelt die Bischöfe des fränkischen Reiches, die in Orléans nicht teilgenommen haben, nur der Metropolit von Bourges und der Vertreter des Bischofs von Clermont waren auch in Orléans dabeigewesen. Die Metropole Bourges lag jetzt im Herrschaftsbereich Theudeberts[27], und es sind vor allem Bischöfe dieses Teilreiches, die am Konzil teilnehmen, so daß es sich hier nicht um ein fränkisches Generalkonzil, sondern um ein Regionalkonzil des Reiches Theudeberts, aus dem später Austrasien hervorging, handelt.
Fünfzehn Bischöfe waren anwesend und unterschrieben. Alle Handschriften überliefern die Namen der Bischöfe, nur in zwei Kodizes aus dem 9. Jahrhundert werden Namen von Diözesen hinzugefügt, die meist schwer zu identifizieren sind.[28]
Im Anschluß an ein Vorwort, das fast wörtlich dem von Agde 506 entspricht[29], promulgierte das Konzil 16 Kanones[30], denen der Brief an König Theudebert bezüglich der Güter in anderen Teilreichen folgt.

[25] Vgl. die Schilderung bei Gregor von Tours, Hist. III 11–12, hrsg. von R. Buchner I 156–160.

[26] Vgl. das Schreiben bei De Clercq, Conc. Gall. 111 f.

[27] Vgl. Duchesne, Fastes I 83 Anm. 2.

[28] Vgl. die Listen bei De Clercq, Conc. Gall. 110 f.: Honoratus, Metropolit von Bourges (vor 533 – nach 535); Gallus, Bischof von Clermont (525/26–551); Gregorius, Bischof von Langres (507–539); Hilarius, Bischof von Gévaudan-Mende (um 535); Ruricius, Bischof von Limoges (vor 535–553); Flavius, Bischof von Reims (vor 535 – 30. August 536); Nicetius, Bischof von Trier (527 – 5. Juli 566); Deuterius, Bischof von Lodève (um 535); Dalmatius, Bischof von Rodez (518–580/81); Lupus, Bischof von Châlons-sur-Marne (um 535); Domitianus, Bischof von Tongern (vor 535–566); Venantius, Bischof von Viviers (vor 517 – nach 535); (He)sperius, Bischof von Metz (525–542); Desideratus, Bischof von Verdun (vor 535–554); Gra(m)mati(c)us, Bischof von Windisch (vor 535 – nach 549).

[29] Vgl. die Texte bei De Clercq, Conc. Gall. 105 und Munier, Conc. Gall. 192.

[30] Von 16 Kanones wiederholen 7 Kanones früherer Konzilien: cc. 9, 11, 15 entsprechen

Die Kapitel 3 und 7 über die Bestattung ergänzen cc. 5 und 6 von Orléans II (533). Kapitel 10 und 11 versuchen, das Verhalten der Bischöfe zu bessern, indem sie Mißbräuche und Rivalitäten einschränken. Die Kanones 13, 15, 16 betreffen die Lebensweise des Klerus; cc. 5, 8, 14 versuchen, die Kirchengüter zu schützen. Zwei Kanones betreffen die Juden, denen verboten wird, als Richter über Christen aufzutreten (c. 9) und Christen zu heiraten (c. 6). C. 12 verbietet Verwandtenehen; cc. 2, 4, 5 versuchen, die Einmischung der Herrscher und Grafen in kirchliche Angelegenheiten einzuschränken. Schließlich versucht Kanon 1 den geistlichen Charakter der Konzilien zu erhalten, die sich vor allem mit der Besserung der Sitten und mit dem Seelenheil beschäftigen sollen.
Dieses Konzil fand ziemlich große Beachtung und wurde in die meisten Kanonessammlungen neben den Konzilien von Epao und Orléans 511 aufgenommen.[31] Zwei seiner Kanones, cc. 6 und 8, gelangten in das Dekret Gratians.[32]

c) Das Dritte Konzil von Orléans (7. Mai 538)[33]

Hatte das Konzil von Orléans des Jahres 533 die Religionspolitik Chlodwigs wiederaufgenommen, so war auch das des Jahres 538 auf dieses Ziel ausgerichtet. Allgemein wird angenommen, daß Childebert den Anstoß

cc. 5, 30 und 25 von Epao 517; c. 15 wiederholt cc. 2 und 21 von Agde 506 und cc. 1 und 2 von Vaison 529; c. 16 entspricht c. 29 von Orléans 511; cc. 2 und 6 wiederholen und ergänzen cc. 4, 7, 19 von Orléans 533. Vgl. die Texte bei De Clercq, Conc. Gall. bzw. Munier, Conc. Gall. Eine ausführliche Inhaltsangabe befindet sich sowohl bei Hefele-Leclercq II/2, 1140–1142 als auch bei De Clercq, La législation 18 f. Zur Identifizierung der Kanones vgl. auch die Ausgabe von Maassen, Conc. I 66–69.

31 Vgl. dazu unten 285.

32 C. 6 = C. 28 q. 1 c. 17; c. 8 = De consecr. D. 1 c. 43. Mansi VIII 865 schreibt dem 2. Konzil elf weitere Kanones zu, von denen sechs als Fehlzuschreibungen auf das Konto Burchards von Worms gehen, vgl. Decretum Burchardi II 73, 100, 233; III 105, 106, 107.

33 Drucke: Crabbe ²II 93–98; Surius ²II 565–570; Binius II 504–508; Sirmond I 247–257; Coll. regia XI 483–501; Labbe-Cossart V 294–306; Hardouin II 1421–1430; Coleti V 1273–1284; Mansi IX 9–22; Gonzalez 251–262; Labat I 992–1004; Bruns II 191–201; Maassen, Conc. I 72–86; De Clercq, Conc. Gall. 113–130. Literatur: Malnory, Saint Césaire 163 f.; Hefele-Leclercq II/2, 1155–1162; De Clercq, La législation 20–26; Bimbenet, Des conciles d'Orléans; De Clercq, La physionomie géographique 70; Champagne-Szramkiewicz, Recherches 38–40; Wallace-Hadrill, The Frankish Church 97; O. G. Oexle, Conjuratio und Gilde im frühen Mittelalter. Ein Beitrag zum Problem der sozialgeschichtlichen Kontinuität zwischen Antike und Mittelalter, in: Gilden und Zünfte. Kaufmännische und gewerbliche Genossenschaften im frühen und hohen Mittelalter, hrsg. von B. Schwineköper (= Vorträge und Forschungen 29) Sigmaringen 1985, 151–213.

zu diesem Konzil gab, denn wie bei dem vorhergehenden bezieht sich die Datierung auf ihn[34], und das Konzil fand in einer Stadt seines Königreiches statt. Nicht erwähnt wird, wer es einberief.
Seit dem letzten Konzil hatten zwei Ereignisse das politische Leben bestimmt: Einmal die Angliederung der Provence an das fränkische Königreich im Jahre 536. Obgleich die Bischöfe der Provence nicht auf dem Konzil anwesend waren, mußte die Angliederung der Provence doch die Verbindungen zwischen dem Metropoliten von Arles und seinen Amtsbrüdern im Frankenreich erleichtern und vermehren. Außerdem hatte eine teilweise Erneuerung des Episkopats der fränkischen Königreiche stattgefunden; bedeutende Persönlichkeiten prägten jetzt das religiöse Leben. Unter den Konzilsteilnehmern gab es mindestens zehn spätere Heilige.[35] Als herausragende Persönlichkeiten beherrschten Lupus von Lyon und Albinus von Angers[36] das Konzil. Letzterer kam von einem Aufenthalt bei Caesarius zurück und führte auf dem Konzil die kirchliche Gesetzgebung der Provence ein.[37] Inzwischen hatte Theudebert durch die Erwerbungen nach der Teilung Burgunds seine Gebiete in der Auvergne dauerhaft mit denen des Ostens verbunden und so dem zukünftigen Königreich Austrasien Gestalt gegeben. Durch Vermittlung von Bischöfen wie Nicetius von Trier, Lupus von Lyon und Pantagethus von Vienne verbreitete sich die Gesetzgebung der Provence in ganz Austrasien. Das zweite wichtige Ereignis war der Streit Chlothars I. mit seinen beiden Brüdern, weshalb kein Bischof aus Chlothars Königreich am Konzil teilnehmen konnte.[38]
Das Datum, das in den meisten Handschriften hinter der Unterschrift des Bischofs Lupus von Lyon steht, würde dem Jahr 537 entsprechen, falls man sich auf das 27. Jahr der Regierungszeit des Childebert beruft. Doch die Angabe *die non. mensis III., quarto post consulatum Paulini iunioris*[39], die sich in fast allen Handschriften findet, entspricht dem 8. Mai 538, wenn man den 25. März als Jahresanfang annimmt.

---

34 Vgl. De Clercq, Conc. Gall. 114, 128.

35 Albinus von Angers, Agricola von Chalon, Pantagatus von Vienne, Eleutherius von Auxerre, Gregor von Langres, Gallus von Clermont, Lupus von Lyon, Leo von Sens, Arcadius von Bourges, Flavius von Rouen; zu den Sedenzzeiten siehe unten Anm. 42.

36 Der hl. Albinus (Aubin), geboren um 496 im Gebiet von Vannes, trat ins Kloster Tréhillac bei Guérande ein, wurde Abt dieses Klosters und 529 Bischof von Angers. Er nahm aktiv an den Konzilien von Orléans 538 und 541 teil. Mit dem hl. Bischof Lubin von Chartres reiste er nach Arles, um Caesarius um Rat in bezug auf den Kampf gegen inzestuöse Ehen zu fragen. Er starb am 1. März 550 in Angers.

37 Vgl. Hefele-Leclercq II/2, 1156 f.

38 Vgl. De Clercq, La législation 20.

39 De Clercq, Conc. Gall. 128 Z. 4 f.

Im Vorwort wird als Absicht des Konzils angegeben, man wolle frühere Verordnungen erneuern und neue hinzufügen, wie die neuen Umstände, Ereignisse und Bedingungen es verlangten.[40] Wie auf dem Konzil von Clermont ging es darum, gegen die Amtsanmaßung bestimmter Bischöfe vorzugehen, im fränkischen Gesamtreich die Disziplin des Konzils von Agde zur Anwendung zu bringen und die Bedingungen für den Priesternachwuchs festzulegen. Auch mehrere aktuelle Probleme mußten gelöst werden: Franken und Burgunder heirateten mit Vorliebe Frauen aus der angeheirateten Verwandtschaft, wie zum Beispiel die Witwe des Vaters, des Onkels, des Neffen usw. Diese Frage war schon auf den Konzilien von Orléans 511 (c. 18) und von Epao 517 (c. 30) behandelt worden. Beide hatten diese Ehen verboten, doch hatte das Konzil von Epao das Verbot auf die zukünftigen Fälle begrenzt. Unter den neubekehrten Arianern befanden sich viele, die dieses Verbot übertreten hatten. Albinus von Angers hatte unter dem Druck seiner Kollegen ein Mitglied seiner Kirche exkommuniziert, dessen Ehe als Blutschande angesehen wurde. Mit Gewissensbissen hatte er sich zu Caesarius begeben, um dessen Rat einzuholen. Danach veröffentlichte das Konzil von Orléans ein entsprechendes Dekret.[41]

Bei dem dritten Aurelianense handelte es sich nicht um ein Generalkonzil des gesamten Frankenreiches, denn die Bischöfe von Chlothars *regnum* nahmen nicht teil. Anwesend waren vielmehr 19 Bischöfe aus den Reichen Childeberts I. und Theudeberts I. Diese beiden Teilreiche umfaßten sechs Kirchenprovinzen. Fünf – Vienne, Sens, Bourges, Rouen und Lyon – waren durch ihren Metropoliten vertreten, die sechste, Tours, durch einen Priester. Außer den fünf Metropoliten und dem Vertreter von Tours waren 14 Bischöfe und sechs bevollmächtigte Priester anwesend[42].

[40] Vgl. De Clercq, Conc. Gall. 114.

[41] Vgl. Hefele-Leclercq II/2, 1156 f.

[42] Liste nach De Clercq, Conc. Gall. 127–130: Provinz Vienne: Pantagethus, Metropolit von Vienne (536 – um 541).
Provinz Sens: Leo, Metropolit von Sens (um 525 – um 541); Aetherius, Bischof von Chartres (vor 533 – nach 541); Amelius, Bischof von Paris (vor 533 – nach 541); Eleutherius, Bischof von Auxerre (532 – 26. Juli 561); Rusticus, Bischof von Nevers (vor 538 – nach 541); Antonius, Bischof von Orléans (vor 538 – um 540).
Provinz Bourges: Arcadius, Metropolit von Bourges (vor 538 – nach 541) und zwei Vertreter für Gallus, Bischof von Clermont (525/26–551) und Sustratius, Bischof von Cahors (vor 533 – nach 541).
Provinz Rouen: Flavius, Metropolit von Rouen (vor 533 – 23. August 542); Leucadius, Bischof von Bayeux (vor 538 – nach 549); Laudus, Bischof von Coutances (529–575); Passivus, Bischof von Séez (vor 533 – nach 549); Theodobaudis, Bischof von Lisieux (vor 538 – nach 549); Licinius, Bischof von Evreux (537 – nach 549) und ein Vertreter für Perpetuus, Bischof von Avranches (vor 533 – nach 541).

Man weiß nicht, wer den Vorsitz führte. Vielleicht war es Lupus von Lyon, der an erster Stelle unterschrieb, aber in der Subskriptionsliste ist keine Rangordnung erkennbar.

Der Text des Konzils besteht aus einem Vorwort und 36 Kanones[43], von denen der letzte eher eine Zusammenfassung darstellt und an die Schlußformel des Konzils von Orléans aus dem Jahre 533 erinnert.[44]

Die Kanones von Orléans 538 berufen sich mehrfach[45] auf alte Vorschriften und beziehen sich sowohl auf Papstdekrete[46] als auch auf die vorangegangenen gallischen Konzilien.[47]

Das Konzil von Orléans aus dem Jahr 538 versucht eine Art Synthese aller vorausgehenden Konzilien, fügt aber je nach den Umständen einige Veränderungen oder Anpassungen hinzu. Alle wichtigen Probleme der vorhergehenden Konzilien werden so auch hier behandelt.[48]

Die Rekrutierung des Nachwuchses im hohen wie im niederen Klerus ist von wesentlicher Bedeutung, besonders soweit es den Episkopat betrifft; die Frage der Wahl und der Einsetzung der Bischöfe, die schon in Clermont Gegenstand der Beratung war, wird in c. 3 wieder ausführlich behandelt. Nachdem der Metropolit von den Bischöfen, dem Klerus und dem Volk gewählt wurde, muß er von seinen Amtsbrüdern in Gegenwart

---

Provinz Lyon: Lupus, Metropolit von Lyon (vor 538 –25. September um 541); Placidus, Bischof von Mâcon (536 – um 555); Agripinus, Bischof von Autun (vor 533 – nach 538); Ursolus, Bischof von Grenoble (um 538) und zwei Vertreter für Gregorius, Bischof von Langres (507–539) und Agricola, Bischof von Chalon (um 532 – 17. März 580).
Provinz Tours: Albinus, Bischof von Angers (529 – 1. März 550); ein Vertreter für den Metropoliten Injuriosus (529–546) und ein Vertreter für Eumerius, Bischof von Nantes (vor 533 – nach 541). Vgl. zu den Teilnehmern auch das Schaubild bei De Clercq, La législation 21.

43 Die alten Konzilsausgaben bieten 33 Kanones, weil sie – entgegen der hss. Überlieferung – c. 8 und 9 sowie cc. 16, 17 und 18 zu jeweils einem Kanon zusammenfaßten.

44 Vgl. die Texte bei De Clercq, Conc. Gall. 126 f. und 102.

45 Vgl. c. 2 *iuxta priorum canonum statuta,* De Clercq, Conc. Gall. 115 Z. 22; ähnlich c. 13; ebd. 119 Z. 143; c. 22, ebd. 122 Z. 218 f.; c. 23, ebd. 123 Z. 227 f. und c. 25, ebd. 124 Z. 250. Die jeweiligen Anspielungen sind identifiziert in der Edition von Maassen, MGH. Conc. I 73–83.

46 Vgl. z. B. die Anspielungen in c. 3 auf JK 407 und in c. 29 auf JK 402, 651, 653.

47 Vgl. im einzelnen die Identifizierungen bei Maassen, Conc. I 73–83; De Clercq, La législation 22–26; De Clercq, Conc. Gall. 113. Malnory, Saint Césaire 163 f., zitiert in Hefele-Leclercq II/2, 1156 f., vermutet in der Wiederaufnahme der Kanones aus Konzilien der Provinz Arles den Einfluß des Caesarius, der durch die Vermittlung Albinus' von Angers zustande gekommen sei. Dem widersprach Barion, Synodalrecht 381 Anm. 93, mit Zuspruch von De Clercq, La législation 26.

48 Vgl. hierzu und zum folgenden die ausführlichen Inhaltsangaben bei Hefele-Leclercq II/2, 1157–1162 (mit der von Mansi übernommenen Zählung von 33 Kanones) und De Clercq, La législation 22–26.

seiner Suffragane geweiht werden. Die Bischöfe sollen vom Klerus und dem Volk mit Einwilligung des Metropoliten gewählt werden.[49]
Bezüglich des Priesternachwuchses wiederholt das Konzil die Kanones 1 und 3 von Arles und den Kanon 2 von Epao über das Weihealter (c. 6): 25 Jahre für den Diakon, 30 für den Priester; der Laie, der Priester werden will, muß sich während eines Probejahres vorbereiten.[50] Das Konzil legt genau fest, was mit dem Priesterstand unvereinbar ist: Sklavenstand (c. 29), Bigamie, Heirat mit einer Witwe, Kirchenbuße, körperliche Gebrechen, Ehebruch, Konkubinat und Besessenheit (c. 6). Die Einwilligung zur Weihe muß ohne Vorbehalt erfolgen. Die Möglichkeit einer Intervention des Herrschers, wie in c. 4 von Orléans 511 festgelegt, ist nicht mehr erwähnt. Hinsichtlich des Episkopats greift das Konzil wieder bestimmte Probleme auf, die mit der Jurisdiktion und den Befugnissen der Bischöfe und des Metropoliten zu tun haben.
Der Metropolit ist verpflichtet, jährlich ein Provinzialkonzil einzuberufen, so wie es auf dem Konzil von Orléans 533 in c. 2 vorgeschrieben worden war.[51] Erstmals erfolgt zusätzlich eine Strafandrohung: Dem Metropoliten wird für die Dauer eines Jahres die Feier der Messe untersagt, wenn er nicht binnen zwei Jahren ein Konzil zusammengerufen hat. Als einzige Entschuldigung gilt Krieg. Es wird auch bestimmt, daß die als Tagungsort für ein Provinzialkonzil ausgewählte Stadt nicht unbedingt die Metropole sein muß (c. 1).
Auf die Gefahr hin, genauso bestraft zu werden wie der Metropolit, der die Einberufung des Provinzialkonzils unterläßt, müssen die Bischöfe am Konzil teilnehmen, es sei denn, sie seien krank. Es ist ihnen verboten, in einer anderen Diözese als der ihrigen Geistliche zu weihen oder Altäre zu konsekrieren. Sie haben dafür zu sorgen, daß der Klerus sein Amt gewissenhaft ausübt, und müssen einen Geistlichen, der eine Verfehlung begangen hat, während der Zeit seiner Buße seines Amtes entheben, ihm aber aus christlicher Nächstenliebe einen Teil der Einkünfte belassen (c. 22). Auch für einen vorbildlichen Lebenswandel des Klerus haben sie zu sorgen, und unter der Gefahr, selbst für drei Monate ihres Amtes enthoben zu werden, dürfen sie nicht dulden, daß ein Geistlicher nach seiner Priesterweihe mit seiner Ehefrau zusammenlebt (c. 2).
Mit der Strafandrohung, daß ihnen das Messelesen für ein Jahr untersagt wird (c. 29), dürfen sie weder Sklaven noch Leibeigene zu Priestern

---

[49] Die Einwilligung des Königs, wie sie Orléans 549 vorschreibt, ist noch nicht vorgesehen, vgl. dazu unten 98.
[50] Vgl. oben 42.
[51] Vgl. oben 74.

weihen und müssen die Kanones des Konzils beachten (c. 36). Es ist ihnen nicht gestattet, irgend jemanden gegen seinen Willen zu weihen (c. 7). Geistlichen müssen sie die Schenkungen belassen, die ihre Vorgänger ihnen gemacht hatten, aber sie dürfen einen gerechten Tausch vornehmen. Der Bischof ist aber völlig frei, einem ungehorsamen Geistlichen das wegzunehmen, was er ihm persönlich geschenkt hat (c. 20). Kanon 13 des Konzils stützt sich auf alte Kanones und begrenzt die Verfügung der Bischöfe über die Kirchengüter, indem er ihnen verbietet, ohne triftigen Grund Besitz zu veräußern oder zu verpfänden. Derselbe Kanon gestattet die Wiedererlangung der Kirchengüter, die schon früher zuungunsten der Kirche verpfändet worden waren, unter Beachtung der dreißigjährigen Verjährungsfrist. Dagegen können die Bischöfe frei über die Schenkungen verfügen, die den Stadtkirchen zum Unterhalt der Kirche und des Klerus gemacht wurden (c. 5). Für die Dorfkirchen soll der Ortsbrauch befolgt werden.[52]

Die Einwilligung der Bischöfe ist unbedingt erforderlich, um Priester aus ihrer Diözese in eine andere zu versetzen (c. 17). Es steht ihnen vollkommen frei, einem Geistlichen, der aus der Kirche des Bischofs in ein Kloster oder in eine Landpfarre überwechselt, die teilweise Nutznießung der Pfründe, die er vorher verwaltete, zu belassen oder wegzunehmen (c. 21). Den Äbten, den Priestern und Geistlichen werden so die Hände gebunden. Die Unterschrift des Bischofs war für sie unentbehrlich, wollten sie nicht riskieren, daß die Veräußerung oder die Verpfändung von Kirchengut ungültig war. Jede Übertretung dieser Vorschrift bewirkte die Absetzung des Schuldigen, das veräußerte Kirchengut mußte dem Bischof zurückerstattet werden. Die Erlaubnis des Bischofs war auch erforderlich, um einen Geistlichen vor ein weltliches Gericht zu laden, oder um einen Laien durch einen Geistlichen vorladen zu lassen. Den Priestern, den Diakonen und Subdiakonen ist das Reisen nicht ohne eine schriftliche Genehmigung ihres Bischofs gestattet, sonst laufen sie Gefahr, von der Kommunion ausgeschlossen zu werden (c. 18): das sogenannte *Celebret.*

Den Geistlichen ist vom Subdiakonat an verboten, in ehelicher Gemeinschaft mit ihrer Frau zusammenzuleben, Umgang zu haben mit Frauen, mit denen sie nicht verwandt sind, nach den Weihen zu heiraten bei Strafe der Exkommunikation – ausgenommen im Fall erzwungener

---

[52] In Carpentras 527 durfte der Bischof nur den Teil der Oblationen behalten, der übrig blieb, nachdem er für den Lebensunterhalt des Klerus und den Unterhalt der kirchlichen Gebäude gesorgt hatte, vgl. De Clercq, Conc. Gall. 48 und oben 55.

Weihe. Untersagt ist ihnen auch, Geld auf Zinsen auszuleihen und bestimmte unehrenhafte Tätigkeiten auszuüben.

Gegen schlechte Geistliche sind Strafmaßnahmen vorgesehen: Degradierung derjenigen, die Diebstahl oder Urkundenfälschung begangen haben (c. 9), Kirchenbann für die Meineidigen und Bestrafung von aufrührerischen Geistlichen durch das Konzil (c. 24). Die nachlässigen oder ungehorsamen Geistlichen sind aus dem *catalogus* zu streichen, sie sollen nicht mehr von der Kirche unterhalten werden.

Bei jedem Anlaß benötigen die Geistlichen also die Erlaubnis des Bischofs. Wer sich jedoch vom Bischof benachteiligt fühlt, kann Berufung beim Konzil einlegen.

Mehrere Kanones des Konzils beziehen sich auf die Laien:

- Verbot der inzestuösen Ehen. Das Konzil macht sich hier die milde Rechtsauffassung des Konzils von Epao zu eigen, indem es diejenigen inzestuösen Ehen von der Nichtigkeitserklärung ausschließt, die vor der Taufe oder aus Unkenntnis des Kirchenrechts geschlossen worden waren (c. 11).
- Lebenslange Exkommunikation für die Entführer von Jungfrauen oder Nonnen. Hat die Frau eingewilligt, dann erhält sie dieselbe Strafe. Dasselbe gilt für die Büßerinnen oder Witwen, die ein Keuschheitsgelübde abgelegt haben (c. 19).
- Kirchenbann für die Räuber von Kirchengut und auch für diejenigen, die ein Vermächtnis, das der Kirche gemacht wurde, unterschlagen oder ein Gut zurückbehalten, das sie selbst der Kirche geschenkt hatten (c. 25).
- Verpflichtung, an der ganzen Messe teilzunehmen (c. 32); Verbot, bewaffnet die Kirche zu betreten[53] und sonntags Feldarbeiten zu verrichten. Dagegen sind Hausarbeiten und Reisen durchaus erlaubt (c. 31).
- Asylrecht für christliche Sklaven (c. 14).
- Beziehungen zwischen Christen und Sklaven.
- Nicht nur die Erlaubnis, sondern die Verpflichtung, Häretiker[54] der weltlichen Obrigkeit zu übergeben (c. 34).

Abschließend kann man feststellen, daß dieses Konzil einen gewissen Ausgleich zwischen der kirchlichen Gesetzgebung des nördlichen Gallien

---

[53] Dies bezieht sich offensichtlich auf die Gewohnheit der Franken, sich nie von ihren Waffen zu trennen.

[54] Dieser Kanon spielt auf die Häresie der Bonosianer an. Bonosus (Ende 4. Jh.) war ein mazedonischer Bischof und Schüler des Photin († 376). Seine Irrlehre über die Gottheit Christi war vor allem in Burgund verbreitet, vgl. De Clercq, La législation 26.

und der des Südens herstellt, denn der Einfluß der Konzilien der Provinz Arles und der Auffassung des Caesarius in Fragen der Disziplin ist unverkennbar.[55] Dies zeigt sich zum Beispiel im Probejahr für Laien, die zum Priester geweiht werden wollten, im Weihealter der Diakone und Priester, bei den Verfehlungen der Geistlichen, beim Verbot für Bischöfe, die Kanones übertreten haben, während einer bestimmten Zeit Messe zu lesen, in der Einschränkung des Rechtes zur Nutznießung der Diözesanpfründe, das den Bischöfen vom Konzil von Orléans 511 zugestanden worden war, im Gegensatz zur Milde des Papstes Agapit in der Strenge gegenüber den höheren Geistlichen, die gegen das Keuschheitsgebot verstießen. Im Falle der inzestuösen Ehe nimmt das Konzil die maßvolle Gesetzgebung von Epao an.
Dieses Konzil hatte eine größere Nachwirkung als das vorhergehende. Wie Agde 506, Orléans 511 und Epao 517 wurde es in vielen Kanonessammlungen rezipiert, und sechs seiner Kanones wurden in das Corpus Iuris Canonici aufgenommen.[56]

d) Das Vierte Konzil von Orléans (14. Mai 541)[57]

Im Merowingerreich herrschte um diese Zeit weithin Friede, der Besitz der Kirche hatte noch zugenommen, die Pfarreien hatten sich weiter vermehrt. Gemäß einer nun offensichtlich feststehenden Tradition wurde Orléans abermals als Tagungsort gewählt, wo am 14. Mai 541[58] ein Konzil 38 Kanones erließ.
Neben der Erneuerung und Verschärfung älterer Kanones, die besonders die Disziplin und die Sitten betreffen, scheint die Schlichtung von Meinungsverschiedenheiten über das Osterfest der Hauptgrund für die Abhaltung des Konzils gewesen zu sein. Es gab nämlich damals in Gallien

55 Diesen Einfluß bestreitet Barion, Synodalrecht 381 Anm. 93, gefolgt von De Clercq, La législation 26, vgl. oben Anm. 47.

56 Vgl. die Übersicht unten 298 f.

57 Drucke: Crabbe ²II 132–136; Surius ²II 570–574; Binius II 511–514; Sirmond I 260–269; Coll. regia XI 617–632; Labbe-Cossart V 380–390; Hardouin II 1435–1442; Coleti V 1363–1374; Mansi IX 111–122; Labat I 1008–1018; Bruns II 201–208; Maassen, Conc. I 86–99; De Clercq, Conc. Gall. 131–146. Literatur: Malnory, Saint Césaire 164–166; Hefele-Leclercq II/2, 1164–1174; De Clercq, La législation 27–31; Bimbenet, Des conciles d'Orléans; Wallace-Hadrill, The Frankish Church 97 f.

58 Das Datum ist in den Hss. überliefert, in Vat. Pal. lat. 574 steht zu Beginn: *in die quarta, Basilio u.c. console;* in den Hss. aus Köln, Toulouse und Albi steht hinter der Unterschrift des Bischofs von Bordeaux *sub die II. idus mensis tertii, Basilio console, indictione quarta.* Vgl. De Clercq, Conc. Gall. 132, 142.

drei oder vier verschiedene Ostertermine. Die einen befolgten die in Rom übliche Zeitrechnung der Alexandriner (Sonntag nach dem 1. Frühlingsvollmond); die anderen folgten der spanischen Kirche, die Ostern am 12. Tage vor den Kalenden des April feierte; bestimmte Kirchen Galliens bevorzugten den 14. Tag vor den Kalenden des Mai. Wieder andere hatten den Osterzyklus des Victorius von Aquitanien angenommen, der um 457 aufgestellt worden war und den Sonnenzyklus von 28 Jahren mit dem Mondzyklus von 19 Jahren verband, so daß ein Zyklus von 532 Jahren entstand, an dessen Ende der Ostertermin wieder auf denselben Monat und denselben Wochentag fallen mußte. Dionysius Exiguus hatte diese Zählung noch etwas verändert.[59] Die Bischöfe versuchten also, ein einheitliches Datum festzulegen, damit im ganzen fränkischen Königreich das Osterfest zur selben Zeit gefeiert werden konnte.

Für die Bischöfe stellten sich auch noch andere Probleme. Dank der Hilfe der Grundherren entstanden ständig neue Pfarreien, da aber die Bischöfe Ländereien besaßen und darüber verfügten, waren sie verpflichtet, auch die Landkirchen und die Pfarrer mit Einkünften zu versehen; doch die Gründer von Landpfarreien behielten sich das Patronatsrecht vor, kraft dessen sie selber die Landpfarrer auswählen wollten. Es ging also darum, die Privilegien der Geistlichen und die Kirchengüter zu verteidigen und gleichzeitig die Mißbräuche einzuschränken, die Bischöfe bei der Güterverwaltung begingen. Zu ihrem eigenen Vorteil hatte die Kirche vorgeschrieben, daß veräußerte Güter innerhalb einer Frist von 30 Jahren wieder zurückgefordert werden können (c. 13 von Orléans 538); jetzt wünschte sie, daß ihre eigenen Güter nicht unter diese Verjährungsfrist fallen sollten. Da die Sklaverei weiter bestand und Gewalttätigkeiten zunahmen, mußte das Konzil sich auch mit sozialen Problemen beschäftigen.

Das Konzil war kein fränkisches Generalkonzil, denn obgleich einige Bischöfe aus dem Reich Chlothars I. teilnahmen, war doch kein einziger aus den Provinzen Germania und Belgica anwesend. Man weiß nicht, wer das Konzil zusammenrief, vielleicht waren es Childebert und Theudebert, oder einer der Metropoliten auf Betreiben der Bischöfe, insbesondere des heiligen Albinus.[60]

Neun Kirchenprovinzen waren vertreten, zum erstenmal sind Bischöfe der Provinz Arles dabei, die seit 536 an das fränkische Königreich an-

---

[59] Zu den verschiedenen Berechnungen des Ostertermins vgl. außer den bekannten chronologischen Nachschlagewerken A. Strobel, Ursprung und Geschichte des frühchristlichen Osterkalenders, Berlin 1977.

[60] Vgl. oben Anm. 36.

gegliedert war, von ihnen hatte keiner am Konzil des Jahres 538 teilgenommen. Unter diesen Bischöfen befand sich auch der Bischof von Uzès, einer von Narbonne abgetrennten Diözese. Auch Vertreter der Provinz Eauze nahmen teil. Caesarius war wohl zu alt, um nach Orléans zu reisen. Es waren also anwesend: vier Metropoliten[61], ein Priester als Vertreter des Metropoliten von Bourges, 38 Bischöfe[62], ein Abt und zehn Priester[63], die alle unterschrieben. Der Metropolit von Bordeaux führte den Vorsitz.

---

[61] Leontius I., Metropolit von Bordeaux (um 520 – nach 541); Flavius, Metropolit von Rouen (vor 533–542); Injuriosus, Metropolit von Tours (529–546); Aspasius, Metropolit von Eauze (vor 533 – nach 551) und ein Vertreter für Arcadius, Metropolit von Bourges (vor 538 – nach 541). Liste nach De Clercq, Conc. Gall. 142–144.

[62] Provinz Arles: Maximus, Bischof von Aix (vor 524 – nach 541); Cyprianus, Bischof von Toulon (vor 524 – um 549); Praetextatus, Bischof von Apt (516–546); Gallicanus, Bischof von Embrun (nach 517 – nach 549); Eucherius, Bischof von Antibes (vor 529 – nach 541); Alethius, Bischof von Vaison (vor 527 – nach 541); Heraclius, Bischof von Saint-Paul-Trois-Châteaux (vor 527 – nach 541); Vindimialis, Bischof von Orange (vor 527 – nach 549); Firminius, Bischof von Uzès (538 – 11. Oktober 553) (dieser gehörte normalerweise zur Provinz Narbonne, die seit 506 unter fränkischer Herrschaft stand; er nimmt zum erstenmal an einem fränkischen Konzil teil, scheint aber die Autorität des Metropoliten von Arles anzuerkennen); Advolus, Bischof von Sisteron (vor 541 – nach 554); Deutherius, Bischof von Vence (vor 541–588); Simplicius, Bischof von Senez (vor 541 – nach 554); Clematius, Bischof von Carpentras und Vénasque (540 – nach 551/55); Vellesius, Bischof von Gap (vor 541–560); Antonius, Bischof von Avignon (vor 541 – nach 554).
Provinz Bordeaux: Daniel, Bischof von Poitiers (um 541).
Provinz Bourges: Ruricius, Bischof von Limoges (vor 535–553); Dalmatius, Bischof von Rodez (518–580/81); Gallus, Bischof von Clermont (525/26–551); Evantius, Bischof von Gévaudan-Mende (um 541).
Provinz Sens: Aeterius, Bischof von Chartres (vor 533 – nach 541); Eleutherius, Bischof von Auxerre (532 – 26. Juli 561); Rusticus, Bischof von Nevers (vor 538 – nach 541); Marcus, Bischof von Orléans (vor 541 – um 550).
Provinz Rouen: Passivus, Bischof von Séez (vor 533 – nach 549); Licinius, Bischof von Evreux (537 – nach 549).
Provinz Tours: Innocentius, Bischof von Le Mans (vor 533 – nach 541); Eumerius, Bischof von Nantes (vor 533 – nach 541); Albinus, Bischof von Angers (529–550).
Provinz Eauze: Julianus, Bischof von Bigorre-Tarbes (vor 541 – nach 551); Proculianus, Bischof von Auch (vor 533 – nach 541); Carterius, Bischof von Dax (um 530 – nach 541).
Provinz Lyon: Placidus, Bischof von Mâcon (536 – um 555); Agricola, Bischof von Chalon-sur-Saône (um 532 – 17. März 580).
Provinz Vienne: Rufus, Bischof von Martigny-en-Valais-Sitten (vor 541 – nach 549); Grammatius, Bischof von Windisch-Konstanz (vor 535 – nach 549); Lucritius, Bischof von Die (vor 541 – nach 573). Liste nach De Clercq, Conc. Gall. 142–144.

[63] Sie vertraten die folgenden Bischöfe:
Provinz Sens: für Amelius, Bischof von Paris (vor 533 – nach 541).
Provinz Vienne: für Pappolus, Bischof von Genf (um 540 – nach 549).

Das Konzil veröffentlichte 38 Kanones, von denen einige mehrere Verfügungen enthalten, außerdem ein kurzes Vorwort und im letzten Kanon eine Zusammenfassung. Vier Kanones betreffen den Ritus; sieben das Asylrecht und die Sklaverei; neun die Verwaltung der Kirchengüter; zwölf die Disziplin der Bischöfe; sechs die Disziplin und die Privilegien der Geistlichen; neun die Sitten und die Disziplin der Laien und vier Probleme der Rechtsprechung.

Mehrere Kanones sind durch die Beschlüsse früherer Konzilien beeinflußt: C. 27 bezieht sich ausdrücklich auf die Konzilien von Epao (517) c. 30 und von Orléans III (538) c. 11; die Kanones 2, 9, 17, 18, 30 beziehen sich – ohne genaue Angaben zu machen – auf frühere Verfügungen, aber sie wiederholen nicht genau die früheren Kanones, sondern adaptieren und ergänzen sie.[64]

Doch nun zum Inhalt. In bezug auf den Ritus wiederholt und ergänzt das Konzil in c. 2 die Kanones 24 und 28 von Orléans I (511) und den Kanon 12 von Agde; es begrenzt die Dauer der Fastenzeit auf 40 Tage und schreibt ausdrücklich für die Samstage der Fastenzeit das Fasten vor.[65] Im Kanon 3 wiederholt es c. 15 von Clermont (535) und verfügt, daß die Notabeln das Osterfest in der Bischofsstadt feiern müssen. In drei Punkten führt das Konzil Neuerungen ein:

1. Für das ganze fränkische Gallien wird das Osterdatum gemäß der Berechnung des Victorius von Aquitanien von den Metropoliten festgesetzt. Am Epiphaniefest müssen die Bischöfe das Osterdatum in

---

Provinz Bordeaux: für Eusebius, Bischof von Saintes (vor 533 – nach 549); Lupicinius, Bischof von Angoulême (vor 511 – nach 541).
Provinz Arles: für Desiderius, Bischof von Fréjus (536 – nach 541); Claudius, Bischof von Glandève (vor 541 – um 548).
Provinz Bourges: für Sustracius, Bischof von Cahors (vor 533 – nach 541).
Provinz Rouen: für Leucadius, Bischof von Bayeux (vor 538 – nach 549); Laudus, Bischof von Coutances (529–575); Perpetuus, Bischof von Avranches (vor 533 – nach 541); Theodobaudus, Bischof von Lisieux (vor 538 – nach 549). Liste nach De Clercq, Conc. Gall. 144 f.

[64] Die Vorlagen im einzelnen sind für c. 2: Orléans (511) c. 24 und 28, Agde (506) c. 12 Orléans (538) c. 32 (29); für c. 5: Clermont (535) c. 2; für c. 6: Orléans (538) c. 36 (33); für c. 9: Orléans (538) c. 13 (12); für c. 10: Arles (524) c. 3; für c. 11: Orléans (538) c. 26 (23); für c. 14: Orléans (538) c. 25 (22); für c. 15: Orléans (533) c. 20; für c. 18: Orléans (511) c. 23 und Epao (517) c. 18; für c. 20: Orléans (538) c. 35 (32); für c. 30: Orléans (511) oder (538) c. 14 (12); für c. 33: Orléans (538) c. 21 (18); zur Verwaltung der Kirchengüter werden wiederholt: Orléans (511) c. 23, Epao (517) c. 18 und Orléans (538) c. 13, 25, 26; zur Bigamie: Wiederholung von Arles (524) c. 3 und Orléans (538) c. 16; zur Disziplin der Geistlichen: Wiederholung von Orléans (535) c. 9, 14, 16 und Orléans (538) c. 6, 27.

[65] Vgl. Duchesne, Origines du culte chrétien 235.

ihren Diözesen bekanntgeben. Bestehen Zweifel bei der Festsetzung des Datums, dann haben die Metropoliten dem Papst darüber zu berichten (c. 1).

2. Der Bischof soll persönlich dafür sorgen, daß alle Hochfeste gefeiert werden, und wenn er verhindert ist, muß er für Abhilfe durch einen Amtsbruder sorgen.
3. Bei der Eucharistie darf nur Traubenwein mit Wasser vermischt verwandt werden (c. 4). So wird der römische Brauch bekämpft, bei dem Wein mit Honig gesüßt wurde – was man als Sakrileg betrachtete.

Bei den Fragen, die den Episkopat betreffen, greift das Konzil nicht mehr die Probleme der Bischofswahl auf, die auf den beiden vorhergehenden Konzilien behandelt wurden, aber es legt fest, daß der Bischof in seiner eigenen Kathedrale geweiht werden muß, oder, falls dies unmöglich ist, in einer Kirche der Provinz. Der Metropolit muß die Weihe erteilen oder die Erlaubnis dazu geben (c. 5). Das Konzil greift fortführend Probleme der Jurisdiktion und der Befugnisse der Bischöfe auf: unter den erneuerten Dekreten findet sich insbesondere die Verpflichtung, die Provinzialkonzilien einzuberufen und die Konzilskanones zu beachten (cc. 6, 37, 38).

Einen zentralen Platz nehmen die Bestimmungen über Schutz und Verwaltung der Kirchengüter ein. C. 33 etwa verpflichtet den Gründer von Pfarreien, diese mit Grundbesitz auszustatten, aus denen sie genügend Einkünfte beziehen kann, um die notwendigen Geistlichen dort anzustellen.

Indem die cc. 7, 26, 33 die Jurisdiktion der Bischöfe über den gesamten kirchlichen Besitz in ihrer Diözese festlegen, dienen sie dem Schutz dieser Güter und der Autorität der Kirche gegenüber den Gründern von Landpfarreien. Die Kanones 14 und 19 präzisieren c. 25 von Orléans III (538) und setzen Strafen fest für Erben, die die Erfüllung eines frommen Vermächtnisses aufschieben oder verweigern, und auch für Schenker oder ihre Nachfolger, die der Kirche zugestandene Güter zurücknehmen oder veräußern. Das Konzil verordnet, daß die Verjährung für Kirchengüter auch nach langdauernder Entfremdung nicht in Kraft tritt.[66] Verkauft ein Geistlicher Kirchengut, aus dem er Nutzen zog, so ist dieser Verkauf nichtig (c. 18). Wer die lebenslange Nutznießung einer Liegenschaft hat, die ihm vom Bischof zugestanden wurde, muß die überschüssigen Ein-

[66] Viele Geistliche behielten die Güter, die sie im Laufe ihres Lebens erhalten hatten für sich, was eine Gefahr darstellte. Die Verjährung in bürgerlichen Sachen erfolgte nach 30 Jahren. Die kirchlichen Maßnahmen zur Verteidigung ihres Besitzes wurden sehr oft von Usurpatoren im Einvernehmen mit den königlichen Amtsträgern umgangen.

künfte, falls solche vorhanden sind, an die Kirche abführen; seine Verwandten haben kein Anrecht darauf (c. 34). Das Gut, das einem fremden Geistlichen von einem Bischof geschenkt wurde, muß der Kirche nach dem Tode des Geistlichen wieder zurückgegeben werden (c. 36).

Im Einklang mit den älteren Konzilien läßt das Konzil von 541 den Bischöfen ein Vorrecht in der Verwaltung der Kirchengüter: Äbte, Klöster oder Pfarreien, die eine Schenkung erhalten, dürfen nur darüber verfügen oder sie veräußern, wenn der Bischof seine Unterschrift dazu gibt (c. 11). Kein Geistlicher darf ohne Einwilligung des Bischofs wegen guter Beziehungen zu einem Mächtigen Kirchengüter empfangen. Ohne Zustimmung des Bischofs dürfen keine Geistlichen aus fremden Diözesen an privaten Oratorien angestellt werden (c. 17, wiederholt c. 7 von Orléans III, 538). Der Bischof kann nach Belieben Schenkungen seines Vorgängers bestätigen oder widerrufen (c. 35). Das Konzil verstärkt jedoch auch die Tendenz der Konzilien von Epao und Orléans III, diese Macht der Bischöfe zu beschränken (c. 9): künftig ist es den Bischöfen verboten, die Rechte zu überschreiten, welche die Kanones ihnen geben: Kirchengüter zu verpfänden oder zu veräußern, einen Teil davon wegzunehmen, Sklaven freizulassen. Die Sklaven gehörten zum Besitz, und für jeden Bischof bestand ein „numerus clausus", den er bei der Freilassung nicht überschreiten durfte. Alles, was auf ungesetzliche Art und Weise veräußert worden ist, muß aus dem persönlichen Vermögen des Bischofs ersetzt oder vom Erwerber zurückerstattet werden, wenn das Vermögen des Bischofs nicht ausreicht. Die Sklaven aber, die über den „numerus clausus" hinaus freigelassen wurden, bleiben frei unter der Bedingung, daß sie weiterhin der Kirche dienen. Außerdem ist es den Bischöfen verboten, über die Kirchengüter zu verfügen zugunsten von fremden Geistlichen oder sie testamentarisch den Pfründenbesitzern zu vermachen. Jede derartige Schenkung kann nach dem Tod des Schenkers zurückgefordert werden.

Einen weiteren bedeutenden Themenkreis bilden die Disziplin und die Privilegien der Geistlichen. Die Frage des Priesternachwuchses war auf den vorhergehenden Konzilien weitgehend geregelt worden, aber das Konzil von 541 (c. 10) verschärft den Kanon 3 von Arles und den Kanon 6 von Orléans III (538) über die Weihe eines zweimal Verheirateten oder des Ehemannes einer Witwe. Der Bischof, der einen solchen geweiht hatte, wurde nicht nur für sechs Monate, sondern für ein ganzes Jahr seines Amtes enthoben, und seine Exkommunikation wurde bis zum nächsten Konzil verlängert. Der zum Priester geweihte Geistliche ist einer bestimmten Disziplin unterworfen, so wie die Kanones 9, 14, 16 von

Orléans II und 6 und 30 von Orléans III vorgeschrieben hatten. Das Konzil von 541 wiederholt oder ergänzt diese Disziplinarvorschriften durch einige Kanones: dieselbe Strafe der zeitweiligen Amtsenthebung trifft die Bischöfe, die Diakone und die Priester, die mit Frauen zusammenleben; die Kleriker müssen eine bestimmte Ausbildung erhalten haben (c. 6), für die der Bischof zu sorgen hat; sie laufen Gefahr abgesetzt zu werden, wenn sie nicht fleißig und gewissenhaft ihre Pflichten erfüllen und sich nicht treu in die Kirche begeben, wenn sie dort Gottesdienst halten müssen (c. 26). Diese Pflicht zu Gewissenhaftigkeit und Treue bei der Ausübung des Amtes gilt auch für den Bischof, der persönlich die Feiern der Hochfeste leiten (c. 3 wiederholt c. 15 von Clermont 535), in der Kirche seiner zukünftigen Bischofsstadt geweiht werden (c. 5 wiederholt c. 2 von Clermont 535) und gütlich allen Zwist zwischen sich und seinen Amtsbrüdern beilegen muß.

Das Konzil erinnert daran, daß sogar bei den Heiden die Götzenpriester Privilegien und Erleichterungen hatten. Es erklärt, daß diejenigen Amtsträger oder Grafen, die den Geistlichen, die sich dem Kirchendienst widmen oder in die *matricula ecclesiastica* (c. 13) eingetragen sind, Steuern aufbürden, des kirchlichen Wohlwollens unwürdig sind und Gefahr laufen, exkommuniziert zu werden, nachdem sie vom Bischof vergeblich gewarnt worden sind. So wie Jesus Christus seinen Jüngern empfahl, den Bruder, über den sie sich zu beklagen hätten, beiseite zu nehmen, damit er sein Unrecht einsehen könne, so schärft auch das Konzil den Gläubigen ein, ihre Streitigkeiten nicht vor weltlichen Richtern zu schlichten. Den Geistlichen wird das Privileg eingeräumt, daß kein Laie ohne Erlaubnis des Bischofs sie verhaften, verhören oder verurteilen darf (c. 20).

Ebenso ist die Ermächtigung des Bischofs oder des Archidiakons für einen weltlichen Amtsträger erforderlich, um einen Prozeß zwischen einem Geistlichen und einem Laien einzuleiten, es sei denn, beide Parteien erscheinen mit Erlaubnis vor einem ordentlichen Gericht (c. 20). Wie man sieht, wird die Gerichtsbarkeit der Kirche erweitert: Während das Konzil von Agde noch bemüht war, bei Prozessen, in denen Geistliche die klagenden Parteien darstellten, in allem, was nicht wesentlich unter die kirchliche Gerichtsbarkeit fiel, auf die Freiheit der weltlichen Kläger oder Angeklagten Rücksicht zu nehmen, hatte das Konzil von Orléans III (c. 35) hier eine erste Einschränkung gemacht; es untersagte einem Laien, einen Geistlichen vor ein weltliches Gericht zu laden; jetzt wird dies sogar den Richtern selbst verboten.[67] Doch kann sich der ange-

---

[67] Später bestehen die Bischöfe noch mehr auf diesem Vorrecht und versuchen, die Ver-

klagte Geistliche der gerichtlichen Vorladung nicht entziehen, wenn sein kirchlicher Vorgesetzter es ihm befohlen hat.
Auch Lebenswandel und Disziplin der Laien erfahren im Konzil von Orléans 541 eine Regelung. Unter Androhung der Exkommunikation verbietet das Konzil jungen Mädchen, ohne die Erlaubnis ihrer Eltern zu heiraten (c. 22). Es erneuert auch die Dekrete, welche die Inzestehe verbieten (c. 27), und ermächtigt die Bischöfe, den Ehebruch zu bestrafen (c. 29). Nur der Bischof darf Häretiker wieder in den Schoß der Kirche aufnehmen (c. 8).
Das Asylrecht der Kirchen wird bestätigt (c. 30), aber es werden auch Maßnahmen zur Verhinderung von Mißbräuchen getroffen, insbesondere, daß Sklaven sich in eine Kirche flüchten, um gegen den Willen ihrer Besitzer oder ihrer Eltern zu heiraten. Das Konzil verbietet den Geistlichen, solche Verbindungen zu begünstigen. Diejenigen Sklaven, die diese Vorschrift übertreten haben, müssen zu ihren Besitzern oder zu ihren Eltern zurückgeschickt werden, sie können aber später mit der Einwilligung der Besitzer oder der Eltern verheiratet bleiben (c. 24). Das Konzil bestätigt das Recht auf Asyl in der Kirche oder bei einem Christen für den Sklaven, der einem Juden dient (Orléans I, c. 12). Der Jude muß den Loskaufpreis annehmen, der von den Christen festgesetzt wurde. Die Freilassung wird für ungültig erklärt, die ein Jude einem Proselyten, einem Neophyten oder dem Sohn eines Christen unter der Bedingung gewährt hat, daß dieser die jüdische Religion annimmt: „Es gehört sich nicht", sagt das Konzil, „daß derjenige, der vom Christentum zum Judentum übergeht, die Freiheit genießt"[68]. Dieses Dekret trifft auch eine christliche Frau, die einen Juden heiratet, um sich von der Sklaverei zu befreien.
Die Freilassung eines Sklaven, die vor der Kirche bewilligt wird, ist als etwas Heiliges anzusehen. Kanon 31, der wohl einer der wichtigsten in der fränkischen Gesetzgebung über die Sklaverei ist, beauftragt die Bischöfe, dafür zu sorgen, daß die Nachkommen eines Freigelassenen ihre Freiheit behalten, und exkommuniziert die Laien, die aus Habsucht diese Vorschrift übertreten.
Das Konzil von 541 verpflichtet in c. 3 nur die Vornehmen zur Teilnahme an der Bischofsmesse am Osterfest, Clermont hingegen fügte in c. 15 Weihnachten, Ostern, Pfingsten und alle Festlichkeiten hinzu und verpflichtet alle Bürger zur Teilnahme.

---

urteilung von Geistlichen ausschließlich für sich zu beanspruchen, vgl. z. B. Mâcon 581/83 unten 156–159.

[68] Vgl. c. 31, De Clercq, Conc. Gall. 140.

Indem das Konzil den Kanon 20 von Orléans II (533) erneuert, bekämpft es den Aberglauben (c. 15 und 16), der sogar beim Klerus eingewurzelt war, und verbietet insbesondere, nach Heidenart auf den Kopf eines Tieres zu schwören. Das Konzil versucht auch, Gewalttätigkeiten einigermaßen einzudämmen: Mord blieb oft unbestraft, weil die weltlichen Machthaber oder die Verwandten einen Mörder deckten. Daher ermächtigte das Konzil den Bischof, den Schuldigen zu bestrafen (c. 28). Kanon 23 untersagt – ohne Strafandrohung – den kirchlichen Sklaven Gewalttätigkeiten, und Kanon 12 fordert streitende Bischöfe auf, sich gütlich zu einigen: ein Bischof, der dies ablehnt, wird aus der Gemeinschaft seiner Brüder – *a caritate fratrum* – ausgeschlossen.

Nicht nur die Bischöfe sind verpflichtet, die Konzilsdekrete zu beachten (c. 38), zum erstenmal wird hier jeder Pfarrei ein Exemplar ausgeliefert (c. 6). Wenn diesem Konzil auch für die Geschichte des Kirchenrechts keine besondere Bedeutung zukommt (man findet keinen seiner Kanones in den Rechtssammlungen), so hat es doch eine große Bedeutung für die fränkische Gesetzgebung, denn es versucht, die bereits vorhandenen Gesetze zu präzisieren und der gewandelten Wirklichkeit anzupassen. Es kümmert sich um die Vereinheitlichung der Gesetzgebung, versucht das Recht dem kirchlichen Einfluß zu unterwerfen und der Kirche eine unabhängige Existenz zu sichern: sie allein wird mit der Verwaltung ihrer Güter betraut, die ihr niemand rauben darf. Tatsächlich werden gemäß den Kanones 14 und 19 die Schenkungen, die durch Handschlag und in schriftlicher Form gemacht wurden, eine heilige und unwiderrufliche Sache, sobald sie für die Kirche oder eines ihrer Mitglieder bestimmt waren. Durch die Aufhebung der dreißigjährigen Verjährungsfrist werden die Schenkungen unveräußerlich.

Des weiteren macht das Konzil ernsthafte Anstrengungen, die gewalttätigen Sitten zu verbessern. Auf diesem Konzil wird übrigens zum erstenmal der Archidiakon erwähnt[69], und zum erstenmal wird auch die Autorität des Papstes zur Regelung des Streites um den Ostertermin herangezogen.

---

[69] Vgl. A. Schroeder, Die Entwicklung des Archidiakonats bis zum 11. Jahrhundert, Augsburg 1890, 31.

e) Das Fünfte Konzil von Orléans (28. Oktober 549)[70]

Der Anstoß zu einem weiteren großen Konzil in Orléans ging von König Childebert aus. Dieses Konzil fand am 28. Oktober 549[71] statt.
In den acht Jahren von 541 bis 549 hatte sich der Episkopat verändert, die meisten großen Gestalten der vorhergehenden Konzilien waren verstorben. König Theudebert war tot und hinterließ einen zwölfjährigen Sohn, Theudebald. Trotz seiner Minderjährigkeit wagten weder Childebert noch Chlothar, ihn anzugreifen, denn Theudebert, der bedeutendste Nachkomme Chlodwigs, hatte sein Ansehen stark gefestigt. Doch jetzt war König Childebert die bestimmende Persönlichkeit. Er betrachtete sich auch als das Haupt des Episkopats, den er sich gefügig zu machen versuchte. Wie Kaiser Justinian wollte er sich in den Drei-Kapitel-Streit einmischen[72], und übte Druck auf Papst Vigilius aus, um von ihm ein diesbezügliches Glaubensbekenntnis zu erhalten. Übrigens war seine Hauptstadt Orléans ohne Bischof, da dieser in der Verbannung lebte.
In diesem Kontext muß man die Einberufung des Konzils durch Childebert sehen, obgleich zur Begründung im Vorwort nur die Erneuerung der früheren Kanones und neue Disziplinvorschriften für die Geistlichen erwähnt werden.
Das Konzil verfolgte einen dreifachen Zweck.
Der erste betraf die Disziplin: es ging darum, den Fall des Bischofs Markus von Orléans zu beurteilen, der auf undeutliche Anschuldigungen hin verbannt worden war[73], auf dem Konzil aber restituiert wurde. Der zweite

[70] Drucke: Crabbe ²II 145–148; Surius ²II 574–578; Binius II 514–517; Sirmond I 277 bis 286; Coll. regia XI 633–649; Labbe-Cossart V 390–401, 1849; Hardouin II 1443–1452; Coleti V 1375–1388; Mansi, Suppl. I 423–426; Mansi IX 127–140; Gonzalez 273–280; Bouquet IV 107 (Exzerpte); Bruns II 208–215; Labat I 1032–1044; Tejada I 476–487; Maassen, Conc. I 99–112; De Clercq, Conc. Gall. 147–161. Literatur: Hefele-Leclercq III/1, 157–164; De Clercq, La législation 31–34; Bimbenet, Des conciles d'Orléans; Champagne-Szramkiewicz, Recherches 12; Wallace-Hadrill, The Frankish Church 100. Außer den Kanones ist eine kurze Erwähnung der Synode durch Gregor von Tours überliefert, sie bezieht sich jedoch nur auf den Fall des Bischofs Marcus von Orléans, vgl. unten Anm. 73. Ebenfalls erwähnt wird das Konzil in der Vita des Bischofs Domitianus von Tongern, vgl. unten Anm. 74.

[71] Ort und Datum sind durch die Handschriften eindeutig überliefert, vgl. De Clercq, Conc. Gall. 148, 157, 161. Daß ein Konzil in der Auvergne stattgefunden haben soll, das dieselben Dekrete erließ – vgl. dazu Hefele-Leclercq III/1, 157 f. Anm. 1 – dürfte auf einem Lesefehler beruhen.

[72] Vgl. dazu oben 20.

[73] *Incriminato ab iniquis* heißt es bei Gregor von Tours, Liber vitae patrum VI 5, hrsg. von B. Krusch, MGH. SRM I (1885) 683 Z. 16–19. In den Kanones wird auf den Fall nicht Bezug genommen. Gregor berichtet jedoch, daß Bischof Marcus restituiert wurde. Marcus ist nicht als Teilnehmer in der Subskriptionsliste des Konzils genannt.

betraf das Dogma und die notwendigen Maßnahmen gegen Häretiker, welche den Lehren des Nestorius und des Eutyches folgten. Tatsächlich scheint der Klerus sich um diese Sekte nicht viel gekümmert zu haben, die im fränkischen Gallien nur wenige Anhänger besaß. Doch berichtet die Vita des Bischofs Domitianus von Tongern[74], daß sie in der Gegend von Orléans und unter den Bischöfen einige Anhänger gefunden hatte. Es scheint, daß die Bischöfe noch eine dritte Absicht verfolgten: sie wollten das Konzil, das sie nicht einberufen hatten, auf dem sie aber zahlreich erschienen waren, ausnützen, um die Sitten und die Disziplin zu reformieren.

Obgleich das Konzil des Jahres 549 anscheinend von König Childebert allein einberufen worden war, wurde es doch ein Generalkonzil der Franken, denn es kamen Bischöfe aus den drei fränkischen Königreichen. Von allen Konzilien des 6. Jahrhunderts hatte es die meisten Teilnehmer[75]: sieben Metropoliten, drei Bevollmächtigte von Metropoliten (einen Archidiakon und zwei Priester), 43 Bischöfe und 21 Bevollmächtigte von Bischöfen (sechs Archidiakone, zehn Priester, drei Diakone, zwei Äbte) aus 12 verschiedenen Kirchenprovinzen.

Die Provinzen Lyon, Arles, Vienne, Trier, Bourges, Eauze und Sens waren durch ihre Metropoliten vertreten; die Kirchenprovinzen Bordeaux, Reims und Tours durch Bevollmächtigte.[76] Auch Bischöfe aus den Provinzen Rouen und Köln waren anwesend. Außer den Metropoliten waren zugegen:

– für die Provinz Lyon vier Bischöfe[77],
– für Arles neun Bischöfe, unter ihnen der von Aix und neun Bevollmächtigte[78],

[74] Domitianus war Bischof von ca. 535–566 und nahm an den Konzilien in Clermont 535 und Orléans 549 teil. Vgl. den Bericht der Vita c. 3 in AASS Mai II (1866) 146. Zu den Lehren des Nestorius und Eutyches vgl. u. a. L. R. Wickham, s. v. Eutyches / Eutychianischer Streit, in: TRE 10 (1982) 558–565.

[75] Vgl. dazu auch Ewig, Beobachtungen zu den Bischofslisten 427–432.

[76] Sacerdos, Metropolit von Lyon (vor 549 – 12. September 552); Aurelianus, Metropolit von Arles (546–551/553); Esychius, Metropolit von Vienne (vor 549 – 12. November 565); Nicetius, Metropolit von Trier (527 – 5. Dezember 566); Desideratus, Metropolit von Bourges (vor 549 – 8. Mai 550); Aspasius, Metropolit von Eauze (vor 533– nach 551); Constitutus, Metropolit von Sens (um 541–578); drei Vertreter für Leontius II., Metropolit von Bordeaux (vor 549 – 15. September 564); Mappinius, Metropolit von Reims (vor 549 – um 550) und für Agrestius, Metropolit von Tours (vor 549 – nach 551/52).

[77] Provinz Lyon: Placidus, Bischof von Mâcon (536 – um 555); Agricola, Bischof von Chalon-sur-Saône (um 532 – 17. März 580); Tetricus, Bischof von Langres (538/39 –572/73); Nectarius, Bischof von Autun (540/42 – nach 549).

[78] Provinz Arles: Firminius, Bischof von Uzès (538–553); Deuterius, Bischof von Vence

- für Vienne vier Bischöfe, unter ihnen der von Besançon und drei Bevollmächtigte[79],
- für die Provinz Trier zwei Bischöfe[80],
- für Bourges zwei Bischöfe und zwei Bevollmächtigte[81],
- für Eauze vier Bischöfe und ein Bevollmächtigter[82],
- für Sens sechs Bischöfe[83],
- für Bordeaux drei Bischöfe[84],
- für Reims zwei Bischöfe und ein Bevollmächtigter[85],
- für Tours ein Bischof und ein Bevollmächtigter[86],
- für Rouen fünf Bischöfe und ein Bevollmächtigter[87],

(vor 541–588); Clementius, Bischof von Carpentras (um 540–555); Vellasius, Bischof von Gap (541–560); Hilarius, Bischof von Digne (549–554); Clementinus, Bischof von Apt (vor 549 – nach 573); Palladius, Bischof von Toulon (vor 549 – nach 554); und 9 Vertreter für Vindemialis, Bischof von Orange (vor 527 – nach 549); Gallicanus, Bischof von Embrun (nach 514 – nach 549); Avolus, Bischof von Sisteron (vor 541 – nach 554); Praetextatus, Bischof von Cavaillon (vor 549 – nach 554); Eusebius, Bischof von Antibes (vor 549 – nach 554); Expectatus, Bischof von Fréjus (vor 549 – nach 554); Faustus, Bischof von Riez (vor 549 – um 553); Magnus, Bischof von Cimiez und Nizza (vor 549 – nach 554); Antonius, Bischof von Avignon (vor 541 – nach 554).

79 Provinz Vienne: Urbicus, Bischof von Besançon (um 549); Rufus, Bischof von Martigny-en-Valais-Sitten (vor 541 – nach 549); Grammaticus, Bischof von Windisch-Konstanz (vor 535 – nach 549); Gallus, Bischof von Valence (um 549); und drei Vertreter für Pappolus, Bischof von Genf (um 540 – nach 549); Melanius, Bischof von Alba-Viviers (um 549) und für Lucretius, Bischof von Die (vor 541 – nach 573).

80 Provinz Trier: Desideratus, Bischof von Verdun (vor 535–554); Alodius, Bischof von Toul (um 549).

81 Provinz Bourges: Gallus, Bischof von Clermont (525/26–551); Maximus, Bischof von Cahors (um 549); und zwei Delegierte für Ruricius, Bischof von Limoges (vor 535–553) und Ambrosius, Bischof von Albi (um 549).

82 Provinz Eauze: Proculianus, Bischof von Auch (vor 533 – nach 551); Liberius, Bischof von Dax (vor 549 – nach 551); Amelius, Bischof von Comminges (vor 549 – nach 551); Aletius, Bischof von Lectoure (um 549) und ein Vertreter für Theudorus, Bischof von Couserans (vor 549 – nach 551).

83 Provinz Sens: Saffaracus, Bischof von Paris (vor 549 – um 553); Eleutherius, Bischof von Auxerre (532 – 26. Juli 561); Aregius, Bischof von Nevers (vor 549 – 16. August um 558); Leubenus, Bischof von Chartres (vor 549 – nach 551/52); Medovius, Bischof von Meaux (vor 549 – nach 551/52); Ambrosius, Bischof von Troyes (um 549).

84 Provinz Bordeaux: Eusebius, Bischof von Saintes (vor 533 – nach 549); Bebianus, Bischof von Agen (um 549); Abthtonius, Bischof von Angoulême (um 542 – nach 549).

85 Provinz Reims: Gonotiernus, Bischof von Senlis (vor 549–563); Beatus, Bischof von Amiens (vor 549–565) und ein Vertreter für Gennobaudus, Bischof von Laon (499 – 5. September um 550).

86 Provinz Tours: Febediolus, Bischof von Rennes (um 549); ein Vertreter für Albinus, Bischof von Angers (529 – 1. März 550).

87 Provinz Rouen: Laudus, Bischof von Coutances und Brovera (Saint-Lô) (529–575); Passivus, Bischof von Séez (vor 533 – nach 549); Theudobaudis, Bischof von Lisieux (vor 538 – nach 549); Licinius, Bischof von Evreux (537 – nach 549); Egidius, Bischof von

– für Köln ein Bischof[88],

zusammen also 50 Bischöfe und 21 Bevollmächtigte.

Der Konzilstext bringt ein kurzes Vorwort und 24 Kanones, von denen der letzte keine Bestimmung enthielt, sondern ein Schlußwort oder eine Zusammenfassung darstellt. Der erste Kanon verurteilt erneut den Nestorianismus und den Monophysitismus des Eutyches[89]; die Kanones 2 bis 8 versuchen den Amtsmißbrauch der Bischöfe zu beschränken und sie einer strengen Disziplin zu unterwerfen. Die Kanones 9 bis 12 beziehen sich auf den Priester- und Bischofsnachwuchs, die Kanones 13 bis 16 auf den Schutz der Kirchengüter, Kanon 17 befaßt sich mit der friedlichen Regelung von Streitigkeiten, die restlichen Kanones gelten sozialen Problemen.

Was die Quellen anbetrifft, so berufen sich das Vorwort und die Kanones 2, 4, 6, 10, 11, 18, 21, 22, 23 auf frühere Kanones, ohne diese genauer anzugeben.[90] Das Konzil wiederholt viele Verordnungen früherer Konzilien: einige werden unverändert übernommen, wie zum Beispiel Kanon 22, der den Kanon 3 des Konzils von Orléans 511 zum Asyl der Sklaven wiederholt. Andere werden bei der Übernahme verändert, zum Beispiel: die Unabsetzbarkeit der Bischöfe gemäß c. 5 des Konzils von Lyon 518/19 wird aufgehoben für diejenigen, die wegen einer Todsünde verurteilt wurden; bei der Immunität der Kirchengüter (c. 5 des Konzils von Clermont) wird keine Strafe für die Übertreter angegeben; für die Besetzung des Bischofsamtes, für das Verbot der Simonie und für die Bischofswahl (c. 2 von Clermont und c. 3 von Orléans 538) wird die Einwilligung des Königs verlangt. Das Veräußerungsverbot für Kirchengüter (c. 13) wird auch auf die Hospitäler ausgedehnt.

Avranches (vor 549–550); und ein Vertreter für Leucadius, Bischof von Bayeux (vor 538 – nach 549).

88 Provinz Köln: Domitianus, Bischof von Tongern (vor 535–566).

89 Die Irrlehren des Nestorius und Eutyches waren Gegenstand langwieriger Verhandlungen auf den Konzilien des 5. Jh. und schon in Ephesus 431 verurteilt worden, vgl. dazu den entsprechenden Band dieser Reihe.

90 Die Vorlagen sind für c. 2: Agde (506) c. 3, Mißbrauch von Exkommunikationen; c. 3: Orléans (538) c. 4; c. 4: es handelt sich um die Subdiakone und anderes, nicht wie Clermont (535) c. 13, sondern wie Orléans III (538) c. 2; c. 5: Orléans (538) c. 16; c. 6: Orléans (511) c. 8; c. 7: Codex Theodos. IV 10, 1; c. 8: Orléans (538) c. 16; c. 9: Arles (524) c. 10, Zeit zur Vorbereitung auf die Weihen; c. 10: Clermont (535) c. 2 und Orléans (533) c. 4, das Eingreifen des Königs war in den vorhergehenden Kanones nicht erwähnt; c. 11: Brief Cölestins I. an die Bischöfe der Provinzen Vienne und Narbonne aus dem Jahre 428 (JK 369) und Clermont (535) c. 2; c. 12: Lyon (518/19) c. 3; c. 13: Agde (506) c. 4 und Orléans (541) c. 25; c. 14: Clermont (535) c. 5; c. 16: Orléans (541) c. 14, über die Schenkungen für Kirchen; c. 18: Arles (442–506) c. 19 und Orléans (538) c. 1, der als Strafe die Amtsenthebung für die Dauer eines ganzen Jahres vorschrieb; c. 21: Orléans (511) c. 16; c. 22: Orléans (511) c. 3 und Orléans (541) c. 21; c. 23: Orléans (541) c. 37.

Das Konzil bestätigt die Gültigkeit der früheren Kanones (c. 24) und wiederholt ohne Änderung diejenigen, die sich auf folgende Punkte beziehen: Beobachtung der Kanones durch die Bischöfe (c. 24), Simonie (Orléans II, c. 5), Unwiderruflichkeit der Schenkungen, die der Kirche gemacht wurden (Orléans IV, cc. 14 und 19), jährliche Abhaltung des Provinzialkonzils.

Die meisten Kanones jedoch bringen neue Elemente: Für den Priesternachwuchs bestimmt Kanon 9 genau, daß das Probejahr für die Weihe eines Laien dazu dienen muß, den Bewerber über Disziplin und Kirchenvorschriften zu unterrichten; Kanon 6 verbietet, daß Freigelassene ohne Einwilligung ihres früheren Herrn zum Priester geweiht werden.

Für die Bischofswahl wiederholt das Konzil viele Kanones, welche die Simonie verbieten und vorschreiben, daß der Bischof vom Volk und vom Klerus zu wählen ist (Clermont c. 2 und Orléans III c. 3), aber es verlangt auch, daß vor der Bischofsweihe durch den Metropoliten die Einwilligung des Königs vorliegen muß. Des weiteren präzisiert es den Kanon 2 des Konzils von Clermont und schreibt die Degradierung auf Lebenszeit für denjenigen Bischof vor, der gewaltsam der Bevölkerung aufgezwungen wurde (c. 11). Bisher war in diesem Fall vom Konzil von Clermont die Exkommunikation vorgeschrieben worden. Bei der Unabsetzbarkeit der Bischöfe, vorgeschrieben durch Kanon 5 des Konzils von Lyon (518/19), gibt es eine Ausnahme: Absetzung wegen Todsünde.

In mehreren Verordnungen wird auf der Einschränkung von Mißbräuchen und auf den Pflichten der Bischöfe insistiert:

– Einschränkung beim Mißbrauch der Exkommunikation (c. 2): sogar für den Geistlichen, der die Zölibatsverpflichtung nicht beachtet, wird die vom Konzil von Orléans III (c. 2) vorgeschriebene Exkommunikation abgeschafft;
– Maßnahmen gegen die Bischöfe, welche die Bischofswürde durch Kauf erworben haben (c. 10);
– Verbot, zu Lebzeiten eines Bischofs einen anderen auf den Sitz zu wählen, es sei denn, der Bischof wurde wegen eines Kapitalverbrechens abgesetzt (c. 12);
– Verbot für jeden Bischof, bei Strafe eines einjährigen Interdikts, über den Sitz eines verstorbenen Bischofs zu verfügen (c. 8);
– Verbot für jeden Bischof, bei Bestrafung mit sechsmonatigem Interdikt, einen fremden Geistlichen oder Lektor ohne *litterae dimissoriae* aufzunehmen (der Geistliche selbst wird auf Zeit abgesetzt) (c. 5);
– Berufungsmöglichkeit für jeden Geistlichen oder Bürger bei Streit mit einem Bischof. Die Angelegenheit kann dem Metropoliten zum

Schiedsspruch unterbreitet werden, wenn keine gütliche Regelung erfolgt.

Der Bischof, der trotz zweifacher Warnung durch den Metropoliten nicht vor Gericht erscheint, wird aus der „brüderlichen Gemeinschaft" ausgeschlossen. Im Fall von falscher Anklage gegen einen Bischof wird der Kläger für ein Jahr exkommuniziert; erfüllt der Metropolit seine richterlichen Pflichten mangelhaft, so kann man Berufung bei der Synode einlegen (c. 17). Der Bischof ist zur Nächstenliebe verpflichtet (cc. 20 und 21) und wie die anderen Geistlichen zur Keuschheit (c. 3).

Das Konzil bestätigt die Verordnungen der vorhergehenden Konzilien über den Schutz der Kirchengüter; als unverletzliches Eigentum gelten jetzt auch die Hospiziengüter (c. 13). Besonders erwähnt wird der Schutz der Güter der königlichen Stiftung eines Xenodochiums in Lyon (c. 15).

Dies ist das erste Konzil, das verordnet, daß die Einkünfte der Kirche zur Gefangenenseelsorge und zur Pflege der Aussätzigen zu verwenden sind (vgl. Orléans I, c. 3). Jeder Bischof muß auf Kosten der Kirche und durch eine geeignete Person den Gefangenen genügend Nahrung verschaffen. Die Gefangenen sollen aber nicht nur materielle, sondern auch geistliche Hilfe erhalten: Kanon 20 schreibt vor, daß der Archidiakon oder der *praepositus ecclesiae* sonntags die Gefängnisse besuchen soll, um den Gefangenen den Trost der Religion zu bringen.

In bezug auf das Asylrecht erneuert das Konzil nicht nur die Vorschriften der vorhergehenden Konzilien, sondern es gestattet ausnahmslos allen Personen, vom Asylrecht Gebrauch zu machen.

Das Eigentumsrecht des Herrn an den Sklaven wird unumstößlich festgeschrieben; abweichend von Kanon 8 von Orléans I, der dem zum Priester geweihten Sklaven gestattete, im geistlichen Stand zu bleiben, wenn der Bischof dem Besitzer ein doppeltes Lösegeld bezahlte, erlaubt Kanon 6 des Konzils von 549 dem Besitzer, den Sklaven, der ohne seine Erlaubnis geweiht wurde, zurückzufordern, und von ihm Dienste zu verlangen, die mit der geistlichen Würde vereinbar sind. Der Bischof hat jedoch die Möglichkeit, den unerlaubt geweihten Geistlichen im Kirchendienst zu behalten, aber er muß zwei Sklaven zum Tausch geben und ein sechsmonatiges Interdikt erdulden, weil er einen Unfreien in den Klerikerstand aufgenommen hat. Der Kanon geht noch in einem anderen Punkt weiter als die vorhergehenden Konzilien: er verlangt als Voraussetzung für die Priesterweihe von Freigelassenen die Einwilligung ihrer früheren Besitzer.[91]

---

[91] Dies beweist, daß sogar nach der *manumissio* der befreite Sklave noch unter einer gewissen Abhängigkeit stand.

Dagegen macht es die Freilassung unwiderruflich (c. 7): die Tatsache, daß die Freilassung in der Kirche gewährt wird, macht daraus eine heilige Handlung; wer einen in der Kirche freigelassenen Sklaven wieder zum Sklaven macht, der erklärt den Freilassungsakt *(manumissio)* – der von Gott selbst geheiligt ist – für nichtig und handelt daher gottlos. Die einzige Ausnahme von dieser Regel ist der Fall, daß ein Freigelassener sich eines Vergehens schuldig gemacht hat, welches das weltliche Gesetz mit Versklavung bestraft.

In den Kanones 3 und 4 wiederholt das Konzil die Kanones 2 und 4 von Orléans III über das Verbot, Frauen – sogar solche, die nahe verwandt sind – in Bischofs- und Pfarrhäuser über eine bestimmte Stunde hinaus einzulassen; dieselben Kanones verpflichten zur Einhaltung des Zölibats, aber künftig gilt diese Verpflichtung für alle Geistlichen ohne Rücksicht auf den Weihegrad. Bisher schrieb das Konzil von Orléans III, Kanon 2, als Strafe für Zuwiderhandlung die Exkommunikation vor, jetzt werden die lebenslange Amtsenthebung und der Verlust der kirchlichen Vorrechte verordnet.

Jungfrauen, die sich Gott weihten, begnügten sich bisweilen mit einem einfachen Gelübde: einige traten freiwillig in die neugegründeten Klöster ein und weihten sich Gott für ewig oder für eine begrenzte Zeit; andere wurden sogar schon als Kinder von ihren Eltern den Klöstern übergeben. Bestimmte Jungfrauen oder Witwen führten ein klösterliches Leben in ihrem eigenen Haus. Das Konzil von 549 (c. 19) versucht für diese die lebenslange Dauer der Gelübde (Eheverbot unter Strafe der Exkommunikation, die nur aufgehoben wird, wenn die rechtswidrig Verheiratete sich wieder vom Ehemann trennt) und das Tragen von Klosterkleidung durchzusetzen.

Das Konzil von Orléans mit allen Bischöfen Galliens übte auf Papst Vigilius Druck aus: Es verurteilte die Irrlehre des Eutyches und des Nestorius[92], bevor das ökumenische Konzil von Konstantinopel (553) abgehalten wurde. Neben anderen Gründen trug dies wohl auch dazu bei, den Papst zur Aufgabe seines Zauderns zu bewegen und ein ökumenisches Konzil einzuberufen. Doch kein einziger Bischof aus Gallien nahm am Konzil von Konstantinopel teil.

Weiter stellt man fest, daß die Könige sich in die Angelegenheiten der Bischöfe einmischten, insbesondere in die Wahl. Bis zum Jahre 549 war diese Einmischung des Königs selten und nicht eindeutig, für die Zukunft

[92] Diese Lehren waren zwar nicht mehr aktuell, doch scheinen sie im Zusammenhang mit dem Drei-Kapitel-Streit als Beschuldigung zwischen den Parteien gedient zu haben, vgl. De Clercq, La législation 32.

wird sie vom Konzil gestattet. Childebert griff die Gewohnheit seines Vaters wieder auf und nahm aktiv an der Beschlußfassung des Konzils teil. Er hatte es zusammengerufen und sicherlich auch bestimmte Kanones – etwa c. 15 – angeregt.

Die Nachwirkung dieses hinsichtlich seiner Teilnehmerzahl großen Konzils war relativ gering. Zwar ist es in einer großen Anzahl Handschriften überliefert, aber nur zwei seiner Kanones gelangten in das Dekret Gratians.[93] Dies mag daran liegen, daß ein großer Teil der Kanones nicht „originell" war, sondern ältere Vorschriften übernahm. Andererseits bot c. 12 von Orléans den Anlaß für das Konzil von Paris 551/52.

Auch in der Gesetzgebung der Könige läßt sich die Nachwirkung der Konzilien verfolgen. In einem Pakt zwischen den Königen Childebert I. und Chlothar I., vermutlich aus der Zeit zwischen 555 und 558[94], der auch auf das kirchliche Asylrecht eingeht, finden sich Anklänge an cc. 1 und 3 von Orléans 511.[95] Ähnliches gilt für ein Kapitular Chlothars I. aus den Jahren 558–561.[96] Als dieser König seine Herrschaft über das ganze Frankenreich ausdehnte, bestätigte er die Maßnahmen, die zum Schutze der Kirchengüter ergriffen worden waren, insbesondere diejenigen, die der Kirche gestatteten, die Verjährungsfrist von dreißig Jahren zu ihrem Vorteil anzuwenden – wie es in cc. 14 und 19 von Orléans 541 geschehen war.[97]

f) Das Zweite Konzil von Paris (551/52)[98]

Die Handschriften geben kein Datum an, aber durch Gregor von Tours wissen wir, daß es kurz vor dem Tode des Metropoliten Sacerdos von

---

93 C. 11 q. 3 c. 42 und C. 6 q. 4 c. 4. Vgl. dazu unten 300.

94 Der Vertrag ist gedruckt in MGH. Cap I (1883) 4–7 Nr. 3, vgl. dazu De Clercq, La législation 35 f.

95 Vgl. im einzelnen De Clercq, La législation 35 f.

96 Das Kapitular findet sich in MGH. Cap I (1883) 8–10, Nr. 4, vgl. dazu De Clercq, La législation 36 f.

97 Vgl. im einzelnen De Clercq, La législation 36 f.

98 Das erste Konzil von Paris fand im Jahre 360 statt. Dieses zweite Konzil von Paris wird teils auf 551, teils auf 552 datiert, beide Datierungen sind möglich. Vgl. dazu Anm. 99. Drucke: Crabbe ²II 148 f.; Surius ²II 813; Binius II 634; Sirmond I 301 f.; Coll. regia XII 530–534; Labbe-Cossart V 811–814; Hardouin III 335 f.; Coleti VI 487–492; Mansi IX 739–742; Labat I 1088–1092; Maassen, Conc. I 115–117; De Clercq, Conc. Gall. 166–169. Literatur: Hefele-Leclercq III/1, 167–169; De Clercq, La législation 34 f; Rouche, L'Aquitaine 61; Wallace-Hadrill, The Frankish Church 100 f. Außer dem in nur drei Hss. überlieferten Protokoll haben wir eine Nachricht von diesem Konzil bei Gregor von Tours, Hist. IV 36 hrsg. von R. Buchner I 244.

Lyon stattfand, der sehr krank war und nicht daran teilnehmen konnte. Er starb am 11. September 552.[99] Der Konzilsort war diesmal Paris, weil gerade diese Diözese unmittelbar betroffen war.

Gemäß Kanon 12 des Konzils von Orléans 549 war nämlich Bischof Saffaracus von Paris wegen einer Todsünde, die nicht näher bezeichnet wird, abgesetzt worden. In seiner Kathedrale hatte er seine Verfehlung vor drei Bischöfen seiner Provinz – denen von Meaux, Chartres und Nevers – eingestanden, und nun mußte seine Absetzung rechtlich bestätigt und ein neuer Bischof eingesetzt werden.

König Childebert rief das Konzil zusammen. Obgleich durch die Zahl der vertretenen Provinzen ein großes Gebiet erfaßt wurde, hat es doch nicht den nationalen Charakter des vorhergehenden Konzils, denn unter den Teilnehmern war kein einziger Bischof aus Chlothars Herrschaftsbereich. Die acht Provinzen, die vertreten waren[100], gehörten alle zu den Königreichen Childeberts und Theudebalds, dem Sohn und Nachfolger Theudeberts.

Sechs Metropoliten dieser Provinzen nahmen teil: Arles, Vienne, Sens, Bourges, Bordeaux, Trier.[101] Hinzu kamen noch 21 Bischöfe, von denen zwei nicht identifiziert werden können.[102]

Das Konzil beschränkte sich auf seine richterliche Funktion und veröffentlichte keine Kanones, sondern nur ein Protokoll, das über die Vorgänge um Saffaracus berichtet. Nachdem die Bischöfe und Geistlichen,

---

[99] Zum Nachweis dieses Datums vgl. Hefele-Leclercq III/1, 167 Anm. 7.

[100] Es sind die Provinzen von Arles, Vienne und das abhängige Besançon, Sens, Bourges, Bordeaux, Trier, Lyon, Reims.

[101] Sapaudus, Metropolit von Arles (vor 551–586); Esychius, Metropolit von Vienne (vor 549 – 12. November 565); Provianus, Metropolit von Bourges (vor 551–568); Constitutus, Metropolit von Sens (um 541–578); Leontius, Metropolit von Bordeaux (vor 549 – 15. September 564).

[102] Provinz Arles: Firminius, Bischof von Uzès (538–553); Avolus, Bischof von Aix (vor 549–555) oder vielleicht von Sisteron (vor 541 – nach 554); Clematius, Bischof von Carpentras (um 540 – nach 551/52); Velletius, Bischof von Gap (vor 541–560); Clementinus, Bischof von Apt (vor 549 – nach 573); Praetextatus, Bischof von Cavaillon (549–554); Expectatus, Bischof von Fréjus (vor 549 – nach 554); Matheus, Bischof von Orange (vor 551 – um 555). Provinz Vienne: Lucretius, Bischof von Die (vor 541 – nach 573); Terradius, Bischof von Besançon (vor 551–567/70); Vincentius, Bischof von Belley (vor 551 – nach 567/70); Syagrius I., Bischof von Grenoble (vor 551 – nach 567/70). Provinz Sens: Aridius (oder Aregius), Bischof von Nevers (vor 549 – 16. August um 558); Medovechus, Bischof von Meaux (vor 549 – nach 552); Leubenus, Bischof von Chartres (vor 549 – nach 552). Provinz Lyon: Placidus, Bischof von Mâcon (536 – um 555); Agricola, Bischof von Chalon-sur-Saône (um 532 – 17. März 580); Tetricus, Bischof von Langres (538/39 – 572/73). Provinz Reims: Agrestius, Bischof von Tournai (vor 549 – nach 551/52). Es nahmen auch teil Sinidius (nicht identifiziert) und Migetius, vielleicht Bischof von Moutiers-Tarantaise.

denen Saffaracus seine Verfehlung gestanden hatte, die Erklärung abgegeben hatten, daß er tatsächlich geständig war, wurde seine Absetzung bestätigt, und er wurde in ein Kloster verwiesen. Der Metropolit von Sens wurde mit der feierlichen Ordination eines neuen Bischofs beauftragt.[103]

---

[103] Dieser neue Bischof hieß vermutlich Eusebius, allerdings ist die Reihenfolge der Pariser Bischöfe zu dieser Zeit nicht unumstritten, vgl. im einzelnen Gallia christiana VII 17 f., anders DUCHESNE, Fastes II 466 f.

6. Kapitel

DIE PROVINZIALKONZILIEN BIS ZUM JAHRE 561

Nach 549 fanden mehr als zehn Jahre lang in Nordgallien keine großen gesetzgebenden Konzilien mehr statt. König Childebert, der den Anstoß zur Einberufung der vorhergehenden Konzilien gegeben hatte, war anscheinend der Meinung, daß es nun genug Konzilien gegeben habe. Die Gesetzgebung unter König Chlothar erfolgte nicht auf Konzilien, sondern über Edikte.[1] Nur Theudebald rief zweimal die Bischöfe seines Reiches zusammen, aber nicht um Gesetze zu formulieren, sondern um auf ihre Bitten hin Disziplin- und Wahlprobleme zu lösen.

Wahrscheinlich wagten die Bischöfe nicht, selber ein solches Konzil einzuberufen. Sicherlich gab es in dieser Zeit auch einige Provinzialkonzilien. Doch können wir aus der Tatsache, daß die meisten Konzilien die Forderung nach Einberufung solcher Synoden ständig erneuerten, erkennen, daß die Provinzialkonzilien nicht sehr regelmäßig stattfanden.

Zwischen 511 und 550 sind uns drei Provinzialkonzilien lediglich aus literarischen und urkundlichen Quellen bekannt. Das erste soll in Reims im Jahre 514 stattgefunden haben, doch gehen Ort und Datum aus der Quelle nicht eindeutig hervor.[2] Das zweite in Le Mans 516/17 ist durch eine Schenkungsurkunde überliefert[3], allerdings ist die Urkunde ge-

---

[1] Vgl. dazu auch oben S. 101.

[2] Diese Synode wird erwähnt im Zusammenhang mit dem Bericht über die Bekehrung eines arianischen Bischofs durch Bischof Remigius von Reims bei Hinkmar, Vita S. Remigii c. 57, überliefert durch Flodoard, Hist. Rem. eccl. I 16, hrsg. von J. Heller und G. Waitz, MGH.SS XIII (1881) 426 Z. 54–427 Z. 7. In den Konziliensammlungen ist die entsprechende Textstelle abgedruckt, vgl. Binius II 369; Sirmond I 193; Coll. regia X 636 f.; Labbe-Cossart IV 1527 f.; Coleti V 707; Labat I 885; Mansi, Suppl. I 395–398; Mansi VIII 553 f. Vgl. entsprechend die Literatur: Hefele-Leclercq II/2, 1031; Gousset, Actes I 4 f. Lokalisierung und Datierung des Konzils gehen zurück auf Baronius, Annales ad a. 514 XVIII–XX (IX 143 f.), der sich bei der Datierung auf die vorher in der Vita erwähnte Verleihung des päpstlichen Vikariats an Remigius von Reims durch Papst Hormisdas (514–523) stützt. Da diese Nachricht jedoch gefälscht ist – vgl. Hinschius, Kirchenrecht I 591 – ist auch die Datierung der Provinzialsynode nicht eindeutig, sie kann ebensogut zu einem späteren Zeitpunkt innerhalb des Episkopats Remigius' († um 530) stattgefunden haben.

[3] Es handelt sich um eine Schenkung zur Erbauung eines Klosters, das den Heiligen Gervasius und Protasius geweiht ist. In der Urkunde heißt es u. a. ... *apud domno ac venerabile sede apostolico Innocenti Cenomannice ecclesiae presule deprecavimus una cum sancta*

fälscht, zumindest interpoliert, und im übrigen von Mansi falsch datiert. Wenn die Synode überhaupt getagt hat, dann am 3. Mai 513.[4] Das dritte Provinzialkonzil in Lyon um 516[5] – es soll den *praepositus fisci* Stephanus exkommuniziert haben – ist ebenfalls umstritten.[6]
Die meisten Provinzialkonzilien haben keine Spuren hinterlassen, da sie in legislatorischer Hinsicht bedeutungslos waren und sich auf die Verbreitung der Verordnungen der Generalkonzilien beschränkten, welche die Provinzialkonzilien eigentlich überflüssig machten, obwohl sie deren Notwendigkeit betonten. Zwischen 550 und 560 gab es zwei Konzilien, von denen wir Akten besitzen; die übrigen sind uns wie die vorherigen nur aus literarischen Quellen bekannt.
Die beiden einzigen Provinzialkonzilien, die Kanones erließen, waren das von Eauze aus dem Jahre 551 und das von Arles aus dem Jahre 554. Die Bischöfe dieser südlichen Provinzen waren unabhängiger von der königlichen Gewalt und sie benutzten das Provinzialkonzil als Mittel der Gesetzgebung, so wie es Caesarius von Arles getan hatte. Hier wurde das Provinzialkonzil zusammengerufen und geleitet vom Metropoliten, der den Titel *pontifex* trägt, im Gegensatz zu den einfachen *episcopi* der Provinz.

a) Konzilien in Austrasien: Toul (1. Juni 550) und Metz (550/55)

Das Konzil in Toul war wahrscheinlich als Provinzialsynode der Provinzen Reims und Trier geplant und wurde von König Theudebald (548–555) einberufen. Wir wissen von dieser Versammlung nur durch einen Brief, den Bischof Mappinius von Reims (vor 549 – um 550) an seinen Amtsbruder Nicetius von Trier (527–566) schrieb.[7] Nicetius hatte offensichtlich den König um Hilfe gegen Adlige gebeten, die ihn verfolgten,

congregatione in ipsa urbe consistentes . . ., was im Zusammenhang mit den Unterschriften mehrerer (nicht identifizierbarer) Bischöfe als Konzil gedeutet wurde, vgl. Mabillon, Vetera analecta III 888; Mansi, Suppl. 595; Mansi VIII 545–548; Labat I 928–930; Havet, Oeuvres I 424–427; Hefele-Leclercq II/2, 1031.

[4] Vgl. den Nachweis der Interpolation mit Abdruck der Urkunde bei Havet, Oeuvres I 378–392, 424–427.

[5] Vgl. Coleti V 695; Mansi VIII 537 f., 573 f.; Labat I 900–906; Hefele-Leclercq II/2, 1025 f.

[6] Vgl. oben 36.

[7] Drucke: Sirmond I 292 f.; Coll. regia XI 654–656; Labbe - Cossart V 404 f.; Hardouin II 1453–1456; Coleti V 1393 f.; Mansi IX 147–150; Labat I 1084–1086; Schannat-Hartzheim I 13 f.; Gousset I 33 f. Literatur: Hefele-Leclercq III/1, 164 f.; Weidemann, Kulturgeschichte I 355.

weil er sie wegen inzestuöser Ehen exkommuniziert hatte. Mappinius teilt nun mit, daß er die Einladung erst am 27. oder 28. Mai erhalten habe und deshalb nicht am 1. Juni in Toul sein könne. Dies mag allerdings ein vorgeschobener Grund gewesen sein, denn Mappinius sichert zwar Nicetius seine Unterstützung zu, macht ihm aber auch den Vorwurf, sich nicht an ihn, den Nachbarmetropoliten, sondern direkt an den König gewandt zu haben. Ob das Konzil nun tatsächlich getagt hat, geht aus dem Brief ebensowenig hervor wie das genaue Jahr, das nur aufgrund der Amtszeiten des Königs und der genannten Bischöfe mit ca. 550 angegeben werden kann.
Das zweite Konzil ist auch zeitlich nicht genau bestimmbar, aber man weiß, daß es nach dem Tode des hl. Gallus, des Bischofs von Clermont (nach 549), und vor dem Tode des Theudebald (555) stattfand. Die einzige Quelle ist Gregor von Tours.[8] Es wurde vom König nach Metz einberufen und betraf theoretisch alle Provinzen seines Königreiches, doch ist wohl eher an eine Provinzialsynode zu denken. Es erklärte die Wahl des Bischofs Cato für nichtig, der von der Mehrheit des Klerus von Clermont gewählt worden war, und weihte an seiner Stelle den Diakon Cautinus zum Bischof von Clermont.

b) Ein Konzil in der Bretagne (um 552)

Gregor von Tours[9] ist ebenfalls die einzige Quelle für ein Konzil in der Bretagne an einem unbekannten Ort. Allerdings benutzt Gregor nicht einen entsprechenden Terminus, sondern berichtet nur, daß Bischof Macliavus von Vannes *ab episcopis excommunicatus est,* als er den geistlichen Stand aufgegeben hatte, um beim Tode seines Bruders die Regierung der Grafschaft zu übernehmen, und nun wieder mit der Frau zusammenlebte, die er vor seinem Eintritt in den geistlichen Stand geheiratet hatte.

---

[8] Hist. IV 6 f., hrsg. von R. Buchner I 200–202; vgl. entsprechend die Konziliensammlungen: Delalande 50 f.; Labbe-Cossart V 1850 f.; Coleti V 1397 f.; Mansi IX 151 f.; Labat I 1086–1088; Schannat-Hartzheim I 13; Literatur: Hefele-Leclercq III/1, 165.

[9] Hist. IV 4, hrsg. von R. Buchner I 198; vgl. entsprechend die Sammlungen: Delalande 56 f.; Labbe - Cossart V 1852; Mansi IX 741 f. und die Literatur: Hefele-Leclercq III/1, 170 f.

c) Das Konzil von Eauze (1. Februar 551)[10]

Die Akten dieses Konzils, das in nur einer Handschrift[11] überliefert ist, sind durch die Datumszeile hinter den Kanones eindeutig auf den 1. Februar 551 beziehungsweise das 40. Jahr der Regierung Childeberts und Chlothars datiert.[12]

Die Provinz Eauze[13] war lange ein Zankapfel zwischen Westgoten und Franken gewesen. So erklärt sich die Vernachlässigung der kirchlichen Regeln, über die sich die Bischöfe in ihrer Vorrede beklagen und die sie beheben wollen, indem sie den Kanones wieder Gültigkeit verschaffen.

Es handelte sich um ein Provinzialkonzil, das von Aspasius, dem Metropoliten von Eauze, und dessen Suffraganen abgehalten wurde. Der Konzilsort ist nicht erwähnt. Außer Aspasius, der den Titel *apostolicus primus ... pontifex*[14] trägt, unterschrieben sieben Bischöfe und ein bevollmächtigter Priester.[15]

Das Konzil erließ sieben Kanones, die sich zum Teil auf frühere Kanones berufen: so verweist c. 2 auf c. 3 von Nizäa (325), c. 4 erwähnt ein Konzil von Orange.[16] In anderen Kapiteln zeigt sich der Einfluß vorangegangener gallischer Konzilien indirekt, etwa in c. 1 des c. 23 von Epao (517), in c. 2 des c. 3 von Orléans (549), in c. 3 des c. 68 von Agde (506) und des

---

[10] Drucke: Amort II 355–357; Friedrich 69–71; Maassen, Conc. I 113–115; Hefele-Leclercq III/1, 166 f.; De Clercq, Conc. Gall. 162–165. Literatur: Hefele-Leclercq III/1, 165–167; De Clercq, La législation 73 f.; Weidemann, Kulturgeschichte I 355; Rouche, L'Aquitaine 61.

[11] München, Bayerische Staatsbibliothek clm 5508, fol. 102 v (8. Jh.).

[12] Vgl. De Clercq, Conc. Gall. 165 Z. 61 f.

[13] Eauze, Arrondissement Condom (Gers). Der Bischofssitz wurde im Jahre 663 nach Auch verlegt.

[14] De Clercq, Conc. Gall. 163 Z. 1 f.

[15] Liste nach De Clercq, Conc. Gall. 165: Aspasius, Metropolit von Eauze (vor 533 – nach 551); Julianus, Bischof von Bigorre-Tarbes (vor 541 – nach 551); Proculeianus, Bischof von Auch (vor 533 – nach 551); Liberius, Bischof von Dax (vor 549 – nach 551); Theodorus, Bischof von Couserans (vor 549 – nach 551); Amelius, Bischof von Comminges (vor 549 – nach 551); Eusepius (nicht identifiziert); Marinus (nicht identifiziert); Flavius für Bischof Thomasus (nicht identifiziert).

[16] Gemeint ist hier das Konzil von Orange 441, dessen Kanones als cc. 26–46 in die Sammlung des sogenannten 2. Konzils von Arles (442–506) übernommen wurden. C. 4 nimmt Bezug auf c. 31 dieser Sammlung, aber gerade dieser Kanon sowie c. 36 stammen nicht vom Konzil von Orange, sondern von Arles, doch ist die Verwechslung leicht erklärlich. Vgl. dazu im einzelnen Hefele-Leclercq III/1, 166 Anm. 8; Maassen, Geschichte 196; Maassen, Conc. I 114 Anm. 6.

c. 30 von Orléans (511), c. 7 wiederholt c. 23 von Orléans (549) über die Verpflichtung zur Einberufung des Provinzialkonzils.[17]

Die Kanones betreffen die Disziplin des Klerus, insbesondere die Priesterweihe, den Zölibat der Geistlichen, das Verbot, Handel zu treiben und weltlichen Schutz gegen die Kirche in Anspruch zu nehmen, die Trennung der Eheleute, welche eine Kirchenbuße auf sich genommen hatten, den Aufruf zu Opfergaben und Vermächtnissen und das Verbot des Aberglaubens. Hier wird bestimmt, daß diejenigen, die sich mit Zauberei und Teufelsbeschwörungen abgeben, exkommuniziert werden, wenn sie in hoher gesellschaftlicher Stellung sind; wenn sie in niedriger Stellung oder Sklaven sind, werden sie vom weltlichen Richter zur Auspeitschung verurteilt.

Des weiteren beschäftigt sich das Konzil mit dem Schutz der Kirchengüter, mit Streitfällen zwischen Geistlichen und Bischöfen, in denen der Metropolit entscheidet (c. 4); den Geistlichen ist es verboten, gegen ihren Bischof den Schutz von Laien geltend zu machen. Für die Priesterweihe schreibt das Konzil (c. 5) einen Modus vor, den es bei keinem andern merowingischen Konzil gibt, nämlich eine Art von Bekanntmachung der Priesterweihe, bevor sie erteilt wird, wie es seit dem 12. Jahrhundert für die Ehe üblich wurde: der Name des zu Weihenden wurde acht Tage vor der Weihe bekanntgegeben, damit die Gläubigen Weihehindernisse anzeigen konnten.

d) Das Konzil von Arles (29. Juni 554)[18]

Das Datum des Konzils steht im Text hinter der Unterschrift des Metropoliten: *Notavi sub die tertio kal. Iulias, anno XLIII. regni domni nostri Childeberti regis, indictione tertia.*[19] Dies entspricht dem 28. Juni 554, wobei allerdings die Indiktionszahl in zwei zu verbessern ist.[20]

Als Zweck des Konzils wird im Vorwort der übliche Topos angeführt: es gehe um die Bestätigung der früheren Kanones und um die Hinzufügung

---

[17] Vgl. zu den Identifizierungen im einzelnen die Editionen von Maassen, Hefele-Leclercq und De Clercq (wie Anm. 10).

[18] Drucke: Sirmond I 298–300; Coll. regia XII 497–500; Labbe-Cossart V 780–783; Hardouin III 327–330; Coleti VI 459–462; Mansi IX 701–704; Bruns II 217 f.; Labat I 1092–1094; Maassen, Conc. I 118–120; De Clercq, Conc. Gall. 170–173. Literatur: Hefele-Leclercq III/1, 169 f.; De Clercq, La législation 74 f.; Weidemann, Kulturgeschichte I 355; Malnory, Saint Césaire 252, 273.

[19] De Clercq, Conc. Gall. 172 Z. 42–44.

[20] Vgl. De Clercq, Conc. Gall. 172 und Maassen, Conc. I 118.

von einigen neuen aus aktuellem Anlaß. Das Konzil kümmerte sich um die Festigung der Bischofsgewalt und die Vereinheitlichung der Liturgie in der ganzen Provinz.

Das Konzil war als Provinzialkonzil vom Metropoliten Sapaudus zusammengerufen worden. Unter seinem Vorsitz versammelten sich zehn seiner Suffragane[21], vier Priester[22], zwei Archidiakone[23] und zwei Diakone[24] als Bevollmächtigte der anderen Bischöfe. Wie in Eauze trägt auch hier der Metropolit den Titel *pontifex*.[25]

Das Konzil erließ sieben Kanones, wobei c. 2 von der Disziplingewalt des Bischofs über den Klerus und c. 3 über die fahrenden Geistlichen, c. 19 von Orléans (511), c. 5 von Arles (524) und c. 21 von Orléans (538) wiederholen; c. 7 nimmt c. 5 von Orléans (549) wieder auf, um dem Bischof zu verbieten, ohne schriftliche Erlaubnis einen Geistlichen zu befördern, der von einem anderen Bischof abhängt.[26]

Im ganzen genommen festigen die Kanones die Gewalt der Bischöfe über den Klerus und stärken ihre Jurisdiktion über die Männer- und Frauenklöster (cc. 2 und 5). Unter Androhung von Strafe wird in c. 6 auch für den Schutz und die rechte Pflege der leihweise überlassenen Güter gesorgt:

---

21 Listen nach De Clercq, Conc. Gall. 172 f.: Sapaudus, Metropolit von Arles (vor 551–586); Simplicius, Bischof von Senez (vor 541 – nach 554); Antoninus, Bischof von Avignon (vor 541 – nach 554); Hilarius, Bischof von Digne (vor 549 – nach 554); Clementinus, Bischof von Apt (vor 549 – nach 573); Praetextatus, Bischof von Cavaillon (vor 549 – nach 554); Eusebius, Bischof von Antibes (vor 549 – nach 554); Magnus, Bischof von Nizza (vor 549 – nach 554); Avolus, Bischof von Aix (vor 549–555); Spectatus (Expectatus), Bischof von Fréjus (vor 549 – nach 554); Mattheus, Bischof von Orange (vor 551 – um 555).

22 Delegierte des Deotherius, Bischof von Vence (vor 541–588); Vellesius, Bischof von Gap (vor 541–560); Basilius, Bischof von Glandève (vor 549 – nach 554); Palladius, Bischof von Toulon (vor 549 – nach 554).

23 Delegierte des Bischofs Theodosius von Vaison (um 554) und des Emeterius, Bischofssitz unbekannt (vielleicht Embrun, Saint-Paul-Trois-Châteaux oder Marseille).

24 Delegierte des Bischofs Emeterius von Riez (um 554) und des Bischofs Avolus von Sisteron (vor 541 – nach 554). Warum zwei Vertreter eines Bischofs Emeterius auftauchen, ist ungeklärt. Entweder hatte der Bischof von Riez zwei Vertreter entsandt, oder er hatte zwei Diözesen inne; vielleicht gab es auch noch einen anderen Bischof mit demselben Namen. – Alle Bischöfe gehören zur Kirchenprovinz Arles, Embrun wurde erst im 8. Jh. abgetrennt, aber die beiden Provinzen behielten die Gewohnheit bei, das Provinzialkonzil gemeinsam abzuhalten, vgl. dazu O. Pontal, Quelques remarques sur les statuts des synodes diocésains et provinciaux et leurs imbrications, in: RHEF 48 (1962) 79–85.

25 De Clercq, Conc. Gall. 171 Z. 1.

26 Zu den Identifizierungen der Kanones vgl. die Ausgaben von De Clercq und Maassen sowie Hefele-Leclercq III/1, 170.

Ut clericis non liceat facultates, quas ab episcopo in uso accepiunt, deteriorare.[27]
Kanon 1 versucht die Liturgie der Opfergaben in der ganzen Provinz Arles zu vereinheitlichen und schreibt vor, daß die Opfergaben gemäß der Tradition der Kirche von Arles auf den Altar zu legen sind; wer dieser Vorschrift zuwiderhandelt, wird bis zum nächsten Konzil exkommuniziert.
Die Kanones von Arles bringen nichts Neues oder Originelles mit Ausnahme von Kanon 2 und 5, die sich indirekt gegen die freie Wahl der Äbte in den Klöstern aussprechen, so wie sie kurz vorher von Caesarius und Aurelian gepriesen und von Papst Vigilius bestimmten Klöstern zugestanden worden war.[28] Dieselben Kanones beanstanden auch das Recht der Äbte, Mönche, die sie zu Priestern geweiht haben wollten, einem beliebigen Bischof zur Weihe zu präsentieren. Die beiden erwähnten Kanones machen außerdem die Klöster und ihre Insassen von dem Bischof abhängig, in dessen Diözese sie liegen (c. 2) und beauftragen die Bischöfe mit der Fürsorge für die Nonnenklöster in ihren Diözesen (c. 5).
In Kanon 6 fällt die Strafbestimmung für Geistliche auf, die je nach Alter und Würde in der Exkommunikation oder der Prügelstrafe besteht.[29] Dieser Brauch scheint in Südfrankreich üblich gewesen zu sein; man findet ihn als Strafe für bestimmte Vergehen bis ins 13. Jahrhundert.[30]

---

[27] De Clercq, Conc. Gall. 172 Z. 32 f.
[28] Vgl. dazu Malnory, Saint Césaire 271–273.
[29] Vgl. eine ähnliche Bestimmung in Eauze 551, oben 107 f.
[30] So auf der Synode von Albi 1230, c. 59.

II. ABSCHNITT

Die Konzilien von 561 bis 613

1. Kapitel

DER HISTORISCHE HINTERGRUND

Nachdem das fränkische Gallien für eine Zeit von drei Jahren am Ende der Regierungszeit Chlothars I., der nach dem Tode seiner Brüder das gesamte Reich erhalten hatte, nochmals geeint war, wurde es bei dessen Tod 561 wieder unter den vier Söhnen Charibert, Guntram, Sigibert und Chilperich aufgeteilt. Obgleich letzterer nach dem Tode des Vaters versucht hatte, die Herrschaft im ganzen Reich an sich zu reißen, zwangen ihn seine Brüder, nach dem Gewohnheitsrecht die Teilung vorzunehmen.[1]

Infolgedessen erhielt Charibert (561–567) Westgallien von der Bresle bis zu den Pyrenäen mit Paris als Hauptstadt; Guntram (561–592) bekam die Täler der Saône und der Rhône, das Berry und die Provence nördlich der Durance mit der Hauptstadt Orléans. Sigibert (561–575) hingegen erhielt die Länder im Osten: die Täler der Maas und des Rheins und die Herrschaft über die Germanenstämme bis zur Elbe mit Reims als Hauptstadt. Man überließ ihm außerdem, wie seinerzeit Theuderich, die Auvergne und einen Teil der Provence. Den kleinsten Teil erhielt Chilperich (561–584): die Städte im Nord-Westen, Flandern, Artois, das Cambraisis und den Hennegau mit der Hauptstadt Soissons, die er aber schon in der ersten Auseinandersetzung mit seinem Bruder Sigibert an diesen abtreten mußte. 573 nahm er die Stadt zusammen mit Beauvais und Senlis wieder ein.[2]

Als Charibert im Jahre 567 kinderlos starb, teilte man dessen Reich unter seine drei überlebenden Brüder auf, wie die drei überlebenden Söhne Chlodwigs im Jahre 524 mit den Gebieten Chlodomers verfahren waren.

Dabei erhielt Chilperich die Normandie, die Bretagne und das Anjou,

---

[1] Zur Teilung von 561 vgl. Ewig, Die fränkischen Teilungen und Teilreiche 135–138; ders., Das merowingische Frankenreich 397 f.; Lot-Pfister-Ganshof, Histoire du moyen-âge I 254 f.; Tessier, Le baptême 190 f.; Lot, Naissance 54 f.; Weidemann, Kulturgeschichte I 25 f.

[2] Zu den Auseinandersetzungen zwischen den Brüdern, deren Anlaß wohl in der Rivalität ihrer Frauen lag, vgl. Ewig, Die fränkischen Teilungen 138 f.; ders., Das merowingische Frankenreich 397; Lot-Pfister-Ganshof, Histoire du moyen-âge I 255 f.; Tessier, Le baptême 192 f.

dazu Bordeaux, Cahors, Limoges, das Béarn und Bigorre; Sigibert bekam Tours und Poitiers, und Guntram Saintes, Angoulême und Périgueux. Diese Dreiteilung blieb für das Großreich bestimmend.[3]
Nachdem im Jahre 575 Sigibert ermordet wurde, begünstigte Guntram durch seine Schaukelpolitik zuerst Childebert II., Sigiberts Sohn, dann stellte er sich nach der Ermordung Chilperichs im Jahre 584 auf die Seite Chlothars II., schwenkte aber wieder um und verband sich im Jahre 586/87 in Andelot[4] erneut mit Childebert II.[5]
Nach Guntrams Tod 592 waren Austrasien und Burgund kurze Zeit geeint, aber schon 596 starb Childebert II. und seine Söhne Theudebert II. und Theuderich II. teilten sich das Erbe: der erste erhielt Austrasien, der zweite Burgund.[6] Erst 613 wurde das ganze Frankenreich in den Händen Chlothars II. wieder vereinigt.[7] Paris, das 567 ungeteilt den drei Brüdern gemeinsam gehört hatte, wurde später von Chilperich besetzt und nun von Chlothar II. zur Hauptstadt erhoben.[8]
Die verschiedenen Gebietsteile waren so sehr ineinander verwoben, daß die Versuchung groß war, sie durch Beseitigung der Enklaven abzurunden. Zum Ehrgeiz der Könige, ihre Gebiete auf Kosten des Nachbarn zu vergrößern, kam noch die bekannte Rivalität zwischen den beiden Frauen Brunechild und Fredegunde.[9] Dazu verlangten in jedem Reich die Großen vom König Ämter und Besitz. Wurden ihre Wünsche abgelehnt, zögerten sie nicht, ihn zu verraten, so daß jeder König im Reich des anderen Verbündete fand. Bei jeder Erbfolge versuchten überdies die Großen der verschiedenen Königreiche, sich der Herrschaft zu bemächtigen, indem sie bald den einen, bald den anderen verrieten und wie die Könige Grausamkeiten begingen.[10]

---

3 Vgl. EWIG, Das merowingische Frankenreich 397; DERS., Die fränkischen Teilungen 138 f.

4 Zum Vertrag von Andelot vgl. EWIG, Das merowingische Frankenreich 398, zur Datierung ebd. 402 Anm. 4; auch GRAHNE-HOEK, Die fränkische Oberschicht 214, Anm. 410; A. M. DRABEK, Der Merowingervertrag von Andelot, in: MIÖG 78 (1970) 34–41; WEIDEMANN, Kulturgeschichte I 2; DIES., Zur Chronologie 473–476.

5 Vgl. dazu im einzelnen EWIG, Das merowingische Frankenreich 398, DERS., Die fränkischen Teilungen 138–147; LOT-PFISTER-GANSHOF, Histoire du moyen-âge I 258–260; LOT, Naissance 62 f.

6 Zu den Ereignissen im einzelnen vgl. EWIG, Das merowingische Frankenreich 400 f.; LOT-PFISTER-GANSHOF, Histoire du moyen-âge I 261 f.

7 Vgl. EWIG, Das merowingische Frankenreich 401.

8 Vgl. EWIG, Die fränkischen Teilungen 151–160; DERS., Das merowingische Frankenreich 408; LOT, Naissance 55.

9 Vgl. im einzelnen EWIG, Das merowingische Frankenreich 397, 400 f.; LOT, Naissance 56.

10 Dazu im einzelnen EWIG, Das merowingische Frankenreich 397 f., 400 f.; LOT, Naissance 58–62; SCHNEIDER, Frankenreich 14 f.; insbesondere GRAHN-HOEK, Die fränkische Oberschicht 211–263.

Wenn auch die erste Teilung 511 die Einheit des Reiches nicht zerbrochen hatte, so verstärkte doch die zweite nach Chlothars I. Tod die Verschiedenheiten: die drei Teilreiche, die aus den Teilungen hervorgingen, werden sich ihrer Eigenart bewußt. Dieses Bewußtsein drückt sich in ihrem Namen aus, der nicht mehr derjenige eines Königs oder einer Hauptstadt, sondern eine geographische oder historische Bezeichnung ist.[11] Das erste Teilreich, das seine Eigenart ausprägte, war das frühere Königreich Reims, das sich in der zweiten Hälfte des 6. Jahrhunderts zum Königreich Austrasien ausbildete.[12] Die Bezeichnung Burgundia erscheint unter der Regierungszeit Theuderichs II. (596–613), dessen Teilreich das frühere Reich Guntrams und andere Gebiete umfaßt.[13] Die Bezeichnung Neustrien, die sich auf die früheren Königreiche von Paris und Soissons bezieht, taucht erst im 7. Jahrhundert auf und gilt bisweilen nur für die Länder zwischen Somme und Seine.[14] Für den gesamten nordwestlichen Teil des Merowingerreiches wird nach und nach der Name Francia üblich.[15] Aquitanien bleibt weiterhin unter die Merowinger aufgeteilt und bildet kein eigenes Teilreich. Es verliert ebensowenig wie die Provence das Bewußtsein seiner römischen Eigenart.[16] So bestand neben der neuen Differenzierung die alte Zweiteilung fort, deren Grenze die Loire bildete: auf der einen Seite das fränkische, auf der anderen das römische Gallien.[17] Nach der Teilung von 567 wurden weit voneinander liegende Orte zu Hauptstädten, während diese anfangs im Zentrum lagen. Sigibert wählte anstelle von Reims Metz[18]; Guntram verließ Orléans und zog nach Chalon-sur-Saône[19]; Chilperich setzte sich in Paris fest.[20] Diese Städte

---

[11] Vgl. dazu und zum folgenden Ewig, Das merowingische Frankenreich 403–406; ders., Die fränkischen Teilungen 151–171; ders., Die Rheinlande in fränkischer Zeit 22–25.

[12] Vgl. Ewig, Die fränkischen Teilungen 151 f., 166–171; ders., Die Rheinlande in fränkischer Zeit 25 f.

[13] Vgl. Ewig, Die fränkischen Teilungen 157 f., 160–165. Zu Burgund auch H. H. Anton, Burgundia, in: Reallexikon der germanischen Altertumskunde IV (1981), 271–274.

[14] Vgl. Ewig, Die fränkischen Teilungen 152–157, 165 f.

[15] Vgl. Ewig, Die fränkischen Teilungen 158 f., dazu außerdem M. Lugge, „Gallia" und „Francia" im Mittelalter. Untersuchungen über den Zusammenhang zwischen geographisch-historischer Terminologie und politischem Denken vom 6.–15. Jahrhundert (= Bonner historische Forschungen 15) Bonn 1960, 20–26.

[16] Vgl. Lot, La fin du monde antique 98 f. Zur Entwicklung in Aquitanien jetzt auch Rouche, L'Aquitaine.

[17] Vgl. Ewig, Das Fortleben römischer Institutionen 421.

[18] Vgl. Ewig, Die fränkischen Teilungen 167 f.; ders., Die Rheinlande in fränkischer Zeit 22 f.

[19] Vgl. Ewig, Die fränkischen Teilungen 162; ders., Die Rheinlande in fränkischer Zeit 22.

[20] Vgl. Ewig, Die fränkischen Teilungen 143, 165.

treten im politischen wie im kirchlichen Leben als neue Zentren in Erscheinung.
Die territorialen Veränderungen während der Bürgerkriege von 573 bis 613 hatten natürlich auch Rückwirkungen auf die kirchliche Gebietsgliederung. Bei der ständigen Neuaufteilung der Königreiche wurde nämlich auf die Metropolitansprengel keine Rücksicht genommen, und oft gehörte ein und dieselbe Diözese zu zwei verschiedenen Königreichen.[21] So wurden dann aus politischen Gründen neue Bischofssitze geschaffen.[22] Im Laufe der Kriege verschwanden aber auch Bistümer, weil die Bischofsstadt zerstört, der Bischofssitz an einen andern Ort verlegt, oder das Gebiet unter die benachbarten Diözesen aufgeteilt wurde. Die Kirchenprovinzen, die unter verschiedene Königreiche aufgeteilt waren, strebten um so mehr nach der Veränderung ihrer Grenzen, als die Könige nicht gestatteten, daß ihre Bischöfe an Konzilien teilnahmen, die außerhalb der Grenzen ihres Königreiches abgehalten wurden. Dadurch lockerten sich die Bindungen zwischen der Metropole und den von ihr abhängigen Bistümern. Die Metropolitenwürde wurde zu einem bloßen Ehrentitel, weil der Metropolit nicht genug Autorität über seine Suffragane hatte, um sie zur Teilnahme am Konzil zu zwingen und man gelegentlich einen anderen Metropoliten heranzog, um über Bischöfe zu Gericht zu sitzen[23] oder um ihnen die Bischofsweihe zu erteilen.[24]
In politischer Hinsicht ist die Epoche der Enkel und Urenkel Chlodwigs durch Bürgerkriege, Raubzüge und Seuchen gekennzeichnet.[25] Während Chlodwig und seine Söhne noch nach Eroberungen und Erweiterungen des Machtbereichs getrachtet hatten, trieben nun Kriegslust und Gewalttätigkeit die Merowinger dazu, sich gegenseitig zu bekämpfen. Abgesehen von Einfällen der Awaren in Thüringen und der Westgoten in Südfrankreich[26] blieben die äußeren Grenzen des Frankenreiches unversehrt. Die Eroberungslust der Franken war gestillt. Ihre wenigen Feldzüge außerhalb der Grenzen blieben Raubzüge ohne dauerhafte Wirkungen. Der Bürger-

---

21 Zum Beispiel Chartres, das 567 in drei Teile zerlegt wurde, vgl. Ewig, Die fränkischen Teilungen 139.

22 Hierzu und zum folgenden vgl. unten 140. Vgl. auch Lot-Pfister-Ganshof, Histoire du moyen-âge I 299; Lot, Naissance 55; Claude, Die Bestellung der Bischöfe 33; Weidemann, Kulturgeschichte I 114 f.

23 Vgl. unten 138.

24 Vgl. unten 127, 141, 163.

25 Zur allgemeinen Charakterisierung der Epoche vgl. Lot-Pfister-Ganshof, Histoire du moyen-âge I 383–387.

26 Zu den außenpolitischen Verwicklungen dieser Zeit vgl. Ewig, Das merowingische Frankenreich 399 f.; Lot-Pfister-Ganshof, Histoire du moyen-âge I 269–274; Tessier, Le baptême 211–218; Lot, Naissance 70–77.

krieg hingegen wütete unaufhörlich. Es waren andauernde würdelose und feige Kämpfe, in denen den Parteien alle Mittel recht waren, um den Gegner auszuschalten. Indem Chilperich sich mit den Großen Austrasiens gegen Childebert verbündete, richtete er zugleich das königliche Ansehen, von dem er seine Vorrechte herleitete, zugrunde. Für Fredegunde wurde die Ermordung von Königen fast zur Gewohnheit. So zerbrachen die Bürgerkriege die Einheit des Königreiches und spalteten es endgültig in feindliche Teile.

Durch diese Kämpfe wurden die schrecklichsten Verwüstungen im Lande angerichtet. Die Bauern flohen in die Wälder, die sich auf Kosten der Äcker immer mehr ausdehnten. Auch sie lebten nun von Plünderung und Raub, während die Hungersnöte sich häuften und das Heidentum wieder deutlich zunahm.[27] Von der in dieser Zeit wiederauflebenden Gewalttätigkeit blieb der Klerus nicht unberührt; er war zu sehr in das politische Leben verwickelt und deshalb Rückwirkungen der politischen Ereignisse stark ausgesetzt.

Nach der Regierungszeit Chlothars I. verschwanden allmählich die Unterschiede zwischen Franken und Galloromanen[28], obgleich die unterschiedliche Gesetzgebung blieb. Beide Bevölkerungsgruppen hatten Zutritt zu denselben öffentlichen Ämtern und sollten auch dieselben Lasten tragen; Steuern wurden von beiden bezahlt; Romanen wie Franken verrichteten Militärdienst. Die Eigenart der Gesetze blieb grundsätzlich erhalten, aber es wurde immer schwieriger, sie anzuwenden.[29] Die Franken versuchten, sich römische Zivilisation und Sprache anzueignen, die sich zum Romanischen entwickelte. Die Galloromanen ihrerseits nahmen die kriegerische Lebensart der Eindringlinge an. Beide tauschten gegenseitig ihre Vorzüge und Nachteile aus. Zum Episkopat, der bisher der galloromischen Aristokratie vorbehalten war, wurden nun auch die kriegerischen und ungebildeten Franken zugelassen; in Zukunft gab es viele Bischöfe, die mehr weltliche als geistliche Interessen verfolgten.[30]

In der Epoche von 561 bis 613 sind die Konzilien stark von der Persönlichkeit der einzelnen Herrscher beeinflußt. Charibert (561–567) war

---

27 Zu den sozialen Veränderungen vgl. Lot-Pfister-Ganshof, Histoire du moyen-âge I 386 f.

28 Vgl. hierzu und zum folgenden Lot-Pfister-Ganshof, Histoire du moyen-âge I 306 f., 310; Weidemann, Kulturgeschichte I 107–110.

29 Heiraten waren zwischen Germanen und Galloromanen nicht verboten, so daß es nach zwei oder drei Generationen schwierig wurde, die ethnische Herkunft einer Person festzustellen. Vgl. zur Rechtsprechung auch Weidemann, Kulturgeschichte I 10 f.

30 Zur Herkunft der Bischöfe vgl. Wieruszowski, Die Zusammensetzung bes. 14–35; vgl. auch Claude, Die Bestellung 37 f.; Lot, Naissance 193; Weidemann, Kulturgeschichte I 107–110.

dem Klerus eher feindlich gesinnt, er widersetzte sich der Einberufung von Provinzialsynoden[31] und berief sich lieber auf den Willen seines Vaters als auf die Gesetzgebung der Kanones.[32] Chilperich (561–584), von Gregor von Tours als *Nero nostri temporis et Herodis* bezeichnet[33], war ein Bewunderer der römischen Kultur, gleichzeitig aber grausam, ehrgeizig und habgierig. Sein Spott und Scherz galt vor allem den Bischöfen, er neidete der Kirche ihren Besitz: „Siehe, unser Schatz ist arm, und unser Reichtum ist an die Kirche gefallen; keiner herrscht jetzt überhaupt als allein die Bischöfe; unsere Macht ist dahin und an die Bischöfe der Städte gekommen."[34] Entsprechend dieser ihm zugeschriebenen Äußerung handelte Chilperich. Er erklärte die Testamente zugunsten von Bischöfen und Äbten für ungültig und widerrief Schenkungen, die sein Vater ihnen hinterlassen hatte.[35] Um Geld verkaufte er Bistümer und Priesteramt an die Meistbietenden.[36] Merkwürdigerweise ließ Chilperich sich auch auf theologische Fragen ein. Er leugnete die Dreifaltigkeit und ordnete an, daß in den Gebeten nur Gott allein genannt werde, beugte sich aber in dieser Frage dem Widerstand mehrerer Bischöfe, unter denen sich auch Gregor von Tours befand.[37]

Guntram (561–592), in politischen Fragen schwankend, teils grausam, teils eher feige und ängstlich, versuchte, ausgleichend zu wirken, stand der Kirche ehrerbietig und rechtgläubig gegenüber. Er gewährte zum Beispiel einem verfolgten Bischof Asyl. Gregor von Tours lobt ihn wegen seiner Großzügigkeit und Frömmigkeit.[38] Sigibert (561–575)[39] erscheint weniger skrupellos als seine Brüder, steht jedoch im Schatten seiner Frau Brunechild. Sein Sohn Childebert II. (575–596), der im Alter von 26 Jahren starb, war anscheinend während seines ganzen Lebens nur ein

---

31 Vgl. unten 127. Zur Charakterisierung Chariberts vgl. außerdem Tessier, Le baptême 191; Claude, Die Bestellung 31.

32 Vgl. Gregor von Tours, Hist. IV 26, hrsg. von R. Buchner I 228–230.

33 Hist. IV 46, hrsg. von R. Buchner II 82. Zur Charakterisierung Chilperichs vgl. auch Lot, La fin du monde antique 380; Tessier, Le baptême 191 f.; R. Wenskus, Chilperich I., in: Reallexikon für germanische Altertumskunde IV (1981) 460–462.

34 Hist. IV 46, hrsg. von R. Buchner II 85.

35 Vgl. Hist. IV 46, hrsg. von R. Buchner II 84 f.

36 Vgl. Hist. IV 46, hrsg. von R. Buchner II 82 f.

37 Vgl. dessen Bericht in Hist. V 44, hrsg. von R. Buchner I 262 f.

38 Vgl. Hist. VI 36, hrsg. von R. Buchner II 66 f. Guntram wurde von der katholischen Kirche kanonisiert, sein Fest ist am 28. März. Vgl. dazu und zur Charakterisierung des Königs R. Folz, Zur Frage der heiligen Könige: Heiligkeit und Nachleben in der Geschichte des burgundischen Königtums, in: DA 14 (1958) 317–344, bes. 322–324; außerdem Lot, La fin du monde antique 380 f.; Tessier, Le baptême 191, 200–205; Weidemann, Kulturgeschichte I 133.

39 Zu Sigibert vgl. Tessier, Le baptême 192; Lot, Naissance 56.

Werkzeug in den Händen der Großen, seiner Mutter und König Guntrams.[40] Nachdem Sigibert 575 von Chilperich und Fredegunde ermordet worden war, übernahm seine Frau Brunechild die Macht.[41] Mit Entschlossenheit übte sie die Regierung aus, verteidigte die königlichen Rechte gegenüber der Aristokratie, machte den Bistümern zahlreiche Schenkungen, erbaute Abteien, verfügte über Bischofssitze und korrespondierte mit Papst Gregor dem Großen, der sie mit der Reform der fränkischen Kirche und dem Schutz der Kirchengüter beauftragte.[42]
Diesen Herrschern wagten sich nur wenige Bischöfe zu widersetzen. Da die freie Bischofswahl nicht mehr praktiziert wurde, kamen Bistümer nicht selten in die Hände von Laien, häufig auch gegen Bezahlung.[43] Viele Bischöfe waren Kreaturen der Könige, deren Befehle sie ausführten, wie etwa Aredius von Lyon[44], oder deren Kriegslust, Grausamkeit und Habgier sie nachahmten, wie z. B. Salonius von Embrun und Sagittarius von Gap[45], oder Bodegisel von Le Mans[46], der die Bürger ausplünderte.
Jedoch nicht alle Bischöfe waren so ungeeignet und schwach wie diese. Einige wurden Opfer der Kämpfe zwischen den Herrschern: Munderik,

---

[40] Zu Childebert II. vgl. Lot, Naissance 57–62; Tessier, Le baptême 203–206.

[41] Zu Brunechild vgl. Ewig, Das merowingische Frankenreich 400 f.; Lot, La fin du monde antique 383 f.; Lot-Pfister-Ganshof, Histoire du moyen-âge I 265 f.; Tessier, Le baptême 196–198, 206–211; Lot, Naissance 66 f.; H. Grahn-Hoek, Brunichild, in: Lexikon des MA II (1982) 761 f.; H. H. Anton, Brunichild, in: Reallexikon der germanischen Altertumskunde III (1978) 588 f.; J. L. Nelson, Queens als Jezebels: The Career of Brunhild and Balthild in Merovingian History, in: Studies in Church History. Subsidia I. Medieval Women, hrsg. von D. Baker, Oxford 1978, 31–77.

[42] Vgl. zum Beispiel Gregor d. Gr. Reg VIII 4, hrsg. von P. Ewald – L. Hartmann, MGH. Ep 2, 1899, 5–8.

[43] Zum Beispiel Bischof Desiderius von Eauze, der als Laie von Guntram gegen Geld den Bischofsstuhl erhielt, vgl. Gregor von Tours, Hist. VIII 22, hrsg. von R. Buchner II 190; oder den Hausmeier Bodegisel, der 581 zum Bischof von Le Mans bestimmt wurde, vgl. ebd. VI 9, (II 24); so wie Graf Nicetius in Dax, ebd. VII 31 (II 132). Dazu auch Weidemann, Kulturgeschichte I 108, 119–121.

[44] Aredius, 602–614 Bischof von Lyon, stand ganz im Dienst der Brunechild und brachte falsche Zeugen gegen den hl. Desiderius auf dem Konzil von Chalon 602, vgl. dazu unten 152.

[45] Salonius und Sagittarius waren Brüder und vom hl. Nicarius in Lyon erzogen worden. Wegen verschiedener Vergehen wurden sie dreimal verurteilt. Sagittarius flüchtete nach seiner Absetzung durch das Konzil von Chalon 579 und verband sich mit dem Rebellen Gundobald, welcher ihm das Bistum Toulouse versprach. Bei der Belagerung von Comminges wurde er festgenommen und enthauptet. Vgl. im einzelnen Weidemann, Kulturgeschichte I 125 f., 159–161 mit den entsprechenden Quellenstellen aus Gregor von Tours. Vgl. auch Prinz, Klerus und Krieg 47 f.; Scheibelreiter, Bischof 226.

[46] Zu Bodegisel, 581–586 Bischof von Le Mans, vgl. Gregor von Tours, Hist. VII 15, hrsg. von R. Buchner II 108–110. Vgl. auch oben Anm. 43 und Weidemann, Kulturgeschichte I 166.

in Langres zum Nachfolger der Tetricus gewählt, konnte den Bischofssitz nicht einnehmen, weil er dem Sigibert Lebensmittel verschafft hatte, als dieser gegen Guntram kämpfte[47]; Theodor von Marseille[48] hatte schwer zu leiden, als Sigibert und Guntram sich um diese Stadt stritten. Germanus von Paris, der den Charibert wegen seiner Heirat mit einer Nonne exkommunizierte[49], Gregor von Tours, der sich öfters dem Chilperich widersetzte[50], Salvius von Albi[51], Desiderius von Vienne[52], der Brunechild entgegentrat und dafür den Märtyrertod starb. All diese Bischöfe versuchten, die Unabhängigkeit der Kirche möglichst zu erhalten und deren Niedergang entgegenzutreten.

Die inneren Kämpfe des Merowingerreiches haben dennoch den Zusammenhalt der fränkischen Kirche geschwächt. Infolge der Unterschiede innerhalb der Königreiche wurden die Generalkonzilien des fränkischen Gesamtreiches allmählich durch Konzilien der Teilreiche ersetzt. Mit Ausnahme der ersten Konzilien (Paris 561/62, Tours 567), die in die Zeit der Unruhen fallen, ergriffen die Könige die Initiative zur Einberufung von Konzilien, luden aber nur die Bischöfe ihres eigenen Reiches ein. Außerdem stieß der Episkopat bei den fränkischen Königen auf Gleichgültigkeit, um nicht zu sagen auf Feindschaft. Der Despotismus der Herrscher und das Klima der Unsicherheit beeinträchtigten die Versammlungsfreiheit und Beweglichkeit vieler Bischöfe.

In Guntrams Königreich, wo relativer Friede herrschte, fanden häufiger Konzilien statt[53]; in Chilperichs Reich aber wurden sie nur zusammengerufen, um den Interessen des Königs zu dienen.[54] Jedenfalls nahmen sie je

---

[47] Vgl. Gregor von Tours, Hist. V 5, hrsg. von R. Buchner I 286–288. Dazu Weidemann, Kulturgeschichte I 164.

[48] Vgl. zu Theodor, vor 566 – ca. 594 Bischof von Marseille, Weidemann, Kulturgeschichte I 172, 174 mit Zusammenstellung der Quellenbelege aus Gregor von Tours.

[49] Vgl. Gregor von Tours, Hist. IV 26, hrsg. von R. Buchner I 230; Weidemann, Kulturgeschichte I 177.

[50] Vgl. oben Anm. 37; außerdem Weidemann, Kulturgeschichte I 205–220.

[51] Salvius von Albi (571–584) widersetzte sich König Chilperich im Streit um dessen Dreifaltigkeitslehre, vgl. dazu oben Anm. 37 und Weidemann, Kulturgeschichte I 136 f.

[52] Desiderius wurde nach seiner Absetzung auf dem Konzil von Chalon 602/03 von Brunechild auf die Insel Barbe bei Lyon verbannt. Einige Zeit danach wurde er wieder eingesetzt, jedoch ein zweites Mal in seiner Kirche verhaftet, dabei zertrümmerte ihm ein Solde der Eskorte mit einem Stein den Schädel. Es ist nicht erwiesen, ob dies auf Anordnung von Brunechild geschah, oder ob es nur der Exzeß eines Untergebenen war. Vgl. die Chronik des sogenannten Fredegar IV 24, 32, hrsg. von B. Krusch, MGH. SRM 2 (1888) 130, 133; Vita Columbani I 27, hrsg. von B. Krusch, MGH. SRM 4 (1902) 103; Vita Desiderii, hrsg. von B. Krusch, MGH. SRM 3 (1896) 634–636.

[53] Vgl. unten 137–145 und 156–158.

[54] Vgl. unten 146–149.

nach der Persönlichkeit des Herrschers einen unterschiedlichen Charakter an. Die Könige bedienten sich der Konzilien, um über ihre politischen Angelegenheiten zu entscheiden, waren sie doch der Auffassung, daß ihre Autorität bei der Bevölkerung durch die Konzilien gefestigt werde. König Guntram beanspruchte ständig die Konzilien als Forum für seine Rechtsstreitigkeiten und um die Lage des Königreiches zu behandeln.[55]

In Sigiberts Königreich gab es erst unter der Regierung seines Sohnes Childebert Konzilien, die den Charakter von Provinzialkonzilien hatten und zusammengerufen wurden, um Schiedssprüche zu fällen und Disziplinarmaßnahmen zu ergreifen.[56]

Wir unterscheiden in diesem Zeitraum drei Typen von Konzilien:

1. In der Zeit der Interregna und der Erbfolgewirren versuchen die Bischöfe, die Kirche gegen die Einmischung des Königs zu verteidigen (Paris 561/62, Tours 567). Sie kümmern sich um den Schutz der Kirchengüter und der erworbenen Privilegien und versuchen, die Kirche so weit wie möglich dem Despotismus der Könige und der Großen zu entziehen, ungeeignete, von den Fürsten eingesetzte Bischöfe zu entfernen, die Disziplin des Klerus und der Laien gegenüber der wiederauflebenden Barbarei, der um sich greifenden Gewalttätigkeit und dem Aberglauben aufrecht zu erhalten.
2. In allen drei fränkischen Teilreichen gibt es Konzilien von richterlichem Charakter, die Streitfälle lösen oder Strafmaßnahmen ergreifen.
3. In Guntrams Königreich hingegen finden mit Einwilligung des Königs sogar gesetzgebende Konzilien statt, auf denen die Bischöfe versuchen, durch Kanones die Disziplin zu erneuern.

Zu diesen drei Arten von Konzilien kommen noch einige wenige Provinzialkonzilien hinzu, je nachdem sich die Bischöfe um ihre Metropoliten versammeln können. Auch die erste uns bekannte Diözesansynode, die Statuten erließ, gehört in diese Zeit.

---

[55] Vgl. unten 137–145 und 156–158.

[56] Vgl. unten 149–152. Vgl. auch die Zusammenstellung der Bischofsprozesse in der zweiten Hälfte des 6. Jahrhunderts bei Weidemann, Kulturgeschichte I 122–126.

2. Kapitel

VOM EPISKOPAT BESTIMMTE KONZILIEN

a) Das Konzil von Paris (561/62)[1]

Die Handschriften nennen zwar den Ort des Konzils, aber kein Datum. In Anlehnung an Sirmond nehmen die älteren Autoren das Jahr 557 an; HAUCK[2] und VACANDARD[3] setzen das Konzil zwischen 556 und 558 an, also noch in die Zeit König Childeberts I., der Paris als Hauptstadt innehatte. Gegen diese Datierung spricht aber, daß sich im Vorwort kein Hinweis auf den König findet, obwohl Childebert selbst Konzilien einberief (Orléans 549, Paris 551/52). MAASSEN[4], LECLERCQ[5] und DE CLERCQ[6] siedeln es zwischen 556 und 573 an, ohne zu präzisieren. DUCHESNE[7] und AIGRAIN[8] nehmen an, daß es kurz nach Chariberts Tod (um 567) stattfand, also nach dem Konzil von Tours 567, das ihrer Ansicht nach in Form und Inhalt dem Konzil von Paris ähnlich ist. Aber weder diese Ähnlichkeit noch die Identität, die zwischen Kanon 1 von Paris und Kanon 26 von Tours besteht – wie LECLERCQ[9] feststellt – erlauben, auf eine chronologische Abfolge beider Konzilien zu schließen. Man kann höchstens feststellen, daß die Kanones von Tours sachlich geordnet sind, während die von Paris sich wiederholen und durch die Improvisation und Eile gekennzeichnet sind, in der sie offensichtlich verfaßt wurden.

Es ist sicher, daß das Konzil in einer Periode politischer Instabilität

---

[1] Drucke: Crabbe ²II 143–145; Surius ²II 811–813; Binius II 638–640; Sirmond I 313–317; Coll. regia XII 534–544; Labbe-Cossart V 814–820; Hardouin III 335–340; Coleti VI 491–498; Mansi IX 743–752; Labat I 1116–1122; Bruns II 219–222; Maassen, Conc. I 141–146; De Clercq, Conc. Gall. 204–210. Literatur: HEFELE-LECLERCQ III/1, 171–174; DE CLERCQ, La législation 39 f., 44 f.; WEIDEMANN, Kulturgeschichte I 354.

[2] HAUCK, Die Bischofswahlen unter den Merowingern 30 Anm. 89.

[3] VACANDARD, Etudes de critique et d'histoire religieuse I 149 Anm. 3.

[4] Conc. I 141.

[5] HEFELE-LECLERCQ III/1, 171 Anm. 3.

[6] De Clercq, Conc. Gall. 204; DE CLERCQ, La législation 45 engt den Zeitraum auf 568–570 ein.

[7] DUCHESNE, Fastes II 368 Anm. 1.

[8] AIGRAIN, in: FLICHE-MARTIN, Histoire de l'Eglise V 336.

[9] Vgl. HEFELE-LECLERCQ III/1, 171 Anm. 3.

stattfand; wahrscheinlich gibt das Vorwort deshalb keinen Hinweis auf irgendeinen König. Das würde darauf deuten, daß die Teilung noch nicht abgeschlossen und Paris noch niemandem zugeteilt war.
Diese Auffassung wird durch den feierlichen und gebieterischen Ton bestätigt, den die Bischöfe anschlagen: ... *placet ac omnibus nobis convenit* ...[10] Unter der Herrschaft des Childebert oder unter Chlothar hätten die Bischöfe kaum gewagt, den Herrscher im Vorwort nicht zu nennen.
Das Konzil erwähnt den König nur an einer Stelle (c. 8): dort wird untersagt, daß Bischöfe nach dem Gutdünken des Königs und gegen den Willen des Metropoliten und seiner Suffragane eingesetzt werden. Das Konzil erklärt Bischofswahlen für ungültig, die bereits auf diese Art und Weise stattgefunden haben; die so Gewählten seien als *intrusui* zu betrachten. Dieser Kanon betrifft offensichtlich den Bischof Emerius von Saintes, der auf Chlothars Befehl von einem fremden Metropoliten ohne Einwilligung des zuständigen geweiht worden war. Wir werden sehen[11], daß ein Konzil in Saintes 561/67 vom Metropoliten von Bordeaux einberufen wurde, um den Kanon 8 des Konzils von Paris anzuwenden; dort wurde Bischof Emerius abgesetzt und durch Heraclius ersetzt. Doch König Charibert legte ein Veto ein, setzte Bischof Emerius wieder ein und belegte alle Konzilsteilnehmer mit einer Geldstrafe.[12] Es ist also wenig wahrscheinlich, daß die Bischöfe nach dem Herrschaftsantritt des Charibert oder noch unter Chlothars Herrschaft in Paris diesen Kanon 8 promulgieren konnten. Es kann dafür also nur die kurze Zeit der Unruhe in Frage kommen, die auf Chlothars Tod (561) folgte. Diese Auffassung wird auch durch die Tatsache bestätigt, daß Bischof Paternus von Avranches, der in Paris unterschrieb, im Jahre 565 vermutlich nicht mehr Bischof war.[13] Daraus kann man nur schließen, daß das Konzil von Paris zwischen 561 und 562 stattfand, in einer Zeit, als der Thron vakant war, das heißt unmittelbar nach Chlothars Tod, in einer Zwischenperiode, in der um die Regelung der Nachfolge gestritten wurde, und vor dem Konzil von Saintes 561/67. Allem Anschein nach wollten die Bischöfe einen

---

[10] De Clercq, Conc. Gall. 205 Z. 14.
[11] Vgl. unten 127.
[12] Vgl. Gregor von Tours, Hist. IV 26, hrsg. von R. Buchner I 228–230.
[13] Aus der Episkopatsdauer der teilnehmenden Bischöfe lassen sich kaum sichere Daten entnehmen. Die Datierung bei Maassen und De Clercq richtet sich nach dem Episkopatsbeginn Euphronius' von Tours 556 und dem Tod des Probianus von Bourges 573. Eine Einengung des Zeitraumes ist möglich: Probianus ist wohl vor 573 gestorben, denn zu diesem Zeitpunkt ist schon ein Nachfolger bekannt (an dem Konzil in Paris 573 nimmt Felix teil), auf jeden Fall ist Paternus von Avranches um 565 gestorben, vgl. J. B. Villiger, Paternus: in: LThK^2 VIII (1963) 170.

günstigen Augenblick ausnutzen, um Güter und Freiheit der Kirche zu schützen.

Zwischen 558 und 561 bekräftigte Chlothar I. in einem Kapitular[14] die Schenkungen, die seine Brüder der Kirche gemacht hatten. Er bestätigte das Recht der Bischöfe auf Appellation, gewährte bedeutende Steuererleichterungen für die Kirchengüter, gestattete, gegen das Urteil eines weltlichen Richters Berufung bei den Bischöfen einzulegen. Niemand konnte die Autorität des Königs anrufen, um eine Witwe oder ein junges Mädchen zur Ehe zu zwingen. Der König garantierte auch den Schutz der Kirchengüter.

Das Konzil will nun dafür sorgen, daß die erwähnten Anordnungen ausgeführt werden, daß die Großen sich nicht widerrechtlich Kirchengüter aneignen und die Herrscher sich nicht in die Wahl der Bischöfe und in die Befugnisse der Metropoliten einmischen. Wir haben bereits den Kanon 8 erwähnt, der sich mit diesem Problem beschäftigt, und dem wahrscheinlich die Weihe eines Bischofs vorausging, die nicht von seinem eigenen Metropoliten vorgenommen worden war, sondern von einem andern mit Einwilligung König Chlothars. Das Konzil beschloß, daß ein Bischof, der vom König allein ernannt worden ist, nicht von den Bischöfen der Provinz anerkannt werden darf, und daß der Metropolit gemeinsam mit seinen Suffraganen Maßnahmen gegen solche Bischöfe ergreifen soll, die ihren Sitz königlicher Gunst verdanken.

Das Konzil von Paris war ein Generalkonzil der fränkischen Kirche; sechs Provinzen waren vertreten. Vier Metropoliten nahmen teil: Probianus von Bourges, Praetextatus von Rouen, Leontius von Bordeaux, Euphronius von Tours; außerdem 11 Bischöfe[15], unter denen sich auch der hl. Germanus von Paris befand. Im Vergleich zu den vorhergehenden Konzilien war die Teilnehmerzahl gering, aber der letzte Kanon schreibt

---

14 Vgl. MGH. Cap 1 (1883) 18 f., Nr. 8, dazu De Clercq, La législation 36 f.

15 Provinz Rouen: außer Praetextatus (um 556/58–585) Metropolit von Rouen: Paternus (um 550 – um 565) Bischof von Avranches; Lascivus (557–um 565) Bischof von Bayeux; Edibius (um 561/62) Bischof von Lisieux; Ferrocinctus (557–nach 561/62) Bischof von Evreux.
Provinz Tours: außer Eufronius (556–572) Metropolit von Tours: Felix (549–8. Januar 582) Bischof von Nantes; Domicianus (um 555–568) Bischof von Angers; Samson (557–um 565) Bischof von Dol.
Provinz Sens: Germanus (555–28. Mai 576) Bischof von Paris; Chaletricus (557–7. Oktober 568) Bischof von Chartres.
Provinz Reims: Gonothigernus (vor 549–nach 563) Bischof von Senlis.
Außerdem nahmen teil: Chardaricus, nicht identifiziert, und die Metropoliten von Bourges, Probianus (vor 551–568), und von Bordeaux, Leontius (vor 549–15. September 564).

vor, daß die Akten nachträglich den abwesenden Bischöfen zur Unterschrift vorzulegen seien: *quod ab universis observandum est, universitas debeat consentire.*[16]
Es scheint, daß das Konzil nicht von den Herrschern einberufen wurde, sondern von einem oder mehreren Metropoliten. Aus den Kanones ist zu schließen, daß die Bischöfe selbst die Probleme formuliert haben, die zu lösen waren. Man weiß nicht, welche Bischöfe nicht kommen konnten, obgleich sie eingeladen waren. Zweifellos waren es die aus jenen Gebieten, die zwischen Sigibert und Chilperich umstritten waren. Beide kämpften damals um den Besitz von Soissons.[17] Wie dem auch sei, die anwesenden Bischöfe sind entschlossen, der Einmischung des Königs die Stirn zu bieten.
Das Konzil erließ neun Kanones. Die Kanones 1, 2, 3, 6 betreffen den Schutz nicht nur der Kirchengüter, sondern auch derjenigen Besitzungen der Bischöfe, die als Kirchengüter gelten (c. 2). Schenkungen des Königs sind ungültig, wenn es sich um Güter handelt, die der Kirche gehören oder gehört haben (c. 1). Das Konzil geht über alle Dekrete vorhergehender Konzilien hinaus, indem es erklärt, daß die Kanones auch für die Vergangenheit gelten. So will man Güter zurückerhalten, die widerrechtlich durch Krieg erworben worden waren, selbst wenn es zur Zeit König Chlodwigs und mit dessen Einverständnis geschah. Weder Verjährung noch Gebietsgrenzen spielen eine Rolle; die Erben sind verpflichtet, die Güter der Kirche zurückzugeben. Die Bischöfe müssen sich in wirksamer Art und Weise um den Schutz und um die Wiedererlangung dieser Güter kümmern. Sogar persönliche Schenkungen, die der König den Bischöfen machte, sind hinfällig und müssen zurückerstattet werden.
Für mehrere Vergehen sieht das Konzil als Strafe die Exkommunikation vor, so wie das Konzil von Tours des Jahres 567. Kanon 8 sichert die freie Bischofswahl und verhindert, daß ein Bischof auf Anordnung des Königs gegen den Willen seines Metropoliten und seiner Suffragane inthronisiert werden kann.
Kanon 6 verbietet, vom König das Gut eines anderen oder ein Mädchen oder eine Witwe ohne die Erlaubnis der Eltern anzunehmen.[18] Kanon 9 schreibt den Freigelassenen, die mit der Pflege der Grabstätten ihres

---

[16] De Clercq, Conc. Gall. 209 Z. 142 f.

[17] Chilperich hatte im Jahre 561 beim Tode seines Vaters dessen Schätze in der Villa von Berny an sich gebracht und versucht, Paris zu besetzen. Sigibert entriß ihm Soissons. Vgl. dazu auch oben 113.

[18] Eine ähnliche Vorschrift findet sich in c. 22 des Konzils von Orléans 541, vgl. De Clercq, Conc. Gall. 137 f.

verstorbenen Besitzers beauftragt sind, vor, dieser Pflicht nachzukommen.

Hat die Kirche sie davon entbunden, müssen sie ihr als Ersatz für den Schutz, den sie ihnen gewährt, eine Abgabe entrichten. Kanon 4 verbietet Inzestehen und zählt die Verwandtschaftsgrade auf, innerhalb derer Ehen verboten sind; es werden aber keine Strafen erwähnt.[19] Kanon 5 verbietet die Heirat mit Gott geweihten Jungfrauen und mit Frauen, die ein Witwengelübde abgelegt haben. Kanon 7 wiederholt eine Vorschrift von Arles 442/506 (c. 8) und verbietet dem Bischof, jemanden aufzunehmen, der von einem anderen Bischof exkommuniziert wurde.

Aus den Kanones ersieht man, daß im Vergleich zum vorhergehenden Konzil die Einmischung der Könige in kirchliche und bischöfliche Angelegenheiten zugenommen hat: Einmischung in die Bischofswahlen (c. 8), in die Verfügung über die Kirchengüter (cc. 1, 3, 6) und sogar über die Personen (c. 6). Alle Kanones verraten Ablehnung gegenüber dem Königtum, dessen Einmischung die Kirche mit diesem Konzil allem Anschein nach entgegenzuwirken beginnt.

Die Kanones über die Bischofswahl und die Rückgabe der Kirchengüter, über welche die Könige, wie der namentlich erwähnte Chlodwig, verfügt hatten, erscheinen als Vorbeugungsmaßnahmen gegenüber den neuen Herrschern, welche die Macht unter sich aufteilen werden. Übrigens werden in Zukunft wieder die Herrscher die Initiative zur Einberufung der Konzilien ergreifen. Was die Nachwirkung des Konzils anbetrifft, so wurde Kanon 8 teilweise in das Dekret Gratians aufgenommen.[20] Mehrere Beschlüsse beeinflußten Kanones aus der Karolingerzeit: das Konzil von Les Estinnes 744 wiederholt in seinem Kanon 2 namentlich den Kanon 1; daher schreiben Burchard von Worms und Ivo von Chartres ihn diesem Konzil zu.[21]

---

[19] In diesem Kanon kommen die Wörter *amita* (Tante väterlicherseits) und *matertera* (Tante mütterlicherseits) vor, die sonst in den Konzilien der Merowingerzeit nicht zu belegen sind.

[20] Vgl. D. 63 c. 5.

[21] Vgl. dazu auch unten 292 und 300.

b) Das Konzil von Saintes (561/67)[22]

Für dieses Konzil ist kein genaues Datum überliefert. Es fand statt zwischen dem Tod Chlothars (561) und dem Chariberts (567), wahrscheinlich kurz nach Chlothars Tod und nach dem Konzil von Paris (561/62), da es um die Anwendung eines Kanons dieses Konzils geht.
Chlothar I., Alleinherrscher im Frankenreich vom 23. Dezember 558 bis zum 29. November 561, hatte Emerius zum Bischof von Saintes ernannt und ihn inthronisieren lassen – nicht durch den zuständigen Metropoliten von Bordeaux, sondern durch einen anderen, wahrscheinlich den von Tours.
Nach Chlothars Tod untersagte das Konzil von Paris in c. 8 dieses Vorgehen. Der Metropolit von Bordeaux und seine Suffragane wählten Heraclius zum Bischof von Saintes, der zu König Charibert gesandt wurde, um gemäß Kanon 10 des 5. Konzils von Orléans (549) dessen Einwilligung zu erhalten. Doch Heraclius konnte für den Konzilsbeschluß weder die Billigung des Metropoliten von Tours, Euphronius, noch die Einwilligung König Chariberts erhalten, der ihn sogar auf einen mit Dornen ausgeschlagenen Wagen stellen und in die Verbannung schicken ließ. Charibert setzte vielmehr Emerius wieder als Bischof von Saintes ein und belegte den Metropoliten von Bordeaux und alle Konzilsteilnehmer mit einer Geldstrafe.
Das Konzil von Saintes war ein Provinzialkonzil, das vom Metropoliten von Bordeaux, Leontius II. (vor 549–um 564), einberufen wurde. Normalerweise mußten alle Bischöfe der Provinz teilnehmen, aber man weiß nicht, ob alle anwesend waren. Das Konzil kennen wir nur aus dem Bericht Gregors von Tours. Kanones sind nicht überliefert.

---

[22] Das Konzil ist nur durch eine Nachricht bei Gregor von Tours, Hist. IV 26, hrsg. von R. Buchner I 228, bekannt. Die entsprechende Textstelle ist in den Konziliensammlungen abgedruckt: Sirmond I 319 f.; Coll. regia XII 582–584; Labbe-Cossart V 845–847; Hardouin III 353 f.; Coleti VI 527–530; Mansi IX 783–786; Labat I 1146; Maassen, Conc. I 120 f.; De Clercq, Conc. Gall. 174. Literatur: Hefele-Leclercq III/1, 181 f.; Weidemann, Kulturgeschichte I 358.

c) Das Konzil von Tours (18. November 567)[23]

Am Ende der Kanones werden der Ort Tours und ein genaues Datum angegeben: am 15. Tag vor den Kalenden des Dezember, im 6. Jahr der Regierungszeit des Charibert; das entspricht dem 18. November 567.[24] Gemäß dem Vorwort haben die Bischöfe sich versammelt, um die Disziplin wiederherzustellen, den Klerus zu unterrichten und den Frieden zu fördern. Sie wollten nicht den Anschein erwecken, als billigten sie stillschweigend die Ausschweifungen und Verbrechen ihrer Zeit: *coadunati pro pace et instructione ecclesiae opportunum credidimus subter annexa decreta conficere et subscriptionibus propriis roborare, ut retundantur noxia, propagentur optata, ne taciturnitate silencii viciosorum criminum nutriri videretur licentia . . .*[25]

Auf Veranlassung seiner Konkubine Fredegunde hatte König Chilperich seine zweite Gemahlin, die Königin Galswintha[26], ermorden lassen, um Fredegunde heiraten zu können; Sigibert rüstete zum Krieg, um seine Schwägerin zu rächen. Guntram wollte vermitteln, um den Krieg zwischen seinen beiden Brüdern zu verhindern; vielleicht rechnete er damit, daß das Konzil zugunsten einer friedlichen Lösung Druck auf seine Brüder ausüben werde. Aber nur im Vorwort wird von der Sorge um den Frieden gesprochen. Die Kanones selbst befassen sich nur mit den Auswirkungen, die der Krieg auf die kriegführenden Parteien und die Kirchengüter haben kann.

Außer mit Einzelproblemen, die unmittelbar die Kirche selbst betreffen, beschäftigte sich das Konzil auch mit allgemeineren Fragen: mit den Selbständigkeitsbestrebungen der bretonischen Kirche, die nur mit Mühe die Vorherrschaft des Metropoliten von Tours anerkennen wollte (dieses Problem wird endgültig erst im 12. Jahrhundert gelöst), mit dem Fortbestand des Heidentums, dem Aberglauben, der sich sogar in den Ritus

---

23 Drucke: Crabbe ²II 136–143; Surius ²II 817–823; Binius II 656–661; Sirmond I 329–349; Coll. regia XII 590–626; Maan II 18–27; Labbe-Cossart V 851–874; Hardouin III 355–374; Coleti VI 533–556; Mansi IX 789–814; Labat I 1166–1192; Bruns II 224–237; Maassen, Conc. I 121–138; De Clercq, Conc. Gall. 175–199. Literatur: Hefele-Leclercq III/1, 184–193; Barion, Synodalrecht 20 f.; De Clercq, La législation 39–44; Champagne-Szramkiewicz, Recherches 41–43; Weidemann, Kulturgeschichte I 358; Wallace-Hadrill, The Frankish Church 102 f.

24 Vgl. die Datierung bei De Clercq, Conc. Gall. 194.

25 De Clercq, Conc. Gall. 176 Z. 19–23.

26 Galswintha, älteste Tochter von Athanagild, dem König der Westgoten, hatte Chilperich, den König von Neustrien, geheiratet. Sie war die Schwester der Brunechild, der Gemahlin des Königs Sigibert von Austrasien.

eingeschlichen hatte, mit der sittlichen Verwilderung, der auch der Klerus verfallen war.
Das Konzil war ein Generalkonzil von Chariberts Königreich. Es wurde in der Martinskirche in Tours mit Zustimmung des Königs – *iuxta coniventiam . . . Chariberthi regis adnuentis* – kurz vor dessen Tod[27] zusammengerufen. Es kam auf Betreiben der Bischöfe zustande, die den geringen Widerstand des Königs gegen Ende seines Lebens ausnützten.[28] Drei Kirchenprovinzen waren vertreten: Tours, Rouen und Sens, zwei Metropoliten anwesend[29]: Euphronius von Tours, der den Vorsitz führte, und Praetextatus von Rouen; außerdem sieben Bischöfe, unter ihnen der hl. Germanus von Paris, die alle unterschrieben haben.[30]
Die literarische Form der Kanones unterscheidet sich stark von den vorhergehenden Konzilien. Das Vorwort und die 28 Kanones sind länger als sonst üblich, prunken mit Gelehrsamkeit, stützen ihre Vorschriften auf Zitate aus der Heiligen Schrift, aus Seneca (c. 15), spielen auf häretische Bräuche an (c. 20) und beziehen sich ganz allgemein auf zahlreiche frühere Texte.[31]

---

27 Textzitat nach De Clercq, Conc. Gall. 176 Z. 18 f. Charibert starb 567, nach dem Konzil, also wahrscheinlich im Dezember.

28 Vermutlich ist Charibert in c. 1 des Konzils von Tours gemeint, wo davon die Rede ist, daß die Könige die Konzilien am Zusammenleben hindern.

29 Eufronius (556–572) und Praetextatus (um 556/58–585).

30 Provinz Sens: Germanus, Bischof von Paris (555–28. Mai 576); Chaletricus, Bischof von Chartres (557–7. Oktober 568). Provinz Tours: Felix, Bischof von Nantes (549–8. Januar 582); Domicianus, Bischof von Angers (um 555–568); Victurius, Bischof von Rennes (560–586); Domnulus, Bischof von Le Mans (um 559–1. Dezember 581). Provinz Rouen: Leudobaudis von Séez (566– nach 573). Vgl. zu den Teilnehmern auch die Karte bei Champagne-Szramkiewicz, Recherches 42.

31 Wir sagten bereits, daß sich viele Kanones auf ältere Texte oder frühere Kanones, die sie zitieren oder auf die sie sich berufen, stützen. Bei den Kanones 9, 10, 11, 12, 18, 19, 20, 25, 28 ist der Hinweis ungenau. Die Kanones 21 und 22 zitieren aus mehreren kirchlichen oder weltlichen Gesetzen: Kanon 21 zitiert den Brief Innozenz I. an Victricius (JK 286), den Codex Theodos. IX 25, 1 und 2 (die Interpretatio), das Konzil von Karthago (416) c. 26, die Sammlung von Arles (442/506) c. 46 und 52, das Konzil von Epao (517) c. 21; Kanon 22 zitiert den Codex Theodos. III 12, 3 und 4 (die Interpretatio), das Konzil von Orléans I (511) c. 18, das Konzil von Epao (517) c. 30 und das Konzil von Clermont (535) c. 12. Speziell zu c. 22 des Konzils von Tours vgl. auch Champagne-Szramkiewicz, Recherches 41–43. In folgenden Kanones befinden sich zahlreiche Zitate aus der Heiligen Schrift: c. 1: Röm 8, 35, Mt 22, 37; c. 2: Tob 14, 17; c. 12: Prov 18, 19; c. 14: 1 Kor 7, 14; c. 21: Tim 5, 12, Gal 1, 9, Ez 18, 23–32 und 33, 11; c. 22: Lev 18, 5–18 und 20, Dt 27, 15–20 und 22–24, 1 Kor 4, 21 und 5, 5 und 11, 1; c. 25: Ps 108; c. 28: Mt 10, 8. Hinzu kommt in Kanon 15 ein angebliches Zitat aus Seneca, das bisher nicht identifiziert werden konnte. Kanon 28 spielt auf Gennadius, Definitio dogmatum ecclesiasticorum c. 72 an. Vgl. zu den Quellen im einzelnen die Editionen von Maassen und De Clercq.

In den Zusammenhang des Konzils von Tours gehören zwei Briefe: die beiden Metropoliten und die anwesenden Bischöfe, außer den von Chartres und Séez, antworten der Königin Radegunde[32] auf ihr Gesuch, die Gründung eines Nonnenklosters in Poitiers zu bestätigen.[33]
Das zweite Schreiben, kurz nach dem Ende des Konzils verfaßt – vielleicht beim Tode des Charibert – ist vom Metropoliten von Tours und von dreien seiner Suffragane unterschrieben.[34] Es stellt einen Aufruf zum Frieden und zur Buße angesichts des drohenden Krieges dar und fordert die Gläubigen zur Zahlung des Zehnten nicht nur von den Gütern, sondern auch von den Sklaven auf. Erstmalig wird hier in einem merowingischen Text vom Zehnt gesprochen.[35]
Nun zum Inhalt der einzelnen Konzilsbeschlüsse. Zuerst werden die Bischöfe wieder an ihre Pflicht erinnert: wenn das Provinzialkonzil nicht zweimal jährlich stattfinden kann, soll es wenigstens einmal im Jahr zusammentreten.[36] Nur Krankheit gilt als Entschuldigung für Abwesenheit. Sonst wird das Fehlen mit der Exkommunikation bestraft, bis zum Zusammentritt eines höherrangigen Konzils als dem Provinzialkonzil *(ad maiorem sinodum)* (c. 1). Diskret wird auf die Schwierigkeiten angespielt, welche die Könige den Bischöfen machen können. Das Konzil bestimmt die Befugnisse des Provinzialkonzils, das in Streitfällen ein Urteil fällen und als Gerichtshof für Fragen der Disziplin dienen soll; es ergreift

---

[32] Radegunde, eine thüringische Prinzessin, die von den Franken bei der Eroberung Thüringens (531) verschleppt wurde, wurde einige Jahre später die Gemahlin des Chlothar. Nach der Ermordung ihres Bruders durch Chlothar verließ sie ihn und ließ sich gegen den Kanon 18 von Orléans II von Bischof Medardus von Noyon zur Diakonisse weihen. Sie ließ sich zuerst im Grenzgebiet der Touraine und des Poitou nieder. Als ihr Gemahl das Eheleben wieder mit ihr aufnehmen wollte, suchte sie Zuflucht in einem Kloster und ließ sich in Poitiers nieder, wo sie ein Kloster gründete, das sich schnell ausdehnte und in welchem die Regel des heiligen Caesarius befolgt wurde. Sie starb am 13. August 587.

[33] Dieser Brief ist nicht zusammen mit den Kanones, sondern durch Gregor von Tours überliefert, Hist. IX 39, hrsg. von R. Buchner II 298–302, und wird nur wegen der Übereinstimmung zwischen Konzilsteilnehmern und Absendern des Briefes – wohl zu Recht – mit dem Konzil in Zusammenhang gebracht. Zu dem von Radegunde gegründeten Kloster vgl. unten 149 f.

[34] Dieses Schreiben ist in Hss. überliefert, die auch Konzilsakten enthalten, vgl. De Clercq, Conc. Gall. 175; De Clercq, La législation 45.

[35] Vgl. De Clercq, La législation 45; E. Perels, Die kirchlichen Zehnten im karolingischen Reiche, Berlin 1904, 14–16.

[36] Daß ein Konzil alle zwei Jahre stattfinden sollte, war vom Konzil von Epao (517) im Einberufungsschreiben des Avitus nach dem Vorbild der Konzilien von Nizäa (c. 5) und Chalcedon (c. 9) vorgeschrieben worden, während die Konzilien von Orléans ein Konzil pro Jahr forderten. Vgl. dazu auch Barion, Synodalrecht 20 f.

Strafmaßnahmen gegen Bischöfe, die eine Verfehlung begangen haben (c. 2).[37] Wie in Orléans IV (541) c. 12 vorgeschrieben worden war, sollen in Streitfällen unter Bischöfen die Priester als Schiedsrichter und Vermittler auftreten (c. 2).

Der Bischof darf nicht nach eigenem Gutdünken einen Abt oder Archipresbyter absetzen: er muß sich zuerst mit deren Amtsbrüdern beraten (c. 7). Die Bischöfe und der Metropolit müssen sich gegenseitig helfen, um bei den Geistlichen die Einhaltung des Keuschheitsgebots durchzusetzen. Es wird auch vorgeschrieben, daß der Bischof von seiner Frau getrennt wohnen muß, damit deren Dienstboten mit den Geistlichen aus der Umgebung des Bischofs nicht in Berührung kommen (cc. 11 und 12). Diese Geistlichen werden bevollmächtigt, Frauen von einem unverheirateten oder verwitweten Bischof fernzuhalten (c. 14).

Unter Androhung der Strafe einer zeitweiligen Amtsenthebung wird auch an das Verbot der Simonie erinnert (c. 28), man berief sich dabei auf c. 72 der *Definitio dogmatum ecclesiasticorum* des Gennadius.

Eine besondere Verordnung erinnert an die Zugehörigkeit der bretonischen Bistümer zur Kirchenprovinz Tours (c. 9): die Bischöfe dieser Bistümer können nicht ohne Einwilligung des Metropoliten von Tours geweiht werden, anderenfalls werden sie bis zum nächsten Konzil exkommuniziert. Der Separatismus der bretonischen Kirche gegenüber Tours wird Diskussionsobjekt bleiben bis zu dem Tage, an dem die Kirche der Bretagne die Aufteilung der Provinz Tours und die Errichtung einer bretonischen Provinz in Dol erreicht hat (um 850).

Eine Anzahl von Kanones gilt der Disziplin der Geistlichen. Das Konzil erinnert an Kanon 2 von Eauze (cc. 10 und 11), der den Bischöfen und Priestern, den Diakonen und Subdiakonen verbietet, andere Frauen als ihre Mutter, Schwester oder Tochter bei sich zu haben. Außerdem verbietet es nicht nur den Bischöfen, mit ihren Frauen zusammenzuwohnen, sondern auch den Archipresbytern, den Diakonen und Subdiakonen, anderenfalls werden sie abgesetzt und für ein Jahr exkommuniziert (c. 20).[38] Der Klerus wird also gewissenhaft überwacht.

So bestimmt das Konzil von Tours noch genauer als dasjenige von Orléans 538, daß der Archipresbyter nicht nur auf seinen Reisen von einem Geistlichen begleitet sein muß, der ihn überwacht und in seinem Zimmer schläft, sondern auch, daß sich sieben Subdiakone, Lektoren und

---

[37] Damit wird das Konzil von Saintes gerechtfertigt, das von Charibert nicht anerkannt worden war, vgl. oben 127.

[38] Vgl. cc. 2 und 12 (11) des Konzils von Orléans (538).

Laien wöchentlich bei der Überwachung ablösen müssen. Wer sich dieser Überwachungspflicht entzieht, wird ausgepeitscht.[39]
Die Archipresbyter sind verantwortlich für die ihnen anvertrauten jungen Geistlichen; falls sie einen zu beanstandenden Lebenswandel der Jüngeren nicht korrigieren, müssen sie selbst an deren Stelle Buße tun, indem sie einen Monat lang in einer Zelle bei Wasser und Brot eingesperrt werden. Das Volk wird aufgefordert, Priestern, die mit ihren Frauen zusammenleben, mit Verachtung zu begegnen (c. 20).
Das Konzil erinnert weiter an Kanon 13 von Orléans II (533), der den Geistlichen und Laien die Ausstellung von Empfehlungsschreiben untersagt (c. 6). Die Pfarreien sind verpflichtet, ihre Armen zu ernähren (c. 5).
Einige Kanones befassen sich mit dem Ordensklerus:
Das Eheverbot nach Orléans I (511) c. 21 für diejenigen, die das Klosterleben wählten, wird erneuert. Als Strafe ist die Exkommunikation vorgesehen und auch die Hilfe der weltlichen Gewalt, um die schuldigen Eheleute zu trennen. Die Exkommunikation trifft nicht nur den Richter, der seine Hilfe verweigert, sondern auch jeden Verteidiger des schuldigen Mönches (c. 16).
Den Mönchen ist verboten, Frauenbesuch zu empfangen, und der verantwortliche Abt, der Frauenbesuch zuläßt (c. 17), wird exkommuniziert. Kanon 15 ergreift Maßnahmen zur Verhinderung der Päderastie; es wird verboten, daß Mönche zu zweit in einem Bett schlafen; der Gebrauch von Schlafsälen, in denen unter der Kontrolle des Abtes oder des Propstes stets zwei oder drei Lektoren abwechselnd Aufsicht führen, wird vorgeschrieben.
Kanon 18 regelt in allen Einzelheiten die Fastenzeiten der Mönche: drei Tage pro Woche in der Fastenzeit, eine ganze Woche nach Pfingsten, dann drei Tage pro Woche (montags, mittwochs und freitags) bis zum 1. August und während der Monate September, Oktober und November, den ganzen Monat Dezember bis Weihnachten. An den anderen Tagen, das heißt von Ostern bis Pfingsten (ausgenommen die Bittage), während des ganzen Monats August und von Weihnachten bis Epiphanie haben die Mönche Anrecht auf ein *prandium*[40], ausgenommen an den drei Tagen im Januar, an denen besondere Litaneien zur Bekämpfung heidnischer Bräuche gebetet werden.[41] Außerdem schreibt der Kanon vor, die Messe am 1. Januar um acht Uhr zu feiern. Mit der Stellung der Frauen befaßt

---

[39] Zu dieser Strafe vgl. oben 110.
[40] Das *prandium* war das Essen um die Mittagszeit vor der *caena*.
[41] Vgl. zu den Fastenbestimmungen DUCHESNE, Origines du culte chrétien 285–291, bes. 286.

sich Kanon 21, er zitiert unter anderen den Kanon 52 der Sammlung von Arles (442/506), den Kanon 26 von Mileve (402) und den Kanon 19 von Orléans V (den Königen Childebert, Charibert und Chlothar zugeschrieben) zur Stellung der Jungfrauen oder Witwen, die ins Kloster gingen, zum Asyl der jungen Mädchen in Kirchen, zur Gültigkeitserklärung der Witwengelübde (c. 21 von Epao) und zum Verbot der Zweitehe.

Zum Verbot der Inzestehen wiederholt das Konzil in Kanon 22 die Kanones 27 von Orléans IV (541), 18 von Orléans I (511), 30 von Epao (517), 12 von Clermont (535) und gibt auch Auszüge aus diesen Kanones. Außerdem stützt es sich auf lange Zitate aus Deuteronomium 27, 15–20, 22–24 und aus Leviticus 18, 5–18, 20.

Es exkommuniziert die Richter und Großen, welche die Armen unterdrücken (c. 27) und kämpft gegen den heidnischen Aberglauben, insbesondere gegen die Feier des 1. Januar, gegen das Totenmahl am 22. Februar, gegen die Verehrung von Bäumen, Quellen, Felsen usw. (c. 23).[42] Dieser Kanon ist von großer Bedeutung für unser Wissen um den Fortbestand des Heidentums.

Allen Laien, gleich welcher sozialen Stellung, wird verboten, die Bruderkriege der fränkischen Könige auszunützen, um sich Kirchengüter anzueignen oder um sie zu beschädigen. Jeder, der das getan hat, und wer sich weigert, in Besitz genommene Kirchengüter zurückzuerstatten, wird exkommuniziert und muß bis zu seinem Tode im Kirchenbann bleiben. Alle Bischöfe werden das Anathem gegen ihn aussprechen (c. 25). Dieser Kanon wiederholt und erweitert Kanon 13 von Orléans V (549) und hat wörtliche Entsprechungen in c. 1 des Konzils von Paris 561/62.

Die liturgischen Probleme nehmen in den Kanones des Konzils breiten Raum ein. Es bestand der vielleicht abergläubische Brauch, die Teile der gebrochenen Hostie auf der Patene in der Form eines Menschen anzuordnen. Kanon 3 bekämpft diesen Brauch und schreibt vor, daß der Priester auf alle Phantasiegebilde verzichten und die Hostienteile in Kreuzform zusammenlegen muß. LECLERCQ[43] meint, daß dieser Kanon auf einen in Gallien üblichen Mißbrauch anspielt, der darin bestand, daß ein „Brotgötze" unters Volk verteilt wurde: der einzelne empfing je nach Verdienst eines der *membra*. Dies geht aus einem Brief des Papstes Pelagius I. an den Metropoliten Sapaudus[44] von Arles hervor: ... *quasi unicuique pro merito*

[42] Vgl. DUCHESNE, Origines du culte chrétien 273 f., 278 f.; E. VACANDARD, L'idolatrie en Gaule au VIe et au VIIe siècle, in: Revue des questions historiques 65 (1899) 424–454, bes. 428 f.

[43] In HEFELE-LECLERCQ III/2, 185 f. Anm. 5.

[44] JK 978.

aures, oculos, manus ac diversa singulis membra distribui. Dieses Schreiben wurde etwa zehn Jahre vor dem Konzil verfaßt.[45]

Kanon 4 weist den Geistlichen und Laien ihre Plätze während des Gottesdienstes zu: zum Chor haben die Laien keinen Zutritt, ausgenommen, wenn sie außerhalb des Gottesdienstes privat beten und die Kommunion empfangen, zu der auch die Frauen zugelassen sind, wie das Konzil feststellt. Die Geistlichen müssen an einem zwischen dem Geländer und dem Altar vorgesehenen Platz Aufstellung nehmen.

Kanon 19 verteilt den Psalmengesang, der zu Ehren des heiligen Martin gesungen wird: in der Matutin im Sommer sechs Antiphonen, die im August wegen der Messe und verschiedener Feste gekürzt werden, sieben Antiphonen im September mit je zwei Psalmen, acht Antiphonen im Oktober mit je drei Psalmen, 10 Antiphonen im Dezember mit je drei Psalmen und dasselbe im Januar. Während der restlichen Zeit soll man nicht weniger als 12 Psalmen zur Matutin beten, sechs zur sechsten Stunde, 12 zur zwölften Stunde mit Alleluja. Wer diese Vorschrift nicht einhält, muß bis zum Abend bei Wasser und Brot fasten; wer diese Strafe nicht auf sich nimmt, muß eine Woche lang bei Wasser und Brot fasten.

Kanon 24 gestattet, außer den ambrosianischen Hymnen auch andere von bekannten Autoren zu singen.

Das Konzil wandte sich an die Bischöfe und über diese an den Klerus; es wünschte aber auch die Laien anzusprechen, die nicht zum Konzil zugelassen waren. Dies war wohl mit ein Grund für die Abfassung des Schreibens *ad plebem,* das in den Zusammenhang des Konzils gehört, aber nur von den Bischöfen der Provinz Tours unterschrieben ist.[46] Ebenso wie das Vorwort zu den Kanones trägt dieses Schreiben den Stempel der unruhigen Zeiten. Die Bischöfe rechnen bereits mit einem drohenden Krieg, in dem zahlreiche Gefangene freigekauft werden müssen. Um Gottes Gnade zu erlangen, fordern sie die Gläubigen zur Buße auf, die Verlobten sollen ihre Hochzeit aufschieben, alle Gläubigen sollen der Kirche den zehnten Teil ihrer Güter und Sklaven geben.

Wenn das Konzil auch dieselben Fragen wie die vorhergehenden Konzilien behandelt, so unterscheidet es sich doch von ihnen durch die Erweiterung des Fragenkatalogs und durch seinen Stil. Es ist gekennzeichnet durch Angst vor dem Unheil, das die Kämpfe zwischen Sigibert und Chilperich hervorrufen werden: ... *propter cladem, quae imminet* ...[47] Die Kanones spielen unmittelbar auf diese Kämpfe an. Denjenigen, die

[45] Vgl. dazu Duchesne, Origines du culte chrétien 218 f.

[46] Vgl. oben Anm. 34, 35.

[47] De Clercq, Conc. Gall. 199 Z. 69.

Nutzen aus diesen Kämpfen ziehen werden, wird das Anathem angedroht. In ihrem Schreiben rufen die Bischöfe das Volk zur Buße und zu Geldspenden für den Loskauf der Gefangenen auf. Um ihre Berechtigung nachzuweisen und um eine strenge Beachtung der Verfügungen durchzusetzen, stützen sich die Kanones auf zahlreiche Zitate und Autoritäten. All dies beweist, wie groß die fast hoffnungslosen Anstrengungen eines Teiles des Klerus waren, um nicht nur die übrige Herde, sondern auch ihre Amtsbrüder auf dem rechten Wege zu halten. Angesichts der Grausamkeit der Morde, der Bürgerkriege und des Verfalls der Sitten fragt man sich, ob die Bischöfe wirklich dachten, das Weltende sei nahe, oder ob sie als letztes Mittel zur Erhaltung des Friedens auf das Schwert des Jüngsten Gerichts anspielten: *Quoniam peccatorum nostrorum in praecipiti mole crescente videtur cladis gravissimae necessitas imminere nec alibi refugium invenire, nisi ad illius praecepta recurrere . . .*[48]

[48] De Clercq, Conc. Gall. 197 Z. 27–30.

3. Kapitel

KONZILIEN ALS TRIBUNALE ZWISCHEN 567 UND 602

Immer stärker versuchten die Könige, sich in kirchliche Angelegenheiten einzumischen, selbst die Bischöfe zu ernennen, sie vor ein Konzilsgericht zu bringen, wenn sie es ablehnten, ihren Befehlen zu gehorchen, oder wenn sie die Bischöfe für disziplinlos hielten. Sie beriefen selbst Konzilien ein, die keine Gesetze erließen, sondern als Gerichtshof tätig wurden. Diese Konzilien entschieden sogar oft in Streitfällen zwischen Herrschern, Großen und der Kirche. Eine Reihe solcher Konzilien fand zwischen 567 und 602 in den verschiedenen Teilreichen des fränkischen Gallien statt.

Das erste dieser Konzilien, das in Guntrams Königreich stattfand (Lyon 567/570), hat ausnahmsweise einen gemischten Charakter, denn wenn auch sein Anlaß in der Hauptsache disziplinarischer und gerichtlicher Natur war, so promulgierte es doch einige Kanones aufgrund des Urteilsspruchs. Folgende Konzilien hatten nur gerichtlichen oder schiedsrichterlichen Charakter:

- fünf im Königreich Guntrams (Paris 573[1], Chalon 579, Lyon 581, 588 und 589 an unbekannten Orten),
- zwei im Königreich Chilperichs (Paris 577 und Berny 580),
- drei im Königreich Sigiberts und Childeberts II. (Sorcy 589, Poitiers 590, Metz 590),
- eines im Königreich Theuderichs II. (Chalon 602/03).

Diese elf Konzilien sind uns nur aus literarischen Quellen, vornehmlich aus Gregor von Tours, bekannt.[2] Sie erließen keine Kanones, sondern entschieden Rechtsfälle. Außer diesen Konzilien, auf denen sich die Bischöfe eines Teilreiches versammeln, gibt es auch einige Provinzialkonzilien, deren Charakter oft schlecht zu erfassen ist und nicht näher bestimmt werden kann. Die Disziplin war ihr wesentliches Anliegen. Solche Konzilien waren sehr selten geworden, obgleich die Kanones sie

---

[1] Paris war damals ungeteilter Besitz der Brüder.

[2] Gregor von Tours datiert die meisten dieser Konzilien nicht nach der Regierungszeit des Königs, der sie einberuft, sondern nach der Regierungszeit Childeberts.

verlangten.[3] Wir werden uns mit ihnen am Ende dieses Kapitels beschäftigen.

a) Konzilien im Königreich Guntrams: Lyon (567/70), Paris (573), Chalon (579), Lyon (581), Valence (585), Konzil an unbekanntem Ort (588), Konzil an unbekanntem Ort (589)

Das Konzil von Lyon (567/70)[4]

Die angegebene Indiktion und das Jahr der Regierungszeit König Guntrams stimmen im Text, der nur durch den Druck von Surius überliefert ist, nicht zusammen. Die Regierungszeit weist auf das Jahr 567, die Indiktionszahl auf 570.[5]

Im Vorwort heißt es, das Konzil sei zusammengetreten, um die Disziplin zu reformieren und um neuerliche Streitigkeiten beizulegen. Gregor von Tours erwähnt ein Konzil von Lyon, das unter Bischof Nicetius abgehalten wurde und von Guntram einberufen worden war, um die Bischöfe Salonius von Embrun und Sagittarius von Gap zu verurteilen. Diese waren angeklagt wegen Mord, Ehebruch, Plünderung und Mißhandlung des Bischofs Victor von Saint-Paul-Trois-Châteaux und Ermordung seiner Diener.[6]

---

[3] Die Vorschrift wird immer wiederholt, aber anscheinend wurde sie zu einer bloßen Floskel, Vgl. zuletzt Tours 567, oben 130, Anm. 36.

[4] Drucke: Surius ²II 824 f.; Binius II 661 f.; Sirmond I 325–328; Coll. regia XII 584–590; Labbe-Cossart V 847–851; Hardouin III 353–356; Coleti VI 529–534; Mansi IX 785–790; Labat I 1160–1164; Bruns II 222–224; Maassen, Conc. I 139–141; De Clercq, Conc. Gall. 200–203. Literatur: Martin, Conciles et bullaire de Lyon 15 Nr. 46; Hefele-Leclercq III/1, 182–184; Coville, Recherches sur l'histoire de Lyon 336; De Clercq, La législation 46 f.; Weidemann, Kulturgeschichte I 125, 359.

[5] Diese zweite Angabe ist wahrscheinlich zutreffend, denn auch für die übrigen Konzilien gilt, daß die Indiktion besser zu passen scheint als das Regierungsjahr, und außerdem sind neun Jahre eine ausreichend lange Zeit zur Beilegung der auf dem Konzil behandelten Streitigkeiten, die endgültig 579 geregelt wurden.

[6] Gregor von Tours, Hist. V 20, hrsg. von R. Buchner I 324–326. In Hist. V 5, ebd. I 288 erwähnt Gregor eine weitere Versammlung ca. 572/73 in Lyon, die eine Gerichtssitzung unter dem Vorsitz des Metropoliten Nicetius war. An ihr sollen Bischöfe und Laien teilgenommen haben und der Diakon Petrus, der Bruder Gregors von Tours, soll verurteilt worden sein, weil er angeklagt war, den Bischof Silvester, den Nachfolger des Tetricus von Langres ermordet zu haben, welcher kurz vor seiner Weihe an einem Epilepsieanfall gestorben war; vgl. Coville, Recherches sur l'histoire de Lyon 337 f.; Weidemann, Kulturgeschichte I 132, 362. Weidemann nennt die Versammlung eine Provinzialsynode, bei Gregor wird der Terminus *placitum* gebraucht, was eher auf eine Gerichtssitzung deutet.

Die meisten Konzilseditoren und auch HEFELE-LECLERCQ haben das Konzil, das Gregor von Tours erwähnt, mit dem des Jahres 567 oder 570 gleichgesetzt.[7] Doch DE CLERCQ[8] zweifelt daran: er beruft sich auf die Tatsache, daß die Bischöfe von Gap, Embrun und Saint-Paul-Trois-Châteaux alle dem Metropoliten von Arles unterstanden, und daß mithin die beiden Schuldigen nicht auf einem Konzil in Lyon in Abwesenheit ihres Metropoliten, der nicht einmal einen Vertreter entsandt hatte, hätten verurteilt und abgesetzt werden können. Dieses Argument ist aber nicht stichhaltig, da die ganze Angelegenheit mit Sicherheit in Chalon-sur-Saône wieder aufgegriffen wurde[9], also abermals in der Diözese Lyon. Übrigens scheinen sich eine Anspielung auf jüngste Streitigkeiten im Vorwort und der erste Kanon auf eine derartige Angelegenheit zu beziehen.

Es besteht noch die Möglichkeit, daß die Stadt Saint-Paul-Trois-Châteaux, die an der Grenze zwischen den beiden Kirchenprovinzen Arles und Vienne liegt und nicht weit von Vienne entfernt ist, nur theoretisch Arles unterstellt war. Dasselbe gilt für Embrun und Gap. Da also die drei Bistümer in Guntrams Königreich lagen, wurden sie praktisch zu Vienne gerechnet; die Grenzen der Kirchenprovinzen waren noch nicht verfestigt, wegen der königlichen Machtstellung richteten sie sich mehr am jeweiligen Teilreich als an der Metropole aus.[10] Das Gebiet von Arles gehörte zwar Guntram, es war jedoch durch die austrasische Provence, also durch die Gebiete von Aix, Avignon und Marseille vollständig vom Burgunderreich getrennt. Es fällt auf, daß weder ein Bischof aus Chilperichs Königreich zu dessen Lebzeiten noch einer aus den *regna* Sigiberts und Childeberts II. bis zum Jahr 584 – als letzterer sich mit Guntram verband – an den Konzilien teilnahm, die Guntram einberief. Von 568 bis 584 wird auf diesen Konzilien nie der Metropolit von Arles erwähnt, während er später wieder dort auftaucht.[11] Wahrscheinlich wurde die Tradition der Synoden von Arles[12] unterbrochen, weil Arles eine Enklave geworden war.

---

[7] HEFELE-LECLERCQ III/1, 182 f.

[8] Conc. Gall. 200; La législation 47; gegen die Identität der Versammlungen spricht auch WEIDEMANN, Kulturgeschichte I 125, 359.

[9] Siehe unten 142 f.

[10] Siehe oben 116.

[11] Übrigens hatte umgekehrt der Bischof von Saint-Paul-Trois-Châteaux nicht am Konzil von Arles 554 teilgenommen, da Arles zu dieser Zeit zum Reich Childeberts gehörte und Saint-Paul-Trois-Châteaux zu dem Chlothars.

[12] Vgl. auch MORDEK, Kirchenrecht und Reform 75: „Merkwürdig still wird es um jene Metropole nach dem 5. und für lange Zeit letztem Konzil von Arles (a. 554). Die Initiative auf kirchenpolitischem Gebiet geht langsam, aber sicher auf Lyon über . . .".

Durch einen Vermittler führte Bischof Victor wahrscheinlich Klage auf diesem Konzil, was durch die Bestimmung in Kanon 1 gerechtfertigt wird: falls ein Streit zwischen Bischöfen verschiedener Provinzen ausgebrochen ist, sollen ihre Metropoliten darüber entscheiden. Die Tatsache, daß die ganze Angelegenheit auf dem Konzil von Chalon-sur-Saône im Jahre 579 wieder aufgegriffen wurde (die beiden abgesetzten Bischöfe waren auf Anordnung von Papst Johannes III. wiedereingesetzt worden und hatten weitere Missetaten begangen) zeigt, daß die Einwilligung des Metropoliten der beschuldigten Bischöfe notwendig war, und daß für den Ort, an dem das Urteil gesprochen wurde, allein das Königreich entscheidend war, während die Metropole keine Rolle spielte: Chalon-sur-Saône gehörte nämlich zur Provinz Lyon und befand sich in Guntrams Königreich.

Gleichgültig, ob das Urteil auf diesem Konzil gefällt wurde oder nicht, es steht fest, daß die Beziehungen der Bischöfe untereinander ein Hauptanliegen des Konzils waren.

Der Form nach war das Konzil von Lyon ein Generalkonzil von Guntrams Reich, an dem zwei Metropoliten[13], sechs Bischöfe[14], fünf Priester und ein Diakon als Delegierte[15] teilnahmen. Zwei Provinzen waren vertreten.[16]

Nach einem kurzen Vorwort erließ das Konzil sechs Kanones. Die Einleitung und die Kanones 4 und 5 berufen sich ohne genauere Angaben auf ältere Bestimmungen. Die Kanones 1, 4 und 5 handeln von den Beziehungen der Bischöfe untereinander: im Falle von Streitigkeiten müssen die Bischöfe sich dem Urteil ihres Metropoliten oder ihrer Suffragane unterwerfen. Gehören die streitenden Bischöfe verschiedenen Provinzen an, dann sollen die zuständigen Metropoliten die Entscheidung treffen, aber alle Bischöfe werden aufgefordert, ihre benachteiligten Kollegen zu verteidigen (c. 1).

Die Bischöfe müssen denjenigen, der von einem ihrer Kollegen exkommuniziert wurde, so lange als Exkommunizierten behandeln, bis er von

---

13 Philippus, Metropolit von Vienne (vor 567 – um 580); Nicetius, Metropolit von Lyon (552 – 2.April 573).

14 Agricola, Bischof von Chalon-sur-Saône (um 532 – 17. März 580); Vicentius, Bischof von Belley (vor 551 – nach 567/70); Syagrius, Bischof von Autun (um 560 – um 600); Aelodus, Bischof von Nevers (567 –28. März um 580); Salonius, Bischof von Genf (vor 567 – nach 573); Caelodonius, Bischof von Mâcon (um 567/70).

15 Vertreten waren: Siagrius, Bischof von Grenoble (vor 551 – nach 567/70); Lucretius, Bischof von Die (vor 541 – nach 573); Victor, Bischof von Saint-Paul-Trois-Châteaux (vor 567 – nach 583); Tetricus, Bischof von Langres (538/39–572/73); Tetradius, Bischof von Besançon (vor 551 – nach 567/70); Maximus, Bischof von Valence (um 567/70).

16 Besançon, vertreten durch einen delegierten Priester, war damals von Vienne abhängig.

dem Bischof, der ihn exkommuniziert hatte, wieder freigesprochen wird (c. 4). Die Nutzungs- und Besitzrechte, die ein Bischof Geistlichen zugestanden hat, dürfen durch nachfolgende Bischöfe ihm nicht weggenommen werden.

Die Kanones 2 und 5 sichern den Schutz der Kirchengüter: die Vermächtnisse, die Bischöfen oder dem Klerus im allgemeinen gemacht wurden, sind endgültig, selbst wenn sie nicht dem weltlichen Gesetz entsprechen. Wer eine solche Schenkung antastet, wird exkommuniziert (c. 2). Strafen, die über Geistliche verhängt werden, gleichgültig in welchem Rang sich diese befinden, dürfen nicht die Kirchengüter betreffen. Unter Androhung der Exkommunikation verbietet das Konzil, einen freien Mann zum Sklaven zu machen (c. 3). Das Konzil schreibt vor, daß vor dem ersten Sonntag der ersten Woche des neunten Monats dieselben Prozessionen stattfinden wie vor Christi Himmelfahrt.[17]

Das Konzil von Paris (11. September 573)[18]

Am Schluß des Konzilsdekrets wird vor den Unterschriften das Datum genau angegeben: am dritten Tag vor den Iden des September, im 12. Jahr der Regierungszeit unserer Könige, in der 6. Indiktion, das heißt am 11. September 573.

Auf Verlangen König Guntrams trat ein Konzil zusammen, um einen Streitfall zu lösen, den dieser mit seinem Bruder Sigibert hatte, der in Châteaudun ein Bistum errichtet hatte. Nach dem Tode Chariberts (567) war dessen Königreich unter seine Brüder aufgeteilt worden. Doch während Paris ungeteilt blieb, wurde das Bistum Chartres aufgeteilt, wobei sich die Stadt Chartres in dem Teil befand, den Guntram erhielt. Da nun Sigibert in seinem Teil der Diözese auch einen Bischof haben wollte, wollte er sie aufteilen, und er schuf eine neue Diözese um die Stadt Châteaudun, die zu seinem Reich gehörte. Der Metropolit Aegidius von

---

[17] Dem Himmelfahrtstag gingen drei Bittage voraus, das heißt Prozessionen, die man Rogationen nannte (Orléans I c. 27). Das Konzil von Lyon (567/70) c. 6 setzte einen ähnlichen Bittag fest in der ersten Septemberwoche, dies hatte aber nur lokale Bedeutung; vgl. Fliche-Martin, Histoire de l'Eglise V 387 Anm. 9.

[18] Über dieses Konzil erfahren wir aus drei Schreiben, die zusammenhängend überliefert sind. Drucke: Crabbe ²II 143–145; Binius II 677 (Nota); Sirmond I 350–354; Coll. regia XII 699–709; Labbe-Cossart V 918–923; Hardouin III 401–406; Coleti VI 601–608; Mansi IX 865–872; Bouquet IV 79 f. (Exzerpte); Labat I 1194–1200; Maassen, Conc. I 146–151; De Clercq, Conc. Gall. 211–217. Eine kurze Nachricht über dieses Konzil findet sich außerdem bei Gregor von Tours, Hist. IV 47, hrsg. von R. Buchner I 264. Literatur: Hefele-Leclercq III/1, 195–197; De Clercq, La législation 47 f.; Weidemann, Kulturgeschichte I 125, 271, 359 f.

Reims erklärte sein Einverständnis und griff damit widerrechtlich in die Befugnisse des Metropoliten von Sens ein, dem Chartres unterstand. Er weihte sogar ohne Zustimmung des Bischofs von Chartres den Priester Promotus zum Bischof von Châteaudun. Das Konzil mußte den Streit zwischen den beiden Königen entscheiden und die Klage des Bischofs von Chartres behandeln.

Das Konzil war ein Generalkonzil von Guntrams Königreich. Es wurde vom König nach Paris einberufen[19], und versammelte sich in der Basilika Saint-Pierre, der späteren Kirche Sainte-Geneviève. Sechs Metropoliten[20] nahmen teil; sie unterschrieben[21] als erste das promulgierte Dekret, außerdem 26 Bischöfe[22] und ein Priester.[23] Bei jeder Unterschrift ist auch die entsprechende Diözese genannt.

Drei Briefe geben uns Auskunft über Anlaß und Ergebnisse des Konzils: im ersten schildert der Bischof von Chartres die Ereignisse, nach denen das Konzil seinen Schiedsspruch fällte und ein Dekret als *constitutio* promulgierte, aber nicht in der Form von Kanones, da es sich um ein

---

[19] Paris war damals offensichtlich noch nicht in der Gewalt des Chilperich, da Guntram dort ein Konzil abhalten konnte.

[20] Sieben sagt De Clercq, Conc. Gall. 211, da er den Bischof von Besançon mitzählt, obwohl dieser nicht in der Reihe der Metropoliten unterschreibt.

[21] Philippus, Bischof von Vienne (vor 567 – um 580); Sapaudus, Bischof von Arles (vor 551–586); Priscus, Bischof von Lyon (573–585/89); Constitutus, Bischof von Sens (um 541–578); Laban, Bischof von Eauze (vor 573 – nach 585); Felix, Bischof von Bourges (568 – nach 573).

[22] Provinz Sens: Germanus, Bischof von Paris (555 – 28. Mai 576); Gallomagnus, Bischof von Troyes (562 – um 582); Aunacharius, Bischof von Auxerre (vor 573 – 25. September 603).
Provinz Vienne: Lucretius, Bischof von Die (vor 541 – nach 573); Salonius, Bischof von Genf (vor 567 – nach 573); Esychius, Bischof von Grenoble (vor 573 – um 601); Sylvester, Bischof von Besançon (abhängig von Vienne) (vor 573 – nach 585).
Provinz Tours: Felix, Bischof von Nantes (549 – 8. Januar 582).
Provinz Rouen: Leudobaudis, Bischof von Séez (566 – nach 573).
Provinz Arles: Clementinus, Bischof von Apt (vor 549 – nach 573); Optatus, Bischof von Antibes (vor 573–585); Quinidius, Bischof von Vaison (vor 573–578/79); Salunius, Bischof von Embrun (um 560–579); Sagittarius, Bischof von Gap (um 560–579); Promotus, Bischof von Glandève (um 573); Genesius, Bischof von Sisteron (um 573); Claudianus, Bischof von Riez (um 573); Heraclius, Bischof von Digne (vor 573 – nach 585); Desiderius, Bischof von Toulon (vor 573 – nach 585); Victor, Bischof von Saint-Paul-Trois-Châteaux (vor 567–583); Tetradius, Bischof von Carpentras (555 – nach 573).
Provinz Eauze: Licerius, Bischof von Oloron (vor 573 – nach 585).
Provinz Lyon: Syagrius, Bischof von Autun (um 560 – um 600); Pappolus, Bischof von Langres (vor 573 – um 579).
Provinz Bordeaux: Polemius, Bischof von Agen (um 573); Palladius, Bischof von Saintes (vor 573–597).

[23] Der Bischof von Orléans Launoveus (um 573) war vertreten durch den Priester Ricomer.

Gericht handelte und nicht um eine gesetzgebende Versammlung; die beiden anderen Schreiben enthalten die Beschlüsse; das eine ging an den Metropoliten Aegidius von Reims, das andere an König Sigibert. Obgleich aus dem Brief an Sigibert hervorzugehen scheint, daß das Konzil mit dessen Einwilligung *(non absque coniventia)*[24] abgehalten wurde, muß doch betont werden, daß – wenn dies der Fall gewesen wäre – wahrscheinlich Bischöfe aus dem Reich Sigiberts anwesend gewesen wären – es war aber nur Guntrams Königreich vertreten[25], der im übrigen bei Gregor von Tours als Initiator des Konzils genannt wird. Das Konzil setzte Promotus ab. Mitteilung erging an Ägidius, dessen Vorgehen getadelt wurde. An König Sigibert schrieben die Bischöfe diplomatisch, sie könnten nicht glauben, daß ein solches Vorgehen mit seiner Einwilligung geschehen sei; sie forderten ihn auf, den Skandal nicht länger zu dulden. Wir wissen jedoch aus Gregor von Tours, daß das Urteil des Konzils erst nach Sigiberts Tod (575) vollstreckt wurde.[26]

Das Konzil von Chalon (579)[27]

Gregor von Tours, die einzige Quelle für dieses Konzil, nennt als Datum: *Anno quoque quarto Childeberthi qui fuit decimus octavus Gunthchramni et Chilperici regum.*[28] Da Papst Johannes III. die Bischöfe von Gap und Embrun begnadigt hatte, waren alle Warnungen und Sanktionen, die das Konzil von Lyon (567/70) ausgesprochen hatte, unwirksam geblieben; die beiden Bischöfe begingen weiterhin Missetaten: Wegen Ehebruch, Mord und Landesverrat wurden sie vor ein Konzil geladen.

Das Konzil wurde auf Anordnung König Guntrams nach Chalon einberufen. Man weiß nicht, welche und wieviele Bischöfe teilnahmen. Obgleich es um die Bischöfe von Gap und Embrun ging, deren Diözesen eigentlich Arles unterstellt waren, fand das Gerichtskonzil doch wieder in der Provinz Lyon statt.[29]

---

[24] De Clercq, Conc. Gall. 215 f. Z. 13 f.

[25] Es fällt auf, daß nicht die gesamte Kirchenprovinz Arles vertreten ist. Aus der Provinz Arles sind nur die Diözesen repräsentiert, die nördlich der Durance, also im Reich Guntrams, liegen.

[26] Vgl. Gregor von Tours, Hist. VII 17, hrsg. von R. Buchner II 110–112.

[27] Das Konzil von Chalon ist durch Gregor von Tours überliefert, Hist. V 27, hrsg. von R. Buchner I 334. In den Konziliensammlungen ist die entsprechende Textstelle abgedruckt: Binius II 697 f.; Sirmond I 367 f.; Coll. regia XIII 52; Labbe-Cossart V 963 f.; Hardouin III 447–450; Coleti VI 649 f.; Mansi IX 919–922; Labat I 1124–1130; Maassen, Conc. I 151; De Clercq, Conc. Gall. 219. Literatur: Hefele-Leclercq III/1, 201; Weidemann, Kulturgeschichte I 125 f., 360.

[28] Hist. V 27, hrsg. von R. Buchner I 334 Z. 18 f.

[29] Vgl. dazu oben 138.

Die schuldigen Bischöfe wurden abgesetzt und in der Basilika Saint-Marcel eingesperrt, aus der ihnen schließlich die Flucht gelang. Diesmal aber verloren sie endgültig ihre Bischofssitze.[30]

Das Konzil von Lyon (581)[31]

Gregor von Tours, wiederum einzige Quelle für das Konzil, datiert es ausdrücklich ins Jahr 581: *Anno igitur sexto regni sui Childeberthus rex* . . .[32] Es wurde von Guntram einberufen, weil sein Neffe Childebert das Bündnis mit ihm aufgegeben hatte, um sich mit Chilperich zu verbünden. Guntram wollte sich auf die Autorität eines Konzils stützen, um durch einen Schiedsspruch die Bürgerkriege zu beenden und den Verrat des Herzogs Mummolus[33] durch das Konzil verurteilen zu lassen. Nach Gregor von Tours war der Hauptzweck des Konzils die Beendigung verschiedener Streitigkeiten und Auseinandersetzungen. Es ist kein Kanon erhalten geblieben.

Das Konzil von Valence (22. Juni 585)[34]

Von diesem Konzil ist keine handschriftliche Quelle erhalten; wir besitzen nur die Edition von Surius, in der es unter folgendem Titel erscheint: *Synodus habita in urbe Valentina X. Kal. Iulii, anno XXIIII. regni gloriosissimi Domini Guntramni regis, indictione secunda.*[35]

[30] Ihre Nachfolger wurden Aredius in Gap und Emeritus in Embrun. – Ein Dokument, das sich in den Handschriften von Sirmond erhalten hat, dessen Echtheit aber äußerst zweifelhaft ist, schreibt einem Konzil von Chalon unter König Guntram die Gründung des Bistums Maurienne zu, dessen erster Bischof Femasius war. Möglicherweise ist dieses Konzil von Chalon gemeint. Der entsprechende Text findet sich zuerst bei Labbe-Cossart V 963 f. Vgl. dazu HEFELE-LECLERCQ III/1, 201.

[31] Überliefert durch Gregor von Tours, Hist. VI 1, hrsg. von R. Buchner II 4. Diese Stelle ist abgedruckt bei: Delalande 58; Labbe-Cossart V 1852; Mansi IX 873 f.; Labat I 1204–1206; Maassen, Conc. I 153; De Clercq, Conc. Gall. 221. Literatur: MARTIN, Conciles et bullaire de Lyon 16 f. Nr. 50; HEFELE-LECLERCQ III/1, 206; WEIDEMANN, Kulturgeschichte I 360.

[32] Hist. VI 1, hrsg. von R. Buchner II 4 Z. 22. Diese eindeutige Datierung verbietet eine Gleichsetzung dieses Konzils mit dem des Jahres 583, wie sie u. a. Sirmond III 614 vornahm.

[33] Mummolus, ein *dux* im Reiche Guntrams, hatte vermutlich Kontakt zu einer Gruppe von Verschwörern und war wohl auch deshalb aus Guntrams Reich geflohen. Vgl. dazu im einzelnen WEIDEMANN, Kulturgeschichte I 40–43.

[34] Drucke: Surius ²II 853; Binius II 705 f.; Sirmond I 379 f.; Coll. regia XIII 69–73; Labbe-Cossart V 976–979; Hardouin III 457; Coleti VI 669–672; Mansi, Suppl. I 453; Mansi IX 945–948; Labat I 1290–1292; Bouquet IV 107 f. (Exzerpte); Maassen, Conc. I 162; De Clercq, Conc. Gall. 234–236. Literatur: MARTIN, Conciles et bullaire de Lyon 17 f. Nr. 53; HEFELE-LECLERCQ III/1, 207 f.; DE CLERCQ, La législation 51; WEIDEMANN, Kulturgeschichte I 361.

[35] Während das Regierungsjahr auf 585 zutrifft, gilt das Indiktionsjahr 584. Mehrere

Auch die Chronik des sogenannten Fredegar[36] weiß von einem Konzil, das im 24. Jahr der Regierung Guntrams stattfand und auf dem ein Kloster in Saint-Marcel am Stadtrand von Chalon gegründet wurde.[37] König Guntram wollte sich von einem Konzil Schenkungen bestätigen lassen, die er und seine Familie insbesondere zugunsten der Kirchen Saint-Marcel (Chalon) und Saint-Symphorien (Autun) gemacht hatten. Der König selbst war nicht anwesend[38], sondern hatte seinen *referendarius* Asclipiodetus mit Briefen zum Konzil geschickt. Das Konzil von Valence war ein Generalkonzil von Guntrams Teilreich und tagte offensichtlich unter dem Vorsitz des Erzbischofs von Arles, der an erster Stelle unterschrieb.[39] Insgesamt wurde das Konzilsprotokoll von siebzehn Bischöfen unterschrieben[40], drei Metropoliten[41]: Sapaudus von Arles, Priscus von Lyon, Evantius von Vienne, und vierzehn ihrer Suffragane: acht für Arles[42], zwei für Lyon[43], vier für Vienne.[44]

Gründe sprechen für 585: 1. König Guntram hatte das Konzil von Valence zwar einberufen, nahm aber selbst nicht teil, weil die Taufe Chlothars II., dessen Taufpate er werden sollte, von Ostern auf den 24. Juni 585 verschoben worden war. Vgl. Gregor von Tours, Hist. VIII 9, hrsg. von R. Buchner II 170; WEIDEMANN, Kulturgeschichte I 361. 2. Da der Erzbischof von Arles anwesend war, hat das Konzil wohl erst nach dem Tode Chilperichs (584) stattgefunden.

36 Chronik IV 1, hrsg. von B. Krusch, MGH. SRM 2 (1888) 124.

37 Die Ansicht von LE COINTE, das bei Fredegar genannte Konzil mit einem Konzil in Dijon 585 zu identifizieren, entbehrt triftiger Gründe, vgl. dazu LECLERCQ in: HEFELE-LECLERCQ III/1, 207 Anm. 5. De Clercq, Conc. Gall. 235 Anm. zu Z. 17 und 237 läßt offen, ob Fredegar das Konzil von Valence oder das von Mâcon 585 gemeint hat. Für Valence spricht die inhaltliche Übereinstimmung – es geht in beiden Texten um Schenkungen in Chalon –, für Mâcon die Zahl der Teilnehmer: Fredegar spricht von 40 Bischöfen, in Mâcon unterschrieben 54 Bischöfe, in Valence dagegen nur 17.

38 Vgl. zur Begründung oben Anm. 35.

39 Sapaudus von Arles war der Weiheälteste der drei anwesenden Metropoliten, vgl. EWIG, Bischofslisten 433.

40 Das Konzil dürfte wohl umfangreicher geplant gewesen sein, doch haben die fehlenden Bischöfe vermutlich den König zu den Hoftagen von Orléans (4.–8. Juli 585) und Paris (nach dem 8. Juli 585) begleitet. Vgl. WEIDEMANN, Kulturgeschichte I 361, 365.

41 Sapaudus (vor 551–586); Priscus (573–585/89); Evantius (vor 581–586).

42 Trapecius oder Trapidius, Bischof von Orange (um 585); Pappus, Bischof von Apt (vor 581 – nach 585); Urbicus, Bischof von Riez (580 – nach 589); Aridius, Bischof von Gap (579 – 1. Mai 604); Arthemius, Bischof von Vaison (vor 581/83 – nach 585); Boethius, Bischof von Carpentras (um 585); Pologronius, Bischof von Sisteron (um 585); Eusebius, Bischof von Saint-Paul-Trois-Châteaux (um 585).

43 Flavius, Bischof von Chalon-sur-Saône (um 581 – nach 591); Eusebius, Bischof von Mâcon (vor 581–589).

44 Isitius (Esychius), Bischof von Grenoble (vor 573 – um 601); Ragnoaldus, Bischof von Valence (581 – nach 585); Martianus, Bischof von Tarentaise (vor 581 – nach 585); Cariatto, Bischof von Genf (um 585).

Konzil an unbekanntem Ort (1. Juni 588)

Gregor von Tours[45], einzige Quelle für dieses Konzil, berichtet über Verhandlungen, die er selbst im Auftrag König Childeberts II. mit König Guntram führte. Aus dem Gespräch wird deutlich, daß Childebert II. eine von Guntram geforderte Reichssynode für unnötig hielt, Guntram dagegen eine solche Versammlung einberufen wollte, um über verbotene Ehen und die Ermordung des Bischofs Praetextatus[46] von Rouen zu verhandeln. Als Termin setzte er den 1. Juni 588 fest. Ob das Konzil tatsächlich stattgefunden hat, ist nicht überliefert.[47]

Konzil an unbekanntem Ort (1. November 589)[48]

Wegen Streitigkeiten zwischen König Guntram und Brunechild, der Mutter Childeberts II. und Witwe Sigiberts I., befahl Guntram, daß am 1. November (589) eine Synode von Bischöfen zusammentreten solle. Es ist jedoch nicht sicher, daß dieses Konzil stattgefunden hat, denn – wie Gregor von Tours berichtet – kehrten viele Konzilsteilnehmer schon auf halbem Wege wieder um, weil sich Brunechild durch einen Eid von den Beschuldigungen reinigte.

---

[45] Hist. IX 20, hrsg. von R. Buchner II 268. Diese Textstelle ist in den Sammlungen abgedruckt: Delalande 60; Labbe-Cossart V 1853; Coleti VI 692–694; Mansi IX 975 f.; Maassen, Conc. I 174; De Clercq, Conc. Gall. 251. Literatur: Hefele-Leclercq III/1, 222; Weidemann, Kulturgeschichte I 357.

[46] Der Fall des Bischofs Praetextatus war Gegenstand langwährender Auseinandersetzungen – auch auf Konzilien, vgl. unten 146 –, über die Gregor von Tours ausführlich berichtet, vgl. im einzelnen Weidemann, Kulturgeschichte I 188–192. An einem Sonntag gegen Ende des Jahres 585 wurde der Bischof auf Veranlassung von Königin Fredegunde in seiner Bischofskirche mit einem Messer erstochen, vgl. Weidemann, Kulturgeschichte I 191.

[47] Weidemann, Kulturgeschichte I 191 f. glaubt, daß Childebert II. sich mit seiner Ablehnung eines Konzils durchsetzen konnte. – Dieses Konzil könnte identisch sein mit einer Synode, die ebenfalls nicht stattfand und von Gregor in Hist. IX 40 erwähnt wird, vgl. dazu unten 151 Anm. 79.

[48] Überliefert durch Gregor von Tours, Hist. IX 32, hrsg. von R. Buchner II 284. Die Textstelle ist abgedruckt bei Maassen, Conc. I 174 f. und De Clercq, Conc. Gall. 252. Literatur: Hefele-Leclercq III/1, 230 Anm. 1; Weidemann, Kulturgeschichte I 271, 357 f. Vielleicht ist diese geplante Versammlung identisch mit einem geplanten Konzil im Zusammenhang mit dem Klosterstreit von Poitiers, siehe unten 148 und Anm. 79. Eine weitere Versammlung, die am Hofe Guntrams tagte, ist bei Gregor überliefert – siehe unten 150 – doch ist nicht sicher, daß es sich dabei um ein Konzil handelte. Da diese Versammlung ebenfalls mit dem Streit von Poitiers im Zusammenhang steht, wird sie an entsprechender Stelle unten 150 behandelt.

b) Die Konzilien im Reich Chilperichs: Paris (577), Berny (580)

Das Konzil von Paris (577)[49]

Gregor von Tours datiert dieses Konzil ins zweite Jahr der Regierung Childeberts II., also ins Jahr 577.

Chilperich klagte den Metropoliten Praetextatus von Rouen wegen zahlreicher Verbrechen an. Insbesondere warf er ihm vor, daß er ohne sein Wissen seinen Sohn Merowech mit Brunechild, der Witwe Sigiberts, getraut hatte. Brunechild war eine Gefangene Chilperichs und lebte im Exil in Rouen, wo Merowech[50] sie kennengelernt hatte. Um Chilperichs Zorn zu besänftigen, hatten sich die beiden Gatten getrennt, und Brunechild war nach Metz zu ihrem Sohn, König Childebert II. zurückgekehrt. Merowech rebellierte gegen seinen Vater, der ihn enterbte und die Freunde seines Sohnes verfolgte, insbesondere Praetextatus, den er verhaften und vor ein Konzil bringen ließ, das er zu dessen Verurteilung zusammengerufen hatte.

Gregor von Tours, der anwesend war, berichtet, daß 45 Bischöfe teilnahmen, von denen wir nur drei mit Namen kennen: Gregor selbst[51], Bertechramnus von Bordeaux und Ragnemodus von Paris.[52] Der König war persönlich anwesend und brachte die Anschuldigungen vor, die von

---

[49] Überliefert durch Gregor von Tours, Hist. V 18, hrsg. von R. Buchner I 310–320, und VII 16, ebd. II 110. Die entsprechenden Textstellen sind in den Konziliensammlungen abgedruckt: Binius II 696 f.; Sirmond I 357–360; Coll. regia XII 709–715; Labbe-Cossart V 925–929; Hardouin III 405–410; Coleti VI 609–614; Mansi IX 875–880; Labat I 1206–1214; Maassen, Conc. I 151; De Clercq, Conc. Gall. 218. Literatur: Hefele-Leclercq III/1, 198 f.; Weidemann, Kulturgeschichte I 188–191, 370.

[50] Merowech († 577), Sohn Chilperichs I. und seiner ersten Gemahlin Audovera, heiratet Brunechild, die nach der Ermordung Sigiberts durch Fredegunde, die dritte Frau Chilperichs I., Witwe geblieben war.

[51] Tours kam nach der Ermordung Sigiberts unter die Herrschaft Chilperichs.

[52] Gregor (573–594), Bischof von Tours; Bertechramnus (um 566 – nach 585), Bischof von Bordeaux; Ragnemodus (576–591), Bischof von Paris. Als weitere Teilnehmer sind folgende Bischöfe zu erschließen: Provinz Bordeaux: Poitiers; Provinz Bourges: Albi, Cahors, Limoges; Provinz Eauze: vollständig mit 11 Bischöfen; Provinz Narbonne: Toulouse; Provinz Reims: Soissons, Noyon, Cambrai, Tournai, Senlis, Beauvais, Amiens, Thérouanne; Provinz Rouen: vollständig mit 6 Bischöfen; Provinz Sens: Chartres, Meaux; Provinz Tours: Le Mans, Reims, Angers, Vannes, Dol; zusammen 41. Die fehlenden vier Bischöfe, sofern sich Gregor in der Zahl von 45 nicht geirrt hat, könnten aus Agen, Angoulême, Périgueux und Saintes gekommen sein, wogegen aber die Provinzialsynode von Saintes 580 spricht, ferner der Bericht Gregors, Agen und Périgueux wären 581 von Chilperich erobert worden. Vgl. Weidemann, Kulturgeschichte I 370 Anm. 707.

falschen Zeugen bestätigt wurden. Gregor schildert ausführlich die drei Sitzungen des Konzils.

Der König beschuldigte den Praetextatus zunächst, gegen die Kanones seinen Sohn Merowech mit dessen Tante getraut, ihn zur Rebellion aufgestachelt und ein Komplott zur Tötung des Königs angezettelt zu haben, um Merowech selbst auf den Thron zu setzen. In der zweiten Sitzung beschuldigte er ihn außerdem, 5 000 Solidi in Gold und wertvollen Schmuck gestohlen zu haben. Als der König sich am Schluß der ersten Sitzung zurückgezogen hatte, hielt Gregor von Tours eine Rede, in der er sich für Unparteilichkeit der Bischöfe aussprach. Doch zwei Teilnehmer denunzierten Gregor beim König, der ihn zu sich kommen ließ und ihn – vergeblich – zu bestechen versuchte. Mühelos konnte Praetextatus beweisen, daß die Beschuldigungen Chilperichs falsch waren, insbesondere der Vorwurf des Diebstahls.[53] Leute aus Chilperichs Umgebung redeten Praetextatus ein, er könne die Gunst des Königs wiedererlangen, wenn er sich schuldig bekenne. In der dritten Sitzung warf sich daher Praetextatus Chilperich zu Füßen und bekannte, daß er einen Anschlag auf den König habe ausführen wollen. Doch der König, anstatt – wie versprochen – zu verzeihen, warf sich seinerseits den Bischöfen zu Füßen und bat sie, den Schuldigen zu verurteilen. Er legte ihnen eine gefälschte Sammlung der Canones apostolorum vor, in der im Kanon 25 die Stelle: *Episcopus ... qui in fornicatione aut periurio aut furto captus est deponatur, ...*[54] folgendermaßen wiedergegeben wurde: *Episcopus in homicidio, adulterio et periurio depraehensus, a sacerdotio divillatur.*[55] Das Wort *homicidio* war allein für diese Angelegenheit hinzugefügt worden und sollte als Rechtsgrund für die Verurteilung dienen.

Der König verlangte die Absetzung und feierliche Exkommunikation. Da die Bischöfe unter dem Einfluß Gregors von Tours dies ablehnten, ließ der König den Praetextatus auf eine Insel nahe Coutances verbannen, nachdem er ihn grausam hatte auspeitschen lassen.[56]

Bis zum Tod Chilperichs wurde Praetextatus in Rouen durch den Bischof Melanius ersetzt. Nach dem Tod des Königs im Jahre 584 erhielt er seinen Sitz zurück. Von Guntram, dem Vormund des jungen Chlothar II., Chilperichs Sohn, verlangte und erhielt er die Revision seines Prozesses.[57]

---

53 Das Gold gehörte Brunechild, die es mit Wissen des Königs in Rouen gelassen hatte.

54 Zitiert nach Canones apostolorum c. 25, hrsg. von C. H. Turner, Ecclesiae occidentalis monumenta iuris antiquissima I/1 (1899) 18 (Interpretatio Dioynisii prima).

55 So der Wortlaut nach Gregor von Tours, Hist. V 18, hrsg. von R. Buchner I 318–320.

56 Evtl. ist die Insel Jersey gemeint, vgl. R. Buchner I 321 Anm. 3.

57 Praetextatus nahm im Oktober 585 noch an der Synode in Mâcon teil, wurde aber gegen Ende des Jahres ermordet, vgl. oben 145 Anm. 46.

Das Konzil von Berny (September 580)[58]

Das Konzil von Berny-Rivière (Arr. Soissons)[59], meist auf die Zeit zwischen 577 und 580 datiert, verbindet Gregor von Tours, der darüber berichtet und selbst davon betroffen war, mit den Ereignissen des Jahres 580. Es dürfte daher im September dieses Jahres stattgefunden haben.[60]

König Charibert hatte seinem früheren Sklaven Leudastes die Grafschaft Tours anvertraut. Er wurde allerdings vertrieben, als die Stadt in den Besitz Sigiberts überging. Nachdem Tours dann um 577 in die Hände Chilperichs gefallen war, setzte dieser Leudastes wieder ein. Bischof Gregor, der nach anfänglichem Wohlwollen ein erbitterter Feind des Grafen geworden war, erreichte im Jahre 580 dessen Absetzung.[61] Leudastes rächte sich dafür und behauptete beim König, Gregor verleumde die Königin Fredegunde, diese unterhalte ehebrecherische Beziehungen mit dem Metropoliten Bertechramnus von Bordeaux. Chilperich berief daraufhin ein Konzil ein, um die Angelegenheit zu prüfen.
An dem Konzil nahmen außer König Chilperich, Königin Fredegunde, deren Tochter Rigunthe und Graf Leudastes die Bischöfe aus Chilperichs Reich teil, von denen aber nur Salvius von Albi[62], Gregor als Beklagter und Bertechramnus von Bordeaux[63] als Nebenkläger namentlich genannt werden.
Gregor beteuerte seine Unschuld, die vom Konzil bestätigt wurde. Das Bischofsgericht erlaubte ihm den Reinigungseid[64] und das Lesen dreier Messen an drei Altären. Leudastes, der sich einem Verhör durch Flucht entzogen hatte, wurde wegen falscher Anklage eines Bischofs exkommuniziert, dieser Beschluß den abwesenden Bischöfen zugesandt.

---

[58] Überliefert durch Gregor von Tours, Hist. V 49, hrsg. v. R. Buchner I 372–380, abgedruckt bei: Binius II 700; Sirmond I 369; Coll. regia XIII 53–55; Maan II 34; Labbe-Cossart V 965 f.; Hardouin III 449 f.; Coleti VI 655–658; Mansi IX 929 f.; Labat I 1230–1236; Maassen, Conc. I 152; De Clercq, Conc. Gall. 220. Auf der Nachricht Gregors basierend wird das Konzil von Venantius Fortunatus im Titel eines Gedichts (carm. IX 1) erwähnt, vgl. die Ausgabe von F. Leo, MGH. AA IV/1 (1891) 201. Literatur: Gousset, Actes I 33–37; Hefele-Leclercq III/1, 200 f., Weidemann, Kulturgeschichte I 370.

[59] Zur Diskussion um die Identifizierung des Ortes *Brinnacum* vgl. die Literatur bei Hefele-Leclercq III/1, 200 Anm. 1. Anders Gousset, Actes I 36 Anm. 1, der *Brinnacum* mit dem Ort Braine bei Soissons identifiziert.

[60] Zur Datierung vgl. Maassen, Conc. I 152; Weidemann, Kulturgeschichte I 370.

[61] Zur Person des Leudastes und seinem Verhältnis zu Gregor vgl. Weidemann, Kulturgeschichte I 78 f.

[62] Um 574/75–584 im Amt.

[63] Um 566 – nach 585.

[64] Gregor sagt selbst, daß ein solcher Eid im Gegensatz zum Kirchenrecht stand, *pro causa tamen regis impleta sunt* (hrsg. von R. Buchner I 376 Z. 15).

c) Die Konzilien im Reich Childeberts II.: Sorcy (589), Poitiers (589 und 590), Metz (590)

Das Konzil von Sorcy (589)[65]

Gregor von Tours[66] erwähnt dieses Konzil unter den Ereignissen des Jahres 589. Ob es ein Provinzial- oder Teilreichskonzil war, geht aus dem Text Gregors nicht hervor. Am ehesten ist wohl an eine Provinzialsynode zu denken.[67] Es ging unter anderem um Bischof Droctegisel von Soissons[68], der wegen Trunksucht oder – wie manche behaupteten – wegen eines bösen Zaubers unzurechnungsfähig geworden war und deshalb die Stadt verlassen mußte. Da es ihm auf dem Lande besser ging und man ihm außer Unmäßigkeit im Essen und Trinken nichts nachsagen konnte, erlaubte ihm das Konzil, wieder als Bischof in der Stadt zu residieren.

Die Konzilien zum Klosterstreit von Poitiers (Poitiers 589 und nach dem 26. März 590)

Ein schlimmer Streit[69] war zwischen der Äbtissin des Radegundisklosters in Poitiers und einem Teil der Nonnen ausgebrochen, die sich unter der Führung der Königstöchter Chrodechilde und Basina[70] in der Kirche Saint-Hilaire außerhalb von Poitiers verschanzten. Der Metropolit Gundegisel von Bordeaux[71] und seine Suffragane Nicasius von Angou-

---

65 Welcher Ort gemeint ist, ist nicht sicher bekannt, vgl. Buchner II 293 Anm. 5, der Villers-en-Prayères (Dép. Aisne, arr. Soissons, cant. Braisne) oder Sorcy-Bauthemont (Dép. Ardennes, arr. Rethel, cant. Novion-Porcien) zur Auswahl stellt. Es könnte sich auch um das südöstlich von Commercy gelegene Sorcy-Saint-Martin im Dép. Meuse handeln.

66 Hist. IX 37, hrsg. von R. Buchner II 292. Die Textstelle ist in den Konziliensammlungen abgedruckt: Sirmond I 396 f.; Coll. regia XIII 142; Labbe-Cossart V 1025; Hardouin III 489 f.; Coleti VI 721 f.; Mansi IX 1009 f.; Labat I 1322; Maassen, Conc. I 175; De Clercq, Conc. Gall. 258. Literatur: Gousset, Actes I 37; Hefele-Leclercq III/1, 230; Weidemann, Kulturgeschichte I 368.

67 Vgl. Weidemann, Kulturgeschichte I 368.

68 Um 585 – nach 589. Droctegisel ist aus anderen Quellen als Gregor von Tours nicht bekannt.

69 Der Streit wird von Gregor von Tours geschildert in Hist. IX 39–43, hrsg. von R. Buchner II 296–318, und X 15–17, ebd. 358–372. Historisch aufgearbeitet von G. Scheibelreiter, Königstöchter im Kloster. Radegund († 587) und der Nonnenaufstand von Poitiers (589), in: MIÖG 87 (1979) 1–37. Scheibelreiter geht auf die Einzelheiten der Auseinandersetzungen ein, nicht jedoch auf die Konzilien, die in diesem Zusammenhang stattfanden.

70 Chrodechilde war die Tochter Chariberts, Basina die Tochter Chilperichs.

71 585 – nach 590.

lême[72], Saffaricus von Périgueux[73] und Marovech von Poitiers[74], die auf Befehl des Königs den Streit untersuchen sollten, wurden von den rebellierenden Nonnen brutal verprügelt. Die Bischöfe verhängten über sie daraufhin die Exkommunikation. Die Anwesenheit der Bischöfe in Poitiers spricht dafür, daß hier im Sommer 589 eine Provinzialsynode abgehalten wurde, doch geht dies aus dem Text bei Gregor von Tours nicht eindeutig hervor.[75]

Die mißhandelten Bischöfe der Provinz Bordeaux richteten ein Schreiben an die Bischöfe, die sich damals bei König Guntram versammelt hatten. Der Anlaß dieser Zusammenkunft wird nicht genannt; wie aus der Antwort[76] hervorgeht, waren zehn Bischöfe aus sieben Kirchenprovinzen zusammengekommen.[77] Sie bestätigten das Exkommunikationsurteil von Poitiers und kündigten ein Konzil für den 1. November (589) an. Die Versammlung am Hofe Guntrams, die im Sommer oder Herbst 589 tagte, ist nicht eindeutig als Konzil zu bezeichnen, da keine Verhandlungsgegenstände außer dem erwähnten Schreiben bekannt sind, daher auch die etwas unklaren Ausdrücke in den Sammlungen und in der Literatur.[78]

Das geplante Konzil am 1. November scheint nicht stattgefunden zu haben.[79] Erst nach dem 26. März (Ostern) des Jahres 590 kam es zu einem

---

72 Vor 585 – nach 589.

73 Um 589.

74 Vor 573–591.

75 Auch in der Literatur wird die Versammlung eher umschrieben, vgl. z. B. HEFELE-LECLERCQ III/1, 230 f.: „Une révolution survenue dans un monastère de nonnes à Poitiers donna lieu dans cette ville, en 589, à une réunion d'évêques, devenue un concile proprement dit.“ Ähnlich Mansi IX 1011: „Concilium seu conventus episcoporum duplex, ...“ Die Versammlung wird eindeutig als Provinzialsynode qualifiziert bei WEIDEMANN, Kulturgeschichte I 367.

76 Dieses Schreiben, durch Gregor von Tours überliefert, ist in den Konziliensammlungen abgedruckt: Sirmond I 397 f.; Coll. regia XIII 142–145; Delalande 61; Labbe-Cossart V 1025 f.; Hardouin III 489–492; Coleti VI 723 f.; Mansi IX 1011–1014; Labat I 1324–1328. Vgl. dazu HEFELE-LECLERCQ III/1, 231.

77 Provinz Aix: Urbicus (580 – nach 589) Bischof von Riez; Provinz Arles: Veranus (vor 585 – nach 589) Bischof von Cavaillon; Provinz Besançon: Felix (vor 585 – nach 589) Bischof von Belley; Provinz Lyon: Aetherius (vor 589 – nach 602/03) Bischof von Lyon; Syagrius (um 560 – um 600) Bischof von Autun; Provinz Sens: Aunacharius (vor 573–603) Bischof von Auxerre; Agroecula (581–594) Bischof von Nevers; Provinz Tours: Berthechramnus (587– um 623) Bischof von Le Mans; Provinz Vienne: Esychius (Hesychius) (vor 573– um 601) Bischof von Grenoble. Ein Bischof namens Felix ist nicht zu identifizieren.

78 Vgl. z. B. „Conventus decem episcoporum“ (Delalande 61); „ceux qui s'étaient rendus à la cour“ (HEFELE-LECLERCQ III/1, 231); „Bischofsversammlung am Hof Gunthramns“ (WEIDEMANN, Kulturgeschichte I 362).

79 Gregor erwähnt dieses geplante Konzil nicht wieder, und auch im Urteil des Jahres 590 wurde darauf nicht Bezug genommen. In c. 40 heißt es bei Gregor: ... *expectans episcopos,*

Urteil im Klosterstreit.[80] Bischöfe[81] aus den Reichen Guntrams und Childeberts hatten sich auf Bitten Childeberts zu einem gemeinsamen Konzil in Poitiers versammelt. Gemäß dem an die Könige adressierten Prozeßreferat wurden die aufrührerischen Nonnen exkommuniziert und dem Königsgericht[82] überwiesen.

Das Konzil von Metz (November 590)[83]

Anlaß dieses Konzils war der Prozeß gegen den Metropoliten Egidius von Reims[84] wegen Landesverrats.[85] König Childebert II. hatte die Bischofsversammlung einberufen, und nachdem sie zweimal verschoben worden war, tagte man Mitte November in Metz. Egidius bekannte sich schuldig und der Prozeß endete mit dem Urteil auf Todesstrafe, doch verwandelte König Childebert nach Intervention der Bischöfe das Urteil um in Verbannung nach Straßburg. Gregor nennt keinen der Teilnehmer mit Namen, doch ist sicher, daß er selbst zugegen war, die Versammlung

---

qui a rege fuerant iussi advenire et causam ipsarum cum abbatissa discutere ... Cumque praestulantes adventum nullum episcopum advenire senserunt, Pectavum regressi sunt. (Hist. IX 40, hrsg. von R. Buchner II 304). Diese Stelle wurde von Maassen, Conc. I 176 und De Clercq, Conc. Gall. 259 auf die geplante Versammlung vom 1. November bezogen, doch spricht die Chronologie eher dagegen, denn Gregor berichtet davon vor den Ereignissen des Sommers 589. Einleuchtender ist dagegen die Erklärung von Weidemann, Kulturgeschichte I 362: „Die Gründe sind sicherlich darin zu sehen, daß Poitiers als einziges Bistum der Gunthramn unterstehenden Kirchenprovinz Bordeaux, wozu Poitiers kirchlich gehörte, König Childebert II. unterstand. Das austrasische Königsgericht besaß also zumindest Mitspracherecht, zumal die Missetaten ausschließlich in Austrasien begangen worden waren; dieser Situation wurde daher später Rechnung getragen."

80 Ein ausführliches Referat über den Prozeß findet sich bei Gregor von Tours, Hist. X 16, hrsg. von R. Buchner II 364–372. Diese Textstelle wird in den Konziliensammlungen zitiert: Binius II 957 f.; Sirmond I 404–407; Coll. regia XIV 321–326; Delalande 61; Labbe-Cossart V 1593–1596; Hardouin III 527–530; Coleti VI 1317–1322; Mansi X 455–458; Labat I 1338–1344; Maassen Conc. I 175 f.; De Clercq, Conc. Gall. 259. Literatur: Hefele-Leclercq III/1, 231; Weidemann, Kulturgeschichte I 358.

81 Gregor nennt als Teilnehmer aus dem Reiche Childeberts: Gregor von Tours (573–594); Eberegisel von Köln (um 590); Marovech von Poitiers (vor 573–591); aus dem Reiche Guntrams: Gundegisel von Bordeaux (585– nach 590) und seine Suffragane (die Bischöfe von Agen, Angoulême, Périgueux und Saintes).

82 Vgl. dazu unten 152.

83 Überliefert durch Gregor von Tours X 19–20, hrsg. von R. Buchner II 374–378. Die Textstelle wird in den Konziliensammlungen zitiert: Binius II 958; Sirmond I 407–409; Coll. regia XIV 326–329; Labbe-Cossart V 1596–1598; Hardouin III 531 f.; Coleti VI 1321–1324; Mansi X 459–462; Labat I 1344–1348; Schannat-Hartzheim I 17–19; Maassen, Conc. I 176 f.; De Clercq, Conc. Gall. 260. Literatur: Hefele-Leclercq III/1, 232; Weidemann, Kulturgeschichte I 366.

84 Vor 573–590.

85 Egidius war an einer Verschwörung gegen Childebert beteiligt, vgl. dazu im einzelnen Weidemann, Kulturgeschichte I 123 f., 182–186, 366.

somit eine Reichssynode gewesen ist. Auf diesem Konzil verhandelte man nochmals gegen die kurz zuvor exkommunizierten Nonnen Chrodechilde und Basina.[86] Die Exkommunikation wurde aufgehoben, die beiden Königstöchter durften nach Poitiers zurückkehren.

d) Das Konzil im Reich Theuderichs II.: Das Konzil von Chalon (602/03)[87]

Die Chronik des sogenannten Fredegar, die das Konzil überliefert, nennt als Zeit das 8. Jahr der Regierung Theuderichs. Theuderich II., ein Sohn Childeberts II., regierte von 595 bis 613. Es kommen also sowohl das Jahr 602 als auch 603 für das Konzil in Frage.[88]

Das Konzil, von Königin Brunechild und dem Metropoliten Aridius von Lyon[89] zusammengerufen, war wahrscheinlich ziemlich schwach besucht. Die Königin wollte sich mit Hilfe des Konzils des Metropoliten Desiderius von Vienne[90] entledigen, der sich ihr und den Intrigen des Metropoliten von Lyon widersetzte. Der hl. Desiderius wurde seines Amtes enthoben und auf die Insel Barbe bei Lyon verbannt.[91] Als neuer Bischof von Vienne wurde Domnolus[92] eingesetzt.

---

[86] Vgl. oben 151.

[87] Chronik des sog. Fredegar IV 24, hrsg. von W. Wattenbach, MGH. SRM 2 (1888) 130 Z. 1–4 und Sisebutus, Vita Desiderii c. 4, hrsg. von B. Krusch, MGH.SRM 3 (1896) 631 Z. 19–25. Die Textstellen sind in den Konziliensammlungen zitiert: Sirmond I 469; Coll. regia XIV 350 f.; Labbe-Cossart V 1612; Hardouin III 541 f.; Coleti VI 1349 f.; Mansi X 493 f.; Maassen, Conc. I 178; De Clercq, Conc. Gall. 263. Literatur: Hefele-Leclercq III/1, 246 f.; Martin, Conciles et bullaire de Lyon 22 Nr. 64 (datiert auf 603).

[88] Entsprechend findet sich in den früheren Ausgaben und in der Literatur meist das Jahr 603, Maassen, Conc. I 178 datierte dagegen – ohne Begründung – auf 602. Ihm folgte De Clercq, Conc. Gall. 263. Wahrscheinlicher ist jedoch das Jahr 603, denn als Bischof von Lyon wird Aridius genannt, der erst spät im Jahre 602 ins Amt gekommen sein kann. An seinen Vorgänger Aetherius ist noch im November 602 ein Schreiben des Papstes Gregor adressiert, vgl. Reg. XIII 8, hrsg. von L. M. Hartmann, MGH.Ep 2 (1899) 373 f.

[89] 602/03 – nach 614.

[90] 596–602/03, getötet um 611.

[91] Vgl. dazu auch oben 120 Anm. 52.

[92] 602/03 – um 620.

e) Die Provinzialkonzilien[93]: Saintes (579/80), Auvergne (584–591) und Sens (594/614)

Das Konzil von Saintes (579/80)[94]

Anlaß dieses Konzils war der Tod eines Priesters, den Graf Nanthin von Angoulême gefoltert hatte, um sich von ihm seine Ansicht über den Giftmord an seinem Onkel, Bischof Narachar[95] von Angoulême, bestätigen zu lassen. Bischof Heraclius[96] von Angoulême verbot dem Grafen den Zutritt zur Kirche, anläßlich einer Synode in Saintes aber erklärt Nanthin sich bereit, die von ihm usurpierten Kirchengüter zurückzuerstatten, und wird wieder in die Kirche aufgenommen. Der Ausdruck *convenientibus autem apud civitatem Sanctonas sacerdotibus*[97] macht nicht deutlich, ob es sich um eine Diözesan- oder Provinzialsynode handelt. Als Teilnehmer kommen die Bischöfe der Kirchenprovinz Bordeaux in Frage.[98] Das

---

93 Das einzige Provinzialkonzil mit legislativem Charakter in dieser Periode wurde 589 in der Provinz Narbonne abgehalten, die nicht zum Frankenreich gehörte, sondern zum Reich der Westgoten; es verbreitete Dekrete des 3. Konzils von Toledo (8. Mai 589) gemäß den Vorschriften dieses Konzils (c. 18), vgl. ORLANDIS – RAMOS-LISSÓN 120–122. – Zu den Provinzialkonzilien ist eventuell auch die Versammlung vom Sommer 589 in Poitiers zu zählen, vgl. dazu oben 150. – Da die Provinzialkonzilien meist keine Kanones erlassen haben, wissen wir von ihnen nur durch erzählende Quellen, vor allem durch Gregor von Tours. Er berichtet von mehreren Versammlungen, die nicht eindeutig als Provinzialkonzil zu klassifizieren sind: Lyon 572/73 – Prozeß gegen Petrus von Langres, den Bruder Gregors von Tours – vgl. Gregor, Hist. V 5, hrsg. von R. Buchner I 288; dazu Delalande 57 f.; Labbe-Cossart V 1852; Coleti VI 610 f.; Mansi IX 873 f.; MARTIN, Conciles et bullaire de Lyon 16 Nr. 49; alle genannten Autoren datieren auf 575, anders dagegen WEIDEMANN, Kulturgeschichte I 362. Gregor nennt den Terminus *placitum*, was auf eine Gerichtssitzung deutet, andererseits aber wurde die Versammlung von Metropolit Nicetius von Lyon einberufen. Anwesend waren Bischof Syagrius von Autun *vel aliis sacerdotibus multis cum saecularium principibus*. – Die von WEIDEMANN, Kulturgeschichte I 366 f. als Provinzialsynode gekennzeichnete Versammlung in Uzès oder Marseille 581, die bei Gregor, Hist. VI 7, hrsg. von R. Buchner II 20, überliefert ist, war wohl eine Zusammenkunft zum Zwecke einer Bischofsweihe. – Die von WEIDEMANN, Kulturgeschichte I 367 angeführte Provinzialsynode in Trier vor 585 beruht auf einer zu vagen Andeutung, als daß man sie hier einbeziehen könnte.

94 Überliefert durch Gregor von Tours, Hist. V 36, hrsg. von R. Buchner I 346–348. Die entsprechende Textstelle ist abgedruckt bei: Sirmond I 368; Coll. regia XIII 52 f.; Labbe-Cossart V 965; Hardouin III 449 f.; Coleti VI 651 f.; Mansi IX 651 f.; Labat I 1230. Literatur: HEFELE-LECLERCQ III/1, 201; WEIDEMANN, Kulturgeschichte I 362 f.

95 Nach 567 – um 574.

96 Um 575 – 580/81.

97 Gregor, Hist. V 36, hrsg. von R. Buchner I 346 Z. 35.

98 WEIDEMANN, Kulturgeschichte I 363 erschließt als Teilnehmer die Bischöfe von Saintes, Angoulême, Agen und Périgueux.

Konzil wird im allgemeinen auf 579 datiert, könnte aber auch noch 580 getagt haben.[99]

Die Konzilien der Auvergne (584–591)

Nach Gregor von Tours haben zwei Konzilien – vermutlich Provinzialkonzilien – in der Auvergne stattgefunden, das eine zwischen 584 und 591, wahrscheinlich in Clermont 588, das andere im Jahre 590.

1. Das Konzil von Clermont (588)[100]

Ein Streit um Pfarreien zwischen den Bischöfen Ursicinus[101] von Cahors und Innocenz[102] von Rodez veranlaßte den Metropoliten Sulpicius[103] von Bourges, dieses Konzil nach Clermont einzuberufen. Der Streit wurde zugunsten von Cahors entschieden. Als Teilnehmer an dem Konzil werden *metropolis cum suis provincialibus* genannt, also die Bischöfe von Albi, Cahors, Clermont, Javols, Limoges, Rodez, Velay-Le Puy. Das Konzil ist undatiert, fand aber, wie aus Gregors Text hervorgeht, einige Jahre nach 584 statt. Im Oktober 585 war Ursicinus auf der Synode von Mâcon zu einer dreijährigen Buße verurteilt worden[104], die also im Oktober 588 abgelaufen war. Das Konzil wurde folglich wohl nach Ablauf dieser Bußfrist abgehalten.[105] Dafür spricht auch die Rechtslage in den politischen Verhältnissen: Bourges gehörte zur Zeit des Sulpicius zum Reich Guntrams, Clermont und Rodez zu Childebert II. und Cahors zunächst Chilperich, dann Guntram und ab 587 Brunechilde beziehungsweise Childebert II. Am wahrscheinlichsten ist also, daß das Konzil nach dem Vertrag von Andelot 586/87 stattfand, weil sich damals Guntram und Childebert über alle Streitfragen geeinigt hatten.[106]

---

99 Zur Datierung auf 580 vgl. WEIDEMANN, Kulturgeschichte I 138.

100 Überliefert durch Gregor von Tours, Hist. VI 38–39, hrsg. von R. Buchner II 68–70. Zitiert bei: Sirmond I 396; Coll. regia XIII 100 f.; Labbe-Cossart V 996 f.; Coleti VI 691 f.; Mansi IX 973 f.; Labat I 1320; Maassen, Conc. I 177 f.; De Clercq, Conc. Gall. 262. Literatur: HEFELE-LECLERCQ III/1, 221; WEIDEMANN, Kulturgeschichte I 367, 146.

101 580 – nach 588.

102 Innocenz war Graf von Javols, ehe er durch Unterstützung der Königin Brunechild 584 Bischof von Rodez wurde, vgl. Gregor, Hist. IV 38, hrsg. von R. Buchner II 68. Er war bis nach 590 im Amt.

103 584–591.

104 Gregor, Hist. VIII 20, hrsg. von R. Buchner II 188. Vgl. auch unten 164.

105 Vgl. zu dieser Datierung WEIDEMANN, Kulturgeschichte I 367.

106 Vgl. dazu WEIDEMANN, Kulturgeschichte I 146 f.; EWIG, Die fränkischen Teilungen 145–147.

2. Das Konzil in der Auvergne (590)[107]

Unter den Ereignissen des Jahres 590 erwähnt Gregor von Tours ein Konzil, das *in confinio vero termini Arverni, Gabalitani atque Ruteni* stattfand, also an der Grenze der Bistümer Clermont, Javols und Rodez.[108] Es verurteilte die Gräfin Tetradia, die ihren Gemahl Eulalius von Clermont bestohlen und verlassen hatte, um den Herzog Desiderius von Aquitanien zu heiraten.[109] Tetradia mußte das Eulalius entwendete Gut vierfach vergüten, die Kinder aus der Ehe mit Desiderius wurden für unehelich erklärt. Das Konzil tagte als Gerichtshof, anwesend waren mehrere Bischöfe, deren Namen nicht genannt werden, und Laien.

Das Konzil von Sens (594/614)[110]

Man weiß nur, daß ein Konzil in Sens unter dem Episkopat des Betharius stattfand, der von 594 bis 614 Bischof von Chartres war. Weder die Art des Konzils, noch die Teilnehmer, noch die Verhandlungsgegenstände sind näher bekannt.

HEFELE bringt dieses Konzil mit den Briefen von Papst Gregor an die fränkischen Könige, an Brunechild und mehrere Bischöfe in Verbindung – daher auch die Datierung ins Jahr 601 –, in denen der Papst zur Abhaltung von Konzilien auffordert, um Mißbräuche, insbesondere Simonie, in der fränkischen Kirche zu bekämpfen.[111]

---

107 Überliefert durch Gregor von Tours, Hist. X 8, hrsg. von R. Buchner II 338–342. Zitiert bei: Sirmond I 404; Coll. regia XIV 320; Labbe-Cossart V 1592 f.; Hardouin III 527 f.; Coleti VI 1317 f.; Mansi X 453–456; Labat I 1322; Maassen, Conc. I 177; De Clercq, Conc. Gall. 261. Literatur: HEFELE-LECLERCQ III/1, 233; WEIDEMANN, Kulturgeschichte I 368.

108 Zur Lokalisierung vgl. auch HEFELE-LECLERCQ III/1, 233 mit Anm. 5.

109 Ein diesbezüglicher Klageversuch des Eulalius beim König war bereits 585 abgelehnt worden, vgl. Gregor, Hist. VIII 27, hrsg. von R. Buchner II 194, inzwischen war Desiderius, vermutlich im Jahre 587, gestorben, vgl. WEIDEMANN, Kulturgeschichte I 38. Vgl. dazu auch WEMPLE, Women in Frankish Society 43.

110 Überliefert durch die Vita Betharii c. 11, hrsg. von B. Krusch, MGH.SRM 3 (1896) 618. Zitiert bei Mansi, Suppl. I 461; Mansi X 486 f.; Maassen, Conc. I 184 f.; De Clercq, Conc. Gall. 273. Literatur: HEFELE-LECLERCQ III/1, 245 f.

111 Vgl. Gregor der Große, Reg. XI 38, hrsg. von L. M. Hartmann, MGH.Ep 2 (1899) 310 f.; XI 40, ebd. 313 f.; XI 42, ebd. 315 f.; XI 47, ebd. 319 f.; XI 49–51, ebd. 321–324.

4. Kapitel

DIE GESETZGEBENDEN KONZILIEN IM REICH KÖNIG GUNTRAMS

a) Das Konzil von Mâcon (1. November 581/83)[1]

Das Datum des Konzils, das in einigen Handschriften angegeben wird[2], ist nicht eindeutig: während das 22. Jahr der Regierung Guntrams für 583 zutrifft, entspricht die Indiktion 15 dem Jahr 581.[3] Eine sichere Entscheidung für eines der beiden Jahre ist nicht möglich. In beiden Jahren fand jeweils auch ein Konzil in Lyon statt[4], doch spricht die politische Lage, in der sich Guntram befand und die aus der Teilnehmerliste zu erschließen ist, eher für 583.[5]

Gründe für die Einberufung waren die Aufrechterhaltung der Disziplin der Geistlichen, der Schutz der Kirchengüter, die Lösung bestimmter Probleme wegen der Klöster und die Fortschreibung der liturgischen Vorschriften. Außerdem spielten wohl auch aktuelle Gründe mit: Kanon 20 bestraft eine Nonne namens Agnes und versucht damit einen Präzedenzfall zu schaffen; ähnliche Absicht scheinen die Kanones 18 und 19 zur Bestrafung falscher Beschuldigungen gehabt zu haben: auf dem Konzil von Berny (580) war eine falsche Anschuldigung gegen Gregor von Tours erhoben, der Kläger exkommuniziert worden.[6] Das Konzil macht nun zur Regel, daß jeder, der vor den Richtern und vor dem König

---

[1] Drucke: Crabbe ^{2}II 173 f.; Surius ^{2}II 840–842; Binius II 698 f.; Sirmond I 370–375; Coll. regia XIII 55–66; Labbe-Cossart V 966–973; Hardouin III 449–456; Coleti VI 657–666; Mansi, Suppl. I 445–448; Mansi IX 931–940; Labat I 1238–1246; Bruns II 242–246; Maassen, Conc. I 155–161; De Clercq, Conc. Gall. 222–230. Literatur: HEFELE-LECLERCQ III/1, 202–205; MARTIN, Conciles et bullaire de Lyon 17 Nr. 52; DE CLERCQ, La législation 49–51; WEIDEMANN, Kulturgeschichte I 360 f.; G. MAY, Can. 18 der Synode zu Mâcon vom Jahre 583. Ein Beitrag zur Geschichte des Strafrechts in der fränkischen Kirche, in: MThZ 11 (1960) 237–247; WALLACE-HADRILL, The Frankish Church 103.

[2] Vgl. De Clercq, Conc. Gall. 230.

[3] Zur Datierung vgl. Maassen, Conc. I 155.

[4] Lyon 581, siehe oben 143 und Lyon 583, siehe unten 160 f.

[5] Vgl. dazu WEIDEMANN, Kulturgeschichte I 361. Es fehlten die Bischöfe aus den Kirchenprovinzen Bordeaux und Eauze sowie die Bischöfe von Nantes und Séez.

[6] Vgl. dazu oben 148 f. Dieser Bezug zum Konzil von Berny spricht übrigens für eine Datierung ins Jahr 581.

Unschuldige anklagt, exkommuniziert wird, wenn er Laie ist, und abgesetzt wird, wenn er ein Kleriker höherer Weihen ist.
Das Konzil war ein Generalkonzil von Guntrams Königreich, das auf Anordnung des Königs einberufen worden war.[7] Anwesend waren vier Metropoliten[8] und 17 Bischöfe[9] aus den Provinzen Vienne, Lyon, Sens und Arles.
Das Konzil erließ 20 Kanones[10], denen ein kurzes Vorwort vorausgeht. Die Kanones 14 und 16 berufen sich ausdrücklich auf frühere Vorschriften. Kanon 14, der behauptet, er stütze sich auf ein Edikt des Königs Childebert, erinnert eher an c. 14 des Konzils von Orléans (538). Kanon 16 stützt sich auf den Codex Theodosianus XVI 9, 1 und 1. Die Kanones 1, 2 und 11 wiederholen wörtlich c. 38 von Epao (517) und cc. 13 und 16 von Clermont (535). In der Tat enthalten die meisten Kanones nichts Eigenständiges, sondern wiederholen nur frühere Vorschriften.[11]
Mit der Kleidung der Geistlichen und ihren Beziehungen zu den Frauen

---

[7] Vgl. De Clercq, Conc. Gall. 223 Z. 1: *ad iniunctionem ... Guntramni regis ...*

[8] Priscus von Lyon (vor 573–585/89); Evantius von Vienne (vor 581–586); Arthemius von Sens (579 – 28. April 609); Remedius von Bourges (vor 581–584).

[9] Provinz Vienne: Sylvester, Bischof von Besançon (vor 573 – nach 585); Esychius, Bischof von Grenoble (vor 573 – um 601); Ragnoaldus, Bischof von Valence (581 – nach 585); Hychonius, Bischof von Maurienne (vor 581–602); Marcianus, Bischof von Tarentaise (vor 581 – nach 585).
Provinz Arles: Pappus, Bischof von Apt (vor 581 – nach 585); Artemius, Bischof von Vaison (vor 581/83 – nach 585); Heraclius, Bischof von Digne (vor 573 – nach 585); Victor, Bischof von Saint-Paul-Trois-Chateaux (vor 567 – nach 581/83).
Provinz Sens: Gallomagnus, Bischof von Troyes (562 – um 582); Auna(cha)rius, Bischof von Auxerre (vor 573 – 25. September 603); Namatius, Bischof von Orléans (vor 581–587); Agricola, Bischof von Nevers (581 – um 594).
Provinz Lyon: Syagrius, Bischof von Autun (um 560 – um 600); Mummolus, Bischof von Langres (vor 581–588); Flavius, Bischof von Chalon-sur-Saône (um 581 – nach 591); Eusebius, Bischof von Mâcon (vor 581 – um 589).

[10] Wir folgen der Numerierung von Maassen und De Clercq. Die meisten älteren Ausgaben und Hefele-Leclercq zählen nur 19 Kanones.

[11] Kanon 1 wiederholt teilweise den Wortlaut des Konzils von Clermont (535) c. 16, vgl. Tours (567) c. 10; Kanon 2 wiederholt Epao (517) c. 38 (teilweise wortgetreu); Kanon 3 wiederholt Clermont (535) c. 16; Kanon 11 wiederholt das Konzil von Valence (375) c. 2 und teilweise wörtlich Clermont (535) c. 13. Alle die eben genannten Kanones handeln über die Beziehungen der Geistlichen zu Frauen. Kanon 4 wiederholt Orléans (538) c. 25 (22), vgl. Orléans (549) c. 16 über die Vermächtnisse; Kanon 7 wiederholt Orléans (541) c. 20; Kanon 12 wiederholt Orléans (549) c. 19, Tours (567) c. 21 über die Nonnen; Kanon 13 wiederholt Clermont (535) c. 9; Kanon 14 wiederholt Orléans (538) c. 33; Kanon 15 wiederholt Epao (517) c. 15; Kanon 16 und 17 wiederholen Orléans (541) c. 30 und 31, Orléans (538) c. 14 und den Codex Theodos. XVI 9, 1 und 2. Die Kanones 13 bis 17 handeln über die Juden. Vgl. zu den Identifizierungen im einzelnen die Editionen von Maassen und De Clercq.

und mit der Beobachtung der Gelübde durch die Nonnen[12] beschäftigen sich fünf Kanones.[13] Weitere fünf Kanones enthalten Bestimmungen über die Juden.[14] Zwei Kanones scheinen auf Gegenwartsprobleme einzugehen, die näher betrachtet werden müssen: im Reich Chilperichs konnten Bischöfe, welche die Haltung des Königs mißbilligten, angeklagt werden, wie das bei Praetextatus und Gregor von Tours der Fall war.[15] Der merowingische Klerus, der diesem König nicht unterstellt war, erließ nun Dekrete, um Chilperichs Bischöfen solche Unannehmlichkeiten zu ersparen: Kanon 18 des Konzils von Mâcon exkommuniziert auf Lebenszeit diejenigen, die falsche Zeugen oder Meineidige auftreten ließen. Selbst wenn ein Bestechungsversuch wirkungslos war, wurde der Betroffene doch mit lebenslänglicher Exkommunikation bestraft. Auch die Komplizen des Meineidigen werden nach dem Gesetz für ehrlos erklärt und nicht mehr als Zeugen zugelassen. Kanon 19 exkommuniziert Laien, die einen Unschuldigen vor dem Richter oder dem König anklagen und setzt bis zur vollständigen Sühne den Geistlichen höherer Weihen ab, der eine solche Verfehlung begangen hat.

Kanon 20 bezieht sich auf einen Einzelfall: er exkommuniziert eine Nonne namens Agnes, die einen Teil ihrer Güter an Große übergeben hatte, um deren Schutz zu erhalten. Auch diejenigen, die diese Güter angenommen haben, werden ebenso wie die Nonne exkommuniziert. So dehnt das Konzil den Kanon 4 von Clermont (535) auf die Nonnen aus; dieser hatte die *potentes* exkommuniziert, die widerspenstigen Geistlichen Schutz gewährten.

Kanon 8 zeigt den Erfolg der Jurisdiktionsgewalt des Klerus im merowingischen Gallien, die von den Kanones 11 von Epao (517), 33 von Orléans (538) und 4 von Eauze (511) ausgegangen war: C. 8 von Mâcon verbietet den Geistlichen, Streitfälle, die unter Klerikern ausgebrochen sind, dem weltlichen Richter vorzulegen.

Das Konzil baut Ritus und Liturgie weiter aus, indem es die Fasttage zwischen dem Martinstag und Weihnachten auf drei Tage in der Woche festlegt, so wie es bereits früher Bischof Perpetuus von Tours beschlossen hatte.[16] Während dieser Zeit wird der Gottesdienst wie in der Fastenzeit

---

[12] Vgl. dazu J. Gaudemet, A propos du canon 12 du concile de Mâcon (1. novembre 583), in: Mémoires de la Société sur l'histoire du droit des anciens pays bourguignons (1950–1961) 277.

[13] Cc. 1, 2, 3, 5 und 11.

[14] Cc. 13–17.

[15] Vgl. oben Paris (577) 146 f. und Berny (580) 148 f.

[16] Vgl. Gregor von Tours, Hist. X 31, hrsg. von R. Buchner II 404–406.

gefeiert; die Kanones müssen öffentlich verlesen werden, damit niemand behaupten kann, er kenne sie nicht (c. 9).

Zum ersten Mal beschäftigt sich ein merowingisches Konzil mit den liturgischen Gewändern und verbietet dem Bischof, ohne Pallium die Messe zu lesen (c. 6). Die Geistlichen dürfen keine Laienkleidung und keine Waffen tragen (c. 5).[17]

Obgleich dieses Konzil oft wörtlich die Dekrete der früheren merowingischen Konzilien wiederholt, insbesondere diejenigen, welche die Beziehungen der Geistlichen zu den Frauen betreffen, so bringt es doch auch einige neue Elemente für den Ritus und die Kleiderfrage.[18] Auch die Entwicklung des kirchlichen *privilegium fori* hatte Fortschritte gemacht. In Streitsachen, bei denen Geistliche die Parteien bildeten, hatte das Konzil von Agde (506) in allen Sachen, die nicht wesentlich unter die Gerichtsbarkeit der Kirche fielen, die Oberhoheit des Staates und die Freiheit der weltlichen Kläger oder Angeklagten gesichert. Eine erste Einschränkung hierzu war in Orléans (538) c. 35 (22) erfolgt, wo die Zustimmung des Bischofs verlangt wurde, um einen Geistlichen vor ein weltliches Gericht zu laden. Kanon 20 von Orléans (541) gestattet nicht nur dem Geistlichen, mit Einwilligung des Bischofs, vor einem weltlichen Gericht zu erscheinen, sondern er verbot ihm auch, sich der weltlichen Gerichtsbarkeit zu entziehen, wenn das kirchliche Gericht ihm dieses Verbot mitgeteilt hatte. Auf den Konzilien von Epao (517) c. 11 und von Eauze (551) c. 4 wurde durch noch nicht präzise gefaßte Vorschriften den Geistlichen verboten, ihre eigenen Amtsbrüder vor ein weltliches Gericht zu laden. Zum ersten Mal verbietet jetzt ein Konzil des fränkischen Gallien ausdrücklich und unter Androhung von Sanktionen den Geistlichen, Streitfälle, die unter Klerikern ausgebrochen sind, einem weltlichen Gericht zu unterbreiten. Dieser Kanon wurde ebenso wie der Kanon gegen die Meineidigen und die falschen Zeugen in das Dekret Gratians aufgenommen.[19]

---

17 Vgl. auch Agde (506) c. 20. Zu c. 6 vgl. B. Kleinschmidt, Das bischöfliche Rationale und der 6. Kanon der Synode von Mâcon, in: HJb 27 (1906) 799–803. K. Honselmann, Das Rationale der Bischöfe, Paderborn 1975.

18 Vgl. Pontal, Recherches sur le costume des clercs 769–796.

19 C. 8 = C. 11 q 1 c. 6; c. 16 = D. 54 c. 18; c. 18 = c. 22 q. 5 c. 7.

b) Das Konzil von Lyon (Mai 583)[20]

Nach einer Handschrift, die heute verloren ist, gibt Surius das Datum und den Ort des Konzils an: *Synodus habita in civitate Lugdunensi mense Maio anno XXII regni gloriosissimi domini Guntramni regis.*[21]
An dem Konzil nahmen die Metropoliten[22] von Lyon und Vienne, fünf[23] ihrer Suffragane, ein Bischof[24] aus der Kirchenprovinz Sens und zwölf Priester (als Delegierte der abwesenden Bischöfe), deren Namen unbekannt sind, teil. Aufgrund dieser Zahl kann es sich nicht mehr um ein Konzil der Provinzen Lyon und Vienne handeln, sondern es ist eher ein Regionalkonzil der rhôneländisch-burgundischen Bischöfe.[25]
Das Konzil erließ sechs Kanones; ein Vorwort, das sich auf die Anordnung oder das Einverständnis des Königs beruft, ist nicht erhalten. Die Kanones erinnern an frühere Verordnungen, ohne sich auf bestimmte Konzilien zu berufen. In c. 1 wird den Geistlichen erneut verboten, Frauen bei sich zu haben. C. 4 untersagt nochmals inzestuöse Ehen. C. 5 wiederholt eine Vorschrift des Kanons 3 von Orléans (541) und verpflichtet die Bischöfe, Weihnachten und Ostern in ihren Kirchen zu zelebrieren, ausgenommen bei Krankheit und auf Anordnung des Königs. In c. 6 – der Bischof muß sich um die Aussätzigen seiner Diözese kümmern – werden c. 21 von Orléans (549) und c. 5 von Tours (567) erneuert. Kanon 3 über Nonnen, die ihr Kloster verlassen, ist eine Wiederaufnahme von c. 21 von Tours (567) und entspricht c. 12 von Mâcon (581/83).[26] Nur Kanon 2 bringt ein neues Element und scheint aus aktuellem Anlaß – dem Krieg zwischen Chilperich und Guntram[27] – eingefügt zu sein:

[20] Bis auf die Kanones 5 und 6 sind die Akten dieses Konzils nur durch den Druck bei Surius überliefert. Drucke: Surius ²II 852 f.; Binius II 700 f.; Sirmond I 377 f.; Coll. regia XIII 66–69; Labbe-Cossart V 973–975; Hardouin III 455 f.; Coleti VI 665–668; Mansi IX 941–944; Labat I 1285–1288; Bruns II 246 f.; Maassen, Conc. I 153–155; De Clercq, Conc. Gall. 231–233. Literatur: Martin, Conciles et bullaire de Lyon 17 Nr. 51; Hefele-Leclercq III/1, 206 f.; De Clercq, La législation 48 f.

[21] Zit. nach De Clercq, Conc. Gall. 231.

[22] Priscus (vor 573–585/89), Bischof von Lyon und Evantius (vor 581–586), Bischof von Vienne.

[23] Provinz Lyon: Syagrius, Bischof von Autun (um 560 – um 600); Eusebius, Bischof von Mâcon (vor 581–589); Flavius, Bischof von Chalon-sur-Saône (um 581 – nach 591); Provinz Vienne: Esychius, Bischof von Grenoble (vor 573 – um 601); Ragnoaldus, Bischof von Valence (581 – nach 585).

[24] Agricola, Bischof von Nevers (581 – um 594).

[25] Vgl. zu dieser Bezeichnung Ewig, Bischofslisten 427.

[26] Aufgrund des Textes ist eine Abhängigkeit zwischen den Konzilien von Mâcon und Lyon nicht festzustellen, so daß hier kein Argument für die Datierung von Mâcon 581/83 gegeben ist.

[27] Vgl. dazu Weidemann, Kulturgeschichte I 360.

Empfehlungsschreiben, die die Bischöfe Gefangenen ausstellen, sollen eine leserliche Unterschrift, das Datum, die Summe, die der Gefangene zu seinem Loskauf benötigt, und auch andere Dinge, die er braucht, enthalten.

c) Das Konzil von Mâcon (23. Oktober 585)[28]

In den Handschriften wird das Jahr im Titel angegeben: *Sinodus habita in civium Matescense anno XXIIII regni ... Guntramni regis*[29], was dem Jahre 585 entspricht.

Nach Gregor von Tours[30] soll ein Konzil stattgefunden haben *decimo Kalendas mensis noni,* das heißt am 23. Oktober. Mit großer Wahrscheinlichkeit kann man annehmen, daß es sich um das Konzil von Mâcon handelt, denn eine Urkunde König Guntrams vom 10. November 585 bestätigt die Verordnungen dieses Konzils.[31]

Zu Lebzeiten Chilperichs hatte kein Bischof seines Reiches an Konzilien teilgenommen, die von den Bischöfen der Reiche Guntrams und Childeberts II. abgehalten wurden. Nach Chilperichs Tode im Jahre 584 wurde Guntram Vormund Chlothars II., Chilperichs minderjährigem Sohn, und vereinigte unter seiner Oberhoheit die Königreiche Neustrien und Burgund. Auf Veranlassung des Metropoliten von Lyon oder des Königs nutzten die Bischöfe die Gelegenheit, um sich zu versammeln: *Congratulamur et nos, patres sanctissimi, qui per intervalla temporum separati hodie noscimur post tot temporum curricula fraterna dilectione corporaliter iungi ...*[32]

28 Drucke: Crabbe ²II 175–180; Surius ²II 854–859; Binius II 701–705; Sirmond I 381–390; Coll. regia XIII 73–96; Delalande 59; Labbe-Cossart V 979–991, 1853; Hardouin III 459–468; Coleti 671–688; Mansi IX 947–964; Labat I 1292–1306; Bruns II 248–255; Bouquet IV 108 f. (Exzerpte); Maassen, Conc. I 163–173; De Clercq, Conc. Gall. 237–250. Literatur: Martin, Conciles et bullaire de Lyon 18 Nr. 54; Hefele-Leclercq III/1, 208–214; De Clercq, La législation 51–55; Ewig, Bischofslisten 432–434; Mordek, Kirchenrecht und Reform 77 f.; Weidemann, Kulturgeschichte I 361; Rouche, L'Aquitaine 81; Wallace-Hadrill, The Frankish Church 103 f.

29 De Clercq, Conc. Gall. 238.

30 Hist. VIII 7, hrsg. von R. Buchner II 180; dieses Datum kann sich sowohl auf das Konzil in Mâcon 585 beziehen, über das Gregor außerdem in VIII 12 (ebd. 172) und VIII 20 (ebd. 186–188) berichtet, oder auf ein Konzil in Troyes, das in VIII 13 (ebd. 174) erwähnt wird. Einleuchtender ist die Erklärung von Weidemann, Kulturgeschichte I 356 f.: für den 23. Oktober 585 war eine gemeinsame Versammlung der Reiche Guntrams und Childeberts II. in Troyes geplant. Da aber Childebert absagte, verlegte Guntram unter Beibehaltung des Termins sein Konzil nach Mâcon.

31 Vgl. MGH.Cap 1 (1883) 10–12 Nr. 5. Zum Ausstellungsort Péronne bei Mâcon vgl. Weidemann, Kulturgeschichte I 361 f. Anm. 698.

32 De Clercq, Conc. Gall. 238 Z. 14–17.

Wie im Vorwort ausgedrückt, besteht das Ziel dieses Konzils in der Aufrechterhaltung der Kirchendisziplin nicht nur durch die erneute Bestätigung bereits veröffentlichter Verfügungen, die schlecht befolgt wurden, sondern auch durch Einführung einiger Neuerungen zur Regelung aktueller Probleme. Weiter ging es darum, Sanktionen gegen Bischöfe zu ergreifen, die sich mehr politische als moralische Vergehen hatten zuschulden kommen lassen. Hier erkennt man deutlich den Einfluß des Königs.

Auch wenn es sich nicht um ein Generalkonzil der Franken handelte, weil das Reich Childeberts II. nicht vertreten war, war Mâcon ein gut besuchtes Konzil, da die Bischöfe zweier Teilreiche anwesend waren. Es hatte die Form einer Reichsversammlung, denn ein Edikt König Guntrams bestätigte die Beschlüsse. Acht Kirchenprovinzen waren vertreten: Rouen, Sens, Bourges, Bordeaux, Arles, Lyon, Vienne mit Besançon, Eauze. Sechs Metropoliten waren anwesend: Priscus von Lyon, der das Konzil leitete und den Titel eines Patriarchen führt[33], Evantius von Vienne, Praetextatus von Rouen (nach Chilperichs Tode wieder eingesetzt), Bertechramnus von Bordeaux, Artemius von Sens, Sulpicius von Bourges.[34] Sapaudus von Arles und Laban von Eauze hatten sich vertreten lassen. Außerdem nahmen drei Bischöfe teil *non habentes sedes:* Frunimius von Agde, der von den Goten vertrieben worden war, Promotus von Châteaudun, dessen Bischofssitz im Jahre 575 aufgehoben worden war, und Faustianus von Dax, der nach Gregor von Tours[35] auf diesem Konzil abgesetzt wurde. Im ganzen waren 54 Bischöfe[36] und 12 Delegierte[37]

---

[33] Vgl. De Clercq, Conc. Gall. 238 Z. 3; dazu HEFELE-LECLERCQ III/1, 209; HINSCHIUS, Kirchenrecht I 573 Anm. 1; MORDEK, Kirchenrecht und Reform 77 f.

[34] De Clercq, Conc. Gall. 237 zählt sieben Metropoliten, da er Besançon den Rang einer Metropole gibt, den es zu dieser Zeit aber noch nicht hatte, vgl. dazu auch EWIG, Bischofslisten 433.

[35] Hist. VIII 20, hrsg. von R. Buchner II 186–188.

[36] Liste der Bischöfe nach De Clercq, Conc. Gall. 248 f.:
Provinz Sens: Artemius, Metropolit von Sens (579–609); Aunacharius, Bischof von Auxerre (vor 573 – 25. September 603); Pappolus, Bischof von Chartres (573 – nach 585); Namaticius, Bischof von Orléans (vor 581/83–587); Agricola, Bischof von Nevers (581 – um 594); Ragnebodus, Bischof von Paris (576–591); Agrecius, Bischof von Troyes (um 585).
Provinz Bourges: Sulpitius, Metropolit von Bourges (584–591); Feriolus, Bischof von Limoges (um 575–590/97); Ursicinus, Bischof von Cahors (580 – nach 588).
Provinz Bordeaux: Bertechramnus, Metropolit von Bordeaux (um 566 – nach 585); Palladius, Bischof von Saintes (vor 573–597); Antidius, Bischof von Agen (um 585); Carterius, Bischof von Périgueux (582 – nach 585); Nicasius, Bischof von Angoulême (vor 585 – nach 589).
Provinz Arles: Teudorus, Bischof von Marseille (575 – um 594); Heraclius, Bischof von

anwesend, die auch unterschrieben haben. Wahrscheinlich fanden mehrere Sitzungen statt. Das Konzil tagte zuerst als Gerichtshof, denn als der Bischof von Dax die Dekrete unterschrieb, unterschrieb er als Bischof ohne Bischofssitz. Er muß also ein oder zwei Tage vorher abgesetzt worden sein.

Der Bischof von Dax war auf Befehl Gundowalds, des Gegenspielers Chilperichs, vom Metropoliten Bertechramnus von Bordeaux, vertreten durch Palladius von Saintes und Orestes von Bazas, geweiht worden.[38] Da der zuständige Metropolit von Eauze übergangen wurde, war diese Weihe

---

Digne (vor 573 – nach 585); Trapecius, Bischof von Orange (um 585); Veranus, Bischof von Cavaillon (vor 585 – um 589); Urbicus, Bischof von Riez (580 – nach 589); Aridius, Bischof von Gap (579 – 1. Mai 604); Emeritus, Bischof von Embrun (585 – um 588); Agricius, Bischof von Glandève (585–588); Pologronius, Bischof von Sisteron (um 585); Artemius, Bischof von Vaison (vor 581/83 – nach 585); Boetius, Bischof von Carpentras (um 585); Pappus, Bischof von Apt (vor 581 – nach 585); Eusebius, Bischof von Saint-Paul-Trois-Châteaux (um 585).

Provinz Lyon: Priscus, Metropolit von Lyon (vor 573–585/89); Siagrius, Bischof von Autun (um 560 – um 600); Eusebius, Bischof von Mâcon (vor 581–589); Mummolus, Bischof von Langres (vor 581–588); Flavius, Bischof von Chalon-sur-Saône (um 581 – nach 591).

Provinz Vienne: Evantius, Metropolit von Vienne (vor 581–586); Estitius, Bischof von Grenoble (vor 573 – um 601); Sylvester, Bischof von Besançon (vor 573 – nach 585); Ragnoaldus, Bischof von Valence (581 – nach 585); Marius, Bischof von Avenches (um 573 – um 593); Chariatus, Bischof von Genf (um 585); Hiconius, Bischof von Maurienne (vor 581–602); Martianus, Bischof von Tarentaise (vor 581 – nach 585); Felix, Bischof von Belley (vor 585 – nach 589).

Provinz Eauze: Orestis, Bischof von Bazas (um 585); Faustus, Bischof von Auch (um 585); Rusticus, Bischof von Aire (um 585); Savinus, Bischof von Lescar (um 585); Rufinus, Bischof von Comminges (um 585); Lucerius, Bischof von Oloron (vor 573 – nach 585); Amelius, Bischof von Bigorre (um 585–589).

Provinz Rouen: Praetextatus, Metropolit von Rouen (um 556/58–585).

Außerdem waren anwesend: Baudegisel, Bischof von Le Mans (581–586) aus der Provinz Tours, die zu Childebert II. gehörte; Frunimius, ehemaliger Bischof von Agde (um 567/68 – um 579); Promotus, Bischof von Châteaudun (nach 567–575); Faustianus, Bischof von Dax (um 584/85).

37 Durch Delegierte waren vertreten
aus der Provinz Bourges: Magnulfus, Bischof von Toulouse (um 585);
aus der Provinz Arles: Sapaudus, Metropolit von Arles (vor 551–586); Optatus, Bischof von Antibes (vor 573–585); Deuterius, Bischof von Vence (vor 541–588); Desiderius, Bischof von Toulon (vor 573 – nach 585); Pientius, Bischof von Aix (um 581 – nach 585); Catholinus, Bischof von Nizza (vor 585–588); Johannes, Bischof von Avignon (um 585); Vigilius, Bischof von Senez (vor 585–588);
aus der Provinz Vienne: Paulus, Bischof von Die (um 585); Eliodorus, Bischof von Sitten (580 – nach 585);
aus der Provinz Eauze: Laban, Metropolit von Eauze (vor 573 – nach 585).

38 Vgl. Gregor von Tours, Hist. VII 31, hrsg. von R. Buchner II 132, und Hist. VIII 20, ebd. 188. Vgl. dazu Weidemann, Kulturgeschichte I 157.

ein Verstoß gegen c. 8 des Konzils von Paris (561/62).[39] In Mâcon wurde Faustianus von Dax abgesetzt, die an der Weihe beteiligten Bischöfe sollten jährlich 100 Solidi in Gold für seinen Unterhalt zahlen.[40]
Dem Bischof Ursicinus von Cahors, dem zur Last gelegt wurde, Gundowald aufgenommen zu haben, wurde eine dreijährige Buße auferlegt.[41]
In diesen Bischofsprozessen ging es vor allem darum, die Anhänger Gundowalds zu strafen, doch kam es zu keinen weiteren Verurteilungen, weil – so vermutet Gregor von Tours[42] – eine schwere Krankheit König Guntram daran hinderte. Gregor berichtet von dem Konzil von Mâcon außerdem, daß einer der Bischöfe behauptet habe, man könne Frauen nicht als *homo* bezeichnen. Er sei jedoch von den Konzilsteilnehmern mit Belegen aus dem Alten Testament eines besseren belehrt worden.[43] Wahrscheinlich handelte es sich hier um ein grammatisches Problem, weil die lateinischen Begriffe *vir* und *homo* durcheinandergebracht worden waren[44], doch gab diese Anekdote Anlaß zu einer umfangreichen Diskussion in der theologischen Literatur, wobei es um die Frage ging, ob Frauen überhaupt eine Seele haben.[45]
Außerdem könnte das Konzil noch die Gründung des Klosters Saint-Marcel bei Chalon durch König Guntram bestätigt haben.[46]
Das Konzil tagte vor allem als gesetzgebende Versammlung und erließ 20 Kanones, denen ein Vorwort vorangeht; in ihm geben die Metropoliten und Bischöfe ihrer Freude Ausdruck, daß sie frühere Kanones wieder in Kraft setzen und einige neue der veränderten Lage gemäß erlassen konnten.
Eine ganze Reihe von Kanones beruft sich auf frühere Verfügungen: Kanon 5 über den Zehnten stützt sich auf das Schreiben, das die Bischöfe

---

39 Vgl. oben 123, 125.

40 Vgl. Gregor, Hist. VIII 20, hrsg. von R. Buchner II 188.

41 Vgl. Gregor, Hist. VIII 20, hrsg. von R. Buchner II 188. Dazu WEIDEMANN, Kulturgeschichte I 147.

42 Vgl. Gregor, Hist. VIII 20, hrsg. von R. Buchner II 188. Vgl. dazu WEIDEMANN, Kulturgeschichte I 361.

43 Vgl. Gregor, Hist. VIII 20, hrsg. von R. Buchner II 188.

44 Vgl. HEFELE-LECLERCQ III/1, 213 f., wo auch die ältere Literatur mit Textbelegen angeführt wird. *Homo* ist im Lateinischen ein Gattungsbegriff entsprechend dem deutschen „Mensch" und kann sich auf weibliche und männliche Personen beziehen, während *vir* nur „Mann" heißt.

45 Vgl. die Bibliographie bei HEFELE-LECLERCQ III/1, 208 Anm. 1; H. LECLERCQ, Femme, in: DACL V/1 (1922) 1349–1353.

46 Die Chronik des sogenannten Fredegar überliefert in IV 1, MGH.SRM 2 (1888) 124 diese Nachricht, ohne das Konzil zu nennen. Es muß offen bleiben, ob das Konzil von Valence 585 oder Mâcon 585 gemeint ist, vgl. oben 144 Anm. 37.

der Provinz Tours an das Volk richteten (567)[47]; Kanon 6 über die eucharistische Nüchternheit beruft sich ausdrücklich auf afrikanische Konzilien[48]; Kanon 8 wiederholt c. 22 von Orléans (549) über das Asylrecht; Kanon 9 wiederholt c. 17 von Orléans (549) über Beschwerden, die dem Metropoliten oder dem Konzil vorzulegen sind; Kanon 14 wiederholt c. 14 von Clermont (535) über das Verbot von Plünderungen für Könige und Adel; Kanon 16 beruft sich zwar nicht auf frühere Vorschriften, wiederholt aber c. 13 von Orléans (511), der den Witwen von Geistlichen die Wiederheirat verbietet; Kanon 18 über die Inzestehen wiederholt c. 4 von Lyon (581); Kanon 20 schließt wie c. 1 von Tours (567) die Bischöfe, die ohne Grund den Konzilien fernbleiben, *a charitate fratrum* aus; die Kanones 7 (über die Freigelassenen), 10 (über Angriffe auf Geistliche und deren Verschleppung), 13 (über das Verbot der Jagd mit Falken) wiederholen die Kanones 29 von Agde (506), 7 von Mâcon (581/83), 4 von Epao (517). Neben eher üblichen Bestimmungen betont das Konzil besonders die Heiligung der Sonn- und Festtage (c. 1), die Abhaltung des Abendmahls und die entsprechenden Forderungen an Gläubige (c. 4) und Geistliche (c. 6).

Die Kanones 15 und 17 bringen neue Elemente, die es bisher auf merowingischen Konzilien nicht gab:

Kanon 15 behandelt protokollarische Fragen der Rangordnung unter Laien und Geistlichen. Der Geistliche hat immer Vorrang vor dem Laien, der ihn grüßen und sogar vom Pferd absitzen muß, wenn der Geistliche zu Fuß geht. Kanon 17 bezieht sich auf Eigentum und Dauer der Grabkonzessionen: ohne Einwilligung des Grabeigentümers ist es verboten, jemanden in einem fremden Grab zu bestatten; im Fall eines Verstoßes gegen diese Vorschrift muß die Leiche wieder ausgegraben werden. Ein Grab darf nicht für eine neue Bestattung geöffnet werden, bevor die Leiche des früher Verstorbenen zu Staub geworden ist.

Kanon 5 befaßt sich mit der Kollekte und mit der richtigen Verwendung des Zehnten. In diesem Punkt tritt eine radikale Änderung ein: was bisher eine moralische Verpflichtung war, wird jetzt eine rechtliche. Wer gegen diese Verpflichtung handelt, wird exkommuniziert.[49]

Die Bischöfe Praetextatus von Rouen und Pappolus von Chartres, die

---

[47] Siehe oben 130.

[48] Gemeint ist c. 28 des Breviarium Hipponense, vgl. Munier, Concilia Africae 41.

[49] Vgl. oben 164. Eine weltliche Strafe wird erst unter Karl dem Großen im Capitulare von Herstal 779 festgesetzt, das aus dem Zehnten eine obligatorische Steuer machte. Vgl. auch oben 130. Anm. 35 und Perels, Die kirchlichen Zehnten 22.

unter Übergriffen des Königs zu leiden hatten[50], intervenierten persönlich (c. 7), damit das Konzil Schutzmaßnahmen für freigelassene Sklaven erlasse, die ungerecht behandelt und verleumdet werden. Dazu beschließt das Konzil, sie unter den Schutz des Bischofs zu stellen, und jede Frage, die ihre Freiheit betrifft, dem Bischof vorzulegen.

Die Jurisdiktion der Bischöfe (c. 12) wird im Vergleich zu den vorhergehenden Konzilien noch erweitert, denn die weltlichen Richter werden unter Androhung der Exkommunikation verpflichtet, den Bischöfen bei Angelegenheiten von Witwen und Waisen Mitteilung zu machen. Ein Priester oder ein Diakon muß dem Prozeß und dem Urteil beiwohnen.

Zur Disziplin der Geistlichen erinnert das Konzil die Bischöfe an ihre Pflicht, Nächstenliebe und Gastfreundschaft zu üben (c. 11).

Es verbietet den Bischöfen auch, in ihrem Haus Hunde und Falken zu halten, welche die Armen, die Zuflucht suchen, angreifen könnten (c. 13).

Das Konzil verbietet dem Klerus, Prozessen und Hinrichtungen von Kriminellen beizuwohnen (c. 19). Unter Androhung des Kirchenbannes versucht es auch, die Gewalttätigkeit der Laien einzudämmen; es untersagt Plünderung und Brandschatzung (c. 14). Schließlich wird ein neues Konzil innerhalb der nächsten drei Jahre in Aussicht genommen, an einem Ort, der vom Metropoliten von Lyon und von König Guntram gemeinsam bestimmt wird. Nach Gregor von Tours wurde tatsächlich von Guntram am 1. Juni 588 ein Konzil einberufen, dessen Tagungsort allerdings nicht bekannt ist.[51]

Das Konzil hatte eine große Bedeutung für die Kirche. In einem Edikt vom 10. November 585 bestätigte der König die Kanones und übernahm einige in die weltliche Gesetzgebung, wie zum Beispiel das Gebot der Sonntagsruhe, dessen Einhaltung von Childebert II. (596)[52] erneut bestätigt und für die Westgoten auf dem von Rekkared (589) bestätigten Konzil von Narbonne eingeführt wird.[53]

Obgleich gültige Bestimmungen nicht selbstverständlich auch befolgt wurden, so hat das Konzil von Mâcon doch durch die anwesenden Bischöfe oder Delegierten, die 64 Diözesen vertraten, zu ihrer weiten Verbreitung beigetragen. Die Verbreitung der Konzilsbeschlüsse auf lokaler Ebene hatte die erste gesetzgebende Diözesansynode zur Folge:

---

50 Vgl. dazu Paris 577, oben 146 und Paris 573, oben 140.

51 Vgl. oben 145.

52 Vgl. Decretio Childeberti regis c. 14 hrsg. von A. Boretius, MGH.Cap 1 (1883) 17 Z. 20–24; dazu De Clercq, La législation 55 f.

53 Zu dem Konzil von Narbonne 589 vgl. Orlandis – Ramos-Lissón 120–122.

die Synode von Auxerre, deren Dekrete einen großen Einfluß auf die späteren Konzilien hatten.[54]

d) Die Diözesansynode von Auxerre (nach 585)[55]

Bischof Aunacharius von Auxerre hatte am Konzil von Paris (573) und an den beiden Konzilien von Mâcon (581/83, 585) teilgenommen. Er übertrug auf seine Diözese die von diesen Konzilien promulgierten Kanones und auch andere der vorhergehenden Konzilien, und erweiterte diese Kanones um einige Bestimmungen, die nicht nur die Disziplin, sondern auch Einzelheiten der Liturgie und der Sakramentenspendung betrafen. Die 45 Kanones wurden in Gegenwart von 34 Priestern, sieben Äbten, zwei Diakonen *in vicem* und einem Diakon erlassen. Dank ihrer Kürze, ihres konkreten Charakters und ihrer Originalität fanden die Statuten dieser Synode eine weite handschriftliche Verbreitung[56] und wurden oft abgeschrieben. Auf dem Weg über diese Synode gelangten viele Beschlüsse der früheren merowingischen Konzilien in die karolingische Gesetzgebung.[57]

Die Synode von Auxerre ist die einzige Diözesansynode aus der Zeit von 511 bis 714, von der Kanones überliefert sind. Diese sind nicht datiert, man weiß nur, daß sie unter dem Episkopat des Aunacharius (vor 573–603) erlassen wurden. Da aber diese Synode auf Kanones von Mâcon 585[58] zurückgreift, ist anzunehmen, daß sie nach diesem Konzil stattfand.[59]

---

[54] Vgl. dazu unten 303.

[55] Drucke: Crabbe ^{2}II 184–186; Surius ^{2}III 51–53; Binius II 954–956; Sirmond I 361–367; Coll. regia XIII 41–51; Labbe-Cossart V 956–963; Hardouin III 443–448; Coleti VI 641–648; Mansi IX 911–918; Labat I 1214–1224; Bruns II 237–242; Maassen, Conc. I 178–184; De Clercq, Conc. Gall. 264–272. Literatur: Hefele-Leclercq III/1, 214–221; Barion, Synodalrecht 20 f., 35 f.; E. Chartraire, Auxerre, in: DHGE V (1930) 958; De Clercq, La législation 75–78; Pontal, Les statuts synodaux XXXIX; Mordek, Kirchenrecht und Reform 133 Anm. 169.

[56] Zwei weitere Handschriften, die in den bisherigen Drucken nicht berücksichtigt sind, teilt Mordek, Kirchenrecht und Reform 133 Anm. 169 mit: Kopenhagen, Kongel. Bibl., Ny Kgl. Saml. 58. 8°, fol. 35–48 (8. Jh.) und Oxford Bodl. 572 (9. Jh.).

[57] Vgl. dazu Mordek, Kirchenrecht und Reform 133 Anm. 169 und unten 303.

[58] Die Synode wiederholt die cc. 1, 3, 6, 16, 17, 18, 19 des Konzils von Mâcon (585) in cc. 16, 18, 19, 22, 15, 27–32, 33–34.

[59] Vgl. zur Datierung der Synode Maassen, Conc. I 179. Die verschiedenen Datierungen in den Sammlungen und in der Literatur richten sich nach der Episkopatsdauer des Aunacharius, die verschieden angesetzt wird; eine eindeutige Festlegung ist nicht möglich.

Die 45 Kanones von Auxerre enthalten Vorschriften über Frauen (cc. 9, 22, 26, 36, 37, 42), Probleme des Aberglaubens (cc. 1, 3, 4, 5), liturgische Fragen (cc. 2, 3, 6, 8, 10, 11, 12, 18, 19), das Fasten, insbesondere das Fasten zur Ostervigil (c. 11).[60] In c. 7 wird die periodische Abhaltung von Diözesansynoden vorgeschrieben[61], doch selbst wenn dieser Kanon befolgt wurde, haben diese Synoden keine Spuren hinterlassen.[62]

---

60 Dieser Kanon – ins Dekret Gratians als D. II de consecr. c. 97 aufgenommen – gab Anlaß zu verschiedenen Interpretationen, vgl. dazu Hefele-Leclercq III/1, 216–218; E. Vacandard, Carême, in: DThC II/2 (1932) 1728–1734.

61 Eine entsprechende Vorschrift findet sich schon in c. 19 von Orléans (511).

62 Vgl. allenfalls die Synoden von Rouen (688/89) unten 203 und Auxerre (692/95) vgl. De Clercq, Conc. Gall. 323.

III. UND
IV. ABSCHNITT

Die Konzilien von 613 bis 714

1. Kapitel

DAS MEROWINGISCHE GALLIEN VON 613 BIS 714

Auf die Zeit der Bürger- und Bruderkriege der Enkel Chlodwigs folgte eine Periode, in der unter Chlothar II.[1] und Dagobert I.[2] weitgehend Friede und Stabilität herrschten. Während der Regierungszeit dieser Könige befand sich die Macht in einer einzigen Hand. Doch darauf folgte eine Epoche des Verfalls und der Entartung, in der auch keine Konzilien mehr stattfanden.

Das fränkische Königreich[3] umfaßte im Jahre 613 das alte römische Gallien mit Ausnahme von Septimanien. Jedoch waren östlich der Alpen, in den Tälern von Aosta und Susa, und östlich des Jura die Grenzen des alten Gallien überschritten. Im Wallis, in der Diözese Lausanne und in der Westschweiz, folgte auf die burgundische Herrschaft die der Franken, die sich gegen das Eindringen der Alemannen zur Wehr setzen mußten: die Grenze zwischen den Burgundern und den Alemannen bildete sich an der oberen und mittleren Aare heraus. Im Süden sind Aquitanien und die Provence durch Kriege und die Einfälle der Araber am Ende des 7. Jahrhunderts verwüstet und von der „Francia" getrennt.[4] Die Einheit

---

[1] Chlothar II. (584–629), Sohn Chilperichs I., war zunächst König von Neustrien; nach dem Tode seines Vormunds Guntram (593) verlor er in der Schlacht von Dormelles (600) den größten Teil seines Königreiches, aber beim Tode Theuderichs II. (613) gewann er alles zurück; nach der Ermordung Brunechilds (613) wurde er Herrscher über alle fränkischen Königreiche. Zu Chlothar vgl. H. H. ANTON, Chlothar II., in: Reallexikon für germanische Altertumskunde IV (1981) 486–488; EWIG, Das merowingische Frankenreich 408–410; DERS., Teilreiche 192 f.; LOT, Naissance 64–69; LOT-PFISTER-GANSHOF, Histoire du moyen-âge I 266–269; TESSIER, Le baptême 221–224; LOT, La fin du monde antique 384; C. COURTOIS, L'avènement de Clovis II et les règles d'accession au trône chez les Mérovingiens, in: Mélanges d'histoire du moyen-âge, dédiés à la mémoire de L. Halphen, Paris 1951, 155–164.

[2] Dagobert I. (um 560–638) war König von Austrasien seit 623, von Neustrien, Burgund und Soissons seit 629, von Aquitanien seit 632. Er stammte aus der Ehe Chlothars II. mit Bertrude. Vgl. im einzelnen EWIG, Das merowingische Frankenreich 410 f.; DERS., Teilreiche 194–201; LOT, Naissance 78–84; DERS., La fin du monde antique 384–388; LOT-PFISTER-GANSHOF, Histoire du moyen-âge I 274–279; TESSIER, Le baptême 224–234; M. BOUVIER-AJAM, Dagobert, Paris 1980; R. BARROUX, Dagobert, roi des Francs, Paris 1938.

[3] Zur geographischen Abgrenzung vgl. EWIG, Teilreiche 172–230; DERS., Das merowingische Frankenreich 403–406; FOLZ, De l'antiquité 243–246.

[4] Zur Entwicklung im Süden vgl. FOLZ, De l'antiquité 230–239.

des Königreiches hätte eigentlich wiederhergestellt werden können, als das Reich in die Hände eines einzigen Königs fiel, aber das Gegenteil geschah: sie ging vollends verloren. Die langen Bürgerkriege und die Reichsteilungen hatten politisch eigenständige Regionen geschaffen. Der König von Neustrien mußte Austrasien und Burgund eine Art Autonomie zugestehen, so daß es drei Königreiche unter einem einzigen König gab.

a) Die politischen Ereignisse unter Chlothar II. und Dagobert I.

Im Jahre 612 besiegte Theuderich II.[5], der König von Burgund, seinen Bruder Theudebert II.[6], den König von Austrasien, bei Zülpich[7], nahm ihn gefangen und ließ ihn und seinen kleinen Sohn Merowech[8] töten; dann nahm er Austrasien in Besitz. Ein Jahr später aber starb Theuderich II. und hinterließ vier Söhne, von denen Brunechild den ältesten, Sigibert[9], zum König ausrufen ließ. Hierbei stieß sie jedoch auf den Widerstand der austrasischen Großen, an deren Spitze Bischof Arnulf von Metz und Pippin standen.[10] Sie riefen König Chlothar II. von Neustrien, den Sohn Fredegundes und Chilperichs, zu Hilfe. Brunechild, von den burgundischen Großen im Stich gelassen, fiel Chlothar in die Hände,

---

5 Theuderich II., König von Burgund 587–613, war der zweite Sohn Childeberts II. Als er – nach der Angliederung von Austrasien – im Begriff war, Chlothar II. Neustrien zu entreißen, starb er in Metz. Vgl. im einzelnen Ewig, Das merowingische Frankenreich 401; Lot, Naissance 65; Lot-Pfister-Ganshof, Histoire du moyen-âge I 264 f.

6 Zu Theudebert II., ältester Sohn Childeberts II. und 586–612 König von Austrasien, vgl. Ewig, Das merowingische Frankenreich 400 f.; Lot, Naissance 65; Lot-Pfister-Ganshof, Histoire du moyen-âge I 264 f.

7 In Wirklichkeit leitete der Hausmeier Warnacharius die Schlacht und brachte den Austrasiern die Niederlage bei Zülpich bei, nachdem er sie bereits bei Toul geschlagen hatte. Vgl. im einzelnen Lot, Naissance 65 f.

8 Ein burgundischer Krieger faßte das Kind bei den Füßen, schlug es mit dem Kopf gegen einen Felsen, so daß das Gehirn herausspritzte, vgl. die Quellen bei Lot-Pfister-Ganshof, Histoire du moyen-âge I 264 Anm. 47.

9 Sigibert II. (601–613) war ein unehelicher Sohn Theuderichs II., vgl. Ewig, Das merowingische Frankenreich 401; Lot-Pfister-Ganshof, Histoire du moyen-âge I 265.

10 Arnulf († 640/655) war zuerst am Hof Childeberts II. tätig, dann Verwalter der Königsgüter und hatte sich von Theudebert den vakanten Bischofssitz Metz zuweisen lassen (ca. 614); er übersprang an einem einzigen Tag alle Grade der kirchlichen Hierarchie. Mit Pippin († 640) war er einer der Hauptanstifter der Revolte gegen Brunechild. Vgl. zu Arnulf und Pippin H. H. Anton, Arnulfinger, Arnulf von Metz, in: Reallexikon der germanischen Altertumskunde I (1973) 433–436. Zum ersten Mal erscheinen hier die zukünftigen Karolinger in der Geschichte.

bevor es zur Schlacht kam. Chlothar ließ sie grausam töten. Zwei ihrer Urenkel wurden ebenfalls umgebracht, einer konnte fliehen – man weiß nicht wohin – den vierten verschonte Chlothar, weil er sein Patenkind war, aber er ließ ihn in ein Kloster sperren.[11] Mit 30 Jahren war also Chlothar II. alleiniger König von Neustrien, Austrasien und Burgund. Er herrschte über ein Reich, das sich von den Pyrenäen bis zur Rheinmündung erstreckte, und die germanischen Völker jenseits des Rheins waren ihm tributpflichtig. Er war jedoch nur ein Werkzeug der Aristokratie; ihr verdankte er den Sieg und mußte dafür Zugeständnisse machen.

Die Güterschenkungen, die ein König nach Eroberungen machte, wurden immer als volles Eigentum betrachtet; doch wenn die Empfänger sich als undankbar erwiesen oder revoltierten, kam es vor, daß der König die Schenkungen an treuere Untertanen übertrug. Diejenigen, die ihre Güter auf diese Weise verloren hatten, setzten sich häufig zur Wehr, und die Könige sahen sich gezwungen, ihnen nachzugeben. So hatten schon Guntram und Childebert im Vertrag von Andelot (586/87)[12] versprochen, ihren Getreuen die Güter zurückzuerstatten, die sie vom Fiskus erhalten hatten und bereits vor dem Tode Chlothars I. besaßen. Außerdem hatten sie die Schenkungen, die den Kirchen und den Gläubigen gemacht worden waren, für unwiderruflich erklärt.[13] Ebenso mußte sich nun auch Chlothar II. verpflichten, auf ewige Zeiten die Schenkungen zu bestätigen, die seine Vorgänger den Kirchen, Geistlichen und Laien gemacht hatten. Er sah sich gezwungen, alle Fiskalgüter zurückzugeben, die deren Besitzer während des Bürgerkrieges verloren hatten.[14]

Im Jahre 614 waren auf einem großen Konzil die Bischöfe aller Teile des Königreiches versammelt, und die mächtigen Laien trugen ihre diesbezüglichen Beschwerden vor. Der König mußte nicht nur umfangreichen Landbesitz abtreten, sondern auch Neustrien, Austrasien und Burgund jeweils einen eigenen Hausmeier geben.[15] Jedes dieser drei Länder bestand auf seiner Unabhängigkeit; Aquitanien war sogar zur Revolte bereit. Austrasien, das seit 561 immer einen eigenen König gehabt hatte, wollte sich nicht mit einem Hausmeier begnügen, sondern

---

11 Zu den Ereignissen im einzelnen vgl. Ewig, Das merowingische Frankenreich 401, 410; Lot, Naissance 65–67; Lot-Pfister-Ganshof, Histoire du moyen-âge I 265.

12 Vgl. zu den Bestimmungen Ewig, Das merowingische Frankenreich 409; Grahn-Hoek, Die fränkische Oberschicht 260–263.

13 Vgl. Lot, Naissance 179–183, 255.

14 Vgl. Lot-Pfister-Ganshof, Histoire du moyen-âge I 321 f.; Lot, Naissance 181 f.; ders., La fin du monde antique 414.

15 Vgl. Lot-Pfister-Ganshof, Histoire du moyen-âge I 322 f.; zum Konzil von 614 und dem Edikt Chlothars vgl. auch unten 182–188.

einen König haben. Dazu bestimmte Chlothar im Jahre 623 seinen Sohn Dagobert, und im Jahre 626 stellte er das frühere Königreich Austrasien in seiner ganzen Größe unter Einschluß der Champagne wieder her. Nur die austrasischen Teile Aquitaniens und der Provence behielt er für sich.[16] In Austrasien übten an Stelle Dagoberts zwei Männer die Macht aus: Pippin und Bischof Arnulf von Metz.[17] Auch in Burgund mußte der König Zugeständnisse machen; die sogenannten Konzilien von Bonneuil oder Bordeaux sind nur Versammlungen der Großen und der Bischöfe, auf denen jeder auf seinen Vorteil bedacht ist.[18] Das fränkische Königreich ist nunmehr nicht nur dreigeteilt – *tria regna* – sondern jedes der neuen Gebilde beginnt, in Einzelherrschaften zu zerfallen.

Dagobert I., der beim Tode seines Vaters im Jahre 629 König geworden war, versuchte die Einheit des Reiches wiederherzustellen. Er verstand es, sich mit fähigen Leuten zu umgeben, ernannte Bischöfe, die ihm bei der Verwaltung halfen, hatte nur Aega[19] als alleinigen Hausmeier für die drei Teilreiche und beauftragte seinen Bruder Charibert mit der Verwaltung Aquitaniens, der dieses Amt bis zu seinem Tode (632) versah, nach dem dann Aquitanien wieder unter die unmittelbare Herrschaft des Königs kam.[20]

Durch die Erneuerung der Reichseinheit waren die *potentes* und die Bischöfe dem König wieder stärker verpflichtet, Dagobert widerrief die Zugeständnisse des Jahres 614, indem er einen Teil der Ländereien zurücknahm, die das Edikt Chlothars II. zum Eigentum der Kirche oder der *potentes* erklärt hatte.[21] Um die Ausdehnung der Güter der Toten Hand[22] zu verhindern, beschlagnahmte er eine Reihe von Besitzungen, die Privatleute Bistümern und Abteien vermacht hatten. Daher war eine der Hauptsorgen der Konzilien die Erneuerung früherer Maßnahmen oder

---

[16] Vgl. dazu im einzelnen Ewig, Das merowingische Frankenreich 410; DERS., Teilreiche 192–201; DERS., Die Rheinlande in fränkischer Zeit 26 f.; Lot-Pfister-Ganshof, Histoire du moyen-âge I 267 f.

[17] Vgl. Ewig, Das merowingische Frankenreich 410; DERS., Teilreiche 194; Lot, Naissance 68 f.; Lot-Pfister-Ganshof, Histoire du moyen-âge I 267.

[18] Vgl. dazu unten 213.

[19] Herzog Aega, Hausmeier von Neustrien im Jahre 638/39, † 641, war ein Vertrauensmann Dagoberts, der ihm sterbend seinen Sohn Chlodwig anvertraute. Vgl. Ebling, Prosopographie 38 f.; Ewig, Das merowingische Frankenreich 414; Lot, Naissance 83, 85; Lot-Pfister-Ganshof, Histoire du moyen-âge I 276.

[20] Vgl. im einzelnen Ewig, Das merowingische Frankenreich 410 f.; DERS., Teilreiche 201–204; Lot, Naissance 78 f., 88; Lot-Pfister-Ganshof, Histoire du moyen-âge I 276.

[21] Vgl. Dupraz, Contribution 204–222.

[22] „Güter der Toten Hand“ sind der Veräußerung und Erbteilung entzogen, vor allem eben Stiftungen an kirchliche Körperschaften.

die Schaffung neuer Vorschriften zum Schutz der erworbenen Kirchengüter.[23]
Mit Waffengewalt schützte Dagobert die äußeren Grenzen des Frankenreiches.[24] Er mußte im Innern aber die Forderungen von Austrasien und Neustrien berücksichtigen, die eigene Könige verlangten. So teilte er vorzeitig das Reich unter seine beiden Söhne auf: der dreijährige Sigibert III.[25] wurde im Jahre 633 in Metz zum König von Austrasien ausgerufen, Bischof Kunibert von Köln[26] und Adalgisel[27] zu Regenten bestimmt. Der erst 634 geborene zweite Sohn Chlodwig[28] sollte nach dem Tode Dagoberts König von Neustrien und Burgund werden.[29]

b) Der Verfall der königlichen Macht unter den letzten Merowingern

Königsgut und Hausgut der Merowinger bildeten anfangs eine unentwirrbare Einheit, durch die Bürgerkriege des 6. Jahrhunderts wurde jedoch der Aufstieg des Adels begünstigt und die Macht der königlichen Familie untergraben. Die Hausmeier übten ihren Einfluß zugunsten der Teilreiche aus und erschütterten so die königliche Zentralgewalt. Zwar waren Chlothar II. und Dagobert I. noch stark genug, die Einheit des *regnum* für eine gewisse Zeit zu erhalten und den Adel zu bändigen, aber nach 638 verfallen Königtum und Staat sehr rasch unter der vereinten Wirkung der Forderungen der *proceres* und des Partikularismus.[30] Interessenkämpfe

[23] Vgl. dazu unten 185.

[24] Vgl. Ewig, Das merowingische Frankenreich 411; Lot, Naissance 80–83; Lot-Pfister-Ganshof, Histoire du moyen-âge I 277 f.

[25] Sigibert III. (631–656), Sohn Dagoberts, wurde 633 König von Austrasien, vgl. Ewig, Das merowingische Frankenreich 411, 414; ders., Teilreiche 198–201; Lot-Pfister-Ganshof, Histoire du moyen-âge I 279, 282; Dupraz, Contribution 109–283.

[26] Kunibert, 623–663 Bischof von Köln, war Erzieher Sigiberts III. des ältesten Sohnes Dagoberts; er regierte Austrasien während der Minderjährigkeit Dagoberts, nachdem sich Arnulf von Metz um 626 zurückgezogen hatte. Vgl. Ewig, Das merowingische Frankenreich 410 f.; J. Torsy, Kunibert, in: LThK² VI (1961) 680.

[27] Vgl. Ewig, Das merowingische Frankenreich 411; Ebling, Prosopographie 30 f.

[28] Chlodwig II. (634–657), zweiter Sohn Dagoberts, war König von Neustrien und Burgund und stand unter der Vormundschaft seiner Mutter Nanthild und der Hausmeier Aega, Erchinoald und Flaochat. Er hatte drei Söhne von seiner Gemahlin, der heiligen Balthilde: Chlothar, Childerich und Theuderich. Vgl. Lot-Pfister-Ganshof, Histoire du moyen-âge I 280–282; Ewig, Das merowingische Frankenreich 412–414. Zum Regierungsbeginn Chlodwigs (Oktober 640) vgl. Courtois, L'avènement de Clovis II 155–164.

[29] Vgl. im einzelnen Ewig, Das merowingische Frankenreich 411.

[30] Vgl. Folz, De l'antiquité 259 f. Zur Entwicklung des Frankenreiches nach dem Tode Dagoberts I. (638) vgl. Ewig, Das merowingische Frankenreich 412–417; ders., Teilreiche

entstanden, und in den Händen des Adels, der den König ausrief, bildete sich erneut ein Wahlkönigtum. Der Brauch der Länderteilung wurde aufgegeben, die Einheit des Königreiches 673–675 unter Childerich von Austrasien[31], dann 687 unter Theuderich III.[32] nach der Schlacht von Tertry[33] wiederhergestellt, doch diese Einheit war nur Schein: die Hausmeier, allmächtige „Minister", waren die Anführer der Großen, deren Privilegien sie verteidigten.[34] Verschiedene Hausmeier versuchten aus Ergebenheit dem Königtum gegenüber, von den Großen loszukommen, wie zum Beispiel Otto von Austrasien (640)[35], oder sie gebrauchten ihre Macht nicht nur zum eigenen Vorteil, wie Grimoald (656)[36], wurden dann aber das Opfer der Rache der Adligen, die sie beseitigten. Die Bemühungen Ebroins[37], das Königreich vor dem Verfall zu retten und die Einheit

---

201–210; Lot-Pfister-Ganshof, Histoire du moyen-âge I 280–296; Tessier, Le baptême 234–241; Lot, La fin du monde antique 389–398; Dupraz, Contribution 109–385.

31 Childerich II. (650–675) war der zweite Sohn Chlodwigs II. und der Balthilde. Er wurde 656 König von Austrasien. Vgl. Ewig, Das merowingische Frankenreich 416; Lot-Pfister-Ganshof, Histoire du moyen-âge I 283.

32 Theuderich III. (um 652–691), König von Neustrien, dritter Sohn Chlodwigs II., war auf seinen Bruder Chlothar III. 670 gefolgt. Die Großen von Neustrien und Burgund waren seinem Hausmeier Ebroin feindlich gesinnt und riefen gegen ihn Childerich II., den König von Austrasien, zu Hilfe, der Theuderich III. in Saint-Denis und Ebroin in Luxeuil einsperren ließ. Doch Childerich II. wurde 675 ermordet, und Theuderich III. trat seine Nachfolge an. Ebroin, der wieder Hausmeier geworden war, besiegte die aufrührerischen Austrasier, die 680 Dagobert II. als König anerkannten. Doch bei Ebroins Tod (680/83) ergriffen die Austrasier unter Führung des Herzogs Pippin wieder die Macht, und Theuderich wurde ein passives Werkzeug in Pippins Händen. Vgl. dazu im einzelnen Ewig, Das merowingische Frankenreich 416 f.; Lot-Pfister-Ganshof, Histoire du moyen-âge I 284–287.

33 Tertry, früher Teśtry, im Département Somme gelegen, 13 km von Péronne entfernt. Die Schlacht von Tertry, in der Pippin von Herstal, Hausmeier von Austrasien, Berchar, den Hausmeier von Neustrien, besiegte, beendete die Unabhängigkeit von Neustrien. Vgl. Ewig, Das merowingische Frankenreich 417.

34 Vgl. Ewig, Das merowingische Frankenreich 416 f.; Lot, Naissance 86 f.; Lot-Pfister-Ganshof, Histoire du moyen-âge I 324 f.

35 Zu Otto vgl. Ebling, Prosopographie 66 f.; Lot, Naissance 86.

36 Grimoald, Hausmeier unter Sigibert II. von Austrasien, † um 656, Sohn und Nachfolger Pippin des Älteren, versuchte 656 einen Staatsstreich, um die Merowinger zu stürzen, und krönte seinen eigenen Sohn Childebert zum König. Der Staatsstreich mißlang, und Grimoald wurde auf Anordnung Chlodwigs II. getötet. Vgl. im einzelnen Ewig, Das merowingische Frankenreich 414; Lot-Pfister-Ganshof, Histoire du moyen-âge I 282 f.; Dupraz, Contribution 284–385; Ewig, Noch einmal zum Staatsstreich Grimoalds 573–577.

37 Ebroin folgte 657 auf Erchinoald als Hausmeier Chlothars III. von Neustrien und Burgund. Er war sehr despotisch und zwang seine Mutter Balthilde, sich ins Kloster Chelles zurückzuziehen, und ließ die Bischöfe von Paris und Lyon ermorden. Beim Tode Chlothars III. (673) proklamierte er eigenmächtig Theuderich III. zum König von Neustrien und Burgund, um die Einheit des Reiches wiederherzustellen. Er führte einen

zu wahren, stießen auf den Widerstand des Leodegar und der Burgunder.[38] Ebroin ließ Leodegar töten (678) und schien mit seinen Bemühungen einen Augenblick Erfolg zu haben. Doch der Erfolg war nur vorübergehend; Ebroin selbst wurde von den Großen Austrasiens umgebracht. So wurden Hausmeier wie Ebroin und Berchar[39] beseitigt, weil sie die Großen bezwingen wollten. Mit ihnen schien auch das Königtum besiegt zu sein. Tatsächlich aber nutzte eine einzige Familie unter den *potentes* diesen Triumph aus: die Familie des Pippin von Herstal, der nach seinem Sieg über Berchar bei Tertry Theuderich III. als Herrscher über das ganze fränkische Königreich anerkannte und den Titel eines *maior domus* annahm.[40]

c) Entwicklung des Episkopats und der Kirche

Wie die Großen, die dem König zur Macht verholfen hatten, so erhielten auch die Bischöfe vom König als Belohnung für geleistete Dienste Grundbesitz, Immunitäten und öffentliche Ämter. Wie die *potentes* sicherten sich auch die Bischöfe ihre Ansprüche in der Gegend, in der sie Güterbesitz hatten, wie aus dem Edictum Chlotharii klar hervorgeht.[41] Sie wurden Rivalen der *potentes,* deren Stelle sie oft einnahmen.[42] Dagobert verlieh dem Bischof von Tours die Grafengewalt[43]; während des Episko-

---

gnadenlosen Kampf gegen Bischof Leodegar von Autun, der die Unabhängigkeit Burgunds bewahren wollte, und besiegte ihn. Außerdem schlug er Pippin von Herstal in der Nähe von Laon (680), wurde aber kurz darauf selbst ermordet. Vgl. Ewig, Das merowingische Frankenreich 415–417; ders., Teilreiche 210–221; Lot, Naissance 89–94; Lot-Pfister-Ganshof, Histoire de moyen-âge I 284–289; Ebling, Prosopographie 131–133.

38 Zur Auseinandersetzung Ebroins mit Bischof Leodegar von Autun vgl. Ewig, Das merowingische Frankenreich 415 f.; Lot, Naissance 90–92; Ewig, Milo 211 f.; zu Leodegar: Mordek, Kirchenrecht 83–85.

39 Vgl. Lot, Naissance 94; Lot-Pfister-Ganshof, Histoire du moyen-âge I 289; Ebling, Prosopographie 77.

40 Vgl. Schieffer, Das Karolingerreich 529; Lot, Naissance 94 f.; Lot-Pfister-Ganshof, Histoire du moyen-âge I 289 f.; Ewig, Teilreiche 221–230.

41 Vgl. dazu unten 186 f.

42 Man denke zum Beispiel an Arnulf in Metz (siehe oben Anm. 10). Vgl. auch Lot, Naissance 206; Claude, Die Bestellung der Bischöfe 37; Folz, De l'antiquité 245; Wieruszowski, Die Zusammensetzung 66; Ewig, Milo 212–215.

43 Vgl. Ewig, Milo 208, 217; hierzu und zum folgenden vgl. auch F. Prinz, Bischöfliche Stadtherrschaft im Frankenreich vom 5. bis zum 7. Jahrhundert, in: HZ 217 (1974) 1–35, leicht überarbeitet, in: Bischofs- und Kathedralstädte des Mittelalters und der frühen Neuzeit (= Städteforschung A/1) hrsg. von F. Petri, Köln–Wien 1976, 1–27; ders., Klerus und Krieg 50–60.

pats von Bischof Desiderius von Cahors und von Leodegar von Autun gab es dort keinen Grafen mehr[44], in Trier hat der Bischof den Grafen aus der Stadt vertrieben, die freilich noch teilweise im Besitz des Grafen blieb.[45] Das so gewachsene Ansehen des Bischofsamtes, das sich nunmehr auch auf die politische Ebene erstreckte, bewirkte, daß die Könige sich immer mehr das Recht anmaßten, in die Bischofswahlen einzugreifen, wenn sie auch die Bischöfe nicht unmittelbar ernannten.[46] Der Metropolit verlor seine Bedeutung, und das Bistum wurde sowohl territoriale Einheit als auch Machtzentrum. Es ist daher durchaus verständlich, daß der König nach Möglichkeiten suchte, hohe Hofbeamte zu Bischöfen weihen zu lassen.[47] Sehr oft ernannte er Laien oder *domestici* zu Bischöfen, wenn er sie belohnen wollte.[48] Dagobert kommt wenigstens das Verdienst zu, im allgemeinen gute Bischöfe ausgewählt zu haben, die ihren Bischofssitz berühmt machten: Eligius[49] in Noyon, der *referendarius* Audoin[50] in Rouen, der *thesaurarius* Desiderius[51] in Cahors. Bei dieser Art von Rekrutierung aber war eine recht unterschiedliche Qualität der Bischöfe unvermeidlich. Außerdem führte deren Herkunft zu Rivalitäten. Die fränkischen Bischöfe, die immer zahlreicher wurden, standen gegen die noch vorhandenen gallorömischen Bischöfe; ein Beispiel für eine derartige Rivalität bietet der Streit zwischen Ebroin und Leodegar.[52]

Am Rand der Landpfarreien, die bisher von den Bischöfen organisiert worden waren, wurden immer mehr Privatkirchen gegründet. Diese Privat- oder Eigenkirchen erscheinen auf Königsgut ebenso wie in den *villae* der Klöster, der Bischöfe und der Großen. Sie sind dazu bestimmt, das religiöse Leben der Bauern, die auf diesen Gütern leben, zu gewähr-

---

44 Vgl. Ewig, Milo 208, 211 f.

45 Zur Entwicklung in Trier vgl. Ewig, Civitas, Gau und Territorium in den Trierischen Mosellanden 517 f.; Ders., Milo 217; Ders., Trier im Merowingerreich. Civitas, Stadt, Bistum, Trier 1954, 123.

46 Vgl. die Ausführungen zum Konzil und Edikt von 614 unten 186 f. und Claude, Die Bestellung der Bischöfe 49–52; Servatius, Per ordinationem 1–29; Scheibelreiter, Bischof 156–166.

47 Vgl. dazu unten 179 und Claude, Die Bestellung der Bischöfe 50.

48 Vgl. Beispiele bei Claude, Die Bestellung der Bischöfe 53 f.; Servatius, Per ordinationem 16 f.; Scheibelreiter, Bischof 149–171.

49 Eligius war Schatzmeister Chlothars II. (dessen Münzen seine Unterschrift tragen) und Hauptberater Dagoberts. 641 wurde er Bischof von Noyon und starb 660. Vgl. Ewig, Die lateinische Kirche im Übergang 118; Ders., Die fränkischen Teilreiche 189; Scheibelreiter, Bischof 232.

50 Zu Audoin (641–683) vgl. Ewig, Die lateinische Kirche im Übergang 118; Scheibelreiter, Bischof 232.

51 Vgl. Claude, Die Bestellung der Bischöfe 21, 37.

52 Vgl. oben 176 f.

leisten. Sie sind Eigentum ihrer Gründer, die für die Errichtung und die Ausstattung der Heiligtümer aufkommen. Sie gehören zum erblichen Besitz des Gründers und können veräußert werden wie jedes andere Gut. Obgleich die Bischöfe versuchen, sie unter ihrer Kontrolle zu behalten, können sie doch nicht verhindern, daß die Pfarrer dieser Kirchen von den Grundherren abhängig werden.[53]

Die Vermehrung der Kirchengüter hat den Neid der Laien geweckt, viele treten in den Dienst der Kirche, um Nutzen davon zu haben; die kirchliche Aristokratie vermischt ihre Interessen mit denjenigen der weltlichen. Viele Priester passen sich den Lebensformen der sie umgebenden Gesellschaft an.[54]

Nachdem Karl Martell Hausmeier geworden war, fiel der Episkopat vollständig in seine Hände. Er verfuhr mit dem Klerus ohne große Skrupel, verteilte Bistümer und Abteien unter seine Anhänger und bemächtigte sich der Kirchengüter. Nichts und niemand war vor Plünderung geschützt. Bischof Willicharius von Vienne, dessen Kirche geplündert wurde, zog sich in das Kloster St.-Maurice zurück.[55] Einige Jahre hindurch waren Lyon und Vienne ohne Bischöfe.[56] Gewaltsam wurde der Bischof von Reims vertrieben.[57] Viele Bischofssitze waren mit Laien besetzt[58], es gab keine Provinzen und keine Metropolen mehr.[59]

Während die Bischöfe, die immer häufiger aus Laienkreisen rekrutiert wurden, sich mehr um die weltliche Verwaltung als um geistliche Probleme kümmerten, entfaltete sich im Westen das Mönchtum, das unter dem Einfluß Papst Gregors des Großen erneuert wurde.[60] Im Frankenreich wurde dank der Mithilfe der Könige durch Kolumban um 590 das irische Mönchtum eingeführt.[61] Die Gründung von Luxeuil bewirkt zahlreiche

---

53 Vgl. dazu W. Hartmann, Der rechtliche Zustand der Kirchen auf dem Lande: Die Eigenkirche in der fränkischen Gesetzgebung des 7. bis 9. Jahrhunderts, in: Settimane 28 (1982) 399–403; Lot-Pfister-Ganshof, Histoire du moyen-âge I 335 f.; Folz, De l'antiquité 261 f.

54 Vgl. zur Entwicklung der Kirche Schieffer, Die gallisch-fränkische Kirche 521 f.

55 Vgl. Duchesne, Fastes I 209.

56 Vgl. Duchesne, Fastes I 211 (Vienne), II 171 (Lyon).

57 Vgl. Duchesne, Fastes III 85 f.

58 Wieruszowski, Die Zusammensetzung 72–75.

59 Vgl. Ewig, Milo 207–219.

60 Vgl. Lot-Pfister-Ganshof, Histoire du moyen-âge I 239; Folz, De l'antiquité 262–264.

61 Kolumban, irischer Mönch, kam um 590 nach Gallien und gründete dort die Klöster Luxeuil und Fontaine. In seiner strengen und asketischen Klosterregel wurden die Vergehen mit Strafen verbunden (Gebete, Fasten, Almosen), die von der Kirche bald darauf in Geldstrafen umgewandelt wurden, und so wurde an den Sünden der Gläubigen Geld verdient. Trotz der Unterstützung des fränkischen Episkopats durch König Theudebert erreichten seine Gegner im gallorömischen Episkopat mit Hilfe von Königin

Stiftungen von Klöstern durch Großgrundbesitzer, und im Laufe des 7. Jahrhunderts entwickeln sich die Klöster zu stark ausstrahlenden Stützpunkten des religiösen Lebens wie der Adelsherrschaft.[62]
Im 6. Jahrhundert hatte praktisch keine Mission mehr stattgefunden, doch im 7. Jahrhundert betrieb die fränkische Kirche erneut eine intensive Missionstätigkeit, die sich vor allem auf Nordgallien (Noyon, Tournai, Arras, Cambrai, Thérouanne), das teilweise heidnisch geblieben war, erstreckte, und auf den Osten, insbesondere auf die Gegend um Konstanz, das Windisch als Bischofssitz abgelöst hatte.[63]
Die Konzilien, die in dieser Zeit stattfanden, spiegeln den Zustand der Gesellschaft wider. Schon in der Zeit zwischen Guntrams Tod und der Thronbesteigung Chlothars II. hatte das Anwachsen der politischen Streitigkeiten und der Bürgerkriege eine Abnahme der Konzilstätigkeit bewirkt. Die Konzentration der Macht in einer Hand unter Chlothar II. und Dagobert I. gestattete es, die notwendige Disziplin in der Kirche wiederherzustellen und die Beziehungen zwischen Kirche und Staat zu regeln. Die Kirche versuchte nämlich, ihre Unabhängigkeit und ihren Besitz gegenüber dem König und den Großen zu sichern und zu verteidigen. Der König aber benutzte den Episkopat, um sich Autorität zu verschaffen. In dieser Zeit fanden zwei große Konzilien mit gesetzgebendem Charakter statt – Paris 614 und Clichy 626.[64]
Derartige Konzilien gab es im Laufe des 7. Jahrhunderts kaum mehr; die Versammlungen, die noch abgehalten wurden, zeigen, wie die Bischöfe versuchen, ihre Jurisdiktionsgewalt aufrechtzuerhalten, Privilegien zu verteidigen und Kirchen- und Klostergut zu schützen. Auch heidnischen Sitten und der Unwissenheit des Klerus wird der Kampf angesagt. Um eine Erneuerung durchzuführen und die notwendigen Maßnahmen zu untermauern, beginnen verschiedene Prälaten mit der Sammlung von Beschlüssen älterer Konzilien. Hier liegt der Ursprung der ersten systema-

---

Brunechild, daß er nach Nantes verbannt wurde. Vgl. zu Kolumban Ewig, Die lateinische Kirche im Übergang 113, mit weiterführender Literatur; Schieffer, Die gallisch-fränkische Kirche 520 f.; Folz, De l'antiquité 263; Columbanus and Merovingian Monachism, hrsg. von H. B. Clarke und M. Brennan, BAR International Series 113, 1981.

62 Vgl. Folz, De l'antiquité 263. Dazu auch Ewig, Die lateinische Kirche im Übergang 113 f.; allgemein: Prinz, Frühes Mönchtum im Frankenreich 121–151, 263–316; Wallace-Hadrill, The Frankish Church 55–74.

63 Zur Mission im Frankenreich vgl. Ewig, Die Rheinlande in fränkischer Zeit 56 f.; ders., Die lateinische Kirche im Übergang 114–135; ders., Teilreiche 186–189, bes. Anm. 61; Ewig-Schäferdiek, Christliche Expansion 127–145; Folz, De l'antiquité 266 f.; Wallace-Hadrill, The Frankish Church 17–36.

64 Vgl. dazu unten 182–192.

tischen Kanonessammlung in Gallien.[65] Aufgrund der territorialen Zersplitterung des Reiches gibt es jetzt häufiger Konzilien der einzelnen Regionen. Da die Konzilien auch der Lösung politischer Probleme dienen, entwickeln sie sich mehr und mehr zu gemischten Versammlungen des Adels und des Episkopats.

In dieser Periode kennen wir drei Typen von Konzilien:

1. Wie in der vorhergehenden Zeit Konzilien mit gesetzgebendem und gerichtlichem Charakter zur Erneuerung der Disziplin, auch in den Klöstern.
2. Konzilien, die Klostergründungen und die Bewilligung oder Bestätigung von Privilegien für die Klöster betreffen.
3. Konzilien mit vornehmlich politischem Inhalt, gemischte Versammlungen von Laienadel und Bischöfen, die unter anderem dazu dienten, Bischöfe abzusetzen. Eine Ausnahme bildet die Versammlung von Saint-Pierre-de-Granon , die einige Kanones erließ.

---

[65] Vgl. unten 286.

2. Kapitel

GESETZGEBENDE KONZILIEN

a) Das Konzil von Paris (10. Oktober 614)[1]

Nachdem Chlothar II. 613 alleiniger König der Franken geworden war, rief er im folgenden Jahr eine Versammlung der *proceres* zusammen, das heißt des Laienadels und der Geistlichen aus allen Gebieten, die unter seiner Herrschaft vereinigt waren.

Tatsächlich fanden zwei Versammlungen hintereinander statt[2]: Die Bischöfe traten zuerst allein zu einem Konzil zusammen. Dank ihrer großen Anzahl und der Verpflichtung, die der König ihnen und den adligen Laien gegenüber hatte, wollten sie die Gelegenheit nutzen, um die Freiheit der Bischofswahl, den Schutz der Kirchengüter und die Erweiterung ihrer Jurisdiktion zu erreichen. Die Konzilsbeschlüsse wurden dem König vorgelegt, der innerhalb einer Frist von acht Tagen unter seinem Vorsitz eine zweite Versammlung einberief, an der alle *proceres* – Laien und Prälaten – teilnahmen, um die Konzilsbeschlüsse und die Forderungen der Großen zu prüfen. Hier wurde das Edikt des Königs vorbereitet, das in mehreren Kapiteln den Standpunkt der weltlichen Gewalt zu den Konzilskanones präzisierte. In einigen wichtigen Punkten machte Chlothar Vorbehalte, aber dem Inhalt der Forderungen selbst gab er nach: das Edikt bestätigte die Konzilsbeschlüsse, veränderte jedoch diejenigen, die nach Chlothars Meinung die königlichen Rechte schmälerten. Beim Vergleich der Kanones mit den Bestimmungen des Edikts werden wir die wichtigsten Punkte erörtern, in denen die Konzilskanones bestätigt, ergänzt oder abgeändert wurden.

---

[1] Drucke: Sirmond I 470–476; Coll. regia XIV 404–413; Labbe-Cossart V 1649–1655; Hardouin III 551–556; Coleti VI 1387–1394; Mansi, Suppl. I 467; Mansi X 539–546; Amort II 357–364; Bruns II 255–259; Friedrich, Drei unedirte Concilien 9–16; Maassen, Conc. I 185–192; De Clercq, Conc. Gall. 274–285. Literatur: Friedrich, Drei unedirte Concilien 16–61; Hefele-Leclercq III/1, 250–254; Barion, Synodalrecht 235–249; De Clercq, La législation 57–62; Le Bras, Synodes et conciles parisiens 45; Chamapagne-Szramkiewicz, Recherches 14; Servatius, Per ordinationem 1–29; Mordek, Kirchenrecht und Reform 76 f.; Hannig, Consensus fidelium 70 f.; Rouche, L'Aquitaine 82–84; Wallace-Hadrill, The Frankish Church 104.

[2] Vgl. zum Ablauf De Clercq, La législation 61 f.

Nach der Zahl der Teilnehmer und wegen seiner Originalität war Paris 614 das größte Generalkonzil des merowingischen Frankenreiches. Der König, der für die Einberufung gesorgt hatte, nahm selbst nicht teil: die Leitung hatte der Metropolit von Lyon, der als erster die Kanones unterzeichnete.[3] Das Konzil fand in der Kirche Saint-Pierre statt.[4]

Von den 14 teilnehmenden Provinzen[5] waren 12 durch ihre Metropoliten[6] vertreten. Derjenige von Tours lag im Sterben oder war bereits tot[7], aber vier Bischöfe[8] aus dieser Provinz waren anwesend. Der Metropolit von Mainz war nicht vertreten, doch drei Bischöfe aus dieser Provinz nahmen teil.[9] Außer den Metropoliten unterschrieben 67 Bischöfe und ein Abt.[10]

---

[3] Zur Rolle des Erzbischofs von Lyon vgl. MORDEK, Kirchenrecht und Reform 76 f.

[4] Der heiligen Genoveva geweiht befand sich diese Kirche am Platze des heutigen Panthéon.

[5] Es handelt sich um die Provinzen Arles, Besançon, Bordeaux, Bourges, Eauze, Köln, Lyon, Mainz, Reims, Rouen, Sens, Tours, Trier und Vienne.

[6] Aridius, Metropolit von Lyon (602/03 – nach 614); Florianus, Metropolit von Arles (um 614); Domulus, Metropolit von Vienne (602/03 – um 620); Hildulfus, Metropolit von Rouen (602 – um 626); Sabaudus, Metropolit von Trier (um 614); Proardus, Metropolit von Besançon (vor 614 – 12. Februar vor 624); Solacius, Metropolit von Köln (vor 614–625); Austrigisilus, Metropolit von Bourges (612–624); Arnegisilus, Metropolit von Bordeaux (um 614); Lupus, Metropolit von Sens (609 – um 623); Sunnacius, Metropolit von Reims (vor 614 – nach 627); Leodomundus, Metropolit von Eauze (um 614).

[7] Vgl. DUCHESNE, Fastes II 108.

[8] Provinz Tours: Bertegramnus, Bischof von Le Mans (587 – 30. Juni um 623); Magnobodus, Bischof von Angers (vor 614 – nach 626/27); Haimoaldus, Bischof von Rennes (um 614); Eufronius, Bischof von Nantes (um 612 – nach 614).

[9] Provinz Mainz: Berhtulfus, Bischof von Worms (um 614); Ansoaldus, Bischof von Straßburg (um 614); Hildericus, Bischof von Speyer (um 614).

[10] Provinz Sens: Liudigisilus, Bischof von Orléans (um 614); Desiderius, Bischof von Auxerre (603 – 27. Oktober 621/23); Theodoaldus, Bischof von Chartres (um 614); Raurecus, Bischof von Nevers (vor 614 – nach 656); Gundoaldus, Bischof von Meaux (vor 614–626/27); Ceraunius, Bischof von Paris (um 614).
Provinz Bordeaux: Audoberhtus, Bischof von Saintes (um 614); Ennoaldus, Bischof von Poitiers (vor 614–615); Flavardus, Bischof von Agen (um 614); Bassolus, Bischof von Angoulême (um 614); Aggus, Bischof von Périgueux (um 614).
Provinz Reims: Gaugericus, Bischof von Cambrai (580 – 11. August 619); Rigobertus, Bischof von Laon (um 614); Berachundus, Bischof von Amiens (vor 614–627); Berhtmundus, Bischof von Noyon (um 614); Leudomeris, Bischof von Châlons-sur-Marne (um 614); Ansericus, Bischof von Soissons (vor 614–652).
Provinz Eauze: Palladius, Bischof von Aire (um 614); Gudualdus, Bischof von Bazas (um 614); Victor, vielleicht Bischof von Lescar (um 614); Palladius, vielleicht Bischof von Lectoure (um 614); Johannis, Bischof von Couserans (um 614); Helarianus, Bischof von Oloron (um 614).
Provinz Arles: Secundinus, Bischof von Sisteron (614–657); Agricola, Bischof von Saint-Paul-Trois-Châteaux (um 614); Vincentius, Bischof von Vaison (um 614); Lopacharus, Bischof von Embrun (um 614); Valationius, Bischof von Gap (um 604–643); Eusepius,

In der Subskriptionsliste sind einige Namen zweimal verzeichnet, so zum Beispiel der Bischof von Toulouse, oder der Bischof von Besançon, der hier zum ersten Mal im Rang eines Metropoliten erscheint, aber unter den Bischöfen nochmals unterschreibt. Für Lisieux unterzeichnen zwei Bischöfe, die den Bischofssitz unter sich teilen, dasselbe ist der Fall für Sitten. Aus England sind ein Bischof[11] und ein Abt, Peter von Canterbury, gekommen.

Im Gegensatz zur hohen Teilnehmerzahl steht die handschriftliche Überlieferung des Konzils: nur zwei Kodizes bieten den Text[12], dessen 17 Kanones ein kurzes Vorwort vorangestellt ist, das wörtlich dem Konzil von Lyon 567/70 entnommen ist.[13]

Ohne nähere Angaben berufen sich die Kanones 1, 2, 5, 11, 12, 13, 15, 17 auf frühere Bestimmungen. Kanon 1 fordert zur Einhaltung aller früheren Kanones auf. Kanon 2 wiederholt den c. 8 von Paris III (561/62) über die Freiheit der Bischofswahl. Kanon 3 wiederholt c. 12 von Orléans V (549) über das Verbot, einen Bischofsnachfolger zu Lebzeiten des Amtsinha-

---

Bischof von Antibes (um 614); Innocentius, Bischof von Apt (um 614); Abraham, Bischof von Nizza (um 614); Marcellus, Bischof von Senez (um 614); Petrus, Bischof von Marseille (um 614).

Provinz Lyon: Rocco, Bischof von Autun (um 614); Deutatus, Bischof von Mâcon (um 614) Antestis, Bischof von Chalon-sur-Saône (um 614); Miechius, Bischof von Langres (um 614).

Provinz Vienne: Leodomundus (610–616) und Dracoaldus (um 614), Bischöfe von Sitten; Syagrius II., Bischof von Grenoble (um 614); Maximus, Bischof von Die (um 614).

Provinz Rouen: Leodoaldus, Bischof von Bayeux (um 581 – nach 614); Hildoaldus, Bischof von Avranches (vor 614 – nach 626/27); Chamnegisilus (um 614) und Launomundus (vor 614 – nach 647/53), Bischöfe von Lisieux; Erminulfus, Bischof von Evreux (um 614); Marcellus, Bischof von Séez (um 614).

Provinz Bourges: Fredemendus, Bischof von Albi (um 614); Eusebius, Bischof von Cahors (vor 614–621); Verus, Bischof von Rodez (vor 614 – nach 637); Hiltigisilus oder Vuilligisilus, Bischof von Toulouse (vor 614 – nach 626/27); Agricula, Bischof von Javols-Mende (vor 614 – nach 626/27).

Provinz Besançon: Aquilenus, Bischof von Belley (um 614); Ambrosius, Bischof von Windisch-Konstanz (um 614).

Provinz Trier: Eudila, Bischof von Toul (602 – nach 614); Harimeris, Bischof von Verdun (um 614).

Provinz Köln: Bettulfus, Bischof von Maastricht (um 614).

11 Iustus, Bischof von Rochester (604–624, dann Erzbischof von Canterbury, 624 – 10. November 630). Vgl. FRIEDRICH, Drei unedirte Concilien 57 f.

12 München, Clm 5508 und Berlin, Phill. 1743. Vgl. zur Überlieferung im einzelnen die Editionen von Maassen und De Clercq.

13 Wie üblich werden die Erneuerung und Anpassung der Kanones als Grund für die Zusammenkunft angegeben. In den Satz, man wolle sich um das Wohlergehen der Kirche und des Volkes kümmern, wurde in Paris 614 auch der König einbezogen.

bers zu ernennen.[14] Kanon 4 geht vielleicht auf c. 7 von Tours (567) über die Absetzung der Äbte zurück. Kanon 5 über die Geistlichen, die Schutz bei den Mächtigen suchen, kann man vergleichen mit c. 8 von Agde (506) über geistliche Delinquenten, die Schutz beim weltlichen Richter suchen. Kanon 6 ähnelt c. 43 der Synode von Auxerre (nach 585) über die Subordination der Richter unter die Autorität des Bischofs bei Prozessen gegen Geistliche. Kanon 7 wiederholt c. 7 des Konzils von Mâcon (585) über die Freigelassenen. Kanon 8 entwickelt die Dekrete von Carpentras (527) über Kirchengüter weiter. Kanon 12 schreibt fast wörtlich c. 2 von Lyon (567/570) über die Vermächtnisse für den Klerus aus und fügt die Formel hinzu: *secundum constitutionem precedentium pontificum.*[15] Kanon 13 wiederholt c. 1 von Lyon (567/570) über den Streit unter Bischöfen. Kanon 16 greift eine Vorschrift über die Inzestehen auf, die bei fast allen früheren Konzilien aufgestellt wurde, zuletzt in den cc. 27–32 der Synode von Auxerre (nach 585).

Die Konzilsbeschlüsse verkünden:

1. daß die Kanones von allen zu befolgen sind (c. 1);
2. daß die Freiheit der Bischofswahl garantiert sein muß, indem der Metropolit die Weihe vornimmt, nachdem Klerus und Volk unter Vermeidung von Simonie den Bischof gewählt haben.[16] Das Eingreifen des Königs ist ein Grund, die Wahl für nichtig zu erklären (c. 2);
3. daß in den Prozessen gegen Geistliche die Bischöfe sich die Prüfung des Falles vorbehalten, bevor der weltliche Richter eingreift (c. 6), und ebenfalls bei Prozessen, wo Freigelassene vorgeladen werden, welche die Kirche traditionsgemäß als unter ihrem Schutz stehend betrachtet (c. 7);
4. daß die Kanones die Unverletzbarkeit der Kirchengüter und die genaue Willensvollstreckung des Schenkers verteidigen gegen jeden, der sie beanstanden sollte, sei es die weltliche oder die kirchliche Autorität (cc. 8, 9, 10, 11, 12).

Zu diesen Dekreten fügt das Konzil noch zwei Kanones hinzu über

---

[14] Dieser Kanon wird in Clichy (626/27) und in Chalon (647/53) präzisiert, indem verboten wird, daß zwei Titulare denselben Bischofssitz besetzen, was auf dem Konzil von Paris für Lisieux und Sitten nachzuweisen ist.

[15] De Clercq, Conc. Gall. 278 Z. 95 f.

[16] Der Kampf gegen die Simonie entsprach den Anweisungen des Papstes Gregor des Großen (vgl. die Briefe an Brunechild und an verschiedene Metropoliten und Bischöfe Galliens, um sie aufzufordern, Konzilien abzuhalten und Mißbräuche an der fränkischen Kirche auszurotten, insbesondere die Simonie [siehe oben 155 Anm. 111]).

Mönche und Nonnen (cc. 14 und 15) und über das Verbot für Juden, zivile und militärische Ämter zu übernehmen (c. 17).

Die Konzilskanones stimmen in folgender Weise mit dem königlichen Edikt (Edictum Chlotharii) überein:

Kanones	Edictum:
1, 2	1
3	2
5	3
6	4
7	7
8–10, 12	6
14–16	18
17	10

Das Edikt ist datiert auf den 18. Oktober 614, in 24 Titel gegliedert und wurde auf einer Versammlung der geistlichen und weltlichen Großen *in synodale concilio* promulgiert.[17]

Die Bestimmungen des Edikts sind ein Kompromiß zwischen den Forderungen der Bischöfe und den Ansprüchen des Königs. Wenn der König auch freiwillig seine Autorität durch bestimmte Zugeständnisse begrenzt, ist die königliche Macht doch noch groß genug, um gewisse Vorbehalte machen zu können, zumal der König die Unterstützung des Laienadels fand, der *proceres,* die Nutzen aus den Vorbehalten zogen.

Die Vorbehalte betreffen insbesondere:

1. die Freiheit der Bischofswahl; das Edikt läßt die Klausel über die simonistischen Schenkungen fallen, die vorsah, daß die Wahlen „ohne Hindernis und ohne Geldgeschenke" stattfinden sollten. Außerdem wird der Teil des Kanons, der das Eingreifen der weltlichen Gewalt betrifft, durch folgende Formulierung ersetzt: „wenn die gewählte Person des Bischofsamtes würdig ist, soll sie auf Befehl des Königs konsekriert werden; wenn sie aus den Angehörigen des Palasts gewählt wird, so soll dies wegen ihrer persönlichen Verdienste und ihres Wissens geschehen."[18] Es ist also eine Anordnung des Königs für die

---

[17] Vgl. c. 24, De Clercq, Conc. Gall. 285. Bei De Clercq ist der Text des Edikts im Anschluß an die Konzilsakten gedruckt, Conc. Gall. 283–285, basierend auf MGH. Cap 1 (1883) 20–23. Zum Edikt vgl. M. Handelsman, Le soidisant précepte de 614, in: MA 36 (1926) 121–213; zur Bischofsernennung Servatius, Per ordinationem 1–29. Zum Problem der Rechtsgültigkeit Barion, Synodalrecht 235–249.

[18] Vgl. c. 1, MGH. Cap 1, 21; De Clercq, Conc. Gall. 283.

Bischofsweihe erforderlich, und das Bischofsamt steht den Mitgliedern des Königshofes offen.

2. Im Prozeßwesen fordert das Edikt nur für Kleriker höherer Weihen die vorherige Prüfung ihres Falles durch den Bischof, aber es gestattet dem Richter von Amts wegen das Zivilverfahren zu eröffnen gegen niedere Geistliche, wenn deren Vergehen rechtmäßig festgestellt wurde. Was die Freigelassenen betrifft, so sieht der König den Beistand des Bischofs oder seines Delegierten nur vor für diejenigen, die vor der Kirche freigelassen wurden.[19]
3. Für die Kirchengüter nimmt das Edikt in allgemeinerer Fassung dieselben Grundsätze an wie das Konzil und befiehlt den Richtern, die Kirchengüter und die Armen zu verteidigen.[20]

Die Zugeständnisse des Königs:

Die Kompetenz der kirchlichen Gerichte wird erweitert; der König verpflichtet sich, ohne Einwilligung des Bischofs keinen Geistlichen besonders zu schützen und die Testamente von Privatleuten zugunsten der Kirchen zu achten. Er schafft die ungerechten Steuern ab und verspricht, keine anderen Zollgebühren zu erheben als die, die seit der Zeit Guntrams, Chilperichs und Sigiberts gebräuchlich sind. Die Grafen müssen aus derselben Region gewählt werden, die sie verwalten sollen; einige Jahre später dehnt das Konzil von Clichy (c. 28) diese Vorschrift auf die Bischöfe aus.[21] Alle vom König den Großen geschenkten Güter werden bestätigt. In Zukunft soll niemand verurteilt werden, ohne daß er angehört wurde.

Abschließend kann man mit De Clercq[22] feststellen:

„Les canons les plus importants qui intéressent en même temps l'Eglise et l'Etat, – élection des évêques, droit de l'Eglise en matière judiciaire, recours des clercs auprès des grands du royaume, rapports entre chrétiens et juifs, – sont repris en détail par l'édit royal, tandis que ceux relatifs aux biens ecclésiastiques et aux femmes consacrées ne sont considérés dans le même édit que sous l'aspect des conséquences juridiques civiles."

Die gleichzeitige Veröffentlichung der Konzilskanones und des Ediktes stellte einen feierlichen Akt des Königs dar, der im Einvernehmen mit der Kirche das Bestehen von Mißbräuchen anerkennt und verspricht, sie zu beheben. Dieser Akt ist bedeutender als die persönlichen Rivalitäten und

---

[19] Vgl. cc. 4–7, MGH. Cap 1, 21 f.; De Clercq, Conc. Gall. 283 f.

[20] Vgl. cc. 8–12, MGH. Cap 1, 22; De Clercq, Conc. Gall. 284.

[21] Vgl. unten 192.

[22] De Clercq, La législation 61.

ehrgeizigen Kämpfe, welche in den Geschichtswerken der Zeit die Seiten füllen. Der Episkopat wird nicht dulden, daß diese Versprechen vergessen werden, sondern auf ihrer Einhaltung bestehen: sowohl auf einem Konzil nach 614 als auch in Clichy 626/27 werden die Bestimmungen von 614 wiederholt, bestätigt und ergänzt.

b) Bestätigung des Konzils von 614 (Ort und Datum unbekannt)[23]

Die 15 Kanones dieses Konzils sind in der Handschrift von Berlin hinter den Kanones des Konzils von 614 enthalten, aber ohne Angabe eines Ortes und eines Datums.[24]
Das Konzil hat sich die Bestätigung und Ergänzung der Verordnungen von 614 zum Ziel gesetzt, insbesondere Verfügungen zur Anlage von Kirchen und Zulassung von Laien zur Würde des Archipresbyters.
Den Fragmenten in der Handschrift geht kein Titel voraus, es folgt auch keine Unterschrift. Man weiß nur, daß das Konzil nach dem von 614 stattfand, da es sich in seinen Kanones 1 bis 10 ausdrücklich auf dieses und auf das Edikt des Königs beruft. HEFELE[25] hält dieses Konzil für identisch mit der Versammlung von Bonneuil (um 618), das der sogenannte Fredegar erwähnt.[26] Doch das „Konzil" von Bonneuil war wohl eine rein politische Versammlung Chlothars, um sich die Großen von Burgund günstig zu stimmen, indem er ihnen eine Reihe von Privilegien gab, die durch Urkunden bestätigt wurden. Diese Versammlung umfaßte Bischöfe und *leudes*.[27]
Da die Handschrift stark beschädigt ist, kann man die Kanones 3 und 4 gar nicht, die Kanones 2, 7, 10 und 15 nur teilweise entziffern.

Wie schon gesagt, bestätigt Kanon 1 die gesamten Kanones des Konzils und des Edikts von 614. Der unvollständige Kanon 10 wiederholt und bestätigt den Kanon 5 des vorhergehenden Konzils. In den Kanones 5, 8

---

[23] Drucke: Sirmond I 618 f.; Coll. regia XIV 414–417; Labbe-Cossart V 1655–1657; Hardouin III 555–558; Coleti 1393–1396; Mansi X 545–548; Bruns II 259–261; Maassen, Conc. I 193–195; De Clercq, Conc. Gall. 286–289. Literatur: HEFELE-LECLERCQ III/1, 254–456; BARION, Synodalrecht 248 f.; DE CLERCQ, La législation 66 f.

[24] Die Hs. ist stark zerstört, wie sich im Druck von Maassen deutlich zeigt.

[25] Vgl. HEFELE-LECLERCQ III/1, 256. Vgl. so auch Mansi X 545 f.

[26] Chronik IV 44, hrsg. von B. Krusch, MGH.SRM 2 (1888) 143.

[27] Vgl. P. E. MARTIN, Etudes critiques sur la Suisse à l'époque mérovingienne 554–715, Genf 1910, 205 f.; F. BEYERLE, Die Lex Ribuaria. Volksrechtliche Studien I, in: ZSRG.G 48 (1928) 264–378, bes. 311 f.

und 9 werden aufgegriffen: c. 19 von Orléans (511) über die Klostergemeinschaften, c. 1 von Lyon (583) über die Vertreibung der Frauen aus der Wohnung der Geistlichen und c. 8 von Mâcon (585) über das Asylrecht. Kanon 13 betrifft die Veröffentlichung der Exkommunikationen und das Verbot, mit den Exkommunizierten in Verbindung zu treten gemäß c. 7 von Paris (561/62).

Neue Elemente sind: das Verbot, Altäre außerhalb der Kirchen zu weihen, die die Reliquien eines Heiligen besitzen; die Notwendigkeit der bischöflichen Erlaubnis, um in einem Kloster Taufen oder Beerdigungen zu vollziehen; das Verbot, nach Gutdünken Äbte oder Archipresbyter abzusetzen oder für Geld einzusetzen; eine Beschränkung der Ernennung von Laien zu Archipresbytern – Ausnahme, wenn der Bischof es zur Verteidigung der Kirche für notwendig erachtet. Der Kanon 14 bezieht sich auf den freiwilligen Verkauf oder auf freiwillige Dienstverpflichtungen von Freien; diese können ihre Freiheit wiedererlangen, wenn sie den erhaltenen Geldbetrag zurückerstatten.

c) Die Konzilien von Clichy (27. September 626/27)[28] und von Reims

Das Datum des Konzils wird im Explizit hinter den Unterschriften angegeben: *V. kal. Octobris, anno XLIII. regis . . . Hlothari . . .*[29] Da Chlothar seine Regierung Ende September oder Anfang Oktober antrat, kann mit dem 27. September des 43. Jahres sowohl der 27. September 626 als auch der gleiche Tag des Jahres 627 gemeint sein.[30] Im Vorwort wird die Kirche Sainte-Marie in Clichy als Tagungsstätte genannt.

---

28 Drucke: Sirmond I 479; Coll. regia XIV 464; Delalande 63; Labbe-Cossart V 1854, 1688; Coleti VI 1431–1438; Mansi, Suppl. I 473; Mansi X 591 f.; Gousset I 37; Amort II 364–369; Friedrich, Drei unedirte Concilien 61–68; Maassen, Conc. I 196–201; De Clercq, Conc. Gall. 290–297. Literatur: Hefele-Leclercq III/1, 264 f.; Barion, Synodalrecht 246–248; De Clercq, La physionomie géographique 73; De Clercq, La législation 62–67; A. Dumas, s. v. Clichy, in: DHGE 12 (1953) 1462; Rouche, L'Aquitaine 89–91; Wallace-Hadrill, The Frankish Church 104 f. Kurze Hinweise auf dieses Konzil finden sich bei Aimoin von Fleury († nach 1010), Historia Francorum IV 15, hrsg. von Duchesne, Hist. Franc. script. III (1641) 105, und in der Chronik des sogenannten Fredegar IV 55, hrsg. von B. Krusch, MGH.SRM 2 (1888) 148. Nach Fredegar hat gleichzeitig mit dem Konzil eine Versammlung der Bischöfe und Vornehmen aus Neustrien und Burgund stattgefunden, während der blutige Schlägereien entstanden und sogar der Hausmeier Ermarius getötet wurde. Es handelt sich vermutlich um die gleichzeitige Abhaltung eines Konzils und einer weltlichen Versammlung wie 614.

29 De Clercq, Conc. Gall. 297 Z. 229.

30 Vgl. Maassen, Conc. I 196; De Clercq, La législation 62 datiert auf 626.

Bei diesem Konzil ging es darum, die Reform der Kirche zu fördern, indem die Verordnungen des Konzils von 614 erneuert und ergänzt wurden. Außerdem sollten die letzten Spuren von Häresien beseitigt werden.

Im Vorwort heißt es, daß das Konzil auf Verlangen des Königs einberufen wurde, um seinen Wünschen zu entsprechen. 12 Provinzen waren vertreten[31] durch 10 Metropoliten[32] und 30 Bischöfe.[33] Doch im Vergleich zu 614 war die Beteiligung zu gering, als daß man dieses Konzil als Generalkonzil der Franken bezeichnen könnte. Die Bischöfe von Besançon, Trier und Köln, die auf dem Konzil von Paris mit den Metropoliten unterschrieben hatten, zeichnen diesmal mit den Bischöfen – die Metropolitanverfassung war offensichtlich noch nicht fest verankert –, ein Diakon vertrat den Metropoliten von Bordeaux, ein Abt den Bischof von Or-

---

[31] Lyon, Bourges, Vienne, Sens, Tours, Reims, Eauze, Bordeaux, Rouen, Köln, Trier und Besançon.

[32] Treticus oder Tetricus, Metropolit von Lyon (um 626/27); Sulpicius, Metropolit von Bourges (624 – 17. Januar 644); Mederius, Metropolit von Sens (um 620/24 – um 631); Medigisilus, Metropolit von Tours (625–642); Landolenus, Metropolit von Vienne (625 – nach 647/53); Sonnacius, Metropolit von Reims (vor 614 – nach 627); Senotus, Metropolit von Eauze (um 626/27); Donatus oder Donans, Metropolit von Besançon (624–660); Anastasius, Metropolit von Trier (um 626/27); Honoberhtus, Metropolit von Köln (623 – 12. November um 663).

[33] Provinz Lyon: Babo, Bischof von Autun (625–630); Modoaldus, Bischof von Langres (um 626/27).

Provinz Bourges: Verus, Bischof von Rodez (vor 614 – nach 637); Cesarius, Bischof von Clermont (um 626/27); Agricula, Bischof von Javols-Mende (vor 614 – nach 626/27); Rusticus, Bischof von Cahors (621–628/29); Vuilligisilus, Bischof von Toulouse (vor 614 – nach 626/27); Constantius, Bischof von Albi (625–647).

Provinz Sens: Berhtigisilus, Bischof von Chartres (um 626/27); Palladius, Bischof von Auxerre (622 – 10. April 658/60); Raurecus, Bischof von Nevers (vor 614 – nach 656); Leodoberhtus, Bischof von Paris (um 626/27); Abt Audo als Vertreter des Bischofs von Orléans.

Provinz Tours: Haidoindus, Bischof von Le Mans (vor 626/27–653); Magnobodus, Bischof von Angers (vor 614 – nach 626/27); Leobardus, Bischof von Nantes (um 626/27).

Provinz Reims: Heinoaldus, Bischof von Laon (um 626/27); Felix, Bischof von Châlons-sur-Marne (um 626/27); Aigahardus, Bischof von Noyon (um 626/27 – nach 637); Gundoaldus, Bischof von Meaux (vor 614 – nach 626/27); Ansaricus, Bischof von Soissons (vor 614–652); Aigomaris, Bischof von Senlis (625 – um 649).

Provinz Eauze: Audericus, Bischof von Auch (um 626/27).

Provinz Trier: Godo, Bischof von Verdun (623 – nach 626/27); Arnulf, Bischof von Metz (612 – nach 626/27).

Provinz Bordeaux: Asodoaldus, Bischof von Agen (um 626/27); Nammacius, Bischof von Angoulême (626/27 – nach 637); Leoncius, Bischof von Saintes (um 626/27); Johannis, Bischof von Poitiers (um 626/27).

Provinz Rouen: Regnoberhtus, Bischof von Bayeux (625 – 16. Mai um 668); Hildoaldus, Bischof von Avranches (vor 614 – nach 626/27).

léans. In Gegenwart des Königs wurden die 28 Kanones promulgiert. Die meisten von ihnen sind Wiederholungen oder Bestätigungen der Kanones von 614, wie in Kanon 4 ausdrücklich gesagt wird. Einige berufen sich wörtlich auf frühere Konzilien.[34]

Das Konzil von Clichy ist das erste Konzil, das eine systematische Kanonessammlung, nämlich die Vetus Gallica, benutzte, jedoch zusätzlich eine weitere Collectio der historischen Ordnung vorliegen hatte.[35]

Mit Ausnahme der Kanones 5 und 1 geben die Konzilsdekrete Anordnungen von 614 wieder. Neu ist die Feststellung in Kanon 5, daß der katholische Glaube in ganz Gallien herrsche und die Empfehlung an die Seelsorger, die restlichen Bonosianer[36] oder heimlichen Häretiker zu überwachen.

Kanon 1, der aus c. 44 der Canones apostolorum stammt, verbietet den Wucher: „Der Bischof, der Priester oder Diakon, der von seinen Schuldnern Wucherzinsen verlangt, soll damit aufhören, oder er soll verurteilt werden. Sie sollen keine *centissima* und keinen schändlichen Gewinn fordern. Den Christen verbieten wir, das Sechsfache und das Zehnfache zu verlangen."[37]

---

[34] Kanon 1 über den Wucher geht zurück auf c. 44 der Canones apostolorum; Kanon 12 über die Testamente zugunsten der Kirchen auf c. 4 des Konzils von Agde; die Kanones 22 und 23 über den Schutz der Kirchengüter auf c. 6 des Konzils von Agde; Kanon 15 über die Entfremdung von Kirchengütern teilweise auf c. 7 des Konzils von Agde; Kanon 2 über die Verjährung auf c. 18 des Konzils von Epao. Ein Teil dieser Kanones ist über die Sammlung Vetus Gallica in den Konzilstext gelangt, vgl. dazu Mordek, Kirchenrecht und Reform 67 f. Die Kanones 3, 4, 9, 27 berufen sich auf frühere Vorschriften, ohne genaue Angaben zu machen.

[35] Vgl. dazu ausführlich Mordek, Kirchenrecht und Reform 66–70. Folgende Übereinstimmungen lassen sich feststellen:

Clichy:	Vetus Gallica:
– Kanon 1 über den Wucher	XXXVII, XL
– Kanon 2, 12, 22–24 über die Kirchengüter	XXXIV, XXXV
– Kanon 7 über das Verbot, einen Geistlichen ohne Einwilligung des Bischofs vor Gericht zu laden	XXXVI
– Kanon 9 über das Asylrecht	LIV
– Kanon 10 über die blutschänderischen Ehen	XLIX
– Kanon 11 über die Verabreichung des Viatikums an reuige Mörder	L
– Kanon 13 über die Juden	LV
– Kanon 14 über reisende Kleriker	(XV), XLVI, 13
– Kanon 16 über den Fortbestand heidnischer Riten	XLIV
– Kanon 26 über die Entführung von Nonnen	XLVII

Vgl. auch die Äußerung im Vorwort: ... *capitola, quae per diversos canonum scripsimus libros*, ... (De Clercq, Conc. Gall. 291 Z. 23).

[36] Vgl. zu dieser Häresie Orléans 538 c. 34, oben 84 Anm. 54.

[37] Vgl. De Clercq, Conc. Gall. 291 f.

Kanon 28 sieht vor, daß die neu zu wählenden Bischöfe immer aus der jeweils vakanten Diözese stammen.[38] Jeder Intrusus wird vertrieben, und die Bischöfe, die ihn geweiht haben, werden für drei Monate ihres Amtes enthoben.

Ein Konzil von Reims?

Flodoard von Reims überliefert in seiner Historia Remensis ecclesiae die Kanones einer Synode, die während des Episkopats des Sonnatius tagte, ohne jedoch Datum und Ort zu nennen. Als Konzil von Reims, datiert auf 627–630, ging es in die Sammlungen ein.[39]
Flodoard nennt zu Beginn 41 Bischöfe, die unterschrieben haben, und führt dann 25 (nicht numerierte) Kanones an. Ein Vergleich der Namen und der Kanones mit den Teilnehmern und dem Text des Konzils von Clichy 626/27 zeigt, daß die Versammlungen offensichtlich identisch sind. Bei den Namen sind drei weggelassen, vier hinzugefügt worden[40], bei den Kanones wurde c. 1 von Clichy weggelassen, die cc. 7 und 8 sowie cc. 22 und 23 zusammengefaßt, so daß sich 25 Kanones ergeben, die inhaltlich nur wenige Abweichungen von dem Clichy-Text aufweisen.[41] Da Sonnatius von Reims am Konzil in Clichy teilnahm, ist es nicht weiter verwunderlich, daß sich die Akten im Archiv der Reimser Kirche fanden und von Flodoard im 10. Jahrhundert benutzt werden konnten.

---

[38] Die Bestimmung, die im Edikt Chlothars 614 für die Grafen getroffen worden war, vgl. oben 187, wird hier auf die Bischöfe erweitert.

[39] Flodoard, Hist. Rem. eccl. II 5, hrsg. von Heller-Waitz, MGH.SS 13 (1881) 451–454. Drucke: Sirmond I 479–484; Coll. regia XIV 464–476; Labbe-Cossart V 1688–1693; Hardouin III 569–574; Mansi X 591–604; Bruns II 261–264; Gousset, Actes I 37–44; Maassen, Conc. I 201–206. Literatur: Hefele-Leclercq III/1, 260–294; De Clercq, La législation 65 f.; De Clercq, Conc. Gall. 298.

[40] Es fehlen die Bischöfe von Agen, Nevers und Noyon, neu sind die Bischöfe von Mainz, Cambrai, Riez und *Arisium* (nicht identifiziert).

[41] Vgl. dazu im einzelnen De Clercq, La législation 65 f.; De Clercq, Conc. Gall. 298 (jeweils mit Konkordanz der Kanones); Maassen, Conc. I 201–206; Hefele-Leclercq III/1, 260 Anm. 2. Den Nachweis der Identität führte zuerst L. Duchesne, in: Comptes rendus de l'Académie des Inscriptions et Belles-Lettres 33, 4e sér. 17 (1889) 94.

d) Das Konzil von Orléans (639/41)[42]

Das Konzil von Orléans, das nur durch die Vita S. Eligii überliefert ist, läßt sich nicht eindeutig datieren.[43] Terminus a quo ist die Thronbesteigung Chlodwigs II., terminus ante quem die Weihe der Bischöfe Eligius von Noyon und Audoenus von Rouen am 13. Mai 641[44], da von dem Konzil noch vor deren Amtszeit berichtet wird.
Bei Chlodwig II. erreichten Eligius und Audoenus die Einberufung eines Konzils nach Orléans, um einen Fremden zu verurteilen, der in Autun den Monotheletismus predigte. Der Häretiker verteidigte sich mit vielen Spitzfindigkeiten, aber Bischof Salvius[45] widerlegte alle diese Argumente, und der Häretiker wurde verurteilt und aus Gallien vertrieben.

e) Das Konzil von Chalon-sur-Saône (24. Oktober 647/53)[46]

Die Konzilsakten nennen kein Datum. Nur aufgrund der Amtszeit der teilnehmenden Bischöfe kann es eingegrenzt werden: terminus post quem ist der 17. Januar 647, an dem Vulfoleudus zum Bischof von Bourges geweiht wurde[47], terminus ante quem das Jahr 654, in dem für eine Reihe von Bischofssitzen andere Namen zu belegen sind.[48] Das

---

42 Überliefert durch die Vita S. Eligii I 35, hrsg. von B. Krusch, MGH.SRM IV (1902) 691 f. Die Textstelle ist in den Konziliensammlungen abgedruckt: Binius II 1124; Sirmond I 485; Coll. regia XIV 654 f.; Labbe-Cossart V 1834 f.; Coleti VI 1589 f.; Mansi, Suppl. I 477; Mansi X 759–762; Maassen, Conc. I 207 f.; De Clercq, Conc. Gall. 301. Literatur: Hefele-Leclercq III/1, 397 f.

43 In den Konziliensammlungen reichen die Datierungen von 638 bis 645.

44 Vgl. zu dieser Datierung Maassen, Conc. I 208.

45 Dieser Bischof Salvius ist nicht zu identifizieren, ein Salvius taucht weder unter den Unterzeichnern von Clichy 626/27 noch unter denen von Chalon 647/53 auf. Allerdings gab es um diese Zeit einen Bischof Salvius von Valence, der allerdings auch nicht eindeutig zu belegen ist, vgl. Gams 648.

46 Drucke: Crabbe ²II 257–260; Surius ²III 208–210; Binius II 1176 f.; Sirmond I 489–495; Coll. regia XV 289–298; Labbe-Cossart VI 387–394; Hardouin III 947–952; Coleti VII 395–402; Mansi, Suppl. I 485–488; Mansi X 1189–1198; Bruns II 265–268; Maassen, Conc. I 208–214; De Clercq, Conc. Gall. 302–310. Literatur: Hefele-Leclercq III/1, 281–285; Vacandard, Vie de Saint-Quen 222–228; De Clercq, La législation 67–70; Champagne-Szramkiewicz, Recherches 15; Wallace-Hadrill, The Frankish Church 106 f.

47 Vgl. Vacandard, Vie de Saint-Quen 223 Anm. 1.

48 Vgl. Maassen, Conc. I 208; De Clercq, La législation 67 f. Das Diplom Chlodwigs II., auf das sich die Datierung bezieht, könnte auch erst 656 ausgestellt worden sein, vgl. unten 205 Anm. 29.

Tagesdatum geht aus einem Brief hervor, den die Synode an Theudorus von Arles richtete.[49]
Das Konzil beschäftigte sich vor allem mit der Disziplin des Klerus, fungierte aber auch als Tribunal, indem es zwei Bischöfe absetzte. Die Versammlung war ein Generalkonzil des Königreiches Neustrien und war nicht von König Chlodwig II., der noch minderjährig war, sondern vom Hausmeier Erchinoald zusammengerufen worden. Es trat in der Kathedrale von Chalon-sur-Saône zusammen, die dem hl. Vinzenz geweiht ist, und wurde vom Metropoliten Candericus von Lyon geleitet. Die Teilnehmer kamen aus neun Provinzen: Bourges, Besançon, Arles, Reims, Lyon, Vienne, Rouen, Sens und Tours. Sechs Provinzen waren durch ihre Metropoliten[50], die Provinz Tours durch einen Abt vertreten. Im ganzen waren 38 Bischöfe[51] und sechs Delegierte[52] anwesend.

[49] De Clercq, Conc. Gall. 310 Z. 5.

[50] Vulfoleudus, Metropolit von Bourges (17. Januar 647 – 29. Dezember um 664); Donatus oder Donans, Metropolit von Besançon (624–660); Candericus, Metropolit von Lyon (vor 637 – nach 647/53); Landalenus, Metropolit von Vienne (625 – nach 647/53); Audoenus, Metropolit von Rouen (641 – 24. August 683); Armentarius, Metropolit von Sens (644 – nach 654/656).

[51] Provinz Besançon: Florentinus, Bischof von Belley (um 647/53); Arricus. Bischof von Lausanne (vor 647/53–665).
Provinz Arles: Aurilianus, Bischof von Vence (644 – nach 647/53); Aetherius, Bischof von Embrun (vor 647/53 – nach 660); Magnus, Bischof von Avignon (um 646 – 17. August 660); Betto, Bischof von Saint-Paul-Trois-Châteaux (644 – nach 647/53); Potentissimus, Bischof von Gap (um 647/53); Claudus, Bischof von Riez (625 – nach 647/53); Licerius, Bischof von Carpentras (um 647/53); Petrunius, Bischof von Vaison (vor 637 – nach 683); Deocarius, Bischof von Antibes (644 – nach 660).
Provinz Reims: Bertofredus, Bischof von Amiens (644 – nach 667); Eligius, Bischof von Noyon (641–660).
Provinz Lyon: Deodatus, Bischof von Mâcon (vor 637 – nach 647/53); Feriolus, Bischof von Autun (vor 637–657); Bertoaldus, Bischof von Langres (628 – nach 647/53); Gradus, Bischof von Chalon-sur-Saône (vor 645 – nach 654/56).
Provinz Vienne: Pappolus, Bischof von Genf (642–654); Baudomeris, Bischof von Tarentaise (um 643–653); Protasius, Bischof von Sitten (643 – nach 647/53); Insildus, Bischof von Valence (vor 647–658); Clarus, Bischof von Grenoble (vor 647/53 – nach 654/56); Leborius, Bischof von Maurienne (um 647/53).
Provinz Rouen: Chairibonus, Bischof von Coutances (um 647/53); Amalcarius, Bischof von Séez (644 – nach 663); Launobodis, Bischof von Lisieux (vor 614 – nach 647/53); Ragnericus, Bischof von Evreux (644 – nach 647/53); Betto, Bischof von Bayeux (um 647/53).
Provinz Sens: Rauracus, Bischof von Nevers (vor 614 – nach 656); Palladius, Bischof von Auxerre (622 – 10. April 658/60); Audo, Bischof von Orléans (vor 647 – nach 667); Malardus, Bischof von Chartres (644 – nach 654/56); Leusus, Bischof von Troyes (um 647 – 1. April 656).

[52] Außer dem Metropoliten Latinus von Tours hatten sich die Bischöfe Sallapius von Nantes, Audobert von Paris, Felix von Limoges, Chadoaldus von Le Mans und Zioterus von Rennes vertreten lassen.

Da der Metropolit von Arles ohne Entschuldigung fernblieb und auch keinen Vertreter geschickt hatte, sandte das Konzil ihm ein Schreiben, das zum Text der Kanones hinzugefügt wurde und in dem ihm die Strafe mitgeteilt wird, die man ihm auferlegte.

Das Konzil erließ 20 Kanones, denen ein kurzes Vorwort vorausgeht. Kanon 2 erneuert ganz allgemein alle früheren Verordnungen, eine Formel, die in Zukunft bei allen Konzilien angewandt wird. Kanon 1 stützt sich allgemein und ausdrücklich auf die Lehren von Nizäa (325) und von Chalcedon (451).[53] Sechs Kanones beziehen sich auf frühere Bestimmungen, ohne das entsprechende Konzil zu nennen.[54]

Sechs Kanones bringen neue Aspekte

- zur kirchlichen Jurisdiktion: es wird dem weltlichen Richter verboten, ohne Erlaubnis in Pfarreien oder Klöster einzugreifen.[55] Bisher konnte nur der Bischof diese Erlaubnis erteilen, von nun an kann es auch der Archipresbyter oder der Abt.
- zu den Kirchengütern: nur ein dazu befugtes Gericht kann die Erlaubnis zur Beschlagnahme von Kirchengut geben.
- zur Disziplin: so wie es keine zwei Bischöfe in einer Stadt geben kann (c. 4), so auch keine zwei Äbte in demselben Kloster (c. 12). Das Konzil verlangt die Einhaltung der hierarchischen Ordnung und verbietet, den Bischof zu übergehen, um sich unmittelbar an den König zu wenden (c. 15).

Das Konzil kümmert sich nicht nur um die Disziplin der Geistlichen, sondern auch um die der Gläubigen: Kanon 8 betont die Notwendigkeit

[53] Anscheinend gab es in Burgund immer noch einige Häresiezentren (siehe Clichy 626/27 c. 5, Orléans 639/41). Die Verurteilung des Monotheletismus durch Papst Martin erfolgte am 31. Oktober 649 (JE 2059). Diese päpstliche Verlautbarung zur Datierung des Konzils heranzuziehen, ist müßig: einerseits kann der Kanon als Echo auf das päpstliche Schreiben gedeutet werden – so Duchesne, Fastes I 352 – andererseits könnte die allgemeine Formulierung ohne ausdrückliche Erwähnung des Monotheletismus als Beweis dafür dienen, daß man in Chalon vor dem 30. Oktober 649 getagt hat – so Vacandard, La vie de Saint-Ouen 223 Anm. 1.

[54] Als Vorlagen können bestimmt werden: für Kanon 3: Mâcon (581/583) c. 1; für Kanon 7: Clichy (626/27) c. 24; für Kanon 13: Arles (554) c. 7; für Kanon 14: Orléans (541) c. 26; für Kanon 17: Auxerre (nach 585) c. 9; für Kanon 18: Orléans (538) c. 31 (28) und Auxerre (nach 585) c. 16. Andere Kanones wiederholen, ohne es zu erwähnen, Kanones früherer Konzilien: Kanon 4 wiederholt c. 3 (2) von Paris (614), der sich wiederum auf Nizäa c. 8 stützt; Kanon 5 wiederholt c. 19 von Clichy (626/27) über den Ausschluß der Laien von der Pfarrverwaltung; Kanon 10 wiederholt c. 28 von Clichy (626/27) über die Nachfolge der Bischöfe; Kanon 16 wiederholt c. 10 von Orléans (549) und c. 28 von Tours (567) über die Simonie.

[55] Vgl. dazu F. Chamard, De l'immunité ecclésiastique et monastique, in: RQH 22 (1877) 443 f.

der Buße bei der Beichte[56], und Kanon 9 verbietet den Verkauf von Sklaven in Gebiete außerhalb von Chlodwigs Königreich, das heißt außerhalb des gesamten Frankenreiches. Kanon 19 ermahnt die Gläubigen zur Ehrfurcht vor heiligen Stätten und verbietet, daß bei der Einweihung einer Kirche oder bei Märtyrerfesten in der Kirche, im Säulengang und in der Vorhalle unanständige Lieder gesungen werden und Frauenchöre auftreten.

Das Konzil tagte auch als Gerichtshof: im Kanon 20 werden die Bischöfe Agapius und Bobio[57] abgesetzt, die beide ihren Sitz in Digne hatten und mithin gegen Kanon 3 von Paris (614) und gegen Kanon 28 von Clichy (626/27) verstießen. Wahrscheinlich wurden wegen dieser Angelegenheit die Kanones 4 und 12 des Konzils formuliert.[58]

Außerdem richtete das Konzil ein Mahnschreiben an Erzbischof Theodor von Arles, den es bis zum nächsten Konzil in Arles absetzte, weil er nicht am gegenwärtigen Konzil teilgenommen habe und ein sittenloses Leben führe.[59]

Das Konzil bekämpft die Laxheit der Sitten und der Disziplin, indem es an die Sonntagsheiligung, an den Respekt vor den heiligen Stätten und vor der kirchlichen Hierarchie und an die Notwendigkeit der Buße erinnert sowie die Habgier der Geistlichen und der Laien bekämpft: es verhindert, daß diese sich der Kirchengüter bemächtigen. An dem Verbot, Sklaven außerhalb der Grenzen des fränkischen Königreiches zu verschleppen, läßt sich der Fortbestand der Sklaverei ablesen. Viele Kanones befassen sich mit den Klöstern.

Wie bei den meisten wichtigen Konzilien, so schreiben die Kanonisten auch diesem Konzil zusätzliche Kanones zu, die in die alten Sammlungen aufgenommen wurden: Gratian zum Beispiel sechs Kanones[60], die tatsächlich aus den Konzilien von Braga (563), von Aachen (810), von Mainz (813) oder aus den Capitula des Theodulf stammen. Von Bur-

---

56 Vgl. Vogel, La discipline 153–163.

57 Agapius und Bobio kennen wir nur durch diese Verurteilung; man weiß nicht, ob sie Digne gleichzeitig innehatten, weil sie den Bischofssitz unter sich teilten oder weil sie von verschiedenen Parteien gewählt worden waren.

58 Chalon c. 4: *Ut duo in una civitate penitus uno tempore nec ordinentur nec habeantur episcopi nec res ecclesiae saeva divisione debeant partire* (De Clercq, Conc. Gall. 304). Kanon 12 dehnt dieselbe Regel auf die Äbte aus. Die Kanones 12 und 19 des Ediktes Chlothars II. (614) hatte sie schon für die Richter formuliert.

59 Vgl. De Clercq, Conc. Gall. 310. Über das Konzil von Arles ist nichts Näheres bekannt, nur Mansi XI 1045 f. erwähnt ein Konzil von Arles im Jahre 682, das aber auch nicht mit Sicherheit zu belegen ist.

60 D. 18 c. 1; C. 16 q. 1 c. 43; C. 35 q. 2 et 3 c. 21; C. 36 q. 2 c. 4; De consecr. D. 1 c. 10.

chard[61] werden diesem Konzil noch sechs andere Kanones zugeschrieben, die aber aus den Konzilien von Toledo XIII und von Aachen (789), von Theodulf und von Isaak von Langres stammen.

f) Das Konzil von Autun (663/75)[62]

Aus den Akten dieses nur bruchstückhaft überlieferten Konzils geht kein Datum hervor, wohl aber wird der Bischof Leodegar von Autun als sein Initiator genannt. Demnach muß es zwischen 663, dem Episkopatsbeginn Leodegars, und 675, dem ungefähren Datum seiner Verhaftung, stattgefunden haben.[63]

Das Konzil ist schwer einzuordnen: der Bischof von Autun stand nicht im Rang eines Metropoliten, konnte also kein Provinzialkonzil einberufen; andererseits war er einer der bedeutendsten Bischöfe und Politiker im Gallien des 7. Jahrhunderts und könnte sich die Befugnisse eines Metropoliten angemaßt haben. Wie dem auch sei, anscheinend wollte er den katholischen Glauben stärken und einige Disziplinvorschriften für die immer zahlreicher werdenden Klöster festsetzen.

Die wenigen erhaltenen Kanones beziehen sich – mit Ausnahme des ersten, der den katholischen Glauben und das athanasianische Glaubens-

---

[61] Burchard II 48, 62, 64, 65; X 49; XV 11; XIX.

[62] Die Akten dieses Konzils sind nur unvollständig überliefert im Zusammenhang mit der Vetus Gallica, vgl. dazu Mordek, Kirchenrecht 63–66, 82–85, der gegen die Thesen von Maassen und Le Bras beweist, daß es sich bei den Kanones von Autun um Zusätze des Leodegar von Autun handelt. Drucke: Sirmond I 506 f.; Coll. regia XV 663, 675; Delalande 70 f.; Labbe-Cossart VI 535 f., 1887; Hardouin III 1013–1016; Coleti VII 549–552; Mansi, Suppl. I 495–498; Mansi XI 123–128; Bruns II 272 f.; Maassen, Conc. I 220 f.; De Clercq, Conc. Gall. 318–320; Mordek, Kirchenrecht und Reform 358, 531–534. Literatur: Hefele-Leclercq III/1, 307–309; H. Leclercq, s. v. Léger d'Autun, in: DACL VIII/2 (1929) 2471–2473; V. Terret, s. v. Autun, in: DHGE V (1930) 922 f.; De Clercq, La législation 88; Mordek, Kirchenrecht und Reform 63–66; 82–85.

[63] Vgl. zur Datierung Maassen, Conc. I 220; De Clercq, Conc. Gall. 318; zu Leodegar H. Leclercq, Léger d'Autun, in: DACL VIII/2 (1929) 2460–2496; weitere Literatur bei Mordek, Kirchenrecht 83 Anm. 93.

bekenntnis betrifft[64] – auf das Klosterleben und die Disziplin des Ordensklerus.

Kanon 15 schreibt vor, daß in den Klöstern die Regel des hl. Benedikt befolgt werden soll. Sie wird damit der des hl. Kolumban, die in Luxeuil galt, vorgezogen. Der Kanon ist einer der frühesten Belege für die alleinige Gültigkeit der Benediktregel.[65] Sie verbietet Privateigentum und schreibt Armut, Mäßigkeit, Nächstenliebe, Gebetseifer, Tragen der Mönchskleidung, Gehorsam gegenüber dem Abt (c. 8) und Leben in der Klostergemeinschaft vor. Selbstverständlich ist es den Mönchen verboten, Frauenbesuch zu empfangen, Mitglied von Bruderschaften oder von irgendwelchen anderen Gesellschaften zu sein. Abgelehnt werden die Wandermönche, die an den Archidiakon verwiesen werden mußten (c. 6).[66]

g) Das Konzil von Saint-Jean-de-Losne (673/75)[67]

Das Konzil trat in Saint-Jean-de-Losne, also in Burgund, in Anwesenheit König Childerichs zusammen. Childerich, König von Austrasien, wurde im Jahre 673 zum König von Neustrien und Burgund ausgerufen; er starb 675. Das Konzil fand also zwischen diesen beiden Daten statt. Außerdem schreibt Kanon 11 vor, daß das nächste Konzil im 14. Jahr der Regierung Childerichs stattfinden soll. Nun hatte aber das Konzil von Mâcon (585)

---

64 Vgl. dazu J. N. D. Kelly, The Athanasian Creed (1964) 41.

65 Vgl. McLaughlin, Le très ancien droit monastique 21; Prinz, Frühes Mönchtum 296.

66 Der sogenannte Kanon 14, so wie er sich bei Hefele-Leclercq III/1, 307 Anm. 2 und DACL VIII/2 (1929) 2471, gefolgt von V. Terret, DHGE V (1930) 922 und bei Mansi XI 126 befindet – wo er manchmal in zwei aufgeteilt wird: c. 3 und c. 14 – wird infolge eines Schreibfehlers durch den Kopisten der Handschrift von Thou (Paris lat. 2123) dem Konzil von Autun zugeschrieben. Tatsächlich ist er aber aus den Kanones 18 von Agde, 25 von Laodikea und 6 von Mâcon herzuleiten. Daß dieser Kanon in der Hs. Paris lat. 2123 irrtümlich Autun zugeschrieben wird, erklärt sich wahrscheinlich durch eine Verlesung des Wortes Agath., das mit August. verwechselt wurde. Dieser Lesefehler findet sich nicht in den Hss. Paris lat. 10588, 4281 oder 13657, die alle drei Konzilien unterscheiden: Agde (aber immer mit Nr. 14), Laodikea und Mâcon. Es ist festzuhalten, daß c. 18 von Agde auch in den Hss. Paris lat. 1451 und 12097 und Berlin, Phill. 1745 die Nr. 14 trägt. Vgl. dazu auch Mordek, Kirchenrecht 84 Anm. 99.

67 Drucke: Maassen, Zwei Synoden unter König Childerich II. nach einem Manuscript der Stadtbibliothek von Albi, Graz 1867, 16–19; Maassen, Conc. I 217–219; De Clercq, Conc. Gall. 314–317. Literatur: Hefele-Leclercq III/1, 300–302; Barion, Synodalrecht 249 f.; De Clercq, La législation 70–72.

verlangt, daß ein Konzil alle drei Jahre abzuhalten sei.[68] Wenn man davon ausgeht, daß das Konzil von Saint-Jean-de-Losne diese Vorschrift erneuern wollte, wäre es im 11. Jahr der Regierung Childerichs zusammengetreten, das heißt im Jahre 673, da Childerich seit 662 regierte, also sofort nachdem er nach dem Tode seines Bruders Chlothars III. Burgund mit seinem eigenen Königreich vereinigt hatte.

Nach Aussage des Vorworts ging es um die Bestätigung, Erneuerung oder Anpassung der Kanones der vorhergehenden Konzilien und um die Stärkung des katholischen Glaubens. Doch die Kanones selbst handeln nur von der kirchlichen Disziplin und keineswegs von der Lehre.

Das Konzil war wahrscheinlich ein burgundisches Regionalkonzil, das vom König einberufen worden war und in seiner Gegenwart abgehalten wurde. Da aber die einzige Handschrift keine Unterschriften trägt, weiß man nicht, welche Provinzen vertreten waren und wie viele Bischöfe teilnahmen.

Auf ein kurzes Vorwort folgen 22 Kanones, von denen c. 19 und c. 20 offensichtlich zusammengehören. Die Kanones haben die Form kurzer Verordnungen, und sie wiederholen meist nur frühere Kanones. Das Vorwort beruft sich auf Matthäus 18, 20 und, ohne es ausdrücklich zu erwähnen, auf das Konzil von Nizäa 325 und auf die fünf ökumenischen Konzilien. Kanon 2 (Verbot, Waffen zu tragen) und Kanon 4 (Verbot, Frauenbesuch in den Priesterwohnungen zu empfangen) wiederholen kurz cc. 1 und 3 von Saint-Pierre-de-Granon (663/75).

Die Kanones 5, 6 über die Bischofswahlen und die Unteilbarkeit des Bischofssitzes, Kanon 7 über fremde oder umherreisende Kleriker und Kanon 9 über die Vertreibung von Laien aus dem Archipresbyterat geben in kürzerer Form cc. 10, 4, 13, 5 von Chalon-sur-Saône (647/53) wieder. Kanon 8 zur Verpflichtung des Bischofs, Weihnachten, Ostern und Pfingsten in der Bischofskirche der Diözese zu feiern, geht zurück auf c. 5 von Lyon (583). Kanon 12 von den Witwen, die ins Kloster gehen, entspricht in abgeänderter Form c. 19 von Orléans (549). Kanon 13 wiederholt c. 20 von Epao (517) über die gottgeweihten Witwen, die frei in ihrer eigenen Wohnung leben, fügt aber als Sanktion die Einweisung in ein Kloster hinzu für diejenigen, welche die Keuschheit nicht bewahren. Die Kanones 15, 18 und 21 nehmen cc. 13, 1 und 20 von Mâcon (585) wieder auf; die Kanones 16 und 22 wiederholen 3 (2) von Paris (614); die Kanones 19–20 entsprechen c. 27 von Agde (506) und c. 19 von Orléans (511).

[68] Vgl. Mâcon (585) c. 20, De Clercq, Conc. Gall. 247. Dupraz, Contribution 174 f., 193 Anm. 1 datiert das Konzil von Saint-Jean auf Mitte 674.

Die Kanones 1, 3, 10 und 17 zum Verhalten der Bischöfe bringen einige neue Elemente: die Bischöfe werden an die Spiritualität ihres Amtes erinnert (c. 3) und diejenigen, deren religiöse Gesinnung sich in einer festgesetzten Frist nicht gebessert hat, werden abgesetzt (c. 10). Die Bischöfe oder Äbte, die verurteilt wurden, weil sie ihre Pflicht nicht erfüllten oder ihre Kirche verlassen hatten, werden nicht mehr in ihr Amt eingesetzt. Die Bischöfe dürfen sich nicht mit weltlichen Streitfragen befassen (c. 1) und auch nicht selbst ihre Prozesse führen (c. 3), sie müssen einen *advocatus* in Anspruch nehmen. Kanon 11 legt den Zeitpunkt für das nächste Konzil fest.[69]

[69] Das nächste Konzil sollte im 14. Jahr der Regierung Childerichs, also 675, tagen. In diesem Jahr aber starb der König, so daß das geplante Konzil wohl nicht stattgefunden hat.

3. Kapitel

KONZILIEN ÜBER MÖNCHTUM UND KLOSTERWESEN

Die Ausbreitung des Mönchtums und die zahlreichen Klostergründungen unter Dagobert und seinen Nachfolgern[1] machten eine Anzahl von Konzilien notwendig, welche die Merowingerkönige einberiefen, um Schiedssprüche zu fällen, die Privilegien dieser Klöster zu bestätigen oder um einen Abt mit einem Kloster auszustatten.
Für den Zeitraum von 637 bis 696 sind außerdem 14 Bischofsprivilegien für Klöster überliefert. Eine ganze Reihe davon könnte auf ein Konzil deuten. Daher wird diesen Privilegien unten ein eigener Abschnitt gewidmet.

a) Das Konzil von Mâcon (626/27)[2]

Das Konzil von Mâcon hat zwischen 613 und 628 stattgefunden, als Eustasius, Schüler und Nachfolger Kolumbans, Abt von Luxeuil war.[3] Es wurde auf königlichen Befehl einberufen, auf besonderes Betreiben des Hausmeiers Warnacharius, der jedoch nach Aussagen des Textes kurz vor der Synode starb. Nach Fredegar erfolgte der Tod des Warnacharius im 43. Jahr der Regierung Chlothars II.[4], so daß eine genauere Datierung des Konzils auf die Jahre 626/27 möglich ist. Zu dieser Zeit tagte auch das Konzil in Clichy (626/27), allerdings bedeutet das nicht, daß diese beiden Konzilien gleichzusetzen sind.[5]

---

[1] Vgl. dazu L. UEDING, Geschichte der Klostergründungen der frühen Merowingerzeit (= Historische Studien 261) Berlin 1935; PRINZ, Frühes Mönchtum 152–185.

[2] Das Konzil ist überliefert durch Ionas von Bobbio, Vita Columbani Liber II: Vita Eustasii c. 9, hrsg. von B. Krusch, MGH.SRM 4 (1902) 124–126. Die entsprechende Textstelle ist abgedruckt bei: Binius II 980 f.; Sirmond I 477 f.; Coll. regia XIV 461–464; Labbe-Cossart V 1686–1688; Hardouin III 569 f.; Coleti VI 1427–1430; Mansi, Suppl. I, 473–476; Mansi X 587–590; Maassen, Conc. I 206; De Clercq, Conc. Gall. 299. Literatur: HEFELE-LECLERCQ III/1, 259 f.; MCLAUGHLIN, Le très ancien droit monastique 20; SPRANDEL, Der merowingische Adel 19 f.; PRINZ, Frühes Mönchtum 148.

[3] Zu Eustasius vgl. PRINZ, Frühes Mönchtum 142–148, 286–288.

[4] Vgl. Fredegar, Chronik IV 54, hrsg. von B. Krusch, MGH.SRM 2 (1888) 147.

[5] Vgl. eine entsprechende Andeutung bei HEFELE-LECLERCQ III/1, 264 Anm. 4.

Auf dem Konzil ging es um einen Streit zwischen Abt Eustasius und dem Mönch Agrestius, ehemals Notar Theuderichs II. und verwandt mit Bischof Abbelenus von Genf. Der Mönch verlangte, unterstützt vom Genfer Bischof, daß in Luxeuil die Regel Kolumbans abgeschafft werde. Das Konzil unter dem Vorsitz des Bischofs Tretecus von Lyon entschied jedoch zugunsten des Abtes, und so blieb – zumindest vorläufig[6] – die Kolumbanregel in Kraft.

b) Das Provinzialkonzil von Bourges (1. September 647/55)

Dieses Konzil ist nur indirekt durch einen Brief[7] König Sigiberts III. überliefert, der dem zu seinem austrasischen Reich gehörigen Bischof Desiderius von Cahors[8] untersagt, an einer Synode teilzunehmen, die der Metropolit Vulfolendus von Bourges[9] zum 1. September einberufen hat. Ob und in welchem Jahr diese Synode getagt hat, ist nicht bekannt.[10] Vielleicht ist ein Bezug zum Konzil von Chalon 647/53 herzustellen, bei dem die austrasischen Bischöfe fehlten, doch sind die Akten von Chalon auf den 24. Oktober datiert.[11]

c) Das Konzil von Nantes (658/60)

Die Vita Nivardi[12] erwähnt ein Konzil von Nantes, auf dem der Metropolit Nivardus von Reims[13] um Zustimmung zum Wiederaufbau des Klo-

---

[6] Offensichtlich wurde nach dem Tode Eustasius' auch in Luxeuil die Benediktregel bzw. eine Mischform eingeführt, vgl. McLaughlin, Le très ancien droit monastique 20; Prinz, Frühes Mönchtum 287 f.

[7] Hrsg. von W. Arndt, MGH.Ep III (1892) 212 Nr. II, 17. Vgl. auch den Abdruck in den Konziliensammlungen: Delalande 65; Labbe-Cossart VI 485; Hardouin III 984; Coleti VII 497; Mansi X 783–786; Pardessus II 82 f. Nr. 308. Literatur: Dupraz, Contribution 210.

[8] 8. April 630 – 15. November 655.

[9] 17. Januar 647 – 29. Dezember um 664.

[10] Die Eckdaten 647 und 655 ergeben sich aus den Sedenzzeiten der genannten Bischöfe.

[11] Vgl. oben 193 f.

[12] Vita Nivardi (9. Jh.) c. 7, hrsg. von W. Levison, MGH.SRM 5 (1910) 165; übernommen von Flodoard (10. Jh.), Historia Remensis ecclesiae II 7, hrsg. von Heller-Waitz, MGH.SS 13 (1888) 455 Z. 44–47. Die Flodoardstelle ist in den Konziliensammlungen abgedruckt: Sirmond I 495; Coll. regia XV 437; Labbe-Cossart VI 486 f.; Hardouin III 985 f.; Coleti VII 499 f.; Mansi 59–62. Literatur: Hefele-Leclercq III/1, 296–298 und III/2, 1247; Dupraz, Contribution 275; Ewig, Die fränkischen Teilreiche 209 Anm. 152.

[13] Vor 657–673, vgl. Dupraz, Contribution 276 Anm. 1.

sters Villers-sous-Châtillon[14] bat. Weitere Einzelheiten sind nicht bekannt, eine genauere Datierung des Konzils ist daher nicht möglich.[15] In der Forschung umstritten ist die Frage, ob unter der Inskription „Ex concilio Namnetense" bei Regino von Prüm († 915) erscheinende Kanones diesem Konzil von Nantes zuzuweisen sind. Auch wenn ein eindeutiger Beweis nicht zu führen ist, sind die Canones Namnetenses wohl doch eher als ein Werk des 9. Jahrhunderts anzusehen.[16]

d) Das Konzil von Rouen (688/89)

Nach Aigrard, Vita S. Ansberti[17], hat dieser Heilige als Bischof von Rouen ein Konzil abgehalten und geleitet, das dem Kloster Fontenelle, dessen Abt er vorher war, das Privileg gewährte, selbst seinen Abt zu wählen. Aigrard berichtet, das Konzil habe im Jahre 682 in Rouen stattgefunden, im 5. Jahre des Episkopats Ansberts, und nennt 16 Bischöfe[18], die teilgenommen haben. Diese Liste erinnert an die Subskriptionslisten der

---

[14] Nivardus änderte später seinen Plan und erbaute das Kloster Hautvillers, vgl. Dupraz, Contribution 275.

[15] Die Datierungen in der Literatur und in den Konziliensammlungen reichen von 650 bis 660, am ehesten dürften die Jahre 658 bis 660 in Frage kommen. Pagi, Critica (vgl. Mansi XI 61/62) datiert das Konzil in die Zeit Chlothars III., vor den Regierungsantritt Childerichs II., ins Jahr 660, vgl. Dupraz, Contribution 275 Anm. 2.

[16] Vgl. zu dieser Problematik grundlegend E. Seckel, Studien zu Benedictus Levita I, in: NA 26 (1901) 37–72; J. Gaudemet, Le pseudo-concile de Nantes, in: Revue de droit canonique 25 (1975) 40–60 (= Etudes offertes à René Metz 1) mit Verzeichnis der Druckorte und der Literatur. D. Aupest-Conduché, De l'existence du concile de Nantes, in: Bulletin philologique et historique (jusqu'à 1610) du Comité des travaux historiques et scientifiques, Année 1973, 1976, 29–59 hat wiederum versucht, das Konzil von Nantes auf die Mitte des 7. Jahrhunderts zu datieren, allerdings ist die Beweisführung wenig überzeugend, vgl. dazu die Rezension von W. Hartmann, in: DA 35 (1979) 250.

[17] Vita Ansberti c. 18, hrsg. von W. Levison, MGH.SRM 5 (1910) 630–632; die entsprechende Textstelle ist in den Konziliensammlungen abgedruckt: Sirmond I 509; Coll. regia XVI 728 f.; Labbe-Cossart VI 1240–1242; Hardouin III 1727–1730; Coleti VII 1449–1452; Bessin 12 f.; Mansi XI 1043–1046. Literatur: Hefele-Leclercq III/1, 546. Zur Diskussion um die Glaubwürdigkeit der Vita und des Berichts über das Konzil vgl. die in der Edition von Levison 631 Anm. 2 genannte Literatur.

[18] Provinz Rouen: Ansbertus von Rouen (684–690), Aquilinus von Evreux (vor 683 – nach 688/89), Aunobertus von Séez (um 688/89), Gerebaldus von Bayeux (um 688/89); Provinz Tours: Ratbertus von Tours (um 688/89), Taurinus von Nantes (um 688/89); Provinz Reims: Regulus von Reims (vor 674 – nach 688/89); Provinz Sens: Airardus von Chartres (vor 688/89 – nach 697); Provinz Trier: Arnoinus von Verdun (vor 688/89 – nach 702); Provinz Bordeaux: Ansoaldus von Poitiers (vor 677 – nach 697); nicht identifiziert: Cadoenus, Salvius (von Amiens?), Desiderius (von Rennes?), Fulcrannus, Johannes, Willebertus.

Bischofsprivilegien, und eine solche Urkunde könnte dem Verfasser der Vita vorgelegen haben. Ob der Terminus *synodus generalis* schon in der Urkunde gestanden hat, oder ob er aufgrund der hohen Zahl der Unterschriften von Aigrard hinzugefügt wurde, muß offenbleiben. Auf jeden Fall ist die Datierung unstimmig. Ansbert ist erst 684 Bischof von Rouen geworden, so daß das Konzil erst 688/89 getagt haben kann.[19]
Dieses Konzil steht in keinem Zusammenhang mit einem anderen Konzil von Rouen, dem in den Sammlungen einige Kanones zugeschrieben werden, das entweder auf 650 oder auf 878/80 datiert wird. Es ist bis heute nicht geklärt, ob und wann dieses angebliche Konzil stattgefunden hat.[20]

e) Durch Bischofsprivilegien überlieferte Konzilien

Für den Zeitraum von 637 bis 696 sind 14 Bischofsprivilegien[21] für Klöster überliefert. Diese Privilegien tragen bis zu 32 Unterschriften von Bischöfen und deuten allein dadurch auf die Abhaltung eines Konzils oder eines Hoftages hin:

1. Privileg des Bischofs Burgundofaro von Meaux für das Kloster Rebais[22], ausgestellt am 1. März oder Mai 637[23] in Clichy, unterschrieben von 26 Bischöfen[24];

---

19 Vgl. zu dieser Datierung Levison, MGH.SRM 5 (1910) 613 Anm. 1; Hefele-Leclercq III/1, 546.

20 Vgl. dazu E. Seckel, Die ältesten Canones von Rouen, in: Historische Aufsätze. Karl Zeumer zum 60. Geburtstag dargebracht . . ., Weimar 1910, 611–635. Die Forschung ist bis jetzt über die Ergebnisse von Seckel nicht hinausgekommen.

21 Vgl. zu dieser Quellengattung grundlegend Ewig, Beobachtungen zu den Klosterprivilegien 411–426.

22 Druck: V. Leblond – M. Lecomte, Les privilèges de l'abbaye de Rebais-en-Brie, Melun 1910, 54–56. Zur Diskussion um die Echtheit, die jedoch heute nicht mehr bezweifelt wird, vgl. Guerout, Les origines 39–42; E. Ewig, Das Formular von Rebais und die Bischofsprivilegien der Merowingerzeit, in: ders., Spätantikes und fränkisches Gallien II (München 1979) 456–484.

23 Das Privileg ist auf den 1. März datiert, doch nimmt Guerout, Les origines 33 an, daß es eher auf den 1. Mai zu datieren sei. Vgl. dazu auch Ewig, Bischofslisten 449 Anm. 81.

24 Vgl. zu den Unterschriften Ewig, Bischofslisten 437–452. Im einzelnen werden genannt: Provinz Sens: Burgundusfaro von Meaux (626–672), Albridus von Chartres (um 637), Palladius von Auxerre (622–658/60), Childegarius von Sens (631–639), Audebertus von Paris (vor 637 – nach 647/53), Raynaldus von Nevers (= Raurecus, vor 614 – nach 656); Provinz Lyon: Candericus von Lyon (vor 637 – nach 647/53), Ferreolus von Autun (vor 637–657), Bertholdus von Langres (628 – nach 647/53), Adeodatus von Mâcon (vor 637 – nach 647/53);

2. Privileg des Bischofs Audobertus von Paris für das Kloster Saint-Maur-des-Fossés[25], ausgestellt am 15. Mai 645[26] (ohne Ort), unterschrieben von 12 Bischöfen[27];
3. Privileg des Bischofs Landricus von Paris für das Kloster Saint-Denis[28], ausgestellt am 1. Juli 653/55[29] in Paris, unterschrieben von 26

Provinz Vienne: Sindulphus sive Landelinus von Vienne (625 – nach 647/53), Ailphus von Valence (vor 637 – nach 641), Perichonius von Genf (um 637);
Provinz Besançon: Donatus von Besançon (624–660);
Provinz Reims: Maurinus von Beauvais (vor 637 – nach 660); Aigatarius von Noyon (um 626/27 – nach 637), Asaneus von Soissons (= Ansericus, vor 614–652);
Provinz Trier: Guido von Verdun (vor 623 – nach 637);
Provinz Arles: Petruvinus von Vaison (vor 637 – nach 683), Marius von Toulon (um 637), Protadius von Aix (596 – nach 637), Martinus von Fréjus (um 637);
Provinz Bourges: Verus von Rodez (vor 614 – nach 637);
Provinz Tours: Magdegisilus von Tours (625–642);
Provinz Bordeaux: Magmatius von Angoulême (= Namatius, vor 626/27 – nach 637). Außerdem hat der hl. Amandus, der sogenannte Apostel Flanderns († 679/84) unterschrieben.

25 Druck: L. Auvray, Documents parisiens tirés de la Bibliothèque du Vatican, in: Mémoires de la Société de l'Histoire de Paris et de l'Ile de France 19 (1892) 12–17. Literatur: Ewig, Bischofslisten 437–446; ders., Bischofsprivilegien 485–506.

26 Zu dieser Datierung vgl. Ewig, Bischofslisten 437 Anm. 38.

27 Provinz Sens: Audobertus von Paris (vor 637 – nach 647/53), Aunobertus von Sens (um 645), Sauratus = Rauracus von Nevers (vor 614 – nach 654/56), Mallardus von Chartres (644 – nach 654/56), Leuthcadus = Leuconius von Troyes (um 645); Burgundofarus von Meaux (626–672);
Provinz Lyon: Gaudericus von Lyon (vor 637 – nach 647/53), Ferreolus von Autun (vor 637–657), Gratus von Chalon (vor 645 – nach 654/56);
Provinz Besançon: Donatus von Besançon (624–660);
Provinz Reims: Maurinus von Beauvais (vor 637 – nach 660); Prestelendus (nicht identifiziert). Vgl. dazu auch Ewig, Bischofsprivilegien 502 f.

28 Drucke: Pardessus II 95–97 Nr. 320; Lasteyrie, Cartulaire 12–15. Die Urkunde des Landricus ist nicht im Original, sondern in einer verfälschten Fassung überliefert, vgl. dazu J. Havet, Questions mérovingiennes V, in: BECh 51 (1890) 54 Anm. 1; Levillain, Etudes III 20–97; G. Tessier, Les travaux de M. Levillain sur l'abbaye de Saint-Denis à l'époque mérovingienne, in: MA 39 (2e sér. 30, 1929) 36–77, bes. 58–65.

29 Die Datierung ergibt sich aus der Datierung des Diploms, das die Urkunde bestätigte. Das Diplom wurde im 16. Jahr der Regierung Chlodwigs II. ausgestellt. Gemäß der Chronologie von Ch. Courtois, L'avènement de Clovis II et les règles d'accession au trône chez les Mérovingiens, in: Mélanges L. Halphen, Paris 1910, 155–164, starb Dagobert I. am 19. Januar 638, Chlodwig II. folgte nach einer Vakanz erst am 26./31. Oktober 640. Da nicht nachgewiesen werden kann, ob Chlodwig II. seine Regierungsjahre vom Tode des Vaters oder vom tatsächlichen Regierungsbeginn an zählte, kann das Diplom, ausgestellt im 16. Jahr der Regierung, auf 654 oder 656 datiert werden. Ewig, Das Privileg des Bischofs Berthefrid 547 Anm. 22 datiert ohne Begründung auf 655, obwohl auch er der Chronologie von Courtois folgt. Die Urkunde des Landricus stammt demzufolge entweder aus dem Jahre 653 oder 655. Vgl. zu dieser Datierung auch Ewig, Das Privileg des Bischofs Audomar 508 Anm. 7.

Bischöfen[30]; bestätigt durch ein Diplom Chlodwigs II.[31], ausgestellt am 22. Juni 654/56[32] in Clichy, unterschrieben von mehreren Großen des Reiches und 15 Bischöfen[33];

4. Privileg des Bischofs Emmo von Sens für das Kloster Sainte-Colombe[34], ausgestellt am 26. August 660[35] (ohne Ort), unterschrieben von 26 Bischöfen[36];

---

30 Nach Levillain, Etudes III 43–47 sind die Unterschriften dem echten Privileg entnommen (hier zitiert nach Levillain 46 f.):
Provinz Sens: Landericus von Paris (um 653/56), Armentarius von Sens (644 – nach 654/56), Runicus (= Rauracus) von Nevers (vor 614 – nach 654/56), Malgardus von Chartres (644 – nach 654/56), Burgundofaro von Meaux (626–672), Palladius von Auxerre (622–658/60);
Provinz Lyon: Aunemundus von Lyon (vor 654/56 – nach 660), Grator von Chalon (vor 645 – nach 654/56), Sicoaldus von Langres (vor 654/56 – nach 660);
Provinz Vienne: Conualdus (= Choaldus) von Vienne (vor 654/56 – nach 664), Clarus von Grenoble (vor 647/53 – nach 654/56), Ingildus von Valence (vor 647–658);
Provinz Bourges: Vulfolenus von Bourges (647 – um 664);
Provinz Reims: Eligius von Noyon (641–660), Baldomerus (= Audomar, Omer) von Thérouanne (642 – nach 667), Maurinus von Beauvais (vor 637 – nach 660), Bertefredus von Amiens (644 – nach 667), Andobertus von Cambrai (vor 653/55 – nach 667), Andebertus von Senlis (vor 654/56 – nach 667);
Provinz Bordeaux: Johannes von Bordeaux (vor 654/56 – nach 673/75);
Provinz Rouen: Andoenus von Rouen (641–683);
Provinz Eauze: Litterius (= Leutadus) von Auch (vor 654/56–680);
Provinz Arles: Aetherius von Embrun (vor 647/53 – nach 660). Nicht zu identifizieren sind die Bischöfe: Eustogius, Laridandus, Castadius.

31 Original auf Papyrus, Paris, Archives nationales K 2 n. 3. Zu den früheren Drucken vgl. die Editionen von J. Havet, Questions mérovingiennes V, in: BECh 51 (1890) 52–57; K. Pertz, MGH.DI I (1872) 19–21 Nr. 19; Ph. Lauer – Ch. Samaran, Les diplômes originaux des Mérovingiens, Paris 1908, Nr. 6. Das Diplom findet sich auch in den Konziliensammlungen: Binius II 1175 f.; Sirmond I 497 f.; Coll. regia XV 441–444; Delalande 69 f.; Labbe-Cossart VI 489 f.; Hardouin III 989 f.; Coleti VI 1487 f., VII 503–506; Mansi XI 63–66.

32 Zur Datierung vgl. oben Anm. 29.

33 Provinz Lyon: Aunemundus von Lyon (vor 654/56 – nach 660), Gratus von Chalon (vor 645 – nach 654/56), Sicoaldus von Langres (um 645/56 – nach 660);
Provinz Vienne: Choaldus von Vienne (vor 654/56 – nach 664), Clarus von Grenoble (vor 647/53 – nach 654/56);
Provinz Sens: Rauracus von Nevers (vor 614 – nach 654/56), Armentarius von Sens (644 – nach 654/56), Palladius von Auxerre (622–658/60), Landericus von Paris (um 653/56);
Provinz Reims: Audomarus von Thérouanne (642 – nach 667), Eligius von Noyon (641–660);
Provinz Arles: Aetherius von Embrun (vor 647/53 – nach 660);
Provinz Bourges: Vulfoleudus von Bourges (647 – nach 664);
Provinz Tours: Rigobercthus von Tours (um 654/56).
Nicht zu identifizieren ist Castadius.

34 Druck: P. Deschamps, Critique du privilège épiscopal accordé par Emmon, de Sens, à l'abbaye de Sainte-Colombe (660, 26 août), in: MA 25 (2e sér. 16, 1912) 160–164.

5. Privileg des Bischofs Emmo von Sens für das Kloster Saint-Pierre-le-Vif[37], ausgestellt nach dem 1. September 660[38] in Mâlay-le-Roi, unterschrieben von 26 Bischöfen[39];
6. Privileg des Bischofs Audomarus von Thérouanne für das Kloster

---

Literatur: EWIG, Bischofslisten 437–452; DERS., Beobachtungen zu den Bischofsprivilegien für Saint-Maur-des-Fossés und Sainte-Colombe de Sens 485–506.

35 Die Datierung der Urkunde ist eindeutig, allerdings wird kein Ausstellungsort genannt.

36 Provinz Sens: *Emmo von Sens (vor 660–675), *Crodovertus von Paris (vor 660 – nach 664), *Cauciombertus von Chartres (vor 660 – nach 667), *Bertoaldus von Troyes (um 660), *Burgundofarus von Meaux (626–672), *Leodebaudus von Nevers (vor 660 – nach 667);
Provinz Arles: *Johannes von Arles (vor 654/56 – nach 673/75), *Docarus (= Deocharius) von Antibes (644 – nach 660);
Provinz Lyon: *Aunemundus von Lyon (vor 654/56 – nach 660);
Provinz Vienne: *Choandius (= Choaldus) von Vienne (vor 654/56 – nach 664);
Provinz Bourges: Vulfeleus von Bourges (647 – um 664);
Provinz Rouen: Audoenus von Rouen (641–683), *Amlecherius von Séez (644 – nach 663), *Hincho (= Biogo) von Lisieux (um 660), *Concessus von Evreux (vor 660 – nach 667), *Rangnobertus von Bayeux (625 – um 668) oder von Autun, Provinz Lyon (nach 657 – vor 663);
Provinz Bordeaux: Bertarius von Saintes (um 660);
Provinz Tours: *Berecharius von Le Mans (vor 660 – vor 673);
Provinz Reims: Eligius von Noyon (641–660), *Adebertus von Cambrai (vor 653/55 – nach 667) oder von Senlis (vor 654/56 – nach 667), *Bertefredus von Amiens (644 – nach 667), *Drucfredus (= Drusio) von Soissons (vor 660 – nach 667);
nicht zu identifizieren sind die Bischöfe: Carlefredus, Canderis, Bercarius, Chariochaudus. Die mit * gekennzeichneten Bischöfe haben auch das Privileg für Saint-Pierre-le-Vif unterzeichnet, vgl. unten Anm. 39.

37 Letzter Druck: M. Quantin, Cartulaire général de l'Yonne I, Auxerre 1854, 10–13. Vgl. dazu P. DESCHAMPS, Critique (wie Anm. 34) 144–165; EWIG, Bischofslisten 437–452; DERS., Beobachtungen zu den Bischofsprivilegien für Saint-Maur-des-Fossés und Sainte-Colombe de Sens 485–506.

38 Vgl. die Begründung dieser Datierung bei EWIG, Bischofsprivilegien 488 Anm. 10.

39 In der Adresse des Privilegs für Saint-Pierre-le-Vif werden genannt: Chrodobertus von Paris, Faro von Meaux, Bertoaldus von Troyes, Audoenus von Rouen, Gauzbertus von Chartres, Eligius von Noyon. Unterschrieben ist das Privileg außer den oben in Anm. 36 mit * gekennzeichneten Namen von folgenden Bischöfen:
Provinz Rouen: Hughierus von Coutances (um 660);
Provinz Reims: Maurinus von Beauvais (vor 637 – nach 660), Momolenus von Noyon (660 – nach 675);
Provinz Arles: Hecherius (= Aetherius) von Embrun (vor 647/53 – nach 660);
Provinz Tours: Lupus von Angers (um 660);
Provinz Bourges: Gyroindus von Clermont (um 660);
Provinz Bordeaux: Gaudemundus von Angoulême (um 660);
Provinz Lyon: Rigauvaldus von Langres (vor 654/56 – nach 660).
Vgl. zu den Unterschriften auch EWIG, Bischofslisten 437–446; DERS., Bischofsprivilegien 502–505.

Sithiu[40] (Saint-Bertin), ausgestellt am 14. April 663[41] in Sithiu, unterschrieben von 9 Bischöfen[42];

7. Privileg des Bischofs Numerianus von Trier für das Kloster Saint-Dié[43], zu datieren auf 663/75[44] (ohne Ort), unterschrieben von sieben Bischöfen[45];
8. Privileg des Bischofs Berthefridus von Amiens für das Kloster Corbie[46], ausgestellt am 6. September 664[47] in Chatou, unterschrieben von 15 Bischöfen[48];

---

[40] Druck: Pardessus II 123–125 Nr. 344. Vgl. auch die durch Folcuin (10. Jh.) überlieferte Fassung bei M. Guérard, Cartulaire de l'abbaye de Saint-Bertin (Collection des Cartulaires de France 3) Paris 1840, 15 f. Nr. 7. Literatur: Ewig, Das Privileg des Bischofs Audomar von Thérouanne 507–537.

[41] Ort und Datum gehen aus dem Privileg eindeutig hervor.

[42] Provinz Reims: Audomar von Thérouanne (642 – nach 667), Mummolenus von Noyon (660 – nach 675), Audebertus von Cambrai (vor 653/55 – nach 667), Draucio von Soissons (vor 660 – nach 667). Bertefredus von Amiens (644 – nach 667), Audobertus von Senlis (vor 654/56 – nach 667);
Provinz Rouen: Amlacharius von Séez (644 – nach 663).
Außerdem trägt die Urkunde die Unterschriften von zwei Nachfolgern des Audomar: Cravangerus (um 708) und Baginus (um 700).

[43] Drucke: Pardessus II 147 f. Nr. 360; Mansi, Suppl. I 497–500; Mansi XI 115–118; vgl. A. Bruckner, Regesta Alsatiae I (1949) 16 f. Nr. 47.

[44] Eventuell ist eine Einengung auf die Jahre 669/70 möglich, vgl. dazu Ewig, Das Formular von Rebais 476.

[45] Als Adressaten werden im Privileg genannt: Childulf von Metz, Gisloald von Verdun und Ebroin von Toul. Unterschrieben haben: Numerianus von Trier (vor 645 – nach 675), Dragobodus von Speyer (vor 663 – nach 700), Grothcarius von Straßburg (vor 660 – nach 677) und die nicht zu identifizierenden Bischöfe Baldonus, Dodonus, Chroabaldus und Prodagius.

[46] Drucke: Pardessus II 126–128 Nr. 345; B. Krusch, Die Urkunden von Corbie und Levillains letztes Wort, in: NA 31 (1906) 367–372. Das Privileg wurde auch in einige Konziliensammlungen aufgenommen, vgl. Pardessus II 126 Anm. 1. Literatur: Ewig, Das Privileg des Bischofs Berthefrid 538–583.

[47] Ort und Datum gehen aus der Urkunde eindeutig hervor.

[48] Das Privileg ist an 11 Bischöfe adressiert und von 15 Bischöfen unterschrieben. In der Adresse werden genannt: Nivo (= Nivardus) von Reims (vor 657–673), *Ginesius von Lyon (vor 664–678), *Ethoaldus (= Choaldus) von Vienne (vor 654/56 – nach 664), *Emmo von Sens (vor 660–675), *Audoinus von Rouen (641–683), Audomarus von Thérouanne (642 – nach 667), Audo von Orléans (vor 647 – nach 667), *Audebertus von Cambrai (vor 653/55 – nach 667), Burgundofarus von Meaux (626–672), *Audebertus von Senlis (vor 654/56 – nach 667), *Drauscio von Soissons (vor 660 – nach 667). Außer den mit * gekennzeichneten Adressaten haben folgende Bischöfe unterschrieben: Berthefridus von Amiens (644 – nach 667), Gauciobertus von Chartres (vor 660 – nach 667), Boso von Grenoble (vor 664 – nach 667), Ragnobertus von Bayeux (625 – um 668), Mummolenus von Noyon (660 – nach 675), Leodeboldus von Nevers (vor 660 – nach 667), Chrodobertus von Paris (vor 660 – nach 664), Paternus von Angoulême (um 664). Die Bischöfe entstammen den Kirchenprovinzen Reims, Lyon, Vienne, Sens, Rouen und Bordeaux.

9. Privileg des Bischofs Drauscius von Soissons für das Kloster Notre-Dame[49], ausgestellt am 26. Juni 667[50] in Soissons, unterschrieben von 19 Bischöfen[51];
10. Privileg des Bischofs Aredius von Vaison für das Kloster Groseaux[52], ausgestellt am 1. Februar 683[53] (ohne Ort), unterschrieben von neun Bischöfen[54];
11. Privileg des Bischofs Aiglibertus von Le Mans für das Kloster Notre-Dame[55], ausgestellt im Juni 683[56] in Le Mans, unterschrieben von 32 Bischöfen[57];

---

[49] Druck: Pardessus II 138–141 Nr. 355; Literatur: Ewig, Bischofslisten 451 Anm. 84.

[50] Ort und Datum gehen aus der Urkunde eindeutig hervor.

[51] Das Privileg ist adressiert an: Nivo von Reims (vor 657–673), Landebertus von Châlons (um 667), Mummolenus von Noyon (660 – nach 675), Audebertus von Cambrai (vor 653/55 – nach 667), Audebertus von Senlis (vor 654/56 – nach 667), Clemens von Beauvais (vor 667 – nach 683), Berthefredus von Amiens (644 – nach 667), Audomarus von Thérouanne (642 – nach 667). Unterschrieben haben aus der Kirchenprovinz Reims: Drauscio von Soissons (vor 660 – nach 667), Nivo von Reims (vor 657–673), Clemens von Beauvais (vor 667 – nach 683); Kirchenprovinz Lyon: Genesius von Lyon (vor 664–678), Leudtgarius von Autun (663–675), Desideratus von Chalon (vor 667 – nach 675); Kirchenprovinz Rouen: Audoenus von Rouen (641–683), Ragnobertus von Bayeux (625 – um 668), Concessus von Evreux (vor 660 – nach 667); Kirchenprovinz Vienne: Boso von Grenoble (vor 664 – nach 667); Kirchenprovinz Sens: Gauciobertus von Chartres (vor 660 – nach 667), Virgilius von Auxerre (um 667), Importunus von Paris (um 667), Emradius (= Emmo) von Sens (vor 660–675), Burgundofaro von Meaux (626–672), Abbo von Troyes (um 667) oder von Metz, Kirchenprovinz Trier (vor 667 – nach 694), Audo von Orléans (vor 647 – nach 667), Leudeboldus von Nevers (vor 660 – nach 667); nicht zu identifizieren ist Ragnomarus.

[52] Druck: Pardessus II 191–195 Nr. 401.

[53] Das Datum ist eindeutig, ein Ort wird nicht genannt.

[54] Die Bischöfe sind nur schwer zu identifizieren, da für die Provinz Arles für das 7. Jh. nur bruchstückhafte Bischofslisten überliefert sind. Die im folgenden genannten Sitze stehen nicht in der Urkunde, sondern beruhen auf einer Konjektur von Boyer, Historia ecclesiae Vasionensis, vgl. Pardessus II 194 Anm. 1: Aredius (= Petrunius) von Vaison (vor 637 – nach 683), Wolbertus (von Arles?), Aghiacus (von Avignon?), Ambrosius II. (von Carpentras?), Fredicus (von Orange?), Godebertus (von Saint-Paul-Trois-Châteaux?), Leodegarius (von Vence?), Pascasius (von Cavaillon?), Rusticus (von Viviers?).

[55] Drucke: Pardessus II 253–255 Nr. 451; G. Busson – A. Ledru, Actus pontificum Cenomannis in urbe degentium (Archives historiques du Maine 2) Le Mans 1901, 210–215.

[56] Ein Tagesdatum wird nicht genannt.

[57] Dieses Privileg trägt zwar die meisten Unterschriften, doch ist nur ein geringer Teil zu identifizieren. Wiedergabe der Liste nach dem Druck von Busson-Ledru: Aiglibertus von Le Mans (vor 673 – nach 697), Hildebertus (= Bertus) von Tours (vor 680 – nach 690), Landebertus von Lyon (678 – nach 683), Landobertus von Sens (vor 680 – nach 683), Blidramnus von Vienne (um 677 – nach 683), Gosenus von Bourges (um 683), Prothasius (von Sitten?), Datbertus, Opidus, Herlingus von Meaux (um 683), Berarius, Aiglibertus von Angers (um 683), Aclaldus (von Chartres?), Rigobertus (= Sigobertus) von Orléans (um 683), Adalbertus von Soissons (680 – nach 692), Abbo von Metz (vor 667 – nach

12. Privileg des Bischofs Bertoendus von Châlons für das Kloster Montier-en-Der[58], ausgestellt am 15. Februar 692[59] in Reims, Unterschriften sind nicht erhalten[60];
13. Bestätigung des Privilegs für Sainte-Colombe in Sens von 660[61] im Jahre 695/96[62], unterschrieben von 10 Bischöfen[63];
14. Privileg des Bischofs Agerardus von Chartres für das Kloster Notre-Dame de Blois[64], ausgestellt am 6. März 696[65] in Chatou, unterschrieben von 14 Bischöfen.[66]

---

694), Hermenarius von Autun (675 – nach 684), Umdilianus (von Cambrai?), Burgoardus, Aquilinus von Evreux (vor 683 – nach 688/89), Theofredus von Amiens (um 683), Frambertus, Ondingus, Berulfus von Laon (um 683), Hadegarius, Theodegarius, Autsinus, Erleharius, Havingis, Clemens von Beauvais (vor 667 – nach 683), Raganteus (vielleicht: Ragertramnus von Avranches), Haoaldus.

58 Druck: Pardessus II 221 f. Nr. 423; Literatur: Ewig, Bischofslisten 454 f.

59 Datum und Ort sind eindeutig.

60 In der Adresse werden folgende Bischöfe genannt: Bertoendus von Châlons (um 692), Ingobertus von Reims (nach 688/89 – vor 743), Basinus von Trier (um 692), Stephanus von Köln (um 692), Adalbertus von Soissons (680 – nach 692), Alo (= Abbo) von Metz (vor 667 – nach 694), Madalgarius von Laon (um 692).

61 Abt Ranacharius von Sainte-Colombe ließ das von Emmo 660 ausgestellte Privileg erneut von 10 Bischöfen unterschreiben. Druck: Deschamps, in: MA 16 (1912) 165; vgl. dazu ebd. 152–154 und oben Anm. 34.

62 Die Datierung ergibt sich aus den Sedenzzeiten der Bischöfe und der Nähe zum Konzil von Auxerre, vgl. Deschamps 153. Ob die Bestätigung tatsächlich auf diesem Konzil erfolgte, ist nicht eindeutig festzustellen, denn dieses Konzil, überliefert durch die Vita S. Tetrici (vgl. dazu Coleti VIII 95; Mansi, Suppl. I 503–508; Mansi XII 107; Maassen, Conc. I 223; De Clercq, Conc. Gall. 323–326; Hefele-Leclercq III/1, 590), ist wohl nur eine Diözesansynode gewesen, vgl. De Clercq, Conc. Gall. 323.

63 Godinus von Lyon (vor 688 – ca. 701), Savericus von Orléans (vor 693 – nach 697), Vulfrannus von Sens (nach 683–696), Ansebercthus von Autun (vor 693 – nach 697), Treteius (= Tetricus) von Auxerre (692–707), Sigelinus von Bourges (um 695/96), Hectarius von Chartres (vor 688/89 – nach 697). Nicht identifiziert sind Vuandelmarus und Batlodenus; eine weitere Unterschrift ist nicht lesbar. Ebbo von Sens (um 710) hat später unterschrieben.

64 Drucke: Pardessus II 234–236 Nr. 435; M. Jusselin, Documents chartrains du 7e siècle, in: Revue des archives historiques du diocèse de Chartres (Jan. 1909) 5 f.

65 Ort und Datum gehen eindeutig aus der Urkunde hervor.

66 *Agerardus von Chartres (vor 688/89 – nach 697), Giricus von Sens (um 696), Gripho von Rouen (um 696), *Ansebercthus von Autun (vor 693 – nach 697), *Ebarcis von Tours (um 696/97), Aygliberсthus von Le Mans (vor 673 – nach 697), Berecharius (nicht identifiziert), Tretecor von Auxerre (692–707), *Ansoaldus von Poitiers (vor 677 – nach 697), Attur (nicht identifiziert), Ermeno (= Ermenomaris) von Périgueux (vor 673/75 – nach 696), *Soabericus von Orléans (vor 693 – nach 697), *Turnochaldus von Paris (vor 693 – nach 719), *Constantinus von Beauvais (vor 693 – nach 706). Die sieben mit * gekennzeichneten Bischöfe waren im März 697 auf einem Placitum in Compiègne vertreten, vgl. Pertz, MGH.DI 1 (1872) 62 f. Nr. 70; Ewig, Bischofslisten 440 Anm. 47, so daß vermutet werden kann, daß auch 696 in Chatou ein Hoftag stattfand.

Es ist im Einzelfall nur schwer zu entscheiden, ob tatsächlich eine Versammlung stattgefunden hat.[67] Einige der Privilegien sind zusätzlich aus erzählenden Quellen bekannt[68], und dort wird auch der Terminus *synodus*[69] verwendet, doch ist dies kein sicherer Beweis, denn die hohe Zahl der Unterschriften könnte schon den Verfasser der Chronik zu dem Schluß veranlaßt haben, daß ein Konzil stattgefunden haben muß.

Ein weiterer Unsicherheitsfaktor liegt in der Tatsache, daß die Unterschriften später geleistet[70] oder sogar durch Boten eingeholt wurden[71], so daß die Subskribenten nicht notwendig als Teilnehmer einer Versammlung anzusehen sind. Ebenso muß offenbleiben, welcher Art die Zusammenkunft war: ist der Tagungsort eine Königspfalz, ist eher an einen Hoftag oder eine Heeresversammlung zu denken, in Bischofsstädten könnte ein Konzil, vielleicht auch ein Provinzialkonzil stattgefunden haben.[72] Daß ähnlich wie in Paris 614 die Großen und die Bischöfe getrennt tagten, ist für keine der Versammlungen eindeutig nachweisbar.

Trotz dieser Unwägbarkeiten, und auch wenn die durch Bischofsprivilegien überlieferten Versammlungen für die Konzilsgeschichte letztlich nur einen rein statistischen Wert haben, verdienen sie doch beachtet zu werden, denn: „Hier wird wohl eine Entwicklung sichtbar, die von den

---

67 Die durch Bischofsprivilegien überlieferten Versammlungen fehlen völlig in den Ausgaben von Maassen und De Clercq; in den älteren Konziliensammlungen und entsprechend bei HEFELE-LECLERCQ werden nur einige angeführt: Clichy 637 (datiert auf 636), Clichy 654/56 (datiert auf 653), Mâlay 660, Trier 663/75 (datiert auf 670). – Das von Mansi XI 59 und Hefele-Leclercq III/1, 296 angeführte Konzil unter Chlodwig II. beruht auf einer seit langem als Fälschung erkannten Quelle, vgl. dazu F. CHAMARD, Les reliques de saint Benoît, Vienne 1882; DERS., Les trois légendes de la translation du corps de saint Benoît, in: Revue du monde catholique sér. 3, 18 (1883) 23–48, 213–237.

68 Vgl. zum Privileg für Rebais (Nr. 1): Vita S. Agili c. 19, hrsg. von Mabillon, AA SS OSB II 323; abgedruckt bei Stilting, AA SS August VI (1743) 584. Die Vita gibt sich zeitgenössisch, stammt jedoch aus dem 9. Jh., vgl. WATTENBACH-LEVISON I 138; GUEROUT, Les origines 7 f.; zu Agilus vgl. PRINZ, Frühes Mönchtum 126 f.; 356–359. – Vgl. zum Privileg für Saint-Maur-des-Fossés (Nr. 2): Vita S. Baboleni, abgedruckt in Bouquet III 569 D. Die Vita stammt aus dem 11. Jh. und gilt als unglaubwürdig, vgl. AUVRAY, Documents (wie oben Anm. 25) 3 Anm. 3; K. VOIGT, Die Vita S. Baboleni und die Urkunden für St.-Maur-des-Fossés, in: NA 31 (1906) 289–334. – Zum Privileg für Saint-Pierre-le-Vif (Nr. 5) vgl. Odorannus von Sens (984/85 – ca. 1046), Chronik, hrsg. von R.-H. Bautier – M. Gilles, Sources d'Histoire Médiévale 4 (1972) 84; übernommen und erweitert in der dem Mönch Clarius zugeschriebenen Chronik (ca. 1124), hrsg. von R.-H. Bautier – M. Gilles, Sources d'Histoire Médiévale 12 (1979) 42.

69 Vgl. die in Anm. 68 angegebenen Textstellen.

70 Vgl. EWIG, Bischofslisten 437–446; DERS., Bischofsprivilegien 502–505.

71 Vgl. EWIG, Bischofslisten 438 f.

72 Vgl. EWIG, Bischofslisten 439 f.

rein kirchlichen, in Bischofsstädten abgehaltenen Synoden der älteren Merowingerzeit zu den gemischten Versammlungen der weltlichen und geistlichen Großen in der karolingischen Epoche führte."[73]

[73] Ewig, Bischofslisten 451.

4. Kapitel

VERSAMMLUNGEN MIT POLITISCHEM CHARAKTER

Mehrere Versammlungen, welche die Könige in der letzten Periode der Merowingerzeit einberiefen, hatten eher einen politischen als einen kirchlichen Charakter. Sie dienten vor allem dazu, die schwindende Autorität der Könige zu sichern. Als gemischte Versammlungen von weltlichen Großen und Bischöfen können die meisten von ihnen nur schwer als Konzilien angesehen werden. Das gilt etwa für die Versammlung von Bonneuil (616/17)[1], zusammengerufen von Chlothar II. mit der Absicht, sich die Großen von Burgund, die Bischöfe und die „leudes" zu verpflichten. Die Versammlung wird heute als eine rein politische angesehen, während diejenige von Saint-Pierre-de-Granon, die etwa ein halbes Jahrhundert später stattfand und vier Kanones promulgierte, noch als Konzil gelten kann. Die beiden letzten hier behandelten Konzilien dienten zur Absetzung von Bischöfen.

a) Das Konzil in Saint-Pierre-de-Granon *(in castro Modogarnomo)* (673/75)[2]

662 wurde Childerich II. König von Austrasien; er starb 675. Nach dem Tode seines Bruders Chlothar III. im Jahre 673 vereinigte er Neustrien und Burgund mit seinem Königreich. Kurz darauf[3] fand das aquitanische

---

1 Überliefert durch Fredegar, Chronik IV 44, hrsg. von B. Krusch, MGH.SRM 2 (1888) 143. Vgl. Mansi X 545/46. Literatur: Hefele-Leclercq III/1, 256; De Clercq, La législation 62 Anm. 1. – Zu weiteren Hoftagen und *placita* vgl. Ewig, Die fränkischen Teilreiche 181 f.; ders., Bischofslisten 441.

2 Drucke: Pardessus II 129; Maassen, Zwei Synoden unter König Childerich II., Graz 1867, 8–10; Maassen, Conc. I 215 f.; De Clercq, Conc. Gall. 311–313. Literatur: Hefele-Leclercq III/1, 298–300; Barion, Synodalrecht 249 f.; De Clercq, La législation 70 f.; Ewig, Bischofslisten 436 Anm. 35; Rouche, L'Aquitaine 100–102; Wallace-Hadrill, The Frankish Church 106 f.

3 Zur Datierung vgl. zuletzt Ewig, Bischofslisten 436 Anm. 35: „Das in den MGH angegebene Datum 663/675 läßt sich genauer bestimmen. Da das Konzil auf Geheiß Childerichs II. zusammentrat, die Teilnehmer aber durchweg dem neustroburgundischen, nicht dem austrasischen Verband angehörten, kann die Synode nur in den Jahren 673/675 getagt haben, in denen Childerich II. über das Gesamtreich herrschte. Vielleicht handelte

Regionalkonzil in Saint-Pierre-de-Granon[4], in der Diözese Agen, in der Kirchenprovinz Bordeaux statt.
Aquitanien, das stark gallorömisch bestimmt geblieben war, wollte die Plünderungen der Franken aus dem Norden nicht mehr hinnehmen und versuchte, sich von ihrer Bevormundung zu befreien.
Der König versammelte die Großen und den Klerus und wollte, daß der Klerus seine Autorität geltend mache, um Aquitanien dem Frankenreich zu erhalten. Das Vorwort und Kanon 4 unterstreichen die Notwendigkeit, *pro stabilitate regni* zu arbeiten. Außerdem geht es darum, bestimmte Mißbräuche abzuschaffen und die Autorität des Episkopates wiederherzustellen: *pro statu Ecclesiae.*
Es war eine gemischte Versammlung von Bischöfen und adligen Laien. Die Adligen führten den Titel *provinciales*[5], um ihre gallorömische Herkunft zu kennzeichnen. Das Konzil wurde von König Childerich II. einberufen, der sich durch Herzog Lupus[6] vertreten ließ, und vom Metropoliten Adus von Bourges geleitet. Außer den Metropoliten[7] von Bourges, Bordeaux und Eauze waren 13 Bischöfe[8] aus diesen drei Provinzen und zwei delegierte Äbte[9] anwesend, die alle die Dekrete unterschrieben.
Von den vier Kanones, die erlassen wurden, wiederholen die drei ersten Disziplinarbestimmungen früherer Konzilien:

– Kanon 1 über die Kleidung der Geistlichen und über das Verbot für Geistliche, Waffen zu tragen, wiederholt c. 5 von Mâcon (581/83) mit einem Zitat aus Psalm 44, 4;
– Kanon 2 über das Patronatsrecht der Laien wiederholt c. 15 von Mâcon (581/83);

es sich um eine Parallelversammlung zum Konzil von Saint-Jean-de-Losne, das in der gleichen Zeit stattfand."

4 Vgl. zu dieser Ortsidentifizierung E. Griffe, Où localiser le concile aquitain tenu vers 674 „in castro Garnomo", in: Bulletin de littérature ecclésiastique 65 (1964) 49–52. Zu den älteren Theorien vgl. Hefele-Leclercq III/1, 299 Anm. 1.

5 Vgl. dazu Rouche, L'Aquitaine 100.

6 Vgl. dazu Ewig, Die fränkischen Teilreiche 217 f. und Rouche, L'Aquitaine 102, der in dieser Praxis westgotische Einflüsse sieht.

7 Adus, Metropolit von Bourges (um 662 – 8. Oktober 682); Johannes, Metropolit von Bordeaux (vor 654/56 – nach 673/75); Scupilius, Metropolit von Eauze (um 673/75).

8 Provinz Bourges: Beto, Bischof von Cahors (um 673/75).
Provinz Bordeaux: Agnebertus, Bischof von Saintes (um 673/75); Tomianus, Bischof von Angoulême (um 673/75); Soboaldus, Bischof von Agen (um 673/75).
Provinz Eauze: Leutadus, Bischof von Auch (vor 654/56–680); Salvius, Bischof von Lescar (um 673/75); Gundulfus, Bischof von Bazas (um 673/75); Ursus, Bischof von Aire (um 673/75); Artemon, Bischof von Oloron (um 673/75); Bosolenus, Bischof von Lectoure (um 673/75); Sesemundus und Maurolenus, Bischöfe von Couserans (um 673/75).

9 Sie vertraten die Bischöfe von Limoges und Albi, beide aus der Provinz Bourges.

- Kanon 3 dehnt c. 1 von Mâcon (581/83) auf die Nonnen aus und wiederholt c. 3 von Chalon (647/53) über das Verbot, mit Frauen zusammenzuwohnen; dies alles wurde durch c. 3 von Nizäa (325) beeinflußt;
- Kanon 4 beruft sich auf den heiligen Hieronymus[10], um die Bischöfe daran zu erinnern, daß sie zu Moral und gutem Beispiel verpflichtet sind, daß sie für die Stabilität des Königreiches und das Heil des Volkes zu sorgen haben. Die Nichtbeachtung dieses Kanons zieht Zwangsmaßnahmen nach sich.

Trotz dieser Maßnahmen dauerte es nicht lange, bis Aquitanien sich vom fränkischen Königreich trennte und sich verselbständigte; diese Unabhängigkeit hielt bis in die Regierungszeit König Pippins I. an.[11]

b) Konzilien zur Absetzung von Bischöfen: Mâlay (September 677) und *in villa regia* (677/79)

Das Konzil von Mâlay[12] *(September 677)*

Über dieses Konzil wird in einem Diplom Theuderichs III.[13] berichtet, das auf den 15. September des 5. Regierungsjahres, also 677[14] datiert ist. Das Konzil fand wahrscheinlich kurz vorher statt.
Es ging darum, den Bischof Chramlin von Embrun wegen Usurpation abzusetzen. Das Konzil vollstreckte die Absetzung. König Theuderich III. hatte dieses Konzil von Neustrien und Burgund zusammengerufen und nennt als Teilnehmer die Metropoliten: Genesius von Lyon, Blidramnus von Vienne, Landobertus von Sens, Terniscus von Besançon und Chadunis.[15]

Das Konzil in villa regia (677/79)

Dieses Konzil ist nur aus der Vita S. Leodegarii[16] bekannt und daher nur schwer einzuordnen. Nach dem Bericht der Vita wurde es auf Anordnung

---

[10] Hieronymus, Ep. LIX 5, 2 und XLI 3, 2.
[11] Vgl. dazu Rouche, L'Aquitaine 87–132.
[12] Zur Ortsidentifizierung vgl. Ewig, Die fränkischen Teilreiche 181.
[13] Vgl. Pertz, MGH.DI 1 (1872) 44 Nr. 48; in den Konziliensammlungen ist die entsprechende Stelle abgedruckt: Coleti VII 593–596; Mansi XI 163 f., 171–174; Maassen, Conc. I 222 f.; De Clercq, Conc. Gall. 322. Literatur: Hefele-Leclercq III/1, 309.
[14] Vgl. zu dieser Datierung Dupraz, Contribution 365.
[15] Genesius (um 657–678); Blidramnus (um 677 – nach 683); Landobertus (vor 677 – um 691), Terniscus (um 675–680); Chadunis ist nicht zu identifizieren.
[16] Vita S. Leodegarii I 33, hrsg. von B. Krusch, MGH.SRM 5 (1910) 314 und Vita II 16 f.,

Theuderichs III. und des Hausmeiers Ebroin *ad quendam villam regiam*[17] einberufen, um über Bischof Leodegar von Autun zu urteilen.

An der Spitze des burgundischen Adels hatte Leodegar einen erbitterten Kampf gegen Ebroin geführt, um die Unabhängigkeit Burgunds gegenüber Neustrien zu verteidigen.[18] Ebroin und seine Parteigänger verhafteten den Bischof, ließen ihm die Zunge abschneiden und die Augen ausstechen, dann luden sie ihn vor ein Konzil und klagten ihn an, er habe Mitschuld an der Ermordung des Königs Childerich von Austrasien (675). Leodegar wurde abgesetzt, die Kleider wurden ihm vom Leib gerissen, kurz nach dem Konzil wurde er auf Befehl des Königs getötet.

Das Konzil ist weder eindeutig zu lokalisieren noch zu datieren. Geht man davon aus, daß Leodegar 678 oder 679 starb[19] und das Konzil kurz zuvor stattfand, ist es auch möglich, daß das Konzil in der Königspfalz Mâlay-le-Roi (September 677) gemeint ist.

---

ebd. 338–340. Vgl. die entsprechenden Textstellen bei: Sirmond I 510; Delalande 72; Labbe-Cossart VI 1286 f.; Hardouin III 1758 f.; Coleti VII 1497 f.; Mansi XI 1095–1098; Maassen, Conc. I 222; De Clercq, Conc. Gall. 321. Literatur: Hefele-Leclercq III/1, 551 f.

[17] Vgl. Vita II, hrsg. von B. Krusch, MGH.SRM 5 (1910) 338 Z. 3 f.

[18] Vgl. dazu Ewig, Die fränkischen Teilreiche 213–216; Dupraz, Contribution 362–368 und oben Kapitel 1 Anm. 38.

[19] Vgl. zu dieser Datierung Ewig, Die fränkischen Teilreiche 216 Anm. 175.

Die Kirche des Merowingerreichs im Spiegel ihrer Konzilien

ERGEBNISSE

Aus der Einzelanalyse der Konzilien ergibt sich als erstes, daß die Kirche eine erstaunliche Anpassungsfähigkeit an veränderte Situationen zeigte und dabei doch ihre Verfassungsstrukturen beibehielt. Was von der Kirche überhaupt gilt, die bei ihrer Gründung das Problem ihrer Eingliederung in den römischen Staat und, nachdem ihr von Konstantin freie Religionsausübung zugestanden worden war, Probleme der inneren Organisation und der Beziehung zur weltlichen Gesellschaft lösen mußte[1], galt analog für die Kirche in Gallien nach der Völkerwanderung und nach Chlodwigs Bekehrung. Ihre Beziehungen zur weltlichen Gewalt mußten so geregelt werden, daß die kirchliche Verfassung unangetastet blieb.

Die beiden Prinzipien, die den Aufbau der Kirche bestimmen, sind die Einheit der Universalkirche mit dem Papsttum als Mittelpunkt und die ortsgebundene Hierarchie. Anhand der Konzilsbeschlüsse kann man feststellen, daß diese Elemente ungeachtet ihrer Dauerhaftigkeit infolge von Eingriffen der fränkischen Herrscher in kirchliche Angelegenheiten einer Entwicklung unterworfen waren. Nach der Bekehrung Chlodwigs haben sich die Könige in fast alle Bereiche des kirchlichen Lebens eingemischt, eine Ausnahme bilden Fragen des Dogmas.

Die Konzilien sind es nun, die solche Entwicklungen widerspiegeln. Sie lassen etwa erkennen, wie sich von der Spitze abwärts die Beziehungen zwischen weltlicher und kirchlicher Gewalt auf allen hierarchischen Ebenen gestalten, und wie die kirchliche Gebietseinteilung der politischen Territoriengliederung folgt.

1. Fränkische Kirche und Papsttum[2]

Was die Bindung der Kirche des Frankenreiches an Rom betrifft, so zeigt sich, daß bei aller Unterordnung unter die Päpste in Sachen des Glau-

---

1 Vgl. GAUDEMET, Conciles gaulois du IVe siècle 14.

2 Vgl. zu diesem Abschnitt auch die jeweiligen Kapitel bei SCHIEFFER, Reichskirche und Landeskirchen des 7. Jahrhunderts 518–522; GRIFFE, La Gaule chrétienne II 169–212 (für das 5. Jh.); EWIG, Die lateinische Kirche im Übergang 102–135; SCHNEIDER, Das Frankenreich 136 f., Literatur 173–175; AIGRAIN, L'église franque sous les mérovingiens, in: FLICHE-MARTIN, Histoire de l'Eglise V 329–390; DUCHESNE, L'église au VIe siècle 486–550; TESSIER, Le baptême de Clovis 275–312; ZÖLLNER, Geschichte der Franken 177–189; BARION, Synodalrecht 378–382; WALLACE-HADRILL, The Frankish Church 110–122.

bens, der Liturgie und selbst der Disziplin sich dadurch eine gewisse Unabhängigkeit von Rom ergibt, daß sich die fränkische Kirche in Fragen des kirchlichen Alltags dem Willen des Königs unterordnete. Diese Entwicklung vollzog sich, wie die Konzilien erkennen lassen, langsamer im Süden, wo die Kirche von Arles bis zu ihrer Eingliederung in das Frankenreich eng mit Rom verbunden war[3], schneller hingegen im Norden Galliens, wo der Einfluß des Königs stärker wirksam zu werden vermochte.

Die Bindung der arianisch beherrschten Gebiete Galliens (Burgund und insbesondere das westgotische Arles) an Rom zeigt sich deutlich bei Caesarius von Arles[4]: er berief sich stets auf Rom, und die Kirche von Arles stand in der Lehre fest zum Papst; Caesarius erhielt von dort Anweisungen, denen das Konzil von Orange[5] folgte, worauf Rom dessen Kanones approbierte. Auch in Disziplinfragen wandte sich Arles an Rom: Caesarius unterbreitete dem Papst jene Fälle, in denen Bischöfe von Konzilien verurteilt worden waren, und der Papst griff mehr oder weniger unmittelbar ein, indem er die Konzilsdekrete bestätigte oder abschwächte, ja, er ging sogar soweit, Konzilsbeschlüsse zu kassieren.[6] Obgleich die Entscheidungen Roms Caesarius oft enttäuschten[7], fügte er sich doch, und nahm seine Rolle als Vikar des Heiligen Stuhls für Gallien ernst. Um die Einheit mit Rom auch im Ritus sichtbar zu machen, ließ er vom Konzil in Vaison 529 in cc. 3 und 4 beschließen, daß der Name des jeweiligen Papstes in der Messe kommemoriert wird.[8]

Anders verlief die Entwicklung in Nordgallien, wo nach Chlodwigs Bekehrung die Merowingerkönige eine Autorität über die Kirche beanspruchten, die der Papst ihnen nicht streitig machen konnte. Das Vikariat von Arles, durch das der Papst sein Aufsichtsrecht auszuüben versuchte, konnte sich hier nicht durchsetzen. Sogar in der Provence wurde nach der Angliederung an das fränkische Königreich, und besonders nach dem Tode des Caesarius, nur mehr selten an Rom appelliert. Die Art und Weise, wie der Papst bei den letzten Appellationen[9] entschied, konnte

---

3 Vgl. dazu auch SCHÄFERDIEK, Die Kirche in den Reichen der Westgoten und Suewen 68–82.

4 Zu Caesarius vgl. die oben 49 f. genannte Literatur, in diesem Zusammenhang besonders LANGGÄRTNER, Die Gallienpolitik 107–149.

5 Siehe dazu oben 67–71.

6 Vgl. dazu die Ausführungen zum Konzil von Marseille 533 oben 58–60.

7 Vgl. dazu im einzelnen oben 59 f.

8 Vaison 529 c. 4, hrsg. von De Clercq, Conc. Gall. 79 f.: *Et hoc nobis visum est, ut nomen domni papae, quicumque sede apostolicae praefuerit, in nostris ecclesiis recitetur.*

9 Es ging hier um die Bischöfe Salonius und Sagittarius, vgl. oben 142.

überdies weder dem Episkopat noch dem König gefallen. In Zukunft wurde der Spruch Roms nicht beachtet: Als Caesarius strenge Urteile fällte, während Rom eine nachgiebige Haltung einnahm, entschieden sich die Bischöfe Galliens für Caesarius und für die Beschlüsse des Konzils von Arles (524); sie wehrten sich gegen die gemäßigten Entscheidungen von Papst Agapit, indem sie im Jahre 538 beschlossen, daß jeder Geistliche höheren Ranges, welcher einer Sünde gegen die Keuschheit überführt war, degradiert und lebenslänglich in Klosterhaft genommen werden sollte (Orléans 538, cc. 4 und 7). Oft verzichtete man auch auf jeden Entscheid Roms, wie zum Beispiel im Falle des Aegidius von Reims, der von seinen Amtsbrüdern degradiert und durch Romulfus[10] ersetzt wurde. Ob angeklagte Bischöfe für unschuldig befunden[11] oder ob sie zu Gefängnis oder zum Tode verurteilt wurden[12] – nirgends ist ein Eingreifen des Papstes zu erkennen. Bei Absetzung und Ernennung war der Wille des Königs ausschlaggebend.[13]

Diese Lage ist bedingt durch das Kräfteverhältnis zwischen der römischen Kirche und der weltlichen Gewalt, in welchem die Persönlichkeiten eine sehr wichtige Rolle spielen. Die Einheit mit Rom droht sich aufzulösen, während das „regnum Francorum" zum Einheitsprinzip wird. In Zukunft behält das Papsttum wohl einen Vorrang, aber es übt keine Gewalt aus.

Obgleich also die fränkische Kirche gegenüber Rom organisatorische Unabhängigkeit bewahrt und zu Beginn des 6. Jahrhunderts nur die Kirchenprovinzen des Südens mit dem Papst regelmäßig in Verbindung stehen, ist diese fränkische Kirche doch keine „Nationalkirche", deren Oberhaupt der König ist. Wenn auch die unmittelbaren Verbindungen zwischen dem Papst und dieser Kirche nicht unmittelbar sichtbar sind, so bleibt der Papst doch ihr Oberhaupt. Die päpstlichen Dekretalen werden in Gallien anerkannt, die fränkische Kirche ignoriert weder die römische Autorität, noch das Recht des Papstes als Berufungsinstanz.[14] Könige, Bischöfe und andere Personen bitten den Heiligen Stuhl um Bestätigung ihrer Privilegien zugunsten von Kirchen und Klöstern; bisweilen appellie-

[10] Vgl. die Ausführungen zum Konzil von Paris 573 oben 140–142.

[11] So bei Theodor von Marseille, Etherius von Lisieux, Marcus von Orléans, Charterius von Périgueux.

[12] Wie z. B. Praetextatus von Rouen, Desiderius von Vienne, Leodegar von Autun.

[13] Vgl. etwa den Fall des Emerius von Saintes im Zusammenhang mit dem Konzil von Saintes 561/67 oben 127.

[14] Vgl. Clermont 535 c. 12; Orléans 538 c. 3; Orléans 541 c. 1; Tours 567 c. 21, wo eine Dekretale Innocenz' I. zitiert ist und als selbstverständlich vorausgesetzt wird, daß die Bischöfe die päpstlichen Dekretalen beachten.

ren Bischöfe, die von Synoden abgesetzt wurden, an den Papst. Die kirchliche Einheit mit Rom bleibt also weiterhin bestehen und zeigt sich:

- in der Lehre: Die Konzilien bekräftigen ihre Rechtgläubigkeit gegenüber den arianischen Häretikern auf den ersten Konzilien (Orléans 511, Epao 517), gegenüber den Bonosianern (Orléans 538 c. 34), gegenüber den Monophysiten und den Nestorianern (Orléans 549 c. 1);
- in der Bejahung der Treue der fränkischen Kirche zum Glauben ihrer Väter (Chalon 647/53 c. 1, Autun 663/75 c. 1);
- in dem Rekurs an den Papst in dem Fall, in dem die Metropoliten uneinig sind über die Festsetzung des Osterdatums (Orléans 541 c. 1).

Indes gibt es auch Fälle, in denen die Papstgewalt offenbar nicht zur Geltung kommen konnte. So etwa sind die Maßnahmen gegen die Häretiker den Initiativen der Könige und der Bischöfe zu verdanken. Kanon 1 von Orléans V (549) war erlassen worden, bevor die endgültige Stellungnahme des Papstes, der sich hinter Ausflüchte verschanzt hatte, vorlag, und auch bevor das Konzil von Konstantinopel Beschlüsse gefaßt hatte.[15] Nur selten berufen sich auch Kanones der fränkischen Konzilien auf römische Quellen, manchmal, insbesondere bei ihren Glaubensbekenntnissen, auf ökumenische Konzilien, am häufigsten aber auf die Konzilssammlungen von Arles, nämlich die Statuta ecclesiae antiqua, die Konzilien von Arles, Orange und Agde, oder auf ältere gallische Konzilien.[16] Als Vorbild galt das Konzil von Agde 506, das durch die folgenden Konzilien des 6. Jahrhunderts so gut ergänzt wurde, daß spätere Kanonessammlungen keinen Unterschied zwischen den Kanones von Epao 517 und denen von Agde machten und die Kanones von Epao als solche von Agde überlieferten.[17] Die Beschlüsse der römischen oder der hispanischen Konzilien scheinen die fränkischen Konzilsväter nicht gekannt zu haben, nehmen sie doch nie auf diese Bezug. Sehr häufig wurden dagegen die Kanones der fränkischen Konzilien, von denen jedes nur das Königreich betrifft, für das es einberufen wurde, in den verschiedenen Teilreichen gegenseitig rezipiert.[18] Ihre Kanones vermischten sich derart, daß sie bald eine einheitliche Gesetzgebung für das ganze Frankenreich bildeten. An

---

[15] Vgl. dazu oben 100.

[16] Vgl. den Index fontium bei De Clercq, Conc. Gall. 331–336.

[17] Vgl. dazu Gaudemet, Epaone 534–545 und unten 283.

[18] Besonders häufig zitiert werden Kanones der Konzilien von Orléans (511, 533, 538, 549), von Epao (517) und Clermont (535), vgl. dazu im einzelnen De Clercq, Conc. Gall. 332 f. sowie die Analysen der Quellen in den Anmerkungen zu den einzelnen Konzilien.

ihr wird die Einheit der fränkischen Kirche eindrucksvoll sichtbar. Diese Tendenz zur Einheit zeigt sich auch in der von den Herrschern noch begünstigten Neigung der Bischöfe, sich eher zu einem Generalkonzil als zu einem Provinzialkonzil zu versammeln, obgleich keinerlei Gesetz die periodische Einberufung von Generalkonzilien verlangte. Erst Mâcon 585 schrieb alle drei Jahre solche Versammlungen vor.[19]
Die liturgische Eigenständigkeit und Einheit der fränkischen Kirche wurde auf diesen Konzilien durch die Festsetzung des Osterdatums gefördert (Orléans 541 c. 1), für das man eine päpstliche Entscheidung nur in dem Fall für erforderlich hielt, daß die Metropoliten sich nicht einigen konnten. Auch die Festsetzung einer vierzigtägigen Fastenzeit vor Ostern diente diesem Ziel (Orléans 511 c. 24, Orléans 541 c. 2). Ebenso zielte die Ausweitung des ursprünglich in Vienne beheimateten Brauches der Bittage vor Christi Himmelfahrt[20] und des damit verbundenen Fastens auf das ganze Frankenreich auf eine einheitliche Liturgie der fränkischen Kirche.
Eine einheitliche kanonische Gesetzgebung für das Frankenreich wurde schließlich durch die von Orléans III (538) zwischen Nord und Süd vollzogene Anpassung verwirklicht.[21] Sie führte nicht zuletzt dazu, daß am Ende des 6. Jahrhunderts die Einbindung der fränkischen Kirche in das Reich der Merowinger fast vollendet war. Dennoch erwies sich die gallo-romanische Tradition, nach der die Mehrheit des Episkopats den alten senatorischen Familien entstammte, als resistent gegenüber dem Einfluß des Königtums auf die Kirche, obwohl dieses sich zunehmend auf Kleriker germanischer Herkunft zu stützen vermochte.
Auch die Beziehungen zu Rom werden nun enger. Die Konzilsbeschlüsse kommen zwar ohne den Papst zustande, doch seit dem Beginn des Pontifikats Gregors des Großen (3. September 590) ist ein Zurückschwingen des Pendels festzustellen. Der Papst begann nämlich, wieder öfter und kraftvoller in das Leben der fränkischen Kirche einzugreifen, sei es bei Streitigkeiten zwischen Bischöfen[22], bei der Bekämpfung der Sitten- und Zuchtlosigkeit des Klerus[23] oder bei der kanonischen Regelung des

---

[19] Zur periodischen Abhaltung von Provinzialsynoden siehe oben 1. Zu c. 20 von Mâcon 585 vgl. oben 165 f. Die Formulierung des Kanons könnte sich allerdings auch nur auf einen Einzelfall beziehen, d. h. daß nur hier ein weiteres Konzil in drei Jahren tagen soll.

[20] Die Bittage waren Ende des 5. Jh. durch Bischof Mamertus von Vienne eingeführt worden, vgl. Griffe, La Gaule chrétienne II 269.

[21] Vgl. oben 79 f.

[22] Vgl. z. B. Reg. I 45, hrsg. von P. Ewald – L. M. Hartmann, MGH.Ep I (1887) 71 f.

[23] Vgl. Reg. IX 218, hrsg. von P. Ewald – L. M. Hartmann, MGH.Ep II (1899) 205–210.

Klosterlebens. Die fränkischen Bischöfe rekurrierten ihrerseits an den Papst und unterbreiteten ihm wichtige Fragen oder Streitfälle.[24]
Auf diesem Wege suchte der Papst seine Jurisdiktion über den gesamten fränkischen Episkopat auszuüben, und dies merkwürdigerweise durch Vermittlung des Königs, mit Erfolg. Entgegen den „nationalen" Tendenzen der Kirchen Galliens, Spaniens und Afrikas versuchte er, das Prinzip der gegenseitigen Unabhängigkeit von geistlicher und weltlicher Gewalt durchzusetzen, indem er eine eher dienende Funktion der weltlichen Gewalt verkündete, die dazu verpflichtet sei, die Kirche zu überwachen und sie in Schutz zu nehmen, sich dabei jedoch den kirchlichen Grundsätzen unterordnen müsse. Diese Auffassung vertrat der Papst mit Nachdruck. Durch Übersendung von Reliquien und anderer Gunsterweise suchte er seine Parteigänger im Episkopat[25], die Königin Brunechild und ihren Sohn Childebert für sich einzunehmen. In häufigen, schmeichelhaft höflichen Briefen[26] drängte er sie dazu, ihre Politik der Moral unterzuordnen und gegen Mißbräuche zu kämpfen, an denen sie selbst mitschuldig waren. So führte er den Kampf gegen Simonie, gegen irreguläre Bischofswahlen und gegen die Wahl von Laien zu Bischöfen. Gleichermaßen drängte Gregor auf die Verfolgung der Häretiker, sowie auf ein Verbot an die Juden, christliche Sklaven zu halten. Den Bischöfen schärfte er das Verbot der Priesterehe ein.
Zur Abstellung der Mißbräuche verlangte er nachdrücklich die Einberufung von Konzilien.[27] Zu seinen Lebzeiten hatte er allerdings damit keinen Erfolg. Erst zehn Jahre nach seinem Tode, im Jahre 614, trat ein Konzil in Paris zusammen, das versuchte, gegen die Simonie bei Wahlen vorzugehen (c. 2), dessen Erfolg aber durch ein Edikt des Königs vereitelt wurde.[28] Einige Zeit später ergriff ein zweites Konzil, dessen Versammlungsort unbekannt ist, Maßnahmen lediglich gegen die Simonie der Priester und Äbte (c. 11). Als in den Jahren 647/53 das Konzil von Chalon einen Kanon (c. 3) gegen simonistische Weihen erließ, mußte es gegen einen Mißbrauch anzukämpfen versuchen, der damals bereits fest eingewurzelt war.

---

[24] Vgl. Reg. IX 222, ebd. 213 f.; IX 224, ebd. 215 f.

[25] Syagrius von Autun, Virgilius von Arles, Etherius von Lyon, Desiderius von Vienne.

[26] Vgl. oben 155 Anm. 11.

[27] Vgl. Reg. IX 213, hrsg. von P. Ewald – L. M. Hartmann, MGH.Ep II (1899) 198–200; IX 215, ebd., 201–203; IX 218, ebd., 205–210; XI 46–51, ebd., 318–324. Zur Gallienpolitik Gregors vgl. auch John Richards, Gregor der Große. Sein Leben – seine Zeit, Graz 1983 (Originalausgabe: Consul of God. The Life and Times of Gregory the Great, London 1981) 218–223.

[28] Vgl. oben 185–187.

Auch die Bemühungen Gregors d. Gr. um Zurückdrängung der Häresie griff erst ein Konzil[29] in Clichy in den Jahren 626/27 auf, indem es vorschrieb, Häretiker aufzuspüren, um sie zu bekehren. Es verbot in c. 13 – ebenfalls im Sinne des Papstes – den Verkauf von Christen an Juden, untersagte aber den Juden nicht, christliche Sklaven zu halten; es schützt diese Sklaven nur vor Mißhandlungen oder vor dem Proselytismus ihrer Besitzer. Ein so später und nur teilweiser Erfolg Gregors des Großen zeigt sich indes nicht nur in Gallien. Auch der Kanon 7 des Konzils von Toledo (656)[30] beweist, daß dort selbst Geistliche den Juden christliche Sklaven verkauften. Diese Mißbräuche waren so allgemein verbreitet, daß sie für die Bischöfe zur Regel wurden. In den Jahren 673/75 mußte gar ein Konzil betonen, daß für die Bischöfe die geistlichen Belange Vorrang vor den weltlichen besitzen sollen (Saint-Jean-de-Losne c. 1).

Obgleich Gregor der Große versucht hatte, in Arles das apostolische Vikariat für Gallien wiederherzustellen[31], um den päpstlichen Einfluß geltend machen zu können, blieben seine intensiven Bemühungen um Kirche und Staat der Merowinger ohne durchgreifenden Erfolg.

Im 7. Jahrhundert fanden zwar im Frankenreich kaum noch Konzilien statt, immerhin aber entstanden die ersten Kanonessammlungen.[32] Seit dem zweiten Drittel des Jahrhunderts verfiel in Gallien die Königsgewalt zugunsten des Einflusses der Herzöge. Die politische Anarchie nimmt zu; der Kirche, die zu sehr von der weltlichen Gewalt abhängig ist, gelingt es nicht, sich davon freizumachen, sie wird in diesen Prozeß mit hineingezogen.

2. Die Entwicklung der kirchlichen Organisation unter dem Einfluß der Königsgewalt

Die hierarchische Organisation der Kirche ist an die politische Territoriengliederung gebunden: Die kirchlichen Metropolitansprengel, die im 4. Jahrhundert der Einteilung des Reiches in Provinzen angepaßt worden waren, blieben bestehen; dank der Beständigkeit der Kirche gingen sie unbeschadet von der römischen Welt in die fränkische über.

---

[29] Vgl. die Ausführungen zu Clichy 626/27 oben 189–192.

[30] Vgl. dazu Orlandis – Ramos-Lissón, Die Synoden auf der Iberischen Halbinsel 218–223.

[31] Vgl. Langgärtner, Die Gallienpolitik 166–183.

[32] Vgl. Mordek, Kirchenrecht und Reform 1–17 und unten 286 f.

Gallien blieb deshalb in zwölf Kirchenprovinzen aufgeteilt, an deren Spitze jeweils ein Metropolit stand, der kraft seiner Gewalt den Bischöfen die Weihe erteilte, als Appellationsinstanz gegen Maßnahmen der Bischöfe fungierte, die Provinzialsynoden einberief und leitete. Die Provinz bestand aus Diözesen, die den alten Civitates entsprachen, die Diözesen gliederten sich in Filialpfarreien der Kathedrale, die in den Stadtvierteln und in den benachbarten Marktflecken bestanden, sowie auf den großen Gütern, wo im 5. Jahrhundert die Eigenkirchen immer zahlreicher wurden.[33] Die Gewalt der Metropoliten und der Bischöfe war der höheren Autorität untergeordnet, die sich im Kollegialorgan der Konzilien ausdrückt.[34] So wurde die Weihe des Metropoliten von allen Bischöfen der Provinz erteilt.[35] Die Gewalt der Konzilien wiederum war de facto oft der des Königs untergeordnet. Umgekehrt aber war es die Kirche, die Chlodwig endgültig zum Nachfolger des römischen Kaisers im Regnum Francorum machte. Er und seine Nachfolger nutzten sie andererseits als Mittel zu dessen fortschreitender Einigung. Im wesentlichen folgte das Zusammenspiel von Bischofsgewalt und merowingischer Königsherrschaft dem Grundsatz, daß die Könige sich nicht um religiöse und dogmatische Fragen kümmerten, auch nicht um die Kirchendisziplin. Bemühungen König Chilperichs um Einflußnahme auf dieses Gebiet blieben ohne Erfolg.[36]

Dagegen griffen die Könige in äußere Angelegenheiten und in die Verwaltung der Kirche ein. Dies gilt selbst hinsichtlich des Priesternachwuchses, der Bischofswahl und der Einberufung der Konzilien. Infolge dieser Eingriffe wurde in der Merowingerzeit die kirchliche Organisation, sowohl was Grenzen und Stabilität der Sprengel als auch das Verhältnis von Diözesan- und Metropolitangewalt betrifft, Veränderungen unterworfen. Außerdem entstand, infolge der Zunahme der Zahl der Pfarreien, als Zwischeninstanz zwischen Pfarrei und Diözese das Archidiakonat.[37]

Die Zuordnung eines kirchlichen Amtsträgers zu einer bestimmten, in einem genau umgrenzten Territorium lebenden Gemeinde, galt den Konzilien als feststehendes Prinzip. Demnach war es den Bischöfen verboten, Geistliche aus fremden Diözesen zu weihen oder auf einen

[33] Zur Entwicklung der kirchlichen Organisation vgl. FEINE, Kirchliche Rechtsgeschichte 97–101 (Kirchliche Territorialbildung), 160–172 (Eigenkirchen), 182–204 (Dezentralisation des Bistums). Vgl. auch DE CLERCQ, La législation 89–93.

[34] Vgl. Orléans 538 cc. 23, 36; Paris 614 c. 4. Dazu auch FEINE, Kirchliche Rechtsgeschichte 118–120.

[35] Vgl. Orléans 533 c. 7.

[36] Vgl. dazu oben 118 und 147.

[37] Vgl. FEINE, Kirchliche Rechtsgeschichte 150.

höheren Rang zu befördern. Sie durften auch keinen fremden Priester aufnehmen[38], der ohne ein Schreiben seines Bischofs außerdem nicht einmal zur Kommunion zugelassen wurde.[39] Die häufige Wiederholung dieser Vorschrift legt allerdings die Vermutung nahe, daß sie nur wenig befolgt wurde. Der Grundsatz der Beschränkung auf den eigenen Amtsbereich ist auch von den Bischöfen nicht eingehalten worden, obwohl die Jurisdiktion eines jeden Bischofs auf sein Bistum beschränkt war. Durch die Zunahme der Zahl der Bischöfe waren auch die Diözesen immer näher aneinander gerückt, die Festsetzung von Territorialgrenzen wurde notwendig. Seit dem 4. Jahrhundert zeigen die vielen diesbezüglichen Maßnahmen der Konzilien[40], wie schwer es war, den Grundsatz der Beschränkung auf den Amtsbereich durchzusetzen, da das Prinzip der relativen Ordination mit dem der absoluten in Spannung steht und außerdem topographische Schwierigkeiten daraus erwuchsen, daß die Grenzen der Diözesen und der Metropolitansprengel nicht genau festgelegt waren. Noch zu Beginn des 6. Jahrhunderts machte der Papst dem Metropoliten Avitus von Vienne Vorwürfe, weil er die Umschreibung der Diözesen nicht beachtet hatte.[41]

Bei den einzelnen Konzilien trat zutage, wie diese Schwierigkeiten in der Merowingerzeit zunahmen, weil infolge der Reichsteilungen die Bistümer von einem Teilreich in ein anderes übergingen. Außerdem gingen durch die Kriege manche Bistümer unter, während andere an deren Stelle traten. So wurde Nyon durch Genf und Belley ersetzt[42], und andere Bischofssitze wurden in andere Ortschaften verlegt.[43] Aus politischen Gründen schuf man neue Bischofssitze, wie etwa Nevers nach dem Krieg gegen die Burgunder, als der fränkische König sich des südlichen Teiles der Diözese Auxerre bemächtigt hatte.[44] Die Konzilien kämpften vergebens gegen diesen Tatbestand, indem sie verboten, nach den Teilungen der Königreiche die Diözesangrenzen zu ändern (Paris 614 c. 11).

Weitere Schwierigkeiten entstanden, weil bei den Bischöfen Eifersucht und Ehrgeiz mitspielten, zu denen durch den Erwerb von Patrimonien Probleme der Jurisdiktion hinzukamen. Da die territorialen Streitigkeiten zunahmen, versuchten die Kanones 2 und 3 des Konzils von Lyon

---

[38] Vgl. Clermont 535 c. 11; Orléans 538 c. 17; Orléans 549 c. 5; Arles 554 c. 7; Chalon 647/53 c. 13; Saint-Jean-de-Losne 673/75 c. 7.

[39] Vgl. Epao 517 c. 6; Orléans 538 c. 18; Clichy 626/27 c. 14.

[40] Vgl. Gaudemet, Conciles gaulois du IVe siècle 17–19.

[41] Vgl. Langgärtner, Die Gallienpolitik 105 f.

[42] Vgl. Duchesne, Fastes III 22–24; Ewig, Volkstum 241 f.

[43] Vgl. z. B. Windisch-Avenches-Lausanne, dazu Ewig, Volkstum 241.

[44] Vgl. Ewig, Die fränkischen Teilungen 128–131.

518/19, die Rechte des Bischofs in seiner Diözese zu schützen, wie auch das Konzil von Tours des Jahres 567 dies in seinem c. 9 für die Bretagne versuchte. Indes blieben die Bemühungen der Konzilien um stärkeren Schutz der territorialen Jurisdiktion der Bischöfe ohne greifbares Ergebnis.

In bezug auf das Verhältnis zwischen Metropolitan- und Diözesangewalt zeigen die dargestellten Konzilien, daß die Metropolitangewalt sich vor allem im Konzilsvorsitz des Metropoliten äußerte, der dann auch als erster die Akten und Kanones unterschrieb.[45] Auch in der Konsekration des von den Suffraganen mit Zustimmung von Klerus und Volk gewählten Metropoliten durch einen auswärtigen Metropoliten wurde der Vorrang der Metropolitangewalt sichtbar.[46] Das Konzil von Epao hatte in seinen Kanones 1, 12, 19 und 27 den Metropoliten das Konzilsberufungsrecht, die Aufsicht über die Vermögensverwaltung der Bischöfe in gewissen Fällen und die Liturgiehoheit übertragen, außerdem wurden sie als Berufungsinstanz bezeichnet. Sie konnten überdies bei der Wahl und Weihe von Bischöfen tätig werden, über die sie auch Jurisdiktion ausübten, wie etwa die Synoden von Lyon 567/70 (c. 1) und Paris 614 (c. 13) zeigen, die dem Metropoliten das Urteil bei Streitfällen zwischen Bischöfen übertrugen, wie schon Orléans 549 (c. 17) den Metropoliten mit dem Urteilsspruch über Bischöfe beauftragt hatte.

Dennoch ergibt sich aus der Darstellung der Konzilien unseres Zeitabschnitts, daß die Metropolitangewalt immer mehr abnahm und die Metropolitanstruktur zerfiel. Dies hatte seinen Grund indes nicht in einer Stärkung der Rechtsposition der Bischöfe gegenüber den Metropoliten. Deren Einfluß wurde vielmehr durch den des Königs zurückgedrängt. Am augenscheinlichsten tritt dies bei der Besetzung der Bistümer zutage.

Aus der ständigen Mahnung der Konzilien, daß der Metropolit bei der Bischofswahl eingreifen solle, wird deutlich, wie wirkungslos die konziliaren Vorschriften waren. Indem die Konzilien von 549 und 614 die Einmischung des Königs in die Bischofswahlen[47] offiziell bestätigten, haben sie endgültig dem Metropoliten seine Vorrechte genommen und ihm nur

---

45 Vgl. dazu BRETHOLZ, Die Unterschriften 539; zur Rangstellung der Metropoliten untereinander vgl. EWIG, Beobachtungen zu den Bischofslisten 427–452.

46 Vgl. Orléans 533 c. 7, Orléans 538 c. 3.

47 Vgl. Orléans 549 c. 10; Paris 614 c. 2, Edictum Chlotarii c. 1; dazu SERVATIUS, Per ordinationem 1–29; zur Entwicklung der Bischofswahlen vgl. auch CLAUDE, Die Bestellung der Bischöfe 1–75; zuletzt SCHEIBELREITER, Der Bischof in merowingischer Zeit 128–171.

das Ehrenrecht belassen, den Bischof zu weihen.[48] Die Rolle des Metropoliten wurde dadurch so sehr geschmälert, daß im 7. Jahrhundert die Konzilien von Chalon und Saint-Jean-de-Losne die Bischofswahl durch Klerus, Volk und Mitbischöfe vorschreiben, ohne den Metropoliten auch nur zu erwähnen.[49] Auf dem Konzil von Paris von 561/62 hatten die Bischöfe in c. 8 noch versucht, sich gegen diese Entwicklung aufzulehnen und die alten Vorschriften wieder anzuwenden, doch der Versuch war offensichtlich fehlgeschlagen.

Eine Einschränkung der Jurisdiktion des Metropoliten wurde auch dadurch bewirkt, daß das Konzil von Mâcon (585 c. 9) vorsah, daß dem Metropoliten bei der Entscheidung von schwierigen Fragen zwei Bischöfe beistehen müssen, wenn er nicht sogar eine Synode versammeln muß. Selbst bei der Einberufung und der Leitung der Konzilien verlor der Metropolit an Bedeutung. In Burgund und in der Provence – Epao und Arles – zeigte sich zwar noch der metropolitane Einfluß auf die Konzilien, aber unter der Herrschaft der Franken ging er mehr und mehr zurück, da die Könige sich das Recht vorbehielten, Reichskonzilien einzuberufen, weshalb Provinzialsynoden kaum noch stattfanden.

Die dauernde Verschiebung der Grenzen zwischen den merowingischen Teilreichen zerstörte überdies die Einheit der Kirchenprovinzen und trug so erheblich zum Verfall der Metropolitangewalt bei. Die vom König unterstützten Bischöfe entzogen sich schließlich der Pflicht zur Teilnahme an den Konzilien, so daß das Konzil von Tours (567 c. 1) den Bischöfen verbieten mußte, sich auf eine Anweisung des Königs zu berufen, um ihr Fernbleiben von den Synoden zu entschuldigen. Orléans (538 c. 1) untersagte ihnen auch, ihre Abwesenheit mit ihrer Zugehörigkeit zu einem anderen Königreich zu begründen.

Bereits im 6. Jahrhundert haben wir nur wenige Belege für Provinzialkonzilien[50] im Vergleich zu den zahlreichen Konzilien, die vom König einberufen wurden. Wir haben die Bemühungen auf den Konzilien verfolgt, die Abhaltung von Provinzialsynoden zu fördern[51], indem sie den Metropoliten, die das Provinzialkonzil nicht zusammenriefen, und den Bischöfen, die nicht daran teilnahmen, mit Sanktionen drohten. Doch die

---

48 Nur auf Anweisung des Königs nimmt er diese Weihe vor: so im Jahre 584/90, als der Metropolit Egregius von Reims sich auf Anweisung des Königs Childebert nach Cambrai begab, um den Bischof Gaugericus zu weihen, vgl. dazu Duchesne, Fastes III 110.

49 Vgl. Chalon 647/53 c. 10; Saint-Jean-de-Losne 673/75 c. 5.

50 Eine Ausnahme bilden allenfalls die Konzilien der Kirchenprovinz Arles.

51 Vgl. Orléans 533 c. 2; Orléans 538 c. 1; Orléans 541 c. 37; Orléans 549 c. 23; Eauze 551 c. 7; Tours 567 c. 1; Chalon 647/53 *praefatio*.

Autorität der Metropoliten reichte nicht mehr aus, die Suffragane zur Teilnahme am Konzil zu zwingen. Die Metropolitanwürde war also zu einem bloßen Titel herabgesunken. Dies alles ließen die Metropoliten widerstandslos über sich ergehen. Als Bischof Emerius von Saintes von einem anderen Metropoliten, und nicht von dem für ihn zuständigen Leontius von Bourges, geweiht wurde, fand der Protest des letzteren keinerlei Echo bei seinen Amtsbrüdern. Als Gregor von Tours, selbst Metropolit, feststellte, daß der Protest des Leontius diesem eine Geldstrafe einbrachte, schrieb er: „So wurde die Beleidigung, die der König erlitten hatte, gerächt."[52]

Dieser Verfall der Metropolitangewalt vollzog sich in den verschiedenen Königreichen mit gewissen Phasenverschiebungen. Im allgemeinen genossen die Metropoliten nur mehr die Autorität und das Ansehen, welche der König ihnen zugestand. In Burgund, wo die Könige, und insbesondere Guntram, das kanonische Recht respektierten, behielten sie größeren Einfluß. Besonderes Ansehen genoß offensichtlich der Metropolit von Lyon, der die meisten Konzilien des 7. Jahrhunderts leitete und auch den Ehrentitel eines Patriarchen führte.[53] In Austrasien dagegen verbot König Sigibert einem Bischof, an einer Provinzialsynode teilzunehmen.[54] Die Einberufung von Konzilien und die Bestätigung der Kanones erfolgten durch den König, und die Beschlüsse einer Provinzialsynode, die nicht vom König einberufen war, blieben toter Buchstabe.[55]

Den Bischöfen freilich kam der Verfall der Provinzialorganisation sehr zustatten: da sie ihre Bischofssitze der Gunst des Königs verdankten, von dem sie außerdem Privilegien und Schenkungen erwarteten, wollten sie den König nicht brüskieren, indem sie die Disziplinargewalt der Metropoliten anerkannten. Der Metropolit ist damit nur ein Bischof unter anderen, besonders vor dem König. Er hatte keine höhere Autorität als die anderen Bischöfe, sein bloßer Ehrenvorrang erlaubt ihm nur noch, als erster die Konzilsakten zu unterschreiben.[56]

---

[52] Zu den Vorgängen vgl. Saintes 561/67 oben 127 und Gregor von Tours, Hist. IV 26, hrsg. von R. Buchner I 230, dazu auch SCHEIBELREITER, Der Bischof in merowingischer Zeit 156 f.

[53] Vgl. MORDEK, Kirchenrecht und Reform 78.

[54] Vgl. Bourges 647/55 oben 202.

[55] Man muß jedoch hervorheben, daß das Verschwinden des Provinzialkonzils nicht bewiesen ist: diese Konzilien hinterließen keine Spuren, weil sie nicht legislativer Natur waren. Es handelt sich also eher um den Verlust ihrer legislativen Rolle; als Disziplinarrat für den Klerus aber mußten sie weiter bestehen bleiben.

[56] Vgl. EWIG, Beobachtungen zu den Bischofslisten 427–452.

Die Bischöfe waren es also, die in der merowingischen Kirche und in der merowingischen Verwaltung die wichtigste Rolle spielten. Alle Fragen, die ihre Rechte und Pflichten, Autorität und Wahl betreffen, waren wesentliche Gegenstände der merowingischen Konzilien.

Vom theologischen Standpunkt aus gesehen besitzt das Bischofsamt sakralen Charakter durch die heilige Weihe, die dem Inhaber die Fülle des Priestertums verleiht und seine Gewalt über Klerus und Gläubige seiner Diözese begründet. Er allein darf die Weihen erteilen, und in seiner eigenen Diözese hat er die alleinige Jurisdiktion über alle Gläubigen und über alle Kirchen.[57] Dennoch beteiligte Chlodwig, wie oben dargelegt[58], die Bischöfe an der Regierung, sicherte ihre Macht und machte sie zu Organen seiner Verwaltung. Sie residierten deshalb entweder am Hof in der unmittelbaren Nähe des Königs, oder in der Provinz, wo der Bischof viel eher als der Graf als Stadtherr in Erscheinung trat. Die Bischöfe überwachten vielmehr die Grafen, und in Abwesenheit des Königs konnten sie einen Grafen sogar bestrafen, wenn dieser ein ungerechtes Urteil gefällt hatte. Der Bischof übte also vielfache Funktionen aus: Er verwaltete die Kirchengüter und den Grundbesitz der Kathedrale, er leitete das Volk der Diözese, er verteidigte die Rechte der Bevölkerung gegen die staatliche Gewalt[59], er sorgte für die Verwaltung der Hospize, der Spitäler, der Schulen, er ernährte die Armen, er übernahm vor Gericht den Rechtsschutz jener, die keinen Verteidiger haben, kaufte die Kriegsgefangenen los, und so weiter – eine Fülle von Aufgaben, die seine geistliche Funktion allmählich überwucherten.

Wenn auch die Bischöfe vom König für sich und ihre Kirchen zahlreiche Vergünstigungen erhielten (Anerkennung ihrer Jurisdiktion, besonderer Schutz der lokalen Kirchen, Immunität, Befreiung vom Wege- und Brückengeld usw.) und Macht, Reichtum und Privilegien erwarben, so wurden sie doch von der Königsgewalt streng überwacht und manchmal sogar vor ein königliches Gericht gestellt.

---

[57] Wie die Aufteilung der Metropolen so hielt auch diese Aufteilung nicht der Anarchie des letzten Jahrhunderts der Merowingerzeit stand; man findet Wander- oder Klosterbischöfe, die Weihen erteilen, und auch zwei Bischöfe für eine einzige Diözese oder ein Bischof für zwei Diözesen kommen vor.

[58] Siehe oben 15 f.

[59] So Nicetius in Trier, der die Pferde König Theuderichs und seiner Eskorte bei ihrer Rückkehr aus Italien von den Feldern der Bauern vertreibt. Vgl. dazu SCHEIBELREITER, Der Bischof in merowingischer Zeit 184. Vgl. auch Desideratus in Verdun, der beim König Theudebert die Mittel besorgt, die er zum Unterhalt seiner Stadt benötigt; dazu Gregor von Tours, Hist. III 34, hrsg. von R. Buchner I 186 und SCHEIBELREITER, Der Bischof 177.

Da der König sie als seine Amtsträger behandelte, legte er folglich auch Wert darauf, bei ihrer Ernennung mitzuwirken. So wurden sie oftmals nicht so sehr wegen ihrer religiösen Vorzüge gewählt, sondern wegen ihrer Energie, ihres Reichtums und ihrer Herkunft.

Vor der Herrschaft der Franken hatten Klerus und Volk den Bischof gewählt gemäß dem Grundsatz, den Leo der Große verkündet hatte: „Derjenige, der allen Befehle erteilen muß, soll auch von allen gewählt werden."[60] Meist einigten sich die Wähler auf einen unter drei vom Metropoliten vorgeschlagenen Kandidaten. Seit Chlodwig aber griff der König in die Wahlen ein. Dies geschah entweder „offiziös", in der Weise, daß Chlodwig nicht persönlich und unmittelbar eingriff, doch aber die Hand im Spiel hatte, wie etwa bei der Ernennung der Bischöfe von Sens, Paris und Auxerre.[61] Es war aber auch möglich, daß er offen seinen Einfluß geltend machte. So wurde auf Chlodomirs Befehl Omniatus Bischof von Tours.[62] Dank der Gunst Theuderichs I. löste Gallus den Quintianus in Clermont ab, und nach dessen Tod ließ der König den Cautinus zum Bischof weihen, ohne auf die Gesandten von Clermont zu warten, die den regulär gewählten Kandidaten vorstellen sollten.[63]

Aus solchen Fakten bildete sich zunehmend neues Recht, wie das 5. Konzil von Orléans erkennen läßt, das im Jahre 549 dem König das Recht zugesteht, die Wahl eines Bischofs zu bestätigen.[64] 614 vermochte der König dem Metropoliten sogar zu verbieten, eine Bischofswahl zu genehmigen, bevor er selbst seine Einwilligung gegeben habe.[65] Die Könige gingen soweit, daß sie die Bischöfe selbst direkt ernannten: Chlothar I. bot Domnolus, dem Abt von Saint-Laurent in Paris, zuerst den Bischofssitz von Avignon an, dann den von Le Mans[66]; Herzog Austrapius sollte noch zu Lebzeiten des Titulars Bischof von Poitiers werden.[67] Auch der Fall des Emerius von Saintes gehört hierher.[68] Sehr schnell hing im Zuge dieser Entwicklung die Bischofswahl nur mehr vom Willen und den Interessen des Königs ab, wobei allerdings das Kräfteverhältnis zwischen Bischöfen und König eine wichtige Rolle spielte.

---

[60] Vgl. JK 407 (Migne PL LIV 628).
[61] Vgl. Scheibelreiter, Der Bischof in merowingischer Zeit 149–166.
[62] Vgl. Gregor von Tours, Hist. III 17, hrsg. von R. Buchner I 170.
[63] Vgl. Scheibelreiter, Der Bischof in merowingischer Zeit 140, 147 f.
[64] Vgl. Orléans 549 c. 10.
[65] Vgl. Paris 614 c. 2, Edictum Chlotarii c. 2, dazu Servatius, Per ordinationem 1–29.
[66] Vgl. Scheibelreiter, Der Bischof in merowingischer Zeit 160.
[67] Vgl. Scheibelreiter, Der Bischof in merowingischer Zeit 162.
[68] Vgl. oben 127 und Scheibelreiter, Der Bischof in merowingischer Zeit 156.

Trotz einiger Reaktionen gegen königliche Willkür unter Guntram und Chlothar II. und trotz des unvermittelt einsetzenden Unwillens der Konzilien der Jahre 561/62 und 567[69] wurden die Bistümer sogar zum Gegenstand von Geldgeschäften und Günstlingswirtschaft. Im 7. Jahrhundert wurde das Bischofsamt immer häufiger an Laien verliehen.

Da die weltliche Gewalt sich in die Ernennung von Geistlichen einmischte und die Habgier der Laien mit der Zunahme des Reichtums der Kirche immer mehr erregt wurde, wuchs die Simonie in all ihren Formen zu einer Plage an, die den fränkischen Episkopat korrumpierte. Alle Dekrete, alle Verbote der Konzilien, die dem Übel abhelfen sollten[70], blieben wirkungslos. Übrigens wurden die Kanones gegen die Simonie oftmals selbst von simonistischen Bischöfen unbedenklich unterschrieben.[71]

Außer der Simonie förderte dieses System auch die Rivalitäten zwischen Bischöfen, oder zwischen Bischöfen und Grafen, und wurde zu einer Quelle heftiger Streitigkeiten.[72]

Im 6. Jahrhundert war der Bischofsnachwuchs meist aus den galloromanischen Familien gekommen. Dieser Episkopat hatte im großen und ganzen hohe Qualitäten; in seiner großen Masse gingen die wenigen schlechten Bischöfe unter. Deshalb war es ihm auch gelungen, die kirchliche Disziplin einigermaßen aufrecht zu erhalten. Mit der Günstlingswirtschaft der Könige im 7. Jahrhundert verwilderte jedoch der Nachwuchs. Schon Chlodwig hatte neue Männer in den Episkopat eingeführt[73], Chilperich und Fredegunde umgaben sich mit Prälaten germanischer Abstammung (Bertechramnus, Ragnemundus) und räumten ihnen den Vorrang vor ihren gallorömischen Amtsbrüdern ein. So wie zuerst der gallorömische Episkopat vom fränkischen verdrängt wurde, der ganz den Königen hörig war, wurde später der König von den Hausmeiern verdrängt, die nun den Episkopat beherrschten. Infolge dieser Entwicklung verfiel auch das Synodalwesen der Kirche im Frankenreich.

---

[69] Vgl. Paris 561/62 oben 122–126 und Tours 567 oben 128–135.

[70] Vgl. Orléans 533 cc. 3, 4; Clermont 535 c. 2; Orléans 549 c. 10; Tours 567 c. 8; Chalon 647/53 c. 16; Konzil an unbekanntem Ort nach 614 c. 11. Vgl. auch Felten, Äbte und Laienäbte im Frankenreich, Stuttgart 1980, 77 f.

[71] Vgl. die Subskriptionslisten der in Anm. 70 genannten Konzilien.

[72] Vgl. z. B. die Streitigkeiten zwischen Bischof Nicetius und Graf Armentarius in Lyon und zwischen Bischof Heraclius und Graf Nanthin in Angoulême.

[73] Medardus in Noyon und Gilardus in Rouen waren Söhne eines Franken und einer Römerin. Zur Herkunft und Bildung der Bischöfe vgl. zuletzt Scheibelreiter, Der Bischof in merowingischer Zeit 9–127.

Wegen der weltlichen Lasten, die für die Bischöfe immer drückender wurden, und wegen der Vermehrung der Pfarreien waren die Bischöfe ihrer Aufgabe immer weniger gewachsen und konnten die ausgedehnte Disziplinargewalt nicht mehr allein ausüben. Daraus entstand das Amt des Archidiakons, der unabsetzbar war und dem bischöfliche Befugnisse übertragen wurden.[74] Der Archidiakon, ursprünglich der erste der Diakone der Kathedrale, der die Diözesangüter zu verwalten hatte, wurde im Laufe des 6. Jahrhunderts Vertreter des Bischofs. Der Archidiakonat wird zum erstenmal in den Kanones des 4. Konzils von Orléans (541) erwähnt und erscheint von da an regelmäßig in der Gesetzgebung der Konzilien. Anstelle der Bischöfe übten die Archidiakone auch richterliche Funktionen aus und erwarben selbst eine eigene weltliche Jurisdiktion, unabhängig von der des Bischofs. Um die Bedeutung der Archidiakone zu vermindern, ernannten die Bischöfe gegen Ende des 8. Jahrhunderts deren mehrere, die in beschränkten Gebieten eine Gerichtsbarkeit der ersten Instanz ausübten, gegen die Berufung beim Bischof eingelegt werden konnte. Durch die Zuweisung eigener Sprengel an die Archidiakone war der Archidiakonat zu einer neuen Binnenstruktur der Diözesen geworden.

3. Klerus und Orden

a) Der Weltklerus

Mit der Etablierung des katholischen Glaubens als Staatsreligion wuchs die Zahl der Gläubigen, die Pfarreien vermehrten sich. Die Konzilien mußten also Maßnahmen zur Pfarrorganisation ergreifen. Grundsätzlich handelte es sich bei diesen Pfarreien um Filialkirchen der Kathedrale, die in Stadtvierteln, in benachbarten Marktflecken und auf den großen Gütern entstanden waren, wo man im 5. Jahrhundert immer mehr private Oratorien erbaut hatte. Im 6. Jahrhundert wurden nun diese Oratorien in die Diözesanstruktur integriert. Eines der dringendsten Probleme war das des Priesternachwuchses (vgl. Arles 524 c. 1). Grundsätzlich war er unveränderlichen Vorschriften unterworfen, die sich jedoch unter den historischen Umständen nur schwer durchführen lassen. Die Vorschriften zum Eintritt in den Priesterstand bleiben bestehen, aber in Zukunft ist dafür die Zustimmung des Königs oder seines Vertreters erforderlich.[75] Das ist

[74] Vgl. dazu Feine, Kirchliche Rechtsgeschichte 130 f.

[75] Der König setzt bisweilen seine Wahl durch. Der hl. Remigius mußte auf Anordnung Chlodwigs einen Gotteslästerer mit Namen Claudius zum Priester weihen und bei seinen Kollegen, die ihm deshalb Vorwürfe machten, berief er sich auf den Willen des Königs, vgl. dazu Scheibelreiter, Der Bischof in merowingischer Zeit 145 Anm. 63.

leicht erklärbar, denn der König verlor dadurch manchen Beamten, immer aber einen Steuerpflichtigen und einen Soldaten, da die Geistlichen von Steuern und jedem öffentlichen Dienst befreit waren (Orléans 541 c. 13).

Das Weihealter wird für die Diakone auf 25 Jahre, für die Priester und Bischöfe auf 30 (Arles 524 c. 1) festgesetzt, ein Probejahr muß vorausgehen. Von der Priesterweihe sind ausgeschlossen: Männer, die zweimal geheiratet haben[76] oder diejenigen, die eine Witwe geheiratet haben[77]; diejenigen, die in wilder Ehe leben (Orléans 541 c. 10), und die Büßer[78]. Der Geistliche muß lesen können, aber diese Vorschrift wird kaum befolgt. Um diesem Mißstand abzuhelfen, verordnet das Konzil von Vaison 529 c. 1 die Schaffung von Pfarrschulen.[79]

Außerhalb der Pfarrkirchen bestanden Oratorien oder Privatkapellen, die von ihren Gründern unterhalten wurden. Nach und nach war es üblich geworden, daß die Gründer auch die Geistlichen für diese Oratorien ernannten, und die Konzilien ließen diesen Brauch bestehen (Clermont 535 c. 4). Seit dem 7. Jahrhundert brachten die Fürsten und die reichen Grundbesitzer das Patronatsrecht an den Gründungen in ihre Hand: das war der Ursprung der sogenannten „Säkularisation" der Kirchen. Die Teilung der Befugnisse zwischen Stifter, Grundbesitzer und Bischof wird vom Konzil von Orléans 541 c. 26 geregelt. Der Grundbesitzer kann demnach seinen Kandidaten dem Bischof vorschlagen, und dieser ernennt ihn, andererseits muß der Stifter für den Unterhalt dieser Geistlichen aufkommen. Die Äbte, die Oratorien gründen, müssen dasselbe tun. Zwischen dem 6. und 7. Jahrhundert werden die meisten Eigenkirchen öffentliche Pfarreien.[80] Verhängnisvollerweise förderte eine solche Art der Pfarrbestellung den Mißbrauch der Simonie.

Trotz der Maßnahmen der Konzilien zur Verteidigung der Rechte und der Dotation der Pfarreien, gab es an der Wende vom 7. zum 8. Jahrhundert zahlreiche Usurpationen von Rechten. Wenn etwa eine Kirche mitten in den Gütern eines Großgrundbesitzers eine Enklave bildete, dann betrachtete dieser die Kirche mit ihrer Ausstattung als zu seinem „dominium" gehörend. Er verkauft, tauscht oder gibt diese Kirche und

---

76 Die Konzilstexte reden in diesen Fällen von Bigamie. Zu den Bestimmungen über den Klerus vgl. auch De Clercq, La législation 93–96.

77 Vgl. Arles 524 c. 3; Epao 517 c. 2; Orléans 541 c. 10.

78 Vgl. Epao 516 c. 3; Arles 524 c. 3; Orléans 541 c. 6.

79 Die Schulen bleiben an Zahl beschränkt, trotz der Vorschriften der Konzilien. Vgl. dazu auch Scheibelreiter, Der Bischof in merowingischer Zeit 76–91.

80 Vgl. zu dieser Entwicklung P. Imbart de la Tour, Les origines religieuses de la France. Les paroisses rurales du IVe au XIe siècle, Paris 1900.

die Güter, die dazu gehören, als Mitgift. Natürlich muß er für den Unterhalt des Priesters sorgen und auch für die Durchführung des Gottesdienstes. In Wirklichkeit handelt es sich aber um eine widerrechtliche Besitzaneignung, gegen welche die Konzilien vergeblich angehen[81], denn sie schaffen ja das System der Eigenkirchen.

In den Landpfarreien sorgt der Stifter für den Unterhalt, doch die Geistlichen der Stadtpfarreien sind unmittelbar dem Bischof – später seinem Archidiakon – unterstellt, der für ihren Unterhalt aufkommt. Das Konzil von Agde hatte die Liegenschaften dem Schutz des Bischofs anheimgegeben, aber keine Bestimmungen über die Verwendung der Einkünfte erlassen. Die Kanones 14 und 15 von Orléans (511) machen einen ersten Versuch zur Aufteilung der Einkünfte zwischen dem Bischof, der die Kirchengüter verwaltet, und dem Pfarrklerus, dem zwei Drittel der Oblationen verbleiben. Nichtsdestoweniger behält der Bischof Liegenschaften und Einkünfte unter seiner Gewalt. Wir sahen, wie das Konzil von Carpentras (527) versuchte, eine gerechtere Verteilung zu erreichen.[82]

Diese Pfarreien, die anfangs wenig zahlreich und durch große räumliche Abstände getrennt waren, wurden allmählich zu fest umrissenen Bezirken mit eigenen Ressourcen. Nach und nach übernahmen die Priester die Verwaltung der Pfarrgüter, wobei jede etwaige Veräußerung und jeder Verkauf dieser Güter als ungültig erklärt wurde (Paris 614 c. 10, Chalon 647/53 c. 7). Der Priester verwaltete sie und mußte deshalb auch ein Güterverzeichnis anlegen (Epao 517 c. 8). In wichtigen Ortschaften und in ausgedehnten Pfarreien, in denen es mehrere Kirchen und damit auch mehrere Priester gab, wurde der älteste von ihnen Archipresbyter genannt (Clichy 626/27 c. 21). Infolge der „Laisierung“ der Kirche werden aber Ausnahmen von dieser Regel gemacht, die deshalb erneut bekräftigt werden mußten (Saint-Jean-de-Losne 675 c. 9). Der Archipresbyter hatte die Aufsicht über die Geistlichen (Auxerre nach 585 c. 20), er selbst war dem Archidiakon unterstellt.[83] Da die Pfarreien größer wurden, war der Bischof schon vor der Zeit der Merowinger gezwungen, dem Priester einige seiner Befugnisse zu übertragen, insbesondere die Spendung der Taufe (Orléans 511 c. 12 und Orléans c. 16). Im Jahre 529 vollzog sich in dieser Hinsicht eine regelrechte Umwälzung: Der Bischof überläßt nun dem Priester das Recht zu predigen, was bisher ihm allein vorbehalten war (Vaison 529 c. 2). Der Episkopat muß den Priestern gegenüber, die seine

---

[81] Vgl. Orléans 538 c. 24; Orléans 541 c. 25; Tours 567 cc. 25, 26; Paris 561/62 cc. 1, 2.

[82] Siehe oben 54 f.

[83] Über die Archipresbyter vgl. Clichy 626 c. 21; Tours 567 c. 7, unbek. Ort nach 614 c. 11; Auxerre nach 585 c. 20.

Untergebenen und Mitarbeiter sind, deutlich festlegen, welche Anordnungen zu befolgen, welche Bestimmungen zu beachten und welches Verhalten angebracht ist. Daher entstehen Diözesansynoden mit gesetzgebendem Charakter; das erste Beispiel dafür war Auxerre (nach 585). Die Priester sind nunmehr verpflichtet, sich alljährlich im Monat Mai um ihren Bischof zu versammeln, während die Äbte im Monat November dieser Pflicht nachkommen, wie schon durch Orléans 511 c. 19 vorgeschrieben worden war.

Die Diözesansynode, deren abendländische Anfänge in der Merowingerzeit liegen, lebte wie die Provinzialkonzilien erst nach einer langen Unterbrechung in den folgenden Jahrhunderten wieder auf.[84]

Die Disziplin der Kleriker und die Verpflichtungen und Privilegien, die mit ihrem Status verbunden sind, bilden den Gegenstand von 80 Kanones aus 21 Konzilien. Ihr Tenor bleibt immer der gleiche, während die konziliare Gesetzgebung bezüglich der kirchlichen Verwaltung eine gewisse situationsbedingte Entwicklung erkennen läßt.

Das Konzil von Epao (c. 21) erinnert an das Verbot, Frauen am Priestertum Anteil zu geben und verbietet die Weihe von Diakonissen, wie es schon das Konzil von Orange 441 (c. 26) getan hatte (Epao 517 c. 21, Orléans 533 c. 18) – ein Verbot, das anscheinend befolgt wurde, da es nur selten erneuert wird. Ein Jahrhundert später verbietet das Konzil von Saint-Pierre wiederum die *conhospitae,* die Mitarbeiterinnen des Pfarrers waren, oft bei ihm wohnten und mithin gegen das Verbot verstießen, Frauen im Pfarrhaus zu haben (Saint-Pierre-de-Granon 673/75 c. 3).

Der Zölibat der Geistlichen, der vom 1. bis ins 4. Jahrhundert zwar beachtet wurde, aber nicht obligatorisch war, wurde vom 4. bis zum 12. Jahrhundert von sehr genauen Gesetzen bestimmt, die im Westen strenger waren als im Osten: Verheiratete Bischöfe, Priester und Diakone müssen sich jeglicher ehelichen Beziehungen enthalten. Die Heirat ist den Geistlichen verboten, die bereits einen Weihegrad erlangt haben. Das Verbot, nach Empfang der höheren Weihen zu heiraten, scheint selten übertreten worden zu sein. In den Konzilien der Merowingerzeit wurde nur eine einzige diesbezügliche Vorschrift erlassen und zwar für den Ausnahmefall, daß Diakone in Gefangenschaft heirateten (Orléans 533 c. 8). Viel heikler war das Problem von solchen Geistlichen, die schon vor der Weihe geheiratet hatten. Als Papst Siricius den verheirateten Priestern und Diakonen verboten hatte, eheliche Beziehungen zu ihren Frauen

---

[84] Vgl. O. Pontal, Historique du synode diocésain, in: Les statuts synodaux français du XIIIe siècle XXXVI f.

aufrechtzuerhalten, hatte er keine Sanktionen festgesetzt.[85] Nicht ohne Widerstand hervorzurufen, hatte das Konzil von Agde 506 c. 39[86] diese Vorschrift auf die Kirche Galliens angewandt und sie auch auf die Subdiakone ausgedehnt. Doch die Bischöfe des merowingischen Gallien scheinen Bedenken gehabt zu haben, den Subdiakonen dieselben Verpflichtungen aufzuerlegen wie den Klerikern der höheren Weihegrade. Die Konzilien von Orléans 538 c. 2 und 541 c. 17 verbieten diesen und schon den Subdiakonen den ehelichen Verkehr, sie sehen strenge Strafen vor – nicht nur für den Geistlichen, der sich verfehlt, und für seine Frau, sondern auch für den Bischof, der solches duldet. Dieses Verbot wird in Tours 567 c. 20 (19), in Auxerre nach 585 c. 20 und in Mâcon 581/83 c. 11 erneuert, die Verpflichtung zum Zölibat jedoch wird in Lyon 583 c. 1 und auf einem Konzil unbekannten Ortes nach 614 c. 8 nur den Priestern und Diakonen auferlegt. Einige Konzilien (Clermont 535, Orléans 541) äußern sich nicht genau über diese Regelung, die anscheinend nicht ohne weiteres angenommen wurde. Sie betrifft jedoch weder die Lektoren noch die Kantoren (Vaison 529 c. 1). Nun aber kam der Nachwuchs der Bischöfe, Priester oder Diakone aus den Reihen der Lektoren und Kantoren oder der Laien, von denen, wenn sie verheiratet waren, nach den höheren Weihen der Verzicht auf jeglichen ehelichen Verkehr gefordert wurde. Ihre Ehefrauen wurden wie ihre Schwestern behandelt und durften bei ihnen in getrennten Zimmern wohnen.[87] Diesem allgemeinen Brauch in Gallien widersetzt sich nur das Konzil von Lyon 583 c. 1, das verlangt, daß die Ehefrauen aus den Wohnungen der Geistlichen gänzlich entfernt werden, während nach der Bestimmung von Tours 567 c. 14 (13) nur die Ehefrauen der Bischöfe von der Wohnung des Bischofs fernbleiben sollen. Es war klar, daß das Zusammenleben der Geschlechter in ein und demselben Haus eine ständige Gefahr für die Enthaltsamkeit darstellte. Das Konzil von Tours 567 c. 13 (12) schützte in dieser Hinsicht die Bischöfe und die Archipresbyter auch vor üblem Verdacht, indem andere Kleriker mit ihnen im gleichen Zimmer schliefen. Gegen Geistliche, die sich verfehlt hatten, und auch gegen den Archipresbyter, der diese nicht anzeigte, wurden strenge Strafen verhängt (Tours 567 c. 20 [19], Auxerre nach 585 c. 20). Aber trotz aller Strafen werden im Laufe des 7. Jahrhunderts die Verfehlungen gegen den Zölibat immer häufiger, die im 8. Jahrhundert in einer Krise gipfelten. Die Ent-

[85] Vgl. JK 258 (Migne PL XIII 1155).
[86] Vgl. Munier, Concilia Galliae 189.
[87] Vgl. Orléans 541 c. 17; Tours 567 c. 20 (19) und Auxerre nach 585 c. 21.

haltsamkeit und der Versuch, Verfehlungen gegen sie zu verhindern, waren ein ständiges Thema der Konzilsdekrete.[88]

Andere Bestimmungen von Konzilien haben das wirtschaftliche Gebaren des Klerus zum Gegenstand. Das Verbot für Geistliche, gegen Zinsen Geld zu verleihen, so wie es die früheren Konzilien erlassen hatten[89], bleibt ein ständiges Thema der Konzilien: Verbot für die Diakone (Orléans 538 c. 30), für die Bischöfe, Priester und Diakone (Clichy 626/27 c. 1). Auch der Handel, sogar durch eine Mittelsperson oder unter falschem Namen, ist den Geistlichen verboten (Orléans 538 c. 30).

Die Maßnahmen gegen die Simonie betreffen nicht nur die Bischöfe[90], sondern alle Geistlichen: die Priester (Orléans 533 c. 4), die Äbte oder die Archipresbyter (Konzil unbekannten Ortes nach 614 c. 11) und die einfachen Geistlichen, die ihre Weihe erkaufen.[91]

Die Geistlichen sind zur Wahrung der *stabilitas loci* verpflichtet und müssen dem Bischof, dem sie unterstehen, gehorchen, was auch gelegentlich für ihre Kinder gilt (Orléans 511 c. 4). Es ist ihnen verboten, sich auf das Patronatsrecht der Laien zu berufen, um dem Gehorsam gegenüber dem Bischof zu entgehen.[92] Doch können sie bei der Synode Berufung einlegen, wenn sie meinen, sie seien vom Bischof ungerecht bestraft worden (Orléans 538 c. 23). Sich widersetzende Geistliche und solche, die sich zu einem Bund zusammenschließen, werden streng bestraft (Orléans 538 c. 24, Clichy 626/27 c. 3), und ebenfalls diejenigen, die sich des Diebstahls (Orléans 538 c. 9), des Ehebruchs (Orléans 538 c. 8), des Meineids oder falschen Zeugnisses (Epao 517 c. 13) schuldig gemacht haben.

Die Umstände und die Entwicklung der Sitten ziehen weitere Verbote und Verpflichtungen nach sich:

– Infolge des Patronatsrechtes der Laien gelingt es manchen Geistlichen, sich freiwillig oder gezwungen ihren Amtspflichten zu entziehen, und dagegen treten die Konzilien auf.[93]

---

[88] Die Beschlüsse von Orléans 538 c. 4 und Chalon 647/53 c. 3 betreffen die Geistlichen im allgemeinen; die von Orléans 511 c. 29, Epao 517 c. 20, Clermont 535 c. 16, Orléans 549 c. 3, Eauze 551 c. 2, Mâcon 581/83 c. 1, Lyon 583 c. 1 beziehen sich auf die Bischöfe, Priester und Diakone; Tours 567 c. 10 betrifft die Subdiakone. Frauen, die mit Geistlichen zusammenwohnen dürfen, werden streng geprüft: Clermont 535 c. 16, Tours 567 c. 10, Lyon 583 c. 1, Mâcon 581/83 c. 1, Konzil unbekannten Ortes nach 614 c. 8, Saint-Pierre 673/75 c. 3, Saint-Jean-Losne 673/75 c. 4. Orléans 549 c. 3 sah sogar für nahe Verwandte geregelte Besuchszeiten vor. Vgl. zu den Zölibatsvorschriften auch PLÖCHL, Geschichte des Kirchenrechts ^{2}1, 179 f.

[89] Vgl. PLÖCHL, Geschichte des Kirchenrechts ^{2}1, 270.

[90] Vgl. Clermont 535 c. 2; Orléans 549 c. 10.

[91] Vgl. Orléans 533 c. 3; Tours 567 c. 28 und Chalon 647/53 c. 10.

[92] Vgl. Orléans 538 c. 12; Eauze 551 c. 4; Paris 614 c. 5 und Edikt Chlothars II. 614 c. 3.

[93] Vgl. Orléans 533 c. 14; Orléans 538 c. 22 und Orléans 541 c. 21.

- Da sich der Hang zur Gewalt auch im Klerus zu verbreiten droht, verbieten die Konzilien den Klerikern das Tragen von Waffen (Saint-Pierre 673/75 c. 1, Saint-Jean-de-Losne 673/75 c. 2), die Jagd (Epao 517 c. 4, Mâcon 585 c. 13; besonders den Geistlichen höheren Ranges in Saint-Jean-de-Losne 673/75 c. 15) und die Teilnahme an Hinrichtungen (Mâcon 585 c. 19).
- Schließlich werden die Geistlichen aufgefordert, sich von den Laien durch die Tonsur und durch unterschiedliche Kleidung abzuheben, die im Laufe des 6. Jahrhunderts obligatorisch wird (Mâcon 581/83 c. 5, Saint-Pierre 673/75 c. 1).

Als Ersatz für diese Einschränkungen verschafft sich die fränkische Kirche gleichsam als „Staatskirche“ allmählich Privilegien, die den Klerikerstatus zu einem rechtlich bevorzugten Stand machen: die Befreiung von Militärdienst, Steuern und anderen öffentlichen Pflichten (Orléans 541 c. 13) und auf dem Gebiet der Justiz das *privilegium fori.*[94]

b) Der Regularklerus[95]

Anhand der Konzilien konnten wir die Ausbreitung und Entwicklung des Mönchtums in der Merowingerzeit verfolgen: 23 Kanones aus 13 Konzilien betreffen die Äbte, 29 Kanones aus 12 Konzilien beziehen sich auf Mönche, Nonnen oder Klöster.

Auf das Einsiedlerleben der ersten Mönche folgt seit dem 3. Jahrhundert das Klosterleben der Zönobiten in dem ersten Kloster, das in Ägypten von Pachomius gegründet wurde. Diesem Beispiel folgten im 4. Jahrhundert in Gallien Martin von Tours durch die Gründung des Klosters in Ligugé und der hl. Honorat in Lérins. Die Klöster breiteten sich schnell in Südfrankreich aus, von dort im 6. Jahrhundert mit großer Energie nach Norden.

Das Mönchtum war anfangs nur eine Lebensweise gewesen: Askese, Einsamkeit; das Kloster eine unsichere Zufluchtsstätte: eine natürliche Höhle oder eine Hütte aus Zweigen. Die Gründungen erfolgten aus persönlichem Entschluß ohne irgendwelche Beratung und Ermächtigung. Oft wurden die Klöster von den Mönchen selbst gegründet, manchmal

---

[94] Vgl. dazu unten 247 f.

[95] Vgl. zum folgenden Abschnitt vor allem Prinz, Frühes Mönchtum. Vgl. auch De Clercq, La législation 96 f.; McLaughlin, Le droit monastique 136–140; J. Semmler, Episcopi potestas und karolingische Klosterpolitik, in: Mönchtum, Episkopat und Adel zur Gründungszeit des Klosters Reichenau (= Vorträge und Forschungen 20) Sigmaringen 1974, 305–395, hier 379–395; F. J. Felten, Äbte und Laienäbte 59–98.

auch von Bischöfen, wie es in der Provence oft der Fall war. Seit dem 6. Jahrhundert wurden Klöster auch von den Königen und im Laufe des 7. Jahrhunderts von Herzögen und Grafen errichtet, die oft ihr Vermögen dafür hingaben. Als die Mönche aber anfingen, in Gemeinschaft zu leben, mußten sie einer Regel folgen, doch hatte bei der Anwendung der Regel jedes Kloster seine eigenen Bräuche; es gab fast so viele Regeln wie Klöster. Die Regeln bestanden eher in asketischen Prinzipien als in praktikablen Gesetzen, so daß manchmal mehrere Regeln in ein und demselben Kloster nebeneinander bestanden[96]; dazu wanderten die Mönche ständig von einem Kloster ins andere.

Die Konzilien versuchten, diesen Zustand zu beenden, indem sie jedes individualistische Vorgehen ablehnten und die Mönche zwangen, sich fest niederzulassen; außerdem verlangten sie für eine Klostergründung oder für Klosterwechsel der Mönche die Zustimmung des Bischofs oder des Abtes (Epao 517 c. 10, Orléans 511 c. 22).

Das Kloster wurde oft und ohne Schwierigkeiten gewechselt – trotz des Verbots der Konzilien, dies ohne Erlaubnis des Abtes zu tun, und trotz des Verbots für Äbte, fremde Mönche aufzunehmen (Orléans 511 c. 19). Anscheinend hatten die Konzilien große Mühe, die Beachtung dieser Vorschrift durchzusetzen. Wenn wir die Lebensbeschreibungen einiger berühmter Heiligen betrachten, stellen wir fest, daß sie ständig von Kloster zu Kloster wanderten.[97] Das Verbot für die Mönche, ohne Erlaubnis oder ohne Empfehlungsschreiben des Abtes oder des Bischofs umherzureisen, wurde ebenfalls oft von den Konzilien erneuert.[98] Die Strafen für Übertreter wurden erhöht, um die Beachtung des Verbots zu erzwingen: während im Jahre 511 das Konzil von Orléans (c. 19) sich mit der Züchtigung eines Mönches begnügte, der gewaltsam ins Kloster zurückgebracht worden war, exkommuniziert das Konzil von Saint-Jean-

---

[96] So praktizierte man in Autun vor den Dekreten des hl. Leodegar die Regeln des hl. Antonius und des hl. Basilius. In Jumièges praktizierte man ohne Unterschied die Regeln des hl. Basilius, des hl. Macarius, des hl. Benedikt und des hl. Kolumban. Vgl. dazu auch Prinz, Frühes Mönchtum 263–292.

[97] So entflieht ohne Wissen seines Abtes der hl. Avitus aus dem Kloster von Menat in Gesellschaft des hl. Calais, um sich in das Kloster von Micy bei Orléans zu begeben. Nachdem er Abt dieses Klosters geworden ist, verläßt er es, um ein neues im Perche zu gründen. Der hl. Lubinus begibt sich zu ihm, nachdem er sein eigenes Kloster verlassen hat; einige Zeit später will er nach Lérins gehen. Unterwegs besinnt er sich anders und bleibt fünf Jahre lang mit dem hl. Lupus auf der Insel Barbe, dann kehrt er zu Avitus zurück und schließlich begibt er sich doch nach Lérins, nachdem er ein anderes Kloster gegründet hat. Vgl. dazu Ueding, Klostergründungen 230–234. Vgl. auch Felten, Äbte und Laienäbte 68.

[98] Vgl. Tours 567 c. 16; Autun 663 c. 6; Saint-Jean-de-Losne 673/75 c. 19.

de-Losne (673/75 c. 19) den Schuldigen. Anscheinend war es dem Abt erlaubt, sich aus dem Kloster zu entfernen unter der Bedingung, daß seine Abwesenheit nicht zu lange dauerte (Arles 554 c. 3), anderenfalls mußte er die Erlaubnis des Bischofs haben.

Die Konzilien trugen auch zur Entstehung einer innerklösterlichen Hierarchie bei: Die Mönche werden voll und ganz den Äbten unterstellt, denen auch die Disziplinargewalt zusteht. Mit der Approbation des Bischofs werden die Äbte grundsätzlich von den Mönchen gewählt, sind jedoch ihrerseits dem Bischof unterstellt (Orléans 511 c. 19, Orléans 533 c. 21), der über Klöster und Mönche verfügt (Arles 554 c. 2) und gleichzeitig die Klostergüter verwaltet (Orléans 511 c. 19, Orléans 538 c. 26, Orléans 541 c. 11). Die Äbte müssen ihm gehorchen; er ruft sie einmal im Jahr zusammen (Orléans 511 c. 19, Auxerre nach 585 c. 7). Die Äbte, welche die bischöflichen Verordnungen mißachten, werden exkommuniziert (Orléans 533 c. 21); der Bischof kann die Äbte absetzen, die sich etwas zuschulden kommen ließen (Epao 517 c. 19). Der Abt kann aber Berufung gegen die Strafe beim Metropoliten einlegen. Kein Klostergut darf ohne die Erlaubnis des Bischofs veräußert werden (Orléans 538 c. 26). Die Hierarchie muß streng beachtet werden: Kanon 7 von Orléans I (511) enthebt die Äbte und Mönche ihrer Ämter und exkommuniziert sie, wenn sie den Bischof übergehen und von den Herrschern kirchliche Benefizien verlangen. Das Konzil von Chalon (647/53) c. 15 verbietet den Äbten, den Mönchen und den Klosterverwaltern, den Bischof zu übergehen und sich unmittelbar an den König zu wenden. Auf keinen Fall darf der Abt sich an die Stelle des Bischofs setzen (Orléans 533 c. 13).

Die Konzilien schreiben den Mönchen eines Klosters vor, daß sie eine gemeinsame Regel befolgen und bestimmte Prinzipien beachten müssen. Besonders eingeschärft wird die Pflicht zum Gehorsam (Orléans 511 c. 19, Autun 663/75 c. 8), zur Armut und zum Verzicht auf eigenen Besitz[99] und zum Zölibat (Tours 567 c. 16, Autun 663/75 c. 15). Bei einem Verstoß gegen dieses Gebot sollen die Asketen exkommuniziert werden (Orléans 511 c. 11); das Konzil von Tours (567 c. 16) schrieb dem Richter vor, die Ehen von Mönchen für null und nichtig zu erklären.

Die Rivalität der verschiedenen Mönchsregeln, die im 6. und 7. Jahrhundert in Gallien befolgt wurden, kam auch auf den Konzilien zum Ausbruch[100], aber die Regel des heiligen Benedikt gewann schließlich fast

---

[99] Orléans 511 c. 19; unbek. Ort nach 614 c. 5; Autun 663/75 c. 1; die Armut zeigte sich auch in der Kleidung: kein Schuhwerk verlangt Orléans 533 c. 20.

[100] Vgl. oben 202.

überall die Oberhand. Wenigstens für Burgund machte das Konzil von Autun (663/75 c. 15) sie obligatorisch.

Anfangs waren die Mönche Laien und hatten nur für das Lesen der Messen und das Beichten einen Priester in ihrer Gemeinschaft. Doch von dem Augenblick an, in dem die Mönche eine Regel annahmen, wollten sie als Geistliche angesehen werden. Trotz des Widerstandes der Bischöfe gestattete dies Papst Gregor der Große, und nun ließen sich viele Mönche zu Priestern weihen. Das Priestertum krönt und ergänzt das religiöse Leben. Die Klöster werden zu einer Pflanzstätte für den Priesternachwuchs und dienen sozusagen als Seminar. Gegen Ende des 6. Jahrhunderts gibt es in den Klöstern schon eine große Anzahl von Mönchen, die nicht nur zum Priestertum, sondern sogar zum Bischofsamt geeignet sind.[101] Den Äbten, die bisher nicht unbedingt Priester sein mußten[101a], wird nun das Priestertum zur Pflicht gemacht. So entsteht eine neue Art des Klerus: der Ordensklerus.

Seit Benedikt erscheint in Klosterregeln das Gelübde der *stabilitas,* das oft von den Konzilien gefordert wird.[102] Beim Übergang der Mönche in den geistlichen Stand änderte sich ihr religiöses Leben: der Anteil der manuellen Arbeit wird vermindert und die Liturgie gewinnt immer größeren Raum. Wir haben gesehen, welche Bedeutung das Konzil von Tours 567 der Regelung des Klosterlebens beimißt.[103] Dieses Konzil reorganisierte die Klöster vollständig; es verbot Zellen mit nur einem oder zwei Betten und forderte Dormitorien, in denen der Abt oder der Propst eine Überwachung ausüben können (c. 15); es verlangte ein ewiges Gelübde, verbot den Frauenbesuch und setzte eine Fastenvorschrift für Mönche fest.[104] Dasselbe Konzil von Tours regelte auch die Klosterliturgie, insbesondere die Matutin – zum erstenmal wird dieser Ausdruck an Stelle von Vigil

---

101 Vgl. dazu Scheibelreiter, Der Bischof in merowingischer Zeit 108–115.

101a Zum Problem der Laienäbte vgl. Felten, Äbte und Laienäbte 86–88.

102 Vgl. Tours 567 c. 16; Paris 614 c. 14; Saint-Jean-de-Losne 673/75 c. 19; Autun 663/75 c. 6.

103 Vgl. oben 132 f.

104 Vgl. Tours 567 c. 18: Das Mittagessen *(prandium)* ist von Ostern bis zu Pfingsten gestattet, ausgenommen an den Bittagen. Von Pfingsten bis zum 1. August sind die Mönche nach einer ganzen Woche des Fastens gezwungen, an drei Wochentagen zu fasten und zwar montags, mittwochs und freitags. Das Mittagessen ist im Monat August erlaubt, dann beginnt im September, Oktober und November wieder ein Fasten an drei Tagen in der Woche, das im Dezember bis Weihnachten zu einem täglichen Fasten wird. Das Mittagessen ist erlaubt von Weihnachten bis Epiphanias, ausgenommen an den drei Litaneitagen des Januar, die gegen das Überleben der Saturnalien eingerichtet wurden. Dann beginnt wieder das Fasten an drei Tagen in der Woche von Epiphanias bis zur Fastenzeit.

gebraucht –, indem es die monatliche Zahl der Gesänge und Psalmen, der „manicationes", also der Morgengesänge, im Sommer und schließlich die Meßzeit am 1. Januar (8 Uhr) genau festsetzt.[105]
Seit dem 7. Jahrhundert trugen die Schenkungen der Könige und der Großen sowie die *stabilitas* der Mönche zur Bereicherung und zur Bevölkerung der Klöster bei; die Klostergebäude werden zu bedeutenden Bauten. Ihr Reichtum überstieg oft denjenigen der Kathedralen, sie wurden zu den größten Grundbesitzern des Königreiches. Seit Dagoberts Regierung wurden die Schenkungen oft von Konzilien bestätigt und erhielten dadurch einen feierlichen Charakter.[106]
Die Äbte, die eigentlich mit der Approbation des Bischofs von den Mönchen gewählt werden sollten, wurden immer häufiger vom König ernannt.[107] Der Abt wird auf diese Weise eine so mächtige Persönlichkeit, daß er versucht, sich der Autorität des Bischofs zu entziehen, und bald entgleiten die Klöster mehr oder weniger vollständig der bischöflichen Jurisdiktion: Tours (567 c. 7) verbietet dem Bischof, ohne Beratung mit den anderen Äbten oder Priestern einen Abt abzusetzen. Während dieses Konzil seine Zuflucht zum weltlichen Richter nimmt, um Äbte zu bestrafen, die dem Bischof nicht gehorchen, entzieht das Konzil von Chalon (647/53 c. 11) die Äbte voll und ganz der weltlichen Gerichtsbarkeit.
Zu Beginn des 6. Jahrhunderts vermehrten sich die Klöster sehr stark; darauf verbot das Konzil von Epao 517 (c. 9) den Äbten, zwei Klöster zu leiten; als im 7. Jahrhundert Reichtum und Macht der Abteien anwuchsen, verbot Chalon 647/53 (c. 12), daß zwei Äbte ein Kloster regieren.
Im Laufe des 7. Jahrhunderts erwerben die Klöster verschiedene Privilegien und Immunitäten, sei es von seiten der Bischöfe – die Konzilien berichten darüber –, sei es von seiten des Königs.[108] Seit 614 (Konzil unbekannten Ortes c. 6) kann sogar mit Erlaubnis des Bischofs in Klöstern getauft und begraben werden. Ende des 7. Jahrhunderts bestätigt das Konzil von Saint-Jean-de-Losne (673/75) in c. 14 generell die Beibehaltung aller Privilegien der Abteien. Mit dem Anwachsen ihrer Macht und ihres Reichtums begehen aber die Abteien dieselben Fehler wie der Episkopat: die Abtwürde wird käuflich erworben. Das Konzil nach 614 c. 11 muß darum auch gegen die Simonie der Äbte Maßnahmen ergreifen; die Klöster greifen sogar in die Rechte des Weltklerus ein, und dasselbe

---

105 Vgl. Tours 567 c. 19.
106 Vgl. den Abschnitt über Bischofsprivilegien oben 204–212.
107 Vgl. z. B. die Einsetzung des Abtes Agilus in Rebais durch König Dagobert I., dazu Prinz, Frühes Mönchtum 166.
108 Vgl. oben 204–212 und Ewig, Die lateinische Kirche im Übergang 113 f.

Konzil (c. 6) muß den Klöstern verbieten, Taufen und Beerdigungen vorzunehmen.[109]
Die Mönche, die als Einsiedler Buße taten und sich der Kontemplation hingaben, wurden von denjenigen, die sich eine Kirchenstrafe zugezogen hatten, nicht selten um Versöhnungsschreiben, „apostolia", gebeten. Die Konzilien verweigerten den Äbten, den Mönchen und Priestern das Recht zur Ausstellung solcher Versöhnungsschreiben. Das Vorrecht hierzu blieb ausdrücklich dem Bischof vorbehalten.[110]
Im 7. Jahrhundert (Chalon 647/53 c. 7) werden die Güter des verstorbenen Abtes gegen die Ansprüche der Bischöfe oder der Archidiakone geschützt und der Einmischung der weltlichen Richter entzogen. Andererseits durften sich Äbte, Mönche oder Klosterverwalter nicht direkt an den König wenden, um die Autorität des zuständigen Bischofs zu umgehen (Orléans 511 c. 7; Chalon 647/53 c. 15). Diejenigen Personen, die öffentliche Ämter innehaben und deren Person oder Güter vom Staat abhängen, dürfen ohne Ermächtigung des Königs oder des Richters weder als Geistliche noch als Mönche zugelassen werden (Clichy 626/27 c. 8).

c) Die Frauenklöster

Die Texte des 5. Jahrhunderts unterschieden zwischen den „virgines velatae", die als Nonnen geweiht worden waren, und den „non velatae", deren Verpflichtung privater Natur war.[111]
Im 6. Jahrhundert war den Frauen immer noch gestattet, in ihren eigenen Häusern als Nonnen zu leben (Tours 567 c. 21), aber sie mußten Keuschheit bewahren, anderenfalls wurden sie in ein Kloster verwiesen (Saint-Jean-de-Losne 673/75 c. 13). Caesarius veranlaßte in Arles die Gründung von Frauenklöstern[112] und verfaßte selbst eine Regel für sie. Seither nahmen sie immer mehr an Bedeutung zu. Die Nonnen und Mönche unterstehen der Gewalt des Bischofs, der auch über die Klöster verfügen kann (Arles 554 c. 5). Die Frauenklöster organisieren sich; jeder Orden hat seine eigene Tracht, die nach einjährigem Noviziat angelegt wird (Orléans 549 c. 19). Die Nonnen, gleichgültig ob sie zuhause oder in Klöstern leben, sind wie die Mönche zum Zölibat und zur Keuschheit verpflich-

---

109 Die Klöster, die manchmal ganz unabhängig geworden sind, bilden Mittelpunkte der Mission und der Kultur: die lateinische Kultur wird dort bewahrt, die verlassenen Ländereien werden wieder bebaut, um die Klöster herum läßt sich die Bevölkerung nieder, weil sie deren Schutz sucht und die Möglichkeit, vom Ackerbau zu leben.

110 Vgl. Orléans 538 c. 13; Tours 567 c. 6.

111 Vgl. Konzil von Elvira c. 13; Rom 374 c. 1.

112 Vgl. zuletzt Prinz, Frühes Mönchtum 77 f.

tet[113], auch die Äbtissinnen dürfen nicht dagegen verstoßen (Arles 554 c. 5). Diese Vorschrift wurde offenbar aber wenig befolgt, denn das Konzil von Tours 567 (c. 20) beschließt, daß es in Zukunft den Witwen und Jungfrauen, die Nonnen geworden sind, verboten ist zu heiraten.[114] Sie dürfen auch nicht aus dem Kloster austreten unter dem Vorwand, sie seien zum Klosterleben gezwungen worden, um einer Zwangsehe zu entgehen; denn sie hätten auch die Möglichkeit gehabt, Asyl in einer Kirche zu suchen, um eine solche Heirat zu vermeiden (Tours 567 c. 20). Orléans 549 c. 19 läßt die verheiratete Klosterfrau wieder zur Kommunion zu, sobald sie sich von ihrem Ehemann trennt; Mâcon aber (581/83 c.12) geht strenger vor: es exkommuniziert sie lebenslänglich oder nach Gutdünken des Bischofs zeitweilig, wenn die Nonne echte Reue empfindet. Heirat ist auch solchen Witwen und Jungfrauen verboten, die in ihren Häusern ein klösterliches Leben führen (Paris 614 c. 15). Das Konzil von Lyon 583 (c. 3) exkommuniziert bis zu ihrer Rückkehr diejenigen Nonnen, die ihr Kloster verlassen haben – sie dürfen aber das Viatikum erhalten –, während das Konzil von Paris 614 (c. 15) die Exkommunikation bis zu ihrem Tod ausdehnt. Der Zutritt zu Frauenklöstern ist Männern, Geistlichen oder Laien, verboten, ausgenommen sind Männer *probatae vitae et aetatis provectae,* aber auch sie dürfen sich nur öffentlich im Sprechzimmer mit den Nonnen unterhalten.[115] Anscheinend war es schwieriger, in Frauenklöstern die Disziplin aufrechtzuerhalten als in Männerklöstern, wahrscheinlich weil viele Nonnen nur unter Zwang ins Kloster gekommen waren: Die Eltern durften ja ihre Tochter einem Kloster übergeben (Orléans 549 c. 19). Zu welchen Ausuferungen mangelnde Disziplin in Frauenklöstern führen konnte, zeigt der Klosterstreit von Poitiers[116], mit dem sich mehrere Konzilien befassen mußten.

---

113 Vgl. Tours 567 c. 21; Chalon 647/53 c. 13; Saint-Jean-de-Losne 673/75 c. 13.

114 Der Schleier war den Jungfrauen vorbehalten, die nicht in ihrer Wohnung bleiben konnten, sondern in ein Kloster eingeschlossen waren (Saint-Jean-de-Losne 673/75 c. 13).

115 Vgl. Epao 517 c. 38; Mâcon 581/83 c. 2.

116 Vgl. oben 149. Eine andere Interpretation gibt Felten, Äbte und Laienäbte 89–93.

4. Die Befugnisse der Bischöfe

Wenn auch der Episkopat als Teil der allgemeinen Verwaltung des Königreiches betrachtet werden kann und die Bischöfe in ihrer Eigenschaft als weltliche Amtsträger dem König unterstellt sind, so haben sie doch eine privilegierte Stellung, die sie auszunützen wußten, um möglichst viele Befugnisse und Vorteile für sich selbst und für die interne Organisation zugunsten der Kirche zu erlangen. Zu diesen Vorrechten gehörte besonders die kirchliche Gerichtsbarkeit.[117]

Nach der Völkerwanderung hatten die germanischen Könige die im Imperium Romanum geltende Rechtslage bestätigt: Die Bischöfe konnten prinzipiell nur von einem Bischofskonzil verurteilt werden (Orléans 538 c. 4), die Bischöfe selbst fällten Schiedssprüche über Laien, wenn sie darum gebeten wurden. Die Konzilien des 6. Jahrhunderts lassen die Bestrebungen der Bischöfe erkennen, ihre Jurisdiktionsgewalt auszudehnen. Dies geschah zunächst nur zögernd: Epao 517 c. 11 toleriert die weltliche Gerichtsbarkeit über einen Geistlichen, wenn sie diesem aufgezwungen wird. Außerdem gestattet dasselbe Konzil (c. 24) Laien, einen verbrecherischen Geistlichen vor Gericht zu ziehen. Aber nach und nach wird die bischöfliche Jurisdiktionsgewalt erweitert. Nachdem die Konzilien den Geistlichen verboten hatten, Laien ohne Einwilligung des Bischofs vor ein weltliches Gericht zu ziehen und andererseits den Laien untersagt hatten, Geistliche vorzuladen (Orléans 538 c. 35), verbieten sie den Geistlichen, sich ohne Erlaubnis des Bischofs vor einem weltlichen Richter zu verteidigen (Orléans 538 c. 35; Clichy 626/27 c. 20). Schließlich wird dem weltlichen Richter verboten, ohne Erlaubnis des Bischofs ein Urteil über einen Geistlichen zu fällen (Orléans 541 c. 20). Der Bischof ist damit der ausschließliche Richter über die Geistlichen.

Diese von der Kirche geschaffene Lage wurde durch das königliche Edikt von 614 (c. 5) bestätigt: Danach muß in einem zivilen Rechtsstreit zwischen zwei Geistlichen der Bischof das Urteil fällen; ein Prozeß zwischen einem Geistlichen und einem Laien wird vor einem gemischten Gericht entschieden, das aus Geistlichen und dem „iudex publicus" zusammengesetzt ist (vgl. Orléans 541 c. 20). In Strafsachen ändert sich die Kompetenz des Gerichts je nach dem Stand des Angeklagten: Handelt es sich um einen einfachen Geistlichen, dem nicht die Todesstrafe droht, dann sitzt ein weltlicher Richter über ihn zu Gericht; droht dem Kleriker aber die Todesstrafe, oder ist er Diakon oder Priester, dann fällt der Bischof das

---

[117] Vgl. dazu Plöchl, Kirchenrecht ^{2}1, 242–254.

Urteil (Mâcon 581/83 c. 7; Edikt Chlothars 614 c. 4). Die Konzilien versuchen die Kompetenz der kirchlichen Gerichtsbarkeit auf Laien auszudehnen und zwar auf wehrlose Personen, Witwen, Waisen und Freigelassene, über die entweder in Anwesenheit des Bischofs oder von einem gemischten Gericht (Mâcon 585 c. 12) entschieden werden sollte. Der Bischof ist berechtigt, Klagen von Gläubigen gegen Priester, Diakone und Subdiakone entgegenzunehmen (Mâcon 585 c. 10). Dasselbe Konzil verbietet dem weltlichen Richter bei Ausschluß aus der Kirche, Geistliche zu verhaften oder zu bestrafen, ausgenommen bei Kapitalverbrechen. Der Bischof darf außerdem Mörder mit einer Buße belegen, sogar wenn sie vom König freigesprochen worden waren, oder wenn die Familie des Opfers ihnen verziehen hatte (Orléans 541 c. 28).
Seit Mâcon 581/83 c. 8 wird das Verbot für Geistliche, ihre Mitbrüder vor ein weltliches Gericht zu laden (Orléans 538 c. 35/22; Eauze 551 c. 4), genau gefaßt; bei körperlicher Strafe wird verboten, Streitigkeiten zwischen Kirchenangehörigen vor einen weltlichen Richter zu bringen. Schließlich exkommuniziert das Konzil von Paris (614) die Richter[118], die ohne Ermächtigung des Bischofs ein Urteil gegen Geistliche fällen. Auf diese Weise bildete sich das *privilegium fori* heraus, das die Geistlichen und ihnen gleichgestellte Personen sogar in weltlichen Sachen der weltlichen Gerichtsbarkeit entzieht.
Die Kirche übt über ihre Mitglieder die Disziplinargerichtsbarkeit aus, die nun fast vollständig in der Hand des Bischofs liegt und die aus dessen Gewalt über die Geistlichen hervorgeht: Niemand darf gegen den Willen des Bischofs einen Geistlichen ernennen (Clermont 535 c. 4); der Bischof übt Disziplinargewalt aus nicht nur über den Weltklerus[119], sondern auch über den Ordensklerus.[120] Die Züchtigung der schuldigen oder einfach nachlässigen Geistlichen ist für den Bischof nicht nur ein Vorrecht,

---

[118] Der Beamte, der am häufigsten in den Konzilien erwähnt wird, ist der Richter. Die Konzilien unterscheiden den Laienrichter, „iudex publicus“, der von den Konzilien verpflichtet wird, für die Vollstreckung der kirchlichen Urteile zu sorgen: einen Mönch von seiner Gemahlin trennen (Tours 567 c. 16), die Häretiker dem Gericht des Königs übergeben (Orléans 538 c. 34). Aber dem Richter ist es verboten, die Armen zu unterdrücken (Tours 567 c. 27), in Abwesenheit des Erzpriesters oder des Erzdiakons Prozesse zwischen Geistlichen und Laien zu führen (Orléans 541 c. 20, Edikt des Chlothar 614 c. 5), schuldige Geistliche zu bestrafen, ausgenommen die Fälle von Verbrechen oder Diebstahl (Mâcon 581/83 c. 7, Edikt des Chlothar 614 c. 4) usw. Seit 614 (Edikt des Chlothar c. 12) müssen die Richter aus der Provinz stammen, in der sie ihr Amt ausüben.

[119] Vgl. Orléans 511 cc. 4 und 28; Epao 517 c. 6; Orléans 538 c. 17 und Orléans 541 c. 3.

[120] Vgl. Orléans 511 c. 19; Epao 517 cc. 8, 10 und 19; Orléans 533 c. 21; Orléans 538 c. 11; Arles 554 cc. 2 und 5.

sondern auch eine Pflicht, die ihn straffällig werden läßt, wenn er sie nicht erfüllt (Orléans 538 c. 2; Tours 567 c. 12).

Wenn die Geistlichen die Kirchenvorschriften nicht befolgen, können sie entweder mit geistlichen Strafen oder mit dem Ausschluß aus der Kirche oder mit materiellen Strafen belegt werden.[121] Dieselben Strafen werden auch über Bischöfe verhängt, die ein Verbrechen begangen haben (Orléans 541 c. 10).

Allmählich wurden dieser Disziplinargerichtsbarkeit auch die Laien unterworfen, zum Beispiel in Ehesachen. Da die Ehe ein Sakrament ist, setzt die Kirche durch die Konzilien ihre Bedingungen für die Eheschließung fest und verlangt, daß sie eingehalten werden.[122] Die Kirche sieht als öffentliche Sünde an, was in der weltlichen Gesellschaft als Vergehen oder Verbrechen gilt, und sie fühlt sich verpflichtet, eine bestimmte Disziplinargerichtsbarkeit auf verbrecherische Laien anzuwenden, die zur christlichen Gemeinschaft gehören; besonders aber zielt sie auf die Vergehen gegen die Moral (Inzest, Ehebruch, Mord). Zur weltlichen Strafe kommt in diesen Fällen darum noch eine Kirchenstrafe hinzu.[123] Nach jeder Beichte muß eine Buße auferlegt werden (Chalon 647/53 c. 8). In bestimmten Fällen – etwa bei Mord – kann die Buße lebenslänglich sein; die Exkommunikation trifft auch Laien, so im Fall von Entführung, lügnerischer Beschuldigung oder falscher Zeugenaussage und besonders bei widerrechtlicher Aneignung von Kirchengütern (Orléans 549 c. 16; Tours 567 c. 25; Mâcon 581/83 c. 4). Der Exkommunizierte darf keine Kirche betreten (Clichy 626/27 c. 12); es ist verboten, mit ihm Verbindung aufzunehmen, man darf ihm auch nicht helfen.[124]

Diese verschiedenen Sanktionen gehören zu den Befugnissen des Bischofs – kein anderer Bischof kann sie aufheben (Paris 561/62 c. 7; Tours 567 c. 8; Lyon 518/19 und 567/70 c. 4) –, welcher der Herr über die Exkommunikation ist, der sogar die Verbrecher bestrafen kann, wenn die weltliche Gewalt versagt (Orléans 541 c. 28).

Diese ausgedehnte Gewalt des Bischofs veranlaßte jedoch so viel Mißbrauch, daß man Maßnahmen ergreifen mußte, um ihn zu verhüten

[121] Eine Buße wird auferlegt: Orléans 511 c. 12 und Orléans 538 cc. 8 und 19; die Exkommunikation angedroht: Orléans 511 c. 9 und Orléans 538 c. 9; die Abschaffung bestimmter Vorrechte beschlossen: Orléans 511 c. 9, Orléans 538 cc. 8 und 12.

[122] Vgl. dazu unten 260–263.

[123] Die Kirche lehnt die Todesstrafe ab, weil dadurch eine Buße unmöglich wird.

[124] Vgl. Auxerre nach 585 cc. 38 und 39; Orléans 511 c. 11; Konzil an einem unbekannten Ort 614 c. 13. 596 fügt ein Edikt Childeberts zivile Wirkungen an die Exkommunikation an: in bestimmten Fällen völlige Beschlagnahme des Erbteils, vgl. MGH. Cap I (1883) Nr. 7 c. 2, 15.

(Orléans 549 c. 2; Clichy 626/27 c. 6), aber ohne Sanktionen festzusetzen. Gegen die Exkommunikation wie auch gegen Urteilssprüche des Bischofs konnte man bei einem Konzil Berufung einlegen (Orléans 538 c. 23; Clichy 626/27 c. 6). In erster Instanz entschied das Konzil bei Prozessen unter Bischöfen oder bei Anklagen gegen einen Bischof.

Die Verwaltung der Patrimonien[125] fiel ebenfalls unter die Befugnisse des Bischofs (Orléans 511 c. 15). Die Güter gehören nicht der gesamten Kirche, sondern den verschiedenen kirchlichen Einrichtungen, den Diözesen oder den Abteien. Eigentlich stellt die Gesamtheit des Klerus und der Gläubigen der Diözese die juristische Person dar, welche die Kirchengüter besitzt. Da aber zu dieser Zeit der Begriff der juristischen Person noch nicht bestand, wurde der Heilige, nach dem die Kirche benannt war, als der wahre Eigentümer angesehen: Der Heilige ist nämlich der Herr, dessen Schutz man sich sichern will; als Dank für diesen Schutz und für einen Platz im Himmel vertraut der Donator ihm seine Güter und seine Person an. Der Kirche wuchsen durch diese sehr vordergründige Auffassung der Religion von Königen und Gläubigen zahlreiche Schenkungen und Vermächtnisse zu. Der Güterbesitz, der aus Schenkungen stammt, die Bischöfe, Könige und Gläubige im Laufe ihres Lebens oder durch Testament gemacht hatten, vergrößerte sich in der Merowingerzeit beträchtlich. Hinzu kommen die Einkünfte aus diesem Grundbesitz, die Opfergaben und der Zehnt, der im 6. Jahrhundert vorgeschrieben wurde (Tours 567)[126] und gegen Ende dieses Jahrhunderts obligatorisch wurde. Wer ihn nicht entrichtete, wurde exkommuniziert (Mâcon 585 c. 5).

Auf den Konzilien der Merowingerzeit nimmt der Schutz der Kirchengüter einen wichtigen Platz ein. Der Bischof verwaltet die Güter der Diözese und hat das Aufsichtsrecht über die Abteien (Orléans 538 c. 26), aber er ist nicht der Eigentümer und kann die Güter nicht veräußern, was deren Integrität garantiert (Paris 561/62 c. 2; Clichy 626/27 c. 15). Eine Veräußerung kann nur im Notfall mit Einwilligung des gesamten Klerus der Diözese vorgenommen werden. Diese Art der Veräußerung wurde noch weiter eingeschränkt: Der Bischof konnte Güter aus Kirchenbesitz nur gegen andere Güter zur Nutznießung überlassen (Orléans 541 c. 36). Alle Konzilsdekrete sind darauf aus, die Kirchengüter unveräußerlich (Orléans 538 c. 13; Orléans 549 c. 13) und die Schenkungen unwiderruf-

---

125 Vgl. dazu Pöschl, Bischofsgut und mensa episcopalis 32–48; Scheibelreiter, Der Bischof in merowingischer Zeit 172–201; De Clercq, La législation 97–99.

126 Vgl. oben 130.

lich zu machen.[127] Die Kirche erhält sogar das Privileg, daß die Verjährung nach weltlichem Recht nicht zu ihrem Nachteil angewandt werden darf (Orléans 511 c. 23), während sie selbst sie zu ihrem Vorteil anwenden darf (Orléans 538 c. 13; Orléans 541 c. 18).[128] Die vom Abt verwalteten Klostergüter dürfen ohne Einverständnis der Mönche und des Bischofs nicht veräußert werden (Orléans 538 c. 26).

Obwohl der Bischof die Einkünfte verwaltet, darf er doch nicht nach eigenem Gutdünken darüber verfügen. Er muß vielmehr den Willen der Donatoren respektieren, die oft die Verwendung der Einkünfte aus den Gütern, die sie der Kirche geschenkt haben, genau bestimmen: Unterhalt einer Kapelle, Unterstützung der Kranken oder der Armen und so weiter (Orléans 511 c. 5).

Nach dem in der römischen Kirche seit dem 7. Jahrhundert geübten Brauch werden die Einkünfte in vier gleiche Teile aufgeteilt: einen für den Bischof und seine wohltätigen Werke, einen für die Priester seines Bereiches, einen für die kirchlichen Bauten, einen für die Armen. Hervorzuheben ist, daß die Mönche von der Verteilung des Zehnten ausgeschlossen sind (vgl. Mâcon 585 c. 5). Außerdem ist der Bischof verpflichtet, für den Unterhalt der Geistlichen, der Kirchenbauten (Carpentras 527) und der wohltätigen Werke, der Hospitäler und Leprosorien (Orléans 549 c. 21) zu sorgen, deren eigene Einkünfte nicht ausreichten. Die Schenkungen an die Kathedrale werden unter den Bischof und seinen Klerus verteilt (Orléans 511 c. 14); von denen an die Pfarrkirchen erhält der Bischof nur ein Drittel, doch wenn es sich um Weinberge, Ländereien und Sklaven handelt, verfügt er vollständig darüber (Orléans 511 c. 15). Die erstgenannten gehören ganz dem Bischof, das andere wird nach dem Brauch eines jeden Landes verteilt (Orléans 538 c. 5). Der Zehnt – eine Erfindung der Merowingerzeit – wurde am Ende des 5. Jahrhunderts ausgeformt und versuchshalber in der Provinz Arles erhoben, wo Caesarius ihn als eine Art Almosen bezeichnet. Das Vorbild der Königin Radegunde, die den Zehnten von dem Teil der königlichen Steuern, der ihr zustand, entrichtete, wird auf dem Konzil von Tours von den Bischöfen allen Gläubigen vor Augen gestellt, damit sie mit ihren Einkünften genauso verführen. Sie empfehlen jedoch nur die Entrichtung des Zehnten und setzen noch keine Sanktionen gegen Übertretungen fest. Wir haben gesehen, daß erst das Konzil von Mâcon 585 c. 5 aus der moralischen Verpflichtung zur Zahlung des Zehnten eine rechtliche machte.

---

[127] Vgl. Orléans 541 c. 14, Orléans 549 c. 16 und Clichy 626/27 c. 12.

[128] Vgl. oben 83 und 89.

Die dadurch erzielte beträchtliche Vergrößerung der Kirchengüter – ein Drittel des Landbesitzes in Gallien gehörte am Ende des 7. Jahrhunderts den Kirchen oder den Klöstern – verursachte allerhand Schwierigkeiten, die sich in den Konzilsbeschlüssen widerspiegeln: Übergriffe benachbarter Eigentümer und Prozesse gegen diese (Lyon 518/19 c. 2; Orléans 541 c. 13; Paris 551/52 c. 3), Übergriffe von mächtigen Grundherren (Orléans 538 c. 25; Orléans 541 c. 25), Übergriffe von Bischöfen gegenüber anderen (Paris 561/62 c. 7; Lyon 518 c. 4), Aneignungsversuche von Bischöfen (Epao 517 c. 17; Orléans 541 c. 11; Clichy 626/27 c. 24) und Königen (Clermont 535 c. 5).
Da nun die Bischöfe die Verwaltung der Kirchengüter nicht mehr allein durchführen konnten, ließen sie sich von einem Geistlichen, dem „vicedominus", helfen, der mit der materiellen Verwaltung betraut war. Am Ende des 6. Jahrhunderts schrieb Papst Gregor der Große vor, daß jeder Bischof einen solchen Verwalter bestellen mußte. Aber da der „vicedominus" ein Geistlicher war, konnte er die Kirchengüter nicht verteidigen, und daher nahmen die Bischöfe einen Laien als „advocatus" zu Hilfe, der die Prozesse zur materiellen Verteidigung der Kirchengüter[129] führen sollte (Saint-Jean-de-Losne 673/75 c. 3).
Die meisten Konzilien der Merowingerzeit drohen denen ständig mit Exkommunikation, die Kirchengüter zurückbehalten oder sich unerlaubt beschaffen[130], und verhängen einen lebenslänglichen Kirchenbann für solche, die Kirchengüter beschlagnahmen (Paris 561/62 c. 2). Sie ergreifen sogar Maßnahmen gegen legitime Erben, die aufbegehren und sich nicht ihres Erbteiles berauben lassen wollen (Orléans 541 c. 19). Diese auffallende Sorge um die Wahrung des kirchlichen Besitzes könnte den Schluß auf eher materielle Interessen der Kirche des Merowingerreiches nahelegen. Es mögen jedoch auch Häufigkeit und Schwere der Übergriffe auf Kirchengut zu dieser Gesetzgebung geführt haben.

5. Die Beziehungen zwischen Kirche und Gesellschaft

Aus den Umwälzungen der Völkerwanderung entstand auch im merowingischen Gallien eine neue Gesellschaft, in der antik-römische mit den neuen germanischen Elementen nicht ohne Schwierigkeiten verschmelzen mußten.

[129] Um die Ausbeutung ihrer Güter zu betreiben, benutzte die Kirche seit der Mitte des 6. Jahrhunderts das System der widerruflichen Konzession (Prekarie).
[130] Vgl. Tours 567 cc. 25 und 26; Paris 561/62 c. 1 und Orléans 549 c. 16.

Dadurch hatte sich auch das soziale, kulturelle Umfeld verändert, in dem christliches, kirchliches Leben sich zu entfalten und zu bewähren hatte. Das Bemühen darum führte zu notwendigen Anpassungen, die in den Konzilsbeschlüssen des 6. und 7. Jahrhunderts ihren Ausdruck fanden.

a) Das Sklavenproblem

Eine solche Anpassung war bezüglich der Rechtsstellung der Personen nötig geworden. Zwar war der größte Teil der Bevölkerung frei, es gab jedoch Sklaven. Ihre Zahl war vielleicht höher als im 4. Jahrhundert.[131] Nach den Gesetzen des 6. Jahrhunderts ändert sich die Stellung der Sklaven je nach der „Nationalität" ihres Herrn: Ist der Herr ein Römer, dann ist der Sklave den Gesetzen Konstantins über die Sklaven unterworfen; ist der Herr germanischer Abstammung, das heißt Franke oder Burgunder, dann ist der Sklave den germanischen Stammesrechten unterworfen. In diesem Fall ist er ohne Einschränkung Eigentum seines Herrn, der ihn verkaufen oder wiederzurücknehmen kann, wenn er ihm gestohlen wurde oder wenn er geflohen war; das Recht über Leben und Tod des Sklaven steht dem Herrn zu. Der Sklave genießt keinen Rechtsschutz und darf kein Eigentum besitzen. Seine Heirat wird nicht anerkannt, und seine Kinder sind rechtlich in keiner Weise mit ihm verbunden.

Die Kirche besaß ihre eigenen Sklaven, die jedoch, ähnlich wie die des Königs, eine privilegierte Stellung hatten (Eauze 551 c. 6), da sie sich an das kirchliche Gericht wenden konnten und Eigentum haben durften, das sie an ihre Kinder vererben konnten. Die Konzilien versuchten nun im Laufe des 6. Jahrhunderts, die Stellung der Sklaven zu verbessern; diese Verbesserung vollzog sich indes nur etappenweise, da man das Eigentumsrecht der Herrn berücksichtigen mußte. Zuerst versuchte darum die Kirche den Herrn das Recht über Leben und Tod der Sklaven zu entziehen (Epao 517 c. 34), indem einem Herrn, der seinen Sklaven tötete, die Exkommunikation angedroht wurde. Dann erreichte sie, daß ein schuldiger Sklave vor ein ordentliches Gericht gestellt werden mußte (Edictum Chlotharii 614 c. 15). Weiterhin bot sie dem schuldigen Sklaven Asyl in der Kirche und in deren Nebengebäuden an, so daß der Sklave dem Herrn nur zurückgegeben wurde, wenn dieser sich verpflichtete, ihn weder zu töten (Orléans 511 cc. 1, 2, 3) noch zu mißhandeln (Orléans 549 c. 22). Schon Epao hatte in seinem c. 39 dem Herrn gestattet, den Sklaven

---

[131] Zur Entwicklung der Sklavenfrage und zum folgenden vgl. auch NEHLSEN, Sklavenrecht bes. 260–273; BLEIBER, Naturalwirtschaft 73 f.; VERLINDEN, L'esclavage 663–691.

zu scheren und ihm beliebige Arbeit aufzuerlegen. Sklaven in die Fremde zu verkaufen und Sklavenhandel zu treiben wurde durch Chalon 647/53 c. 9 verboten. Und schließlich verordnete kirchliches Recht, daß der Sklave sonntags die Sonntagsruhe einhalten durfte (Mâcon 585 c. 1, Auxerre nach 585 c. 16). Das Eigentumsrecht des Herrn blieb jedoch unangetastet (Orléans 549 c. 6). Auch erreichte die Kirche die Anerkennung der Sklavenehe nicht; die Gültigkeit solcher Ehen blieb von der Einwilligung des Herrn abhängig (Orléans 541 c. 24).

Jedes Kind eines Sklaven wurde weiterhin als Sklave geboren; wobei es genügte, daß ein Elternteil Sklave war – was allerdings selten war, aber doch vorkommen konnte, wenn man zum Beispiel einen Sklaven der Kirche heiratete, oder wenn der Herr eines Eheteils auf sein Eigentumsrecht verzichtete. Andere hingegen waren zu Sklaven geworden, weil das Strafrecht für bestimmte Verbrechen die Sklaverei als Strafe vorsah, wie dies bei Entführung, bei Ehebruch, bei Falschmünzerei oder Verrat der Fall war. Der Schuldige wurde dann zum Sklaven des Opfers seines Verbrechens (Orléans 511 cc. 2 und 8). Freie konnten auch dadurch zu Sklaven werden, daß sie sich selbst in Sklaverei begaben *(obnoxiatio).* Zahlungsunfähige Schuldner, zum Tode Verurteilte, die von einem Dritten losgekauft worden waren, Arme, die den Schutz eines Mächtigen erstrebten, wählten nicht selten diesen Weg. Die *obnoxiatio* konnte freilich auch religiöse Gründe haben: ein Armer, der Gott ein Opfer bringen will, übergibt sich selbst der Kirche als Sklave. Kanon 14 eines Konzils unbekannten Orts (614) sieht vor, daß ein Freier, der sich verkauft oder verpfändet hat, seine Freiheit wiedererlangen konnte, wenn er den bezahlten Preis zurückerstattete. Die Kanones 3 von Lyon (567/70) und 19 von Clichy (626/27) verboten allerdings, einen Freien zum Sklaven zu machen. Umgekehrt konnten Sklaven nicht durch die Priesterweihe dem Sklavenstand entzogen werden. Das 5. Konzil von Orléans (549) c. 6 verbot den Bischöfen bei Strafe, einen Sklaven oder Freigelassenen ohne Einwilligung seines Herrn zum Priester zu weihen. In einem solchen Fall konnte der Herr seinen Sklaven entweder zurücknehmen, wobei die Lage des Sklaven allerdings verbessert würde, da sein Herr ihn als Geistlichen behandeln mußte, widrigenfalls der Bischof ihn, im Tausch gegen zwei andere Sklaven, für die Kirche einfordern konnte.

Da die Kirche, wie erwähnt, nicht unmittelbar das Eigentumsrecht angreifen wollte, förderte sie die Freilassung der Sklaven. Frömmigkeit[132] wird

---

[132] In der Freilassungsformel erklärt der Herr, daß er zum Heile seiner Seele und für ewige Belohnung handelt.

bald der Hauptgrund zur Sklavenbefreiung, von der sich zahlreiche Formen entwickelten.[133] Viele Freigelassene erhalten die Freiheit in der Kirche, die in diesem Fall für die Freilassung bürgt, die nicht rückgängig gemacht werden kann (Orléans 549 c. 7). In zwei Fällen konnte sogar ein Dritter einen Sklaven ohne Einwilligung des Herrn freilassen: Einmal durfte der Bischof einen Sklaven freilassen, um aus ihm einen Priester zu machen, wenn er dem Herrn den doppelten Preis des Sklaven ersetzte (Orléans 549 c. 6). Zum andern durfte ein Dritter den Sklaven eines anderen befreien, wenn er die Freilassung *per denarium* vornahm, indem er dem Herrn den Kaufpreis zurückerstattet. Der Freigelassene war ein Freier, aber in verminderter sozialer Stellung, die von der Form seiner Freilassung abhängig war. In gewissem Maße blieb er mit seinem Herrn verbunden: Er konnte ohne Einwilligung seines Herrn nicht Priester werden (Orléans 549 c. 6). Waren die Freigelassenen Nachkommen von Sklaven, welche die Gräber ihrer Herren pflegen mußten, so mußten sie auch diese Aufgabe weiterhin wahrnehmen (Paris 561/62 c. 9). Sind Sklaven von der Kirche befreit und losgekauft worden, so sind sie ihr als Ersatz für den gewährten Schutz tributpflichtig (ebd.). Die Sklaven der Kirche, die vom Bischof freigelassen wurden, waren dadurch endgültig befreit, blieben aber im Dienst der Kirche (Orléans 541 c. 9). War der Freigelassene keinem Schutzrecht unterworfen, so mußte er sich einen sozialen und politischen Schutzherrn suchen, einen *mundiburdus*. Dies konnte sein früherer Herr, eine Kirche oder ein Amtsträger sein, die dem Freigelassenen eine gesicherte soziale Stellung ermöglichten.[134] Das Kon-

[133] Es gibt einmal die beiden römischen Formen der Freilassung: *in sacrosanctis ecclesiis*, wo der Sklave dem Bischof übergeben wird, welcher ihn freiläßt; und *per cartam*, wo der Herr dem Sklaven einen Freilassungsbrief übergibt. Die Freilassungen nach germanischer Art sind zahlreich und veränderlich. Ihre wichtigste Form ist die Freilassung *per denarium ante regem* (durch „Schatzwurf"): in Gegenwart des Königs sagt der Herr, daß er den Sklaven freilassen will und gibt ihm einen Denar. Der König bestätigt die Freiheit des Sklaven. Der auf diese Weise Freigelassene wird *denarialis* genannt und ist am meisten begünstigt, denn er steht unter dem Schutz des Königs und ist dem König selbst zu Diensten. Er kann seine Freiheit nicht mehr verlieren.

[134] Außer den Freigelassenen gibt es noch diejenigen, die man nicht ganz zutreffend Halbfreie nennt. Dieser Begriff bezeichnet einerseits die Kolonen, freie Leute, die an den Boden gebunden sind und die oft von den römischen Kolonen abstammen; sie begegnen besonders auf den gallo-römischen Gütern und auf den Kirchengütern. Die germanischen Stammesrechte erwähnen sie nicht, wohl aber die Konzilien (zum Beispiel verbietet Orléans 538 c. 29, ihnen Weihen zu erteilen); andererseits die Liten, wahrscheinlich Mitglieder der von den Franken unterworfenen Völker, die nicht zu Sklaven gemacht wurden, denn obgleich der Lite einen Herrn hat und obgleich sein Wergeld nur halb so hoch wie das eines Freien ist, kann er ein eigenes Erbgut besitzen, kann er vor Gericht auftreten und heiraten, er ist an die Scholle gebunden und nicht an den Herrn. Liten und Kolonen entrichten Abgaben, Kopfsteuer und Frondienst.

zil von 614 garantierte schließlich die endgültige Freiheit der Freigelassenen gegenüber dem Fiskus. Jeder der versuchte, ihnen die Freiheit wieder zu nehmen und den Anordnungen des Bischofs zuwiderhandelte, wurde exkommuniziert.
In diesen Bemühungen der merowingischen Konzilien um die Sklavenbefreiung wird ein gewichtiger Beitrag der Kirche zur Verchristlichung, ja zur Humanisierung der mittelalterlichen Gesellschaft sichtbar.

b) Die sozialen Bindungen

Die Gesellschaft der Merowingerzeit wird durch persönliche Bindungen unter ihren Mitgliedern zusammengehalten: Treueid, *obnoxiatio, patrocinium, beneficium,* die militärische *commendatio.* Die weltliche Gewalt interessierte sich vor allem für den Treueid und die *commendatio,* die geistliche Gewalt aber machte Gebrauch vom *patrocinium* und *beneficium*[135], wie die Konzilien zeigen.
Das *patrocinium* bestand schon bei den Gallorömern und entwickelte sich im Laufe des 6. und 7. Jahrhunderts weiter.[136] Freie traten freilich aus sehr verschiedenen Gründen in den Dienst der Großen. Im kirchlichen Bereich kam es vor, daß sich ein Geistlicher in die *commendatio* eines Laien begab, um der Gewalt seines Bischofs zu entgehen; die Konzilien mußten oft gegen Geistliche, die auf diese Weise den Schutz von Laien in Anspruch nahmen, Maßnahmen ergreifen.[137] Sogar der König mußte dagegen einschreiten (Edictum Chlotharii 614 c. 3) und diejenigen zur Ordnung rufen, die auf den Gütern der großen Grundherren lebten und die Verpflichtungen ihrer Kirche gegenüber vernachlässigten (Orléans 541 c. 26). Die Großen, die eine Pfarrei auf ihrem Gut haben wollten, übten das Patronatsrecht über die Geistlichen dieser Pfarrei aus, mußten aber für deren Unterhalt sorgen und die Pfarrei mit Liegenschaften ausstatten (Orléans 541 c. 33). Daß diese Oratorien in ihrer Gewalt blieben, war eine beständige Sorge der Bischöfe (Chalon 647/53 c. 14), die die Verwaltung der Güter und die Organisation des Kultus unter ihrer Aufsicht halten wollten. Auch die Weihe dieser Geistlichen und das Recht, sie zu maßregeln und zu beschützen, blieben den Bischöfen vorbehalten, die diese Priester verpflichteten, mit ihnen zusammen in der Kathedrale die großen Feste zu feiern (Clermont 535 c. 15), und den Schutzherren dieser Orato-

---

135 Vgl. dazu Feine, Kirchliche Rechtsgeschichte 205–209.
136 Es gibt verschiedene Bezeichnungen je nach Zeit und Gegend: *tuitio, commendatio* und im Germanischen *trustis mundeburdia.*
137 Vgl. Orléans 538 c. 12, Eauze 551 c. 4 und Paris 614 c. 5.

rien verboten, ohne bischöfliche Ermächtigung fremde Geistliche einzustellen (Orléans 541 c. 7).
Weiterer Regelungen bedurften auch die Rechtsinstitute von Benefizium und Prekarie. Der Freie, der eine Belehnung mit Kirchengut durch Prekarievertrag anstrebte, richtete an den Bischof oder den Abt das Gesuch *(ego ille precator)*, um durch eine „Wohltat" *(per vestrum beneficium)* ein Stück Land zu erhalten, das er bebauen durfte und dessen Ertrag ihm gehörte. Er verpflichtete sich, das ihm anvertraute Gut nicht zu veräußern und keinen Teil davon zu veruntreuen. Der Bischof trat das Land *per nostrum beneficium* ab, und nach dem Tode des Nutznießers fiel es wieder an die Kirche zurück, samt allen Verbesserungen, die daran vorgenommen worden waren, denn dazu war der Nutznießer verpflichtet (Arles 554 c. 6). Das Konzil von Lyon 567/70 c. 5 bestimmte, daß eine durch einen Bischof einem Geistlichen überlassene Prekarie später nicht von den Nachfolgern des Bischofs weggenommen werden durfte. Die Prekarie erlosch auch nicht zwangsläufig mit dem Tod des Empfängers. Manchmal wurde sie für fünf, zehn, fünfzehn Jahre vergeben, manchmal für zwei Generationen, und nur beim Tode des Sohnes des Nutznießers zurückgenommen, aber erblich wurde sie nie. Das *per beneficium* übertragene Land wird selbst *beneficium*[138] genannt, Prekarie und Benefizium sind ursprünglich Synonyme. Auch der König gibt Ländereien oder Vergünstigungen als *beneficia;* die Konzilien verbieten nun den Geistlichen, solche *beneficia* ohne Einwilligung des Bischofs zu verlangen (Orléans 511 c. 7). Der König gab Ländereien besonders an seine Amtsträger aus, entweder auf Lebenszeit an die Person gebunden oder an das Amt. Im 7. Jahrhundert hatten die Könige jedoch nichts mehr zu vergeben, weshalb sie sich der kirchlichen *beneficia* zu bemächtigen suchten, um sie – wie Karl Martell – an seine Krieger zu verteilen. Die Ländereien,

---

138 Bisweilen ist das widerruflich abgetretene Gut mit leichten Abgaben des Donators verbunden. Als Tausch für das Land, das die Kirche abgibt, verlangt sie manchmal, daß der Empfänger ihr gleichwertiges Land schenkt. Der Empfänger hat für eine bestimmte Zeit die Nutznießung über die beiden Landstriche, sowohl über den der Kirche als auch über seinen eigenen. An einem bestimmten Termin, häufig beim Tode des Empfängers, nimmt die Kirche die beiden Stücke Land zurück; wenn also der Eigentümer zu seinen Lebzeiten sein Einkommen verdoppelt, so verdoppelt die Kirche bei seinem Tode ihr Kapital: auf diese Weise bereicherten sich die Kirche von Verdun und der Bischofssitz von Cahors, indem sie Benefizien vergaben. Manchmal überläßt die Kirche einem Donator das Land als Prekarie, das dieser ihr zum Heil seiner Seele ohne Einschränkungen übergeben hatte. Beim Tode des Donators erhalten seine Erben überhaupt nichts, denn die Kirche wird nun Besitzerin des Landes. Diese drei Arten von widerruflich ausgegebenen Gütern werden *precaria data, precaria remunatoria* und *precaria oblata* genannt.

die der König aus seinen eigenen Gütern vergab, wurden zu denselben Bedingungen ausgegeben wie die Kirchengüter, die vom König verliehen wurden, das heißt auf Lebenszeit des Nutznießers. Da der König nicht, wie die Kirche, eine juristische Person ist, die nicht stirbt, wurde die Schenkung beim Tode des Königs wie des Nutznießers widerrufen; sie mußte erneuert werden, entweder dadurch, daß der neue König sie dem Nutznießer bestätigte, oder dadurch, daß der Sohn des Nutznießers diese Bestätigung erhielt, falls dieser verstorben war. Hier liegt der Ursprung der königlichen *beneficia,* die in der Folgezeit eine wichtige Rolle spielen sollten. Das Benefizium von Laien unterscheidet sich grundsätzlich von der Prekarie, weil es eine persönliche Bindung zwischen Geber und Empfänger begründete. Doch dieser Unterschied verschwand, wenn eine kirchliche Prekarie für drei Generationen einem Mächtigen zugestanden wurde, der den Schutz der Kirche garantierte.

Die Kirche nahm nun unzählige Leute auf, denen sie Schutz bot[139]: „Wenn Grafen oder Mächtige, welche die Armen unterdrücken, sich nicht bessern, nachdem sie vom Bischof gewarnt wurden, dann sollen sie exkommuniziert werden" (Tours 567 c. 27). Der Begriff *pauper,* den dieser Kanon gebraucht, wurde auf Personen sehr verschiedener sozialer Stellung angewandt: auf Witwen und Waisen, die unter dem Schutz des Bischofs standen, auf Sklaven, auf Freigelassene, deren Zahl die Kirche zu vermehren suchte. Die Kirche vertrat und verteidigte sie vor Gericht (Paris 614 c. 7), was vom König gestattet wurde (Edictum Chlotharii 614 c. 7). Die Bedürftigen bildeten den Hauptteil der Schutzbefohlenen der Kirche, und die Bischöfe waren verpflichtet, ihnen Nahrung und Kleidung zu geben (Orléans 511 c. 16); hierzu mußte ein Teil der kirchlichen Einkünfte verwandt werden (Orléans 511 c. 5). Später wurden die Pfarreien verpflichtet, sich ihrer anzunehmen, um Landstreicherei zu verhindern (Tours 567 c. 5).[140] Vaganten konnten aber immer im Wohnhaus des Bischofs Zuflucht finden, wo eigens keine Hunde gehalten werden durften, um die Armen nicht abzuschrecken (Mâcon 585 c. 13).

Die Kirche kümmerte sich auch um die Eingekerkerten und um die Kriegsgefangenen: So gehörte es zu den Aufgaben des Archidiakons,

---

139 Zur sozialen Fürsorge der Bischöfe vgl. SCHEIBELREITER, Der Bischof in merowingischer Zeit 180–192. Zu den Armen vgl. M. MOLLAT, Les pauvres au Moyen Age. Etude sociale, Paris 1978, 36–45 (Dt. Übersetzung: Die Armen im Mittelalter, München 1984, 29–36).

140 Um das Zunehmen des gefährlichen Vagabundentums zu verhindern, organisiert man Körperschaften von Armen, die in einem Register (Matrikel) eingetragen sind. Diese verbrieften Bettler bilden eine undisziplinierte Miliz, die immer bereit ist, das Heiligtum zu verteidigen, von dem sie lebt: so rächten diese Bettler bewaffnet mit Steinen und Stöcken in Saint-Martin de Tours eine Übertretung des Asylrechts.

jeden Sonntag für die Nahrung der Gefangenen zu sorgen und sie zu besuchen (Orléans 549 c. 20). Ein Teil der kirchlichen Einkünfte mußte auch zum Loskauf der Gefangenen verwandt werden, die infolge von Kriegen versklavt worden waren.[141] Zur Beteiligung am Loskauf wurden alle Christen aufgerufen (Chalon 647/53 c. 9).

Auch für die Aussätzigen mußte die Kirche sorgen, indem sie ihnen Nahrung und Unterkunft verschaffte. In der Diözese kümmerte sich der Bischof um die Verwaltung der Leprosenhäuser (Orléans 549 c. 21, Lyon 583 c. 6). Gleichfalls oblag die Aufnahme von Pilgern und Fremden der Kirche (Orléans 549 c. 15).

Das Asylrecht, das im heidnischen Altertum und bei den Juden bestand, und nach dem keiner demjenigen ein Leid zufügen durfte, der sich unter den Schutz Gottes gestellt hatte, war in den Codex Theodosianus (LX 45, 4) aufgenommen worden; die „Barbaren", bei denen die Rache als Gesetz bestand, aber kannten es allenfalls in abgeschwächter Form.[142] Die Kirche hingegen wahrte das Asylrecht (Orange 441 c. 5), und die Konzilien beanspruchten es als ein kirchliches Privileg. Sie suchten es zu erweitern und einen Mittelweg zwischen der Straflosigkeit des Schuldigen und der unbegrenzten Privatrache zu finden. Um dies zu erreichen, dehnten sie die Anwendung des Asylrechtes immer mehr aus, ohne jedoch das Eigentumsrecht anzutasten, das von der Kirche stets verteidigt wurde. Acht Konzilien befaßten sich mit diesem Privileg.[143] Außer von Verbrechern, Dieben und Mördern wurde es besonders von Sklaven in Anspruch genommen, die ihren Herrn entrinnen, und von jungen Ehepaaren, die sich der väterlichen Autorität entziehen wollten.

Wir haben gesehen, daß die Konzilien zum Schutz der Sklaven nicht zögerten, den germanischen Stammesrechten zu widersprechen[144], indem sie das Asylrecht allen zubilligten, sogar Verbrechern und Dieben. Das 2. Konzil von Orléans nahm für das Asylrecht die Vorschriften des Codex Theodosianus auf, die auch durch ihre Einfügung in die Gesetzgebung der Burgunder und der Westgoten verbreitet werden. Dieses

---

141 Vgl. Orléans 511 c. 5, Lyon 583 c. 2 und Mâcon 585 c. 5.

142 Vgl. dazu K. Kroeschell, Asylrecht, in: Reallexikon der germanischen Altertumskunde I (1973) 461–463.

143 Vgl. Orléans 511 cc. 1, 2, 3, Epao 517 c. 39, Orléans 538 c. 14, Orléans 541 cc. 21, 24, 30, Orléans 549 c. 22, Mâcon 585 c. 8, unbekannter Ort nach 614 c. 9 und Clichy 626/27 c. 9. Zu diesen Kanones vgl. auch E. J. Jonkers, Application of Roman Law by Councils in the Sixth Century, in: Tijdschrift voor Rechtsgeschiedenis 20 (1952) 340–343; J. Gaudemet, Survivances Romaines dans le droit de la monarchie franque du Vème au Xème siècle, in: Tijdschrift voor Rechtsgeschiedenis 23 (1955) 164–168.

144 Vgl. Hefele-Leclercq III/1, 110.

Konzil dehnt das Asylrecht nicht nur auf den heiligen Raum der Kirche aus, sondern auch auf den Vorhof und das Haus des Bischofs. Doch ist der Schutz nur provisorisch: „das Asylrecht rettet den Schuldigen nicht vor der Justiz, sondern vor der Rache“[145]. Und in der Tat, es garantiert nicht die Straflosigkeit des Schuldigen, sondern es mildert die Strenge der Bestrafung. Verpflichtet sich der Verfolger, den Schuldigen weder mit der Todes- noch mit einer körperlichen Strafe zu belegen, so muß dieser der geschädigten Partei Genugtuung leisten (Orléans 511 c. 1) – die Kanones präzisieren nicht, wie diese beschaffen sein muß. Schwört der Herr, daß er den Sklaven weder töten noch mißhandeln wird, dann wird dieser – nötigenfalls gewaltsam – zurückgegeben (Orléans 511 c. 3); wenn der Sklave sich weigert, Genugtuung zu leisten, dann verliert er den Schutz der Kirche. Bei Flucht lehnt die Kirche jede Verantwortung ab (Orléans 511 c. 1). Der Entführer eines Mädchens, der in die Kirche geflüchtet ist, entgeht jeder körperlichen Strafe, wird aber zum Sklaven des Vaters der Entführten, es sei denn, er kauft sich los. Wir haben gesehen, daß das Konzil von Epao 517 hinsichtlich der Bestrafung der Sklaven dem Herrn gegenüber noch günstig gesinnt war.[146]
Das Asylrecht verliert seinen vorläufigen Charakter, wenn der flüchtige Sklave Christ und sein Herr Jude ist: in diesem Fall kann der Bischof den Sklaven behalten und muß ihn nur zurückgeben, wenn der jüdische Herr eine Bürgschaft im Wert des Sklaven stellt (Orléans 538 c. 14). Das 4. Konzil von Orléans 541 c. 30 dehnt das Asylrecht für den Sklaven eines Juden nicht nur auf die Kirchen, sondern auf jedes Haus eines Christen aus und verlangt, daß derjenige, der ihm Asyl gewährt, ihn auch von dem Juden durch eine geeignete Entschädigung loskauft. Kanon 21 desselben Konzils erinnert daran, daß das Asylrecht in allen Kirchen gilt. Jedoch legitimiert das Asylrecht nicht die Sklavenehen, die gegen den Willen des Herrn geschlossen wurden; solche Ehen sind ungültig (Orléans 541 c. 24).

c) Die Familie

Da die Vorstellung von der Einheit und Unauflöslichkeit der Ehe dem Rechtsdenken der Germanen fern lag, ergab sich für die Kirche in der Durchsetzung des christlichen Begriffs der Ehe eine schwere und langwierige Aufgabe, bei deren Verfolgung sie in mancherlei Konflikte, vor allem mit den Mächtigen, verwickelt wurde.[147]

[145] Vgl. L. LALLEMAND, Histoire de la charité II, Paris 1903, 158.
[146] Siehe oben 44 f. und 253.
[147] Zur Entwicklung der Ehescheidung vgl. H. CROUZEL, L'Eglise primitive face au divorce,

Die Konzilien des 5. Jahrhunderts hatten auf die Ehescheidung reagiert, indem sie Geschiedene, die wieder heirateten, exkommunizierten. Die merowingische Kirche des 6. und 7. Jahrhunderts mußte jedoch allem Anschein nach Ehescheidung und Polygamie tolerieren, denn kein Konzilsbeschluß bezeichnet sie als strafbar. Ausdrücklich verboten war allein die Scheidung wegen Krankheit eines Ehegatten (Orléans 533 c. 11). Daher kann man annehmen, daß andere Ehescheidungsgründe zulässig waren. Die Ehescheidung wird sogar schnell zu einer einfachen Scheidung in gegenseitigem Einverständnis: eine einfache *discordia* genügt, und die Ehescheidung wird durchgeführt, indem ein *libellus repudii* ausgestellt wird. Auf den Konzilien findet sich auch nichts über die Polygamie und das Konkubinat der Laien, die nach dem Vorbild des römischen „concubinatus" weithin geübt wurden. Nicht nur die Könige, sondern auch die meisten der Großen hatten Konkubinen, selbst Dagobert, der sich trotzdem mit heiligmäßigen Männern umgab. Dagegen waren den Geistlichen Konkubinat und Polygamie von den Konzilien wiederholt streng verboten.[148] Die Wiederheirat ist den Witwen der Diakone und Priester verboten.[149]

Die Kirche mußte auch die Verwandtenehe der Germanen bekämpfen, die bei den Franken häufig war: in 15 Kanones verurteilen 14 Konzilien die inzestuösen Ehen. Die Kirche verurteilt aber nicht nur den Inzest im heutigen Sinne, „die Ehen, deren bloße Nennung schon verderblich ist", wie Epao c. 30 sagt, sondern auch die weitverbreitete Heirat mit der Schwägerin, und zwar sowohl die Ehe mit der Witwe des Bruders, als auch die mit der Schwester der verstorbenen Frau (Orléans 511 c. 18, Epao 517 c. 30).

Das Konzil von Epao verbietet außerdem die Ehe mit der Stiefmutter, mit der Witwe des Onkels und mit der Stieftochter. Orléans 533 c. 10 erneuert das Verbot, die Stiefmutter zu heiraten. In realistischer Einschätzung der bestehenden Verhältnisse erklärt das Konzil von Epao nicht die bereits geschlossenen Ehen für ungültig, aber es verbietet sie für die Zukunft. Das heißt, daß diejenigen Ehen, die nach 517 geschlossen wurden, aufgelöst werden sollen, den Betroffenen es aber freigestellt war, eine andere, gesetzlich erlaubte Ehe einzugehen. Es war damals üblich, daß

Paris 1971. Vgl. dazu auch J. Gaudemet, Survivances Romaines dans le droit de la monarchie franque (wie Anm. 143) 164–168; vgl. auch P. Mikat, Ehe – Ehehindernisrecht – Ehescheidung, in: Handwörterbuch zur deutschen Rechtsgeschichte (= HRG I [1971] 823–833 Lit.).

148 Vgl. oben 237–239

149 Vgl. Orléans 511 c. 13, Epao 517 c. 32 und Auxerre nach 585 c. 22. Zur Ehegesetzgebung der Konzilien vgl. auch Fleury, Mariage canonique 84–113.

man vorzugsweise Frauen aus der angeheirateten Verwandtschaft heiratete. Da die Kirche mit ihrer neuen Regelung diesem Brauch entgegentrat, hatte sie es nicht leicht, sich durchzusetzen; wir haben gesehen, wie sie versucht hat, ein Exempel zu statuieren, indem sie gegen den ausdrücklichen Willen des Königs die Heirat des *praepositus fisci* Stephan mit seiner Schwägerin verurteilte, beide exkommunizierte, und die Exkommunikation auf alle diejenigen ausdehnte, die Stephan unterstützten – sogar auf den König (Lyon 518/19 cc. 1 und 3). Vor allem nach der Bekehrung der arianischen Burgunder gab es immer mehr derartige Fälle, so daß das 3. Konzil von Orléans 538 c. 11 die Gültigkeit dieser Ehen bei Neugetauften, die dieses Eheverbot nicht vorher kannten, anerkannte. Daß diese Sitten nur bei den Franken verbreitet waren, zeigt sich wohl auch daran, daß es in der Provence keine diesbezüglichen Vorschriften gibt.

Das 4. Konzil von Orléans (541) c. 27 greift das Problem wieder auf, indem es die Gesetzgebung von Epao rezipiert. Im 7. Jahrhundert erstrekken sich die Folgen des kirchlichen Gesetzes auch auf den weltlichen Bereich (Clichy 626/27 c. 10): Die Inzeste sind verboten und die Schuldigen werden bis zu ihrer Trennung exkommuniziert. Die kirchliche Sanktion wird mit einer Strafe der weltlichen Gewalt gekoppelt, die den Schuldigen die Ausübung jedes öffentlichen Amtes untersagt und ihre Güter beschlagnahmt, die jedoch der Familie zurückgegeben werden und nicht an den Staat fallen. Es gibt auch Sanktionen bei Ehebruch der Bischöfe[150] und der Geistlichen (Orléans 538 c. 8), aber keine Strafen für den Ehebruch der Laien, mit der Ausnahme, daß es dem schuldigen Laien verboten ist, Weihen zu empfangen, wenn das übertretene Gesetz ihm bekannt war. Ehebrecherische Frauen wurden aus der Stadt vertrieben, falls ihr Partner ein Geistlicher war (Orléans 541 c. 29).

Die Entführung, die sich von dem gleichfalls als *crimen raptus* bezeichneten Frauenraub dadurch unterschied, daß das entführte Mädchen einwilligte, wurde eigentlich während der merowingischen Zeit geduldet. Da ein Mädchen die Einwilligung des Vaters zur Heirat unbedingt brauchte (Orléans 541 c. 22), gab es sehr oft Entführungen; dabei flüchtete das Paar mit Einwilligung des Mädchens in eine Kirche. Der Entführer – Orléans 511 c. 2 – muß das Mädchen dem Vater zurückgeben und Sklave des Vaters werden oder sich von der drohenden Sklaverei loskaufen. Das Mädchen, das in die Entführung eingewilligt hatte, muß wieder zum Vater gebracht werden und dessen Verzeihung erhalten. Diese Sanktion verschwindet mit dem Verbot, einen Freien zum Sklaven zu machen.[151]

[150] Vgl. Contumeliosus auf dem Konzil von Marseille 533.
[151] Konzil von Clichy 626/27 c. 19.

Die meisten Konzilien begnügen sich mit der Exkommunikation des Entführers.[152] Das Konzil von Tours 567 c. 20 verbietet die Entführung eines Mädchens gegen den Willen des Vaters und empfiehlt dem Mädchen, keine Verpflichtung einzugehen und in die Kirche zu fliehen, bis seine Eltern es von dort zurückholen; dann kann es heiraten. Ist es aber während seiner Zuflucht in die Kirche Nonne geworden, darf es nicht mehr heiraten. Der Entführer wird exkommuniziert, wenn er ein gottgeweihtes Mädchen oder eine Witwe entführt und sie vergewaltigt hat; das Mädchen und die Witwe werden ebenfalls exkommuniziert, wenn sie in die Entführung eingewilligt haben (Orléans 538 c. 19, Paris 561/62 c. 5). Die Heirat ist solchen Mädchen verboten, die entweder aus eigenem Entschluß oder nach dem Willen ihrer Eltern ins Kloster gegangen sind. Falls solche Mädchen heiraten, werden sie und ihre Ehemänner exkommuniziert (Orléans 549 c. 19). Das Edictum Chlotharii von 614 fügte in c. 18 dem kirchlichen Gesetz die Unterstützung des weltlichen hinzu, indem es die Schuldigen mit Verbannung bestrafte. Clichy 626/27 c. 26 ergänzt, daß die Strafe wirksam wird, selbst wenn der König seine Einwilligung zur Heirat gegeben hat.

d) Die Häretiker

Die großen dogmatischen Auseinandersetzungen mit dem Arianismus waren zur Zeit der Frankenbekehrung schon abgeschlossen. Sie waren kein Gegenstand der merowingischen Synoden mehr. Die Provinz Arles, die dank der Tätigkeit des Caesarius zu Beginn des 6. Jahrhunderts ständige Beziehungen zu Rom unterhielt, befaßte sich hingegen mit einigen dogmatischen Fragen, auf die wir hier nicht mehr eingehen wollen[153]; Häresien wie die der Bonosianer oder des Eutyches berührten nur einige Mitglieder des Klerus und veranlaßten nur beiläufige Beschlüsse (Orléans 538 c. 34 gegen die Bonosianer, Orléans 549 c. 1 gegen Eutyches). Die wichtigsten Häretiker waren für die Gallofranken die Arianer. Bis Ende des 6. Jahrhunderts wird in Gallien die Ablehnung der Arianer von Gläubigen aus dem westgotischen Spanien wachgehalten, die sich vor Verfolgungen nach Gallien geflüchtet hatten.

Das Häretikerproblem stellte sich für die Konzilsväter aus diesen Gründen nicht mehr in dogmatisch-theoretischer Hinsicht, sondern als praktisch-pastorale Aufgabe; besonders zu Beginn der merowingischen Epo-

---

[152] Orléans 511 c. 18, Epao 517 c. 30, Clermont 535 c. 12, Orléans 541 c. 22, Paris 561/62 c. 6 und Tours 567 c. 21.

[153] Siehe oben S. 61–71.

che, nämlich nach der Eroberung der westgotischen Gebiete durch Chlodwig, und zwar auf dem Konzil von Orléans 511, und nach der Bekehrung des Burgunderkönigs Sigismund zum Katholizismus auf dem Konzil von Epao 517. In diesen beiden Gebieten wurde von nun an der Katholizismus Staatsreligion, wobei die Reaktion der Konzilien gegenüber den arianischen Häretikern in beiden Ländern ziemlich verschieden war. In den Gegenden, die von Chlodwig annektiert worden waren, behielten die arianischen Geistlichen, die in den Schoß der katholischen Kirche zurückkehrten, ihre Ämter und Privilegien. Segen und Handauflegung genügten als Rekonziliationsritus, und ihre Kirchen werden wie die katholischen Kirchen geweiht. In Burgund hingegen zeigte sich das Konzil von Epao anscheinend am Anfang sehr streng gegenüber den Arianern: Jeder Geistliche höheren Ranges, der der Einladung eines arianischen Klerikers gefolgt war, wurde für ein Jahr aus der Kirche ausgeschlossen; jüngere Kleriker wurden mit der Prügelstrafe belegt, und die früheren arianischen Basiliken wurden für den katholischen Kultgebrauch verboten. Zum Katholizismus bekehrte Arianer, die rückfällig geworden waren, mußten zwei Jahre lang an drei von vier Tagen fasten und fleißig die Kirche besuchen, wobei sie in demütiger Haltung vor dem Portal der Kirche zu stehen hatten. König Sigismund gab diesen Kanones Gesetzeskraft. Erst in der Todesstunde kann der Bischof den Häretiker mit Chrisam salben, was die Bekehrungen bestätigt. Dazu betont das Konzil, daß dieses Vorgehen im Vergleich zu den alten Kanones (Nizäa 325 c. 11) milde sei.

Man muß sich fragen, warum diese Maßnahmen von Epao gegen die Häretiker viel strenger waren als jene von Orléans 511, denn auch gegen flüchtige Sklaven hatte Epao strengere Maßnahmen ergriffen. Entweder ist dies eine Folge des Eifers, mit dem der neubekehrte König Sigismund auftrat, oder es sollten eine zu schnelle Assimilation und zu häufige Kontakte zwischen den katholischen Gallorömern und den arianischen Burgundern vermieden werden, da die Zahl der Häretiker in der burgundischen Bevölkerung sehr groß war; eine sehr plausible Ansicht, die bereits Bischof Avitus[154] vertrat.

Aus den späteren Konzilien geht nicht hervor, auf welche Weise sich die Synthese der beiden Rechtsauffassungen vollzog, als Burgund mit dem fränkischen Königreich vereinigt wurde. Nur das 4. Konzil von Orléans (541) überläßt es in c. 8 dem Gutdünken des Bischofs, wie er mit reuigen „lapsi" verfahren will. Im 7. Jahrhundert (Clichy 626/27 c. 5) wird der

[154] Siehe 43 f.

Klerus beauftragt, die restlichen Häretiker in Gallien zu zählen und sie zu bekehren; doch handelt es sich nur um Arianer?

e) Die Juden[155]

Die Juden hatten sich in vielen Gegenden Frankreichs, besonders in den Handelsstädten, niedergelassen; sie wurden vom Volk gehaßt. Öffentliche und militärische Ämter waren ihnen verboten (Clermont 535 c. 9) – dies galt besonders für Funktionen in der Finanzverwaltung (Mâcon 581/83 c. 13), jedoch gestatteten ihnen das Konzil von Paris 614 (c. 17) und das Edictum Chlotharii, ihre Ämter zu behalten, wenn sie sich taufen ließen.

Strenge Strafen wurden für den Fall angedroht, daß Juden versuchten, ihre christlichen Sklaven zu bekehren (Orléans 541 c. 31; Mâcon 581/83 c. 16).[156] Die Freilassung eines christlichen Sklaven durch einen Juden unter der Bedingung, daß der Sklave sich zum Judentum bekehrt, wurde für ungültig erklärt. Den christlichen Sklaven der Juden hingegen gewährte die Kirche allerhand Vergünstigungen; sie genossen den Schutz der Kirche, wenn ihr Herr von ihnen Handlungen verlangte, die sie für unvereinbar mit ihrer christlichen Religion hielten (Orléans 538 c. 14). Seit 581/83 (Mâcon c. 16) war es den Juden nicht gestattet, christliche Sklaven zu haben. Christliche Sklaven, die noch bei Juden waren, konnten für 12 Solidi losgekauft oder freigelassen werden. Dem Sklaven stand es frei, zu einem Christen seiner Wahl zu gehen, falls der Jude den festgesetzten Preis nicht akzeptierte. Wahrscheinlich war diese Bestimmung nicht durchführbar, denn seit 626/27 (Clichy c. 13) nahm sich der Fiskus der christlichen Sklaven der Juden an, wenn sie von diesen mißhandelt wurden oder bekehrt werden sollten. Das Konzil wiederholt auch das Verbot, einen Christen an einen Juden zu verkaufen. Zwischen Juden und Katholiken waren nicht nur Ehen, sondern überhaupt alle Beziehungen verboten, selbst gemeinsame Mahlzeiten.[157] Um Ausschreitungen gegen sie zu verhindern, verbot Childebert den Juden, an Ostern auf öffentlichen Plätzen zu erscheinen (Mâcon 581/83 c. 14). Sie mußten jedem Kleriker Respekt bezeugen, insbesondere durften sie sich nicht in

---

155 Zur Geschichte der Juden im Merowingerreich vgl. G. B. Depping, Die Juden im Mittelalter, Stuttgart 1834 (Nachdruck Hildesheim 1974) 44–62; B. S. Bachrach, Early Medieval Jewish Policy in Western Europe, Minneapolis 1977, 44–65.

156 Ein Jude, der einen Christen bekehrt oder einen bekehrten Juden zum Judentum zurückbringt, wird mit dem Verlust all seiner Sklaven bestraft.

157 Heiratsverbot: Orléans 533 c. 19, Clermont 535 c. 6, Orléans 538 c. 14; keine gemeinsamen Mahlzeiten: Epao 517 c. 15, Orléans 538 c. 14, Mâcon 581/83 c. 15.

Gegenwart eines Priesters setzen, ohne dazu aufgefordert zu sein (ebd.). Chilperich wollte sie sogar zur Taufe zwingen, ein solches Verhalten war aber eine Ausnahme. Im Jahre 629 erneuerte Dagobert diese Verordnung, aber anscheinend wurde sie nicht streng eingehalten. Wenn es auch einzelne Gewalttätigkeiten gab[158], so scheint es doch keine brutalen Verfolgungen von Juden gegeben zu haben.

f) Arme, Kranke und Büßer

Seit Orléans im Jahre 511 hatten die Konzilien sich zwar nur sporadisch, aber nachdrücklich um die Unglücklichen gekümmert. Die Sorge für deren Lebensunterhalt und Kleidung oblag dem Bischof (Orléans 511 c. 16), ein Teil der Kircheneinkünfte war für sie bestimmt (ebd. c. 5). Erst später wurde ihr Unterhalt den Pfarrgemeinden übertragen (Tours 567 c. 5). Die Konzilien versuchten außerdem, sie vor Unterdrückung durch Richter und Große zu schützen (ebd. c. 27). Das Problem des Unterhalts der Aussätzigen wird erst seit 549 (Orléans V. c. 21) und später von Lyon 583 (c. 6) aufgegriffen. Die Konzilien von Orléans 549 (c. 15) und von Chalon 647/53 (c. 7) erwähnten außerdem das Bestehen des „Xenodochium", das eine Art Hospiz oder Asyl war.

Zahlreiche Kanones betreffen die Büßer, das heißt diejenigen, die ein Bußgelübde ablegten und damit genauen Vorschriften unterworfen waren: sie durften nicht heiraten und mußten wie die Geistlichen auf jeglichen ehelichen Verkehr verzichten (Eauze 551 c. 1). Um ein solches Gelübde ablegen zu können, mußten zwar beide Ehepartner damit einverstanden sein (Orléans 538 c. 27), die Frauen mußten es aber nicht ablegen. Vom geistlichen Stand blieben Büßer ausgeschlossen (Epao 517 c. 3; Arles 524 c. 3) und ebenfalls von der Verwaltung einer Kathedrale (Chalon 647/53 epist.). Das Bußgelübde verpflichtete auf Lebenszeit (Orléans 511 c. 11, Orléans 538 c. 28, Epao 517 c. 23), und die Büßerin, die in ihre Entführung einwilligte, blieb so lange exkommuniziert, bis sie ihren Entführer verließ.

g) Das Überleben des Heidentums

Das Christentum war im Norden und im Osten Galliens, wo die Germanen sich schwerpunktmäßig niedergelassen hatten, fast verschwunden:

---

[158] Avitus von Clermont wollte die Juden bekehren. 576 tauft er einen an Ostern. Dieser getaufte Jude wurde als Abtrünniger von einem seiner Glaubensgenossen angegriffen, und an Christi Himmelfahrt zerstörte die Menge während einer Prozession die Synagoge. Die Juden, die ihre Taufe durch Avitus abgelehnt hatten, wanderten nach Marseille aus. Vgl. dazu Gregor von Tours, Hist. V 11, hrsg. von R. Buchner I 294–298.

der heilige Vedastus und später die heiligen Amandus, Eligius, Audomar, Lupus und Ursmar trieben die Missionierung des Nordens voran. Selbst in den Gegenden, die fast völlig christianisiert waren, wie zum Beispiel in der Provence, wo das Christentum in Gallien überhaupt seinen Anfang genommen hatte, gab es unter der christlichen Bevölkerung noch heidnische Gruppen und Gebräuche. Das Konzil von Clichy 626/27 gebraucht den Begriff *paganus* im Gegensatz zum Christen. Erst seit der Mitte des 7. Jahrhunderts bleiben die Nachrichten über solche pagane Reste aus.
Aus den Konzilsakten geht nun hervor, wie sehr die Bischöfe unter diesen Umständen gegen das Weiterleben überkommener heidnischer Gebräuche zu kämpfen hatten. Zwar bestand kein regelrecht organisierter Kult mehr, wohl aber lebte eine große Anzahl von abergläubischen Gebräuchen fort, teils waren sie nach Gegenden verschieden, teils allgemein verbreitet, wie etwa die Feier des 1. Januar. Auf den Konzilien der ersten Hälfte des 6. Jahrhunderts stellte man darum mit Sorge die Oberflächlichkeit der Bekehrungen fest: Orléans 533 c. 20 verbot, zu den Götzen zurückzukehren und Götzendienst zu treiben; Orléans 533 c. 20 und Eauze 551 c. 3 verlangten von den Christen, daß sie die heidnischen Sitten und Gebräuche nicht nachahmten. Kanon 15 von Orléans 541 verurteilte diejenigen, die mit Heiden Speisen verzehrten, die den Götzen dargebracht wurden, und auch diejenigen, die Fleisch von Tieren aßen, die nach abergläubischen Riten getötet wurden, oder Gemüse verzehrten, das den Geistern geopfert worden war (Tours 567 c. 23). Kanon 16 von Clichy 626/27 verlangte auch die Bestrafung derer, die Wahrsager um Rat fragten. All dies scheint trotz der Bemühungen der Kirche noch tief im Alltag verwurzelt gewesen zu sein.
Auch die Verehrung von Seen, Felsen, Bäumen und Quellen blieb noch lange bestehen (Tours 567 c. 23). Ebenso lebte die Feier des 1. Januar weiter, in der der Januskult mit Geschenken und Mummenschanz begangen wurde. Sie wurde zwar von den Konzilien von Tours 567 und Auxerre nach 585 c. 1 verurteilt, aber nie ausgerottet.[159] Sogar in den religiösen Riten zeigte sich noch Aberglaube; wir sahen, wie er selbst im Meßritus auftrat[160], und wie das Konzil von Tours 567 in c. 3 Anweisungen für das Brechen der Hostie geben mußte. Die Konzilien verurteilten diese heidnischen Gebräuche vergeblich; der Klerus selbst wendete sie an, und die Kirche konnte nichts anderes dagegen tun, als sie mit christli-

[159] Vgl. F. Cabrol, Le 1er des calendes de janvier et la messe contre les idoles. Un épisode de la lutte du christianisme contre le paganisme, in: Origines liturgiques, Paris 1906, 203–210.
[160] Siehe oben 133 f.

chem Inhalt zu füllen: Die Kirche verbot darum auch nicht die Gelübde, die auf Lichtungen oder in Wäldern abgelegt wurden (Auxerre nach 585 c. 3). An den drei ersten Januartagen ordnete man spezielle Messen und besondere Litaneien an, um die heidnischen Gebräuche zu bekämpfen (Tours 567 c. 18). Man ließ auch Gottesurteile zu, verbot aber den Geistlichen, an Hinrichtungen (Mâcon 581/83 c. 19), an Todesurteilen (ebd. und Auxerre nach 585 c. 34) und an Folterungen (Auxerre nach 585 c. 33) teilzunehmen.

Die Kirche verbot auch die Nachtwachen zu Ehren des hl. Martin (Auxerre nach 585 c. 5), organisierte aber zu dessen Ehren Psalmengesänge (Tours 567 c. 19), denn man verehrte nicht nur die Heiligen, sondern auch ihre Reliquien: die Bischöfe besorgten sie sich, und die Ankunft von Reliquien gab Anlaß zu großen Freudenkundgebungen.[161] Um ihn in den rechten Bahnen zu halten, organisierte die Kirche den Reliquienkult. Das Konzil von Epao 517 c. 25 sah deshalb die Einstellung von Geistlichen vor, die vor den Reliquien in den Oratorien Psalmen zu singen hatten. Wer in seinem Oratorium Reliquien haben wollte, mußte für den Unterhalt und die Kleidung dieser Geistlichen aufkommen. Die Suche nach Reliquien und deren Erwerb gaben im ganzen Mittelalter zu einer großen Zahl von Fälschungen Anlaß.[162]

Die Christen, welche die heidnischen Riten aufgaben, sollten einen Ersatz für diese in der Verehrung der Heiligen und der Reliquien finden. Die Heiligen ersetzten also im ungeläuterten Verständnis des Volkes die Nebengötter der Mythologie. Wie früher bestimmte Gottheiten den Funktionen und Handlungen des täglichen Lebens zugeordnet wurden, so waren jetzt jene Heiligen am volkstümlichsten, denen die christliche Frömmigkeit eine besondere Rolle zuteilte: Heilung einer bestimmten Krankheit, Wiederfinden verlorener Gegenstände, Regen oder Sonnenschein. Viel mehr als die Apostel waren in Gallien die Lokalheiligen beliebt, besonders der hl. Martin.[163]

Trotz Verbots durch die Konzilien blieben gewisse abergläubische Handlungen in christlichem Gewand bestehen, wie etwa die Orakel, für die

---

[161] Als der Priester, der von Bischof Namatius von Clermont nach Bologna geschickt worden war, um Reliquien des hl. Agricola und des hl. Vitalis zu holen, zurückkommt, gehen ihm alle Einwohner mit Kerzen und Kreuzen entgegen. Königin Radegunde schickt eine richtige Gesandtschaft in den Orient, um sich Reliquien von Heiligen zu beschaffen. Diese dienten als Talisman, sogar für schlechte Handlungen: Chilperich schützte sich damit, als er nach Paris zurückkehrte und seinen Eid brach (573).

[162] Vgl. oben 211 Anm. 67.

[163] Siehe oben 134.

man sich nun freilich der Heiligen Schrift bediente.[164] Noch im 13. Jahrhundert verurteilten Konzilien und Synoden diesen Mißbrauch.[165] Der Aberglaube war nicht nur im fränkischen Gallien verbreitet, sondern im ganzen Westen und besonders in Spanien.[166]

6. Liturgisches Leben

Eine wichtige Aufgabe sahen die merowingischen Konzilien auch darin, den Ritus zu vereinheitlichen.

In der Provence suchten sie sich an die römischen Gebräuche anzupassen, die sie in den Kirchen der Provinz Arles einführten, wie zum Beispiel den Gesang des „Kyrie" in der Matutin, in Messe und Vesper, sowie das „Sanctus" in der Messe (Vaison 529 c. 3). Zum „Gloria Patri ..." wurde „sicut erat in principio ..." hinzugefügt. Um die Verbindung mit Rom sichtbar zu machen, mußte der amtierende Papst im Kanon der Messe erwähnt werden (c. 4). Ein Vereinheitlichungsversuch, der der ganzen gallofränkischen Kirche galt, betraf die Annahme einer einheitlichen Berechnung des Osterdatums (Orléans 541 c. 1). Dieses Dekret zeigt neben der Einheit der fränkischen Kirche auch ihre Unterwerfung unter den Schiedsspruch von Rom, denn Rom soll demnach das Osterdatum festsetzen, wenn die Metropoliten unter sich uneinig sind. Das Konzil von Epao 517 c. 27 versuchte, auf der Ebene der Provinz eine einheitliche Durchführung des Gottesdienstes zu erreichen.

Nachdem die private Feier der großen Feste (Ostern, Weihnachten, Pfingsten) in den „villae" verboten worden war (Orléans 511 c. 25), legten die Kanones fest, daß diese Feste und insbesondere das Osterfest in den Kathedralen von den Bischöfen selbst nebst ihren Geistlichen und den Notabeln zu feiern sind (Clermont 535 c. 15, Orléans 541 c. 3). Die Gläubigen müssen in Burgund (Epao 517 c. 35) an Weihnachten und an Ostern den Segen des Bischofs erhalten. Diese Vorschrift wird für Ostern

---

164 Merowech, vom Haß seines Vaters Chilperich verfolgt, legt auf dem Grab des hl. Martin die Bücher der Könige, die Psalmen und die Evangelien nieder; er fastet und betet drei Tage lang, dann öffnet er die Schriften: „Gott", liest er im ersten Vers, der ihm in die Augen fällt, „hat Euch Euren Feinden preisgegeben". Damit scheint sein Verderben sicher zu sein.

165 Vgl. PONTAL, Les statuts synodaux français du XIIIe siècle I, Synodal de l'Ouest § 105 S. 211.

166 Vgl. z. B. Braga II c. 1, dazu ORLANDIS – RAMOS-LISSÓN, Die Synoden auf der Iberischen Halbinsel 86–92.

und Weihnachten oft erneuert, aber für Pfingsten besteht eine gewisse Unschlüssigkeit: Lyon 583 c. 5 schreibt nur für die beiden ersten Feste die Anwesenheit des Bischofs vor, und läßt als Entschuldigungsgrund Krankheit oder eine anderslautende Anordnung des Königs zu. Saint-Jean-de-Losne 673/75 c. 8 läßt ebenfalls eine entgegengesetzte Anordnung des Königs als Entschuldigung gelten. Die Osterfeier, die anfangs drei Tage dauerte, wurde Ende des 7. Jahrhunderts auf sechs Tage verlängert (Mâcon 585 c. 2), an denen nicht gearbeitet werden sollte.

Die Taufe, die bisher an verschiedenen Festtagen gespendet wurde[167], sollte in Zukunft nur mehr zu Ostern am Karsamstag gespendet werden (Mâcon 585 c. 2, Auxerre nach 585 c. 18). Vor der Taufe war Handauflegung und Salbung mit heiligem Öl vorgeschrieben; es wird nicht angegeben, welche Worte dabei zu sprechen sind (die Taufformel wird erst im 13. Jahrhundert endgültig festgelegt[168]).

Die Verpflichtung zur Vesper, an der die Priester sonntags teilnehmen müssen, zwingt die Bischöfe, die Messe an den großen Festtagen auf neun Uhr festzusetzen (Orléans 538 c. 15). Der Zelebrant muß nüchtern sein (Mâcon 585 c. 6, Auxerre nach 585 c. 19), er darf nicht zweimal am selben Tag und am selben Altar Messe lesen, und auch nicht am selben Tag und am selben Altar wie der Bischof (Auxerre c. 10). Dabei werden die ambrosianischen Hymnen gesungen – auf Anordnung des Konzils von Tours 567 c. 23, das auch gestattet, wahlweise andere Hymnen zu singen, die von bekannten Autoren stammen. Die Konsekration muß mit Wein, der mit Wasser vermischt ist, vollzogen werden, jede andere Flüssigkeit ist verboten (Orléans 541 c. 4; Auxerre c. 8). Die Reste der eucharistischen Gestalten werden mit Wein benetzt den nüchternen Kindern mittwochs und freitags gereicht (Mâcon 585 c. 6).

Die Gläubigen müssen der ganzen Messe beiwohnen (Orléans 511 c. 26; Orléans 538 c. 32, wiederholt von Narbonne 589 c. 12), und bei einer Bischofsmesse darf man die Kirche nicht vor dem bischöflichen Schlußsegen verlassen (Orléans 511 c. 26). Die Gläubigen dürfen der Messe nicht bewaffnet beiwohnen.

Die Predigt ist obligatorisch: Der Priester darf predigen (Vaison 529 c. 2), aber der Bischof muß es tun, wenn er selbst die Messe liest (Saint-Jean-de-Losne 673/75 c. 18), und er muß den Gläubigen auch den Segen erteilen. Gemäß dem Konzil von Mâcon 581/83 c. 1 muß vom Martinstag bis Weihnachten der Gottesdienst wie in der Fastenzeit gefeiert werden.

[167] Vgl. Gregor von Tours, Hist. VIII 9, hrsg. von R. Buchner II 170. Vgl. auch De Clercq, La législation 99–101.

[168] Vgl. Pontal, Les statuts synodaux français du XIIIe siècle I, LXXV.

Die Sonntagsheiligung wird in mehreren Kanones eingeschärft, und im 7. Jahrhundert wird die Sonntagsruhe zur amtlichen Einrichtung. Das 3. Konzil von Orléans (538 c. 31) hatte angeordnet, daß die Sonntagsheiligung durch Gebet und Ruhe geschehen soll, aber man übertrieb nicht wie die Juden, die jegliche Tätigkeit, auch das Reisen, verbieten. Doch anscheinend wurde dieses Dekret nur wenig befolgt, denn im Jahre 585 stellt der Kanon 1 des Konzils von Mâcon fest, daß die Leute auch sonntags wie an gewöhnlichen Tagen arbeiten, und er schreibt die Sonntagsruhe und die Teilnahme an der Messe vor, in der die Gläubigen – Männer, Frauen und Kinder – Brot und Wein auf dem Altar opfern müssen. Dieses Dekret wird vom Konzil von Auxerre c. 16 wiederholt, das Sklavenarbeit am Sonntag verbietet. Wie erwähnt, hat das Edikt Guntrams die Dekrete von Mâcon bestätigt[169] und die Sonntagsruhe durch Gesetz für das gesamte Frankenreich vorgeschrieben, wie auch die Sonntagsruhe sogar in der westgotischen Provinz Narbonne eingeführt wurde, wo jede Verfehlung streng mit Geldstrafen oder körperlichen Strafen geahndet wurde (Narbonne 589 c. 4).

Die Häufigkeit des Kommunionempfangs scheint in den einzelnen Gegenden ziemlich unterschiedlich gewesen zu sein.[170] Die gallofränkischen Konzilien befaßten sich zwischen 506 (Konzil von Agde c. 18) und 663/75 (Konzil von Autun c. 14) nicht damit. Autun wiederholt nur das Dekret von Agde, das die Kommunion an Ostern und an Pfingsten fest vorschrieb.

7. Die Fastendisziplin

Es ist den Konzilien des 6. und 7. Jahrhunderts eigentümlich, daß sie die Fasttage nicht nur für die Mönche, sondern für den gesamten Klerus und die Gläubigen einheitlich vorschrieben. Bis dahin war die Dauer der Fastenzeit unterschiedlich gewesen. Kanon 24 von Orléans 511 setzte erstmals die Fastenzeit auf 40 Tage fest, eine Praxis, die von der ganzen Kirche angenommen wurde. An den drei Bittagen vor Christi Himmelfahrt wird ähnlich gefastet wie in der Fastenzeit (Orléans 511 c. 27). Außerdem müssen alle Christen von St. Martin bis Weihnachten drei Tage in der Woche, nämlich montags, mittwochs und freitags, fasten.

Von den dargestellten Regelungen, die die Konzilien des merowingischen Gallien für das gottesdienstliche Leben getroffen haben, gewannen

169 Siehe oben 166.

170 Vgl. Hefele-Leclercq III/1, 308 f.

besonders vier weiterreichende Bedeutung. Dies waren die Vereinheitlichung des Osterfesttermins, die Betonung der Predigtpflicht der Bischöfe, die Sonntagsruhe und die vierzigtägige Dauer der Fastenzeit.

8. Politische Einflüsse auf die Konzilien

Infolge der tiefgreifenden gegenseitigen Durchdringung von Kirche und weltlicher Herrschaft, bestimmten nicht selten politische Faktoren auch Einberufung und Ablauf von Konzilien. Konzilien wie Paris 561/62 und Tours 567, auf denen in Zeiten politischer Instabilität die Bischöfe die Initiative ergriffen, um sich von der politischen Gewalt unabhängig zu machen, hatten keine dauerhafte Wirkung. Tatsächlich spielte auf den Konzilien der jeweils regierende Herrscher eine bestimmende Rolle. Er griff in verschiedene innerkirchliche Fragen ein. Ein Freier konnte etwa nur mit Ermächtigung des Königs zum Priester geweiht werden[171], und bei der Bischofswahl war der *assensus regis* unerläßlich[172], was allerdings zu schlimmsten Mißbräuchen[173] wie der unmittelbaren Ernennung von Bischöfen durch den König persönlich[174] führte. Manchmal geschah dies sogar gegen Geld[175], meistens aber zur Versorgung von Günstlingen.
Bei der Einberufung der Konzilien galt, daß mit Ausnahme der bald verschwindenden Provinzialkonzilien oder ganz unbedeutenden kein Konzil ohne Ermächtigung des Königs einberufen werden durfte; Chlodwig hatte 511 damit angefangen[176], und danach wurden die merowingischen Generalkonzilien, die nach und nach die Provinzialkonzilien ersetzten, vom König selbst, oder wenigstens mit dessen Einwilligung, einberufen.[177] Bei einigen Konzilien fehlt jedoch ein Hinweis auf könig-

[171] Siehe oben 234.
[172] Siehe oben 232.
[173] Ein Beispiel dafür ist das Konzil von Metz 550, siehe oben 106.
[174] Siehe oben 232.
[175] Siehe oben 233.
[176] Siehe oben 23.
[177] Orléans 533: *ex praeceptione gloriosissimorum regum* (es handelt sich um die drei überlebenden Söhne des Chlodwig); Clermont 535: *Consentiente domno nostro gloriosissimo piissimove regi Theodeberto;* Orléans 549: *Cum clementissimus princeps ... congregasset in unum Domini sacerdotes;* Paris 551/52: *ad invitationem domini regis ... Childeberthi;* Tours 567: *iuxta coniventiam ... Chariberthi regis adnuentis;* Mâcon 581/83: *ad iniunctionem ... Guntramni regis;* Paris 614: *ex evocationem ... Hlotharii regis;* Clichy 626/27: *suggerente ... Hlothario rege ...* Vgl. dazu auch die Ausführungen von Barion, Synodalrecht 211–252. Unter dem Aspekt des *consensus* steht die Untersuchung der Konzilstexte von Hannig, Consensus fidelium 64–79.

liche Einberufung: zum Beispiel für jenes Konzil von Arles, das vor der fränkischen Eroberung stattfand und für das Konzil von Paris im Jahre 561/62, das allem Anschein nach während eines Interregnums abgehalten wurde.

Diese Konzilsversammlungen spielten aber niemals eine politisch so bedeutende Rolle, wie die spanischen Konzilien derselben Zeit.

Solange die Konzilien kirchliche Fragen behandelten und Kanones beschlossen, nahmen weder der König noch die Großen des Königreiches daran teil. Die Konzilsbeschlüsse wurden durch Dekrete sanktioniert, die, wie in Paris 614, auf eigenen Versammlungen erlassen wurden. Trat jedoch das Konzil als Gerichtshof zusammen, um ein Urteil zu fällen, einen Schiedsspruch zu erlassen, eine Verurteilung auszusprechen – wie zum Beispiel in Mâlay 677 – oder um ein politisches Ziel zu verfolgen – wie zum Beispiel in Saint-Pierre 673/75 –, dann nahm der König persönlich daran teil.

Es sind also zwei Arten der Einflußnahme zu unterscheiden: einmal machte der Einfluß des Königs sich außerhalb des Konzils bemerkbar, so etwa im Jahre 511, als der König das Konzil zwar zusammengerufen und das Programm aufgestellt hatte *(secundum voluntatis vestrae consultationem et titulos, quos dedistis ea quae nobis visum est definitione respondimus)*, selbst aber nicht daran teilnahm. In diesem Falle beratschlagten die Bischöfe und verfaßten die Kanones in voller Freiheit, ließen sie jedoch vom König genehmigen, bevor sie sie in Kraft setzten. Verschiedentlich spielten die Konzilien auf ein Eingreifen des Königs in allgemeine kirchliche Angelegenheiten (Clermont 535 cc. 2, 4 und 5; Lyon 583 c. 5) und in die Bischofswahl (Paris 561/62) an. Das Konzil von Tours 567 c. 21 schrieb ganz entschieden den Königen die Dekrete von Orléans 549 zu.[178] Seit dem 6. Jahrhundert scheinen die Könige periodisch Versammlungen der Großen einberufen zu haben *(placitum)*, wobei man diese Versammlung jedoch klar von den Konzilien unterschied. Auf dem Konzil von Paris 614 erließen allein die Bischöfe die Dekrete, die der König nach einer beratenden Versammlung mit den Großen in einem Edikt bestätigte, erweiterte oder abänderte.

Im zweiten Fall lag das Konzil ganz in der Hand des Königs, nämlich dann, wenn es als Gericht tagte oder vom König als beratende Versammlung einberufen worden war, um politische Fragen zu behandeln. Hier nahm der König persönlich am Konzil teil, das er einberufen hatte.

---

[178] Vgl. den Text bei De Clercq, Conc. Gall. 187.

Obgleich darüber keine genauen Angaben vorliegen, ist es doch wahrscheinlich, daß der König mit Gefolge an solchen Konzilien teilnahm. König Guntram (561–593), der Sohn Chlothars I., nahm die Konzilien stets in Anspruch, wenn er ein politisches Problem zu lösen hatte, um dem Volk gegenüber sich auf die Autorität der Konzilien berufen zu können. Im Jahre 573 bat er etwa das Konzil von Paris, sich zu dem Streit zu äußern, den er mit seinem Bruder Sigibert hatte. Im Jahre 581 behandelten die Bischöfe auf dem Konzil von Lyon mit seinem Einverständnis innenpolitische Probleme des Königreiches. Acht Jahre darauf unterbreitet Guntram einem Konzil unbekannten Ortes die Anschuldigungen, die er gegen Brunechild erhob. Auf dem Konzil von Paris 577, das Chilperich zusammengerufen hatte, um den Bischof Praetextatus von Rouen verurteilen zu lassen, klagte Chilperich persönlich den Bischof öffentlich an. Auf dem Konzil von Bonneuil versammelte Chlothar II. die Bischöfe und *leudes* Burgunds, die er durch Gewährung von Vergünstigungen für sich gewinnen wollte. Aber die meisten dieser Konzilien, und insbesondere das von Bonneuil, scheinen eher rein politische Versammlungen gewesen zu sein, die mit Konzilien nur den Namen gemeinsam haben. Als Aquitanien separatistische Tendenzen zeigte, versammelte Chilperich II. 673/75 in Saint-Pierre-de-Granon die Bischöfe und Großen (*provinciales*), gerade weil sie Römer waren, damit der Klerus seine Autorität geltend mache, und Aquitanien mit dem Königreich vereint bleibe.
Bisweilen jedoch ist nicht leicht festzustellen, ob es sich um getrennte oder gemeinsame Versammlungen handelte, wie zum Beispiel in Clichy 626/27, wo die Versammlung der Bischöfe und der Großen in eine blutige Schlägerei ausartete. War diese Versammlung vom Konzil getrennt? Kann die von Theuderich III. und Ebroin 677/79 *in villa regia* zur Vertreibung des auf grausamste Weise gemarterten hl. Leodegar einberufene Versammlung noch als Konzil bezeichnet werden?
Das synodale Leben spielte sich also in dem spannungsreichen Kräftefeld zwischen König und den Bischöfen ab, und manchmal auch zwischen den Bischöfen selbst. Die Persönlichkeit des einzelnen spielte auch hier eine wichtige Rolle: Wenn es in der Provence Konzilien gab, die sich mehr mit der Lehre und der Moral beschäftigten als die im fränkischen Gallien, so war dies ein Verdienst des hl. Caesarius von Arles. Wenn er auch nicht der alleinige Urheber der Konzilien von Orléans der Jahre 533 und 538 ist, wie seine Biographen es darstellen, so hat er diese Konzilien doch durch das hohe Ansehen beeinflußt, in dem er beim Episkopat stand. Chlodwig hat kraft seiner beherrschenden Persönlichkeit das erste Konzil von Orléans geformt, und seinem Einfluß „post mortem" verdan-

ken wir die nachfolgenden Konzilien, denn die Autorität seines Beispiels zwang seine Söhne trotz ihrer Charakterfehler, das Werk des Vaters fortzusetzen. Wenn gegen Ende des 6. Jahrhunderts, besonders in Burgund, gesetzgebende Konzilien abgehalten wurden, so deswegen, weil Guntram den Problemen und Erfordernissen des kirchlichen Lebens aufgeschlossener begegnete als seine Brüder.

Die Wahl der Konzilsorte ergab sich aus dem Kräftespiel politischer Faktoren. War zunächst die Provinz Arles der Schwerpunkt des synodalen Lebens in Gallien, und der Metropolit von Arles ihr Urheber, so verlagerte sich später der Schwerpunkt ins Zentrum des Frankenreiches, nach Tours und Orléans, dann nach Osten – Lyon und Mâcon – schließlich nach Paris. Dennoch blieben die Konzilien stets unter dem Vorsitz der Metropoliten von Lyon, die den Titel eines Patriarchen führten, den auch die Bischöfe Nicetius und Priscus innehatten. Mit Recht schreibt Bréhier[179]: „L'institution des conciles à laquelle l'Eglise de Gaule doit beaucoup de sa cohésion disciplinaire subit des éclipses qui coïncident avec les périodes où les troubles politiques, la tyrannie ou la faiblesse des gouvernants entraînent pour l'Eglise aussi des difficultés ou des crises. Ce n'est pas par hasard si le concile de 614 a été précédé d'un ralentissement de l'activité conciliaire ni si les trois-quarts de siècle qui s'écoulent entre l'assemblée de Saint-Jean de Losne (673/675) et les premiers conciles de Saint Boniface sont dans cette histoire un chapitre vide".

Umgekehrt haben die Konzilien nicht nur durch ihre Dekrete das politisch-gesellschaftliche Leben des Frankenreiches mitgestaltet. Dies geschah mit besonderem Nachdruck und mit langfristiger Wirkung durch die rechtliche Regelung von Ehe und Familie[180] im Sinne einer stetigen Verchristlichung. In die gleiche Richtung weisen die Konzilsbestimmungen bezüglich der Sklaven[181] und die staatliche Sanktionierung der Sonntagsruhe zu Mâcon 585.[182] Über diese eigentlich pastorale Einflußnahme hinaus gab es aber auch Eingriffe in tagespolitisches Geschehen.

---

[179] In: Fliche-Martin, Histoire de l'Eglise V 374.
[180] Siehe oben 260–263.
[181] Siehe oben 253–256.
[182] Siehe oben 271.

Schluß

Von den klassischen Funktionen des Konzils als kollegiales Organ kirchlicher Lehrverkündigung, Gesetzgebung und Rechtsprechung tritt bei den gallischen Synoden der Merowingerzeit – ganz im Gegensatz zu denen des 4. Jahrhunderts[183] – die Lehrverkündigung gegenüber den beiden anderen deutlich zurück. Das einzige dogmatisch bedeutende Konzil des merowingischen Gallien war das 2. Konzil von Orange des Jahres 529[184], das die kirchliche Lehre von der Gnade und dem freien Willen gegen einen extremen Augustinismus ebenso wie gegen den Semipelagianismus abgrenzte.

Die Ursachen hierfür sind vielgestaltig. Vor allem war jedoch das 6. und 7. Jahrhundert frei von so bedeutenden dogmatischen Kontroversen wie sie im 4. Jahrhundert der Arianismus heraufbeschworen hatte, so daß eine konziliare Aktivität nur in dem einen Fall erforderlich war.

Hinzu kommt, daß infolge der kriegerischen Ereignisse immer wieder große Not herrschte, deren Behebung die Aufmerksamkeit der Bischöfe in hohem Maße beanspruchte. Gleiches gilt von der Notwendigkeit allmählicher Durchdringung der Gesellschaft mit christlichem Ethos. So erklärte es sich, daß die Konzilien ihr Augenmerk vor allem auf diese Aufgaben richteten. Mangel an Interesse des Episkopats an Fragen der Glaubenslehre ist aus dieser Beobachtung nicht ohne weiteres zu erschließen, wohl aber Sinn für praktische Seelsorge an einem noch nicht sehr lange getauften Volk, in dessen Leben das Evangelium erst einzuwurzeln begann.

Auf dieser Grundlage erhoben sich Bistums- und Pfarrorganisation der merowingischen Kirche ebenso wie ihre ökonomische Struktur, ohne die ja kirchliches Leben nur schwer möglich ist.

Aus dem Ablauf der Konzilien wird darum sichtbar, wie Pfarr- und Klosterorganisation entstanden, wie die Rolle des Episkopats genau umgrenzt wurde, wie die Privilegien der Kirche und ihr Besitz an liegenden Gütern erwuchsen. Unter dem Einfluß und den Auswirkungen der Konzilien in der Provinz Arles hatten die Konzilien sich zuerst mit der materiellen Organisation der Pfarrverwaltung und mit den Problemen des

---

[183] GAUDEMET, Conciles gaulois du IVe siècle 13 f.

[184] Siehe oben 67–71.

Priesternachwuchses beschäftigt; danach kümmerten sie sich um den Erwerb, den Schutz und die Vermehrung der Kirchengüter und der Privilegien, um den Aufbau einer Hierarchie, indem sie die Rechtssphären ihrer Mitglieder genau abgrenzten. Da der Bischof den Angelpunkt der kirchlichen Gesellschaft darstellt, befaßte sich eine große Anzahl der Dekrete der gesetzgebenden Konzilien mit der Rechtsgestalt des Bischofsamtes, seinen Befugnissen und Pflichten: 60 Kanones von 22 Konzilien beziehen sich auf die Bischöfe, während 44 Kanones von 16 Konzilien sich mit den Kirchengütern beschäftigen. Die Bemühungen um den beträchtlichen Güterbesitz der Kirche und ihre Verwirklichung mit den politischen Vorgängen gaben den Konzilien des merowingischen Gallien ein eher weltliches Gepräge. Da die Konzilien sich dessen durchaus bewußt waren, versuchten sie, die Bischöfe an ihre geistlichen Pflichten zu erinnern.[185]

Weil aber die Kirche in den merowingischen Herrschaftsverband unlösbar eingebunden war, und die Bischöfe es darum nur selten wagten, sich dem König zu widersetzen, wurde der fränkische Klerus auch in den allgemeinen Verfall des Königtums mit hineingerissen.

Wenn auch die fränkischen Konzilien sich ständig mit Themen beschäftigen, die alle Zeiten und die ganze abendländische Christenheit betreffen, wie zum Beispiel dem Zölibat der Geistlichen und der Simonie, und daneben mit Themen der eigenen Zeit, wie den Relikten des heidnischen Aberglaubens, die auch in den spanischen Konzilien eine Rolle spielen (vgl. Braga II c. 1), so waren diese fränkischen Konzilien doch kein Spiegel der Universalkirche, sondern der Kirche Galliens, deren augenblickliche Bedürfnisse sie erfüllen mußten. So ist zu erklären, daß die Konzilien nicht regelmäßig stattfanden, und daß sie oft improvisiert waren. Bis zum Konzil von Mâcon 585 gab es keine Vorschrift für die periodische Abhaltung eines Konzils, ausgenommen für das Provinzialkonzil, das aber sehr unregelmäßig stattfand. Die Konzilsbeschlüsse bildeten die Grundlage für zahlreiche Kanonessammlungen und waren eine wichtige Quelle der Sammlungen Reginos von Prüm, Burchards von Worms und Ivos von Chartres. 51 Kanones wurden in das Dekret Gratians aufgenommen. Schon vorher griffen Bußbücher und karolingische Kapitularien auf die Konzilskanones zurück und schöpften sie reichlich aus. Schließlich suchten sogar die Anhänger des späteren Gallikanismus die Grundlagen für ihr System in den Konzilien der Merowingerzeit.

---

185 Vgl. Clermont 535 c. 1, Saint-Pierre-de-Granon 673/75 c. 4 und Saint-Jean-de-Losne 673/75 c. 1.

Anhang

Die Überlieferung der merowingischen Konzilien des 6. und 7. Jahrhunderts

Die merowingischen Konzilien sind aus drei Quellengruppen bekannt:
- Kanonessammlungen, die von den Konzilien selbst erlassene Texte überliefern;
- erzählende Quellen (Chroniken, Vitae), die über Konzilien berichten, ohne dort verfaßte Texte einzubeziehen;
- Briefe und Urkunden, die anläßlich eines Konzils geschrieben wurden.

Alle diese Quellen liegen gedruckt vor, so daß es im folgenden nicht so sehr um die handschriftliche Überlieferung geht, sondern um die Charakterisierung der verschiedenen Überlieferungsformen.

I. Kanones und Kanonessammlungen

Von den 62 behandelten Konzilien[1] haben 27 ihre Entscheidungen in der Form von Kanones abgefaßt. Diesen Kanones – ihre Zahl schwankt zwischen vier (Lyon 518/19, Arles 524) und 38 (Orléans 541) beziehungsweise 45 (Diözesansynode von Auxerre nach 585) – ist meist eine Praefatio vorangestellt, die über Ort, Zweck und Ziele der Versammlung in allgemeiner, meist sogar toposartiger Formulierung informiert. Fast alle Kanones sind am Ende datiert und von den Konzilsteilnehmern unterschrieben.[2] Die Konzilien, von denen Kanones erhalten sind, waren bis auf wenige Ausnahmen[3] größere Versammlungen: Gesamtreichskonzilien oder Generalkonzilien der merowingischen Teilreiche.

Von fünf Konzilien[4] sind Beschlüsse nicht als Kanones, sondern in der Form eines Protokolls oder Synodaldekrets[5] überliefert. Diese Konzilien

---

[1] Bei dieser Zahl sind die durch Bischofsprivilegien überlieferten Versammlungen nicht einbezogen.

[2] Subskriptionen fehlen bei Autun 663/75 und Saint-Jean-de-Losne 673/75.

[3] Solche Ausnahmen sind die Provinzialsynoden unter Caesarius von Arles (Arles 524, Orange 529, Vaison 529) sowie Eauze 551, Arles 554 und Autun 663/75.

[4] Carpentras 527, Marseille 533, Paris 551/52, Paris 573, Valence 585.

[5] Vgl. dazu I. SCHRÖDER, Die westfränkischen Synoden von 888 bis 987 und ihre Überlieferung (= MGH. Hilfsmittel 3) München 1980, 19–23.

tagten als Gerichtshöfe und hatten jeweils nur einen Einzelfall zu entscheiden.
Die Konzilstexte, Kanones und Dekrete, sind nicht einzeln überliefert, sondern finden sich inkorporiert in Sammlungen, die außerdem Kanones früherer gallischer, spanischer und afrikanischer Konzilien, aber auch die Texte der ersten ökumenischen Konzilien und Papstbriefe enthalten. Diese frühen Kanonessammlungen bringen ihre Texte entweder chronologisch oder nach Herkunft geordnet und man bezeichnet sie im Unterschied zu den systematischen Sammlungen als historische.[6]

1. Die merowingischen Konzilien in den Kanonessammlungen historischer Ordnung

Eine der frühesten Sammlungen, die gallische Konzilien enthält, ist die *Sammlung von Corbie*[7], die im 6. Jahrhundert vermutlich in Arles entstand. Sie enthält als Zusätze zur eigentlichen Sammlung merowingische Konzilien in folgender Reihenfolge[8]: Clermont 535, Vaison 529, Paris 573, Orléans 549, Marseille 533 (teilweise), Orléans 511, Epao 517, Orléans 538 (unvollständig).[9]
Ebenfalls in der Kirchenprovinz Arles entstand um die Mitte des 6. Jahrhunderts die *Sammlung von Albi*[10], die die Kanones von Arles 524, Orléans 541, Orléans 538, Orléans 549 überliefert. Als Zusätze in der Handschrift Albi 147 finden sich außerdem Epao 517, Saint-Pierre-de-Granon 673/75 und Saint-Jean-de-Losne 673/75, für die beiden letztgenannten Konzilien ist dies die einzige Handschrift.[11]
Zur gleichen Zeit etwa wie die Sammlung von Albi, um die Mitte oder in

---

6 Vgl. zu dieser Unterscheidung Mordek, Kirchenrecht und Reform 1–17. Zum Inhalt der Sammlungen vgl. die ausführlichen Beschreibungen bei Maassen, Geschichte 556–642, 775–784.

7 Hs.: Paris, Bibl. nat. lat. 12097 (6.–7. Jh., Südfrankreich, Provenienz: Corbie); Literatur: Maassen, Geschichte 556–574; van Hove, Prolegomena 273; Mordek, Kirchenrecht 90–92. Bei van Hove und Mordek finden sich jeweils auch weiterführende Literaturangaben. – Die Bezeichnungen der Sammlungen sind nicht eindeutig, mal sind sie nach dem Herkunftsort, mal nach dem Aufbewahrungsort der Hs. benannt.

8 Vgl. Maassen, Conc. I, XII; De Clercq, Conc. Gall. IX.

9 Die *Sammlung von Bigot* (Hs.: Paris, Bibl. nat. lat. 2796) vom Anfang des 9. Jh. enthält nur einzelne Kanones von Orléans 538 und c. 13 von Epao 517, jeweils entlehnt aus der Sammlung von Corbie, vgl. dazu Maassen, Geschichte 611–613; van Hove, Prolegomena 276; Mordek, Kirchenrecht 148.

10 Hss.: Paris, Bibl. nat. lat. 8901 und Toulouse, Bibl. mun. 364 (nach 549, vor 666/67, Südfrankreich/Albi); Albi, Bibl. mun. 147 (9. Jh., Kopie der Hs. von Toulouse); Albi, Bibl. mun. 38 (10. Jh., Exzerpte der Sammlung); Literatur: Maassen, Geschichte 592–603; van Hove, Prolegomena 274;. Mordek, Kirchenrecht 39 f., 268 f.

11 Vgl. Maassen, Conc. I, XII; De Clercq, Conc. Gall. VII, IX.

der zweiten Hälfte des 6. Jahrhunderts, wurde im Rhônetal eine Collectio canonum zusammengestellt, die sogenannte *Sammlung von Lyon*[12], die folgende Konzilien überliefert: Orléans 511, Epao 517, Arles 524, Carpentras 527, Orange 529, Clermont 535, Orléans 538, Orléans 549; als Nachträge sind enthalten: Vaison 529, Arles 554, Mâcon 581/83.[13]
Die *Sammlung von Köln*[14] stammt wohl auch aus Südfrankreich beziehungsweise der Kirchenprovinz Arles und wurde dort während des Pontifikats Gregors des Großen (590–604) erstellt. Elf Konzilien sind durch diese Sammlung überliefert[15]: Orléans 511, Epao 517, Arles 524, Carpentras 527, Vaison 529, Orléans 538, Orléans 541, Lyon 518/19, Orange 529, Orléans 549, Marseille 533.
In der zweiten Hälfte des 6. Jahrhunderts entstanden in Südfrankreich außerdem die *Sammlung von Lorsch*[16] mit Texten zu Marseille 533 (Briefe), Orange 529, Orléans 511 (Exzerpte), Epao 517, Arles 524, Carpentras 527, Vaison 529, Clermont 535, Orléans 538, Orléans 541, Orléans 549[17] und die *Sammlung von Saint-Maur*[18], die Orléans 511, Clermont 535, Orléans 549, Epao 517, Orange 529 überliefert, als Zusatz in der Handschrift Vat. Reg. lat. 1127 finden sich Clermont 535 (Brief), Auxerre nach 585 und Chalon 647/53.[19] Der gleichen Zeit ist die *Sammlung von Reims*[20] zuzuordnen, deren Entstehungsort ungewiß bleibt. Diese Collectio enthält[21]: Orléans 511, Epao 517, Lyon 518/19, Arles 524, Vaison 529,

---

12 Hss.: Leningrad F. v. II. 3 (1. Teil des Kodex, enthält Dionysiana) und Berlin, Phill. 1745 (7. Jh., Burgund); Paris, Bibl. nat. lat. 1452 (9./10. Jh., Burgund/Rhônegebiet); Literatur: Maassen, Geschichte 775–777; van Hove, Prolegomena 275; Mordek, Kirchenrecht 45 f.

13 Vgl. Maassen, Conc. I, XIII; De Clercq, Conc. Gall. VII f.

14 Hs.: Köln, Dombibliothek 212 (590–604, Südfrankreich/Arles); Literatur: Maassen, Geschichte 574–585; van Hove, Prolegomena 273 f.; Mordek, Kirchenrecht 15 Anm. 63, 80 f.

15 Vgl. Maassen, Conc. I, XII; De Clercq, Conc. Gall. VIII.

16 Hss.: Vat. Pal. Lat. 574 (8./9. Jh., Oberrhein); Gotha, Landesbibl. Mbr. I 85 (8./9. Jh., Elsaß); die Gothaer Hs. ist in den Editionen von Maassen und De Clercq nicht berücksichtigt. Literatur: Maassen, Geschichte 585–591; van Hove, Prolegomena 274 f.; Mordek, Kirchenrecht 9 Anm. 33.

17 Vgl. Maassen, Conc. I, XII; De Clercq, Conc. Gall. IX.

18 Hss.: Den Haag, Mus. Meermanno-Westreenianum 10. B. 4 (früher 9; 8. Jh., Nord- oder Mittelfrankreich); Paris, Bibl. nat. lat. 1451 (800–816, um Tours, früher in Saint-Maur-des-Fossés); Vat. Reg. lat. 1127 (9. Jh., Frankreich, früher in Angoulême); die Hs. von Den Haag ist in den Editionen von Maassen und De Clercq nicht berücksichtigt; Literatur: Maassen, Geschichte 613–624; van Hove, Prolegomena 276; Mordek, Kirchenrecht 55 f.

19 Vgl. Maassen, Conc. I, XII; De Clercq, Conc. Gall. VIII, IX.

20 Hs.: Berlin, Phill. 1743 (2. Hälfte 8. Jh., Bourges, früher Reims zugewiesen); Literatur: Maassen, Geschichte 638–640; van Hove, Prolegomena 275; Mordek, Kirchenrecht 10.

21 Vgl. Maassen, Conc. I, XIV; De Clercq, Conc. Gall. VII.

Carpentras 527, Orange 529, Orléans 538, Orléans 541, Orléans 549, Orléans 511 (cc. 1–11 und Subskriptionen), Marseille 533 und als Nachträge Paris 614 und Konzil an unbekanntem Ort nach 614.

Vom Ende des 6. Jahrhunderts aus Westfrankreich datiert die *Sammlung Pithou*[22] mit den Konzilien von Clermont 535, Epao 517, Arles 524, Orléans 511, Orléans 538.[23]

Im 7. Jahrhundert entstand in Gallien die *Sammlung von Dießen*[24] mit den Konzilien[25] von Epao 517, Vaison 529, Eauze 551, Paris 614, Clichy 626/27, im 8. Jahrhundert die *Sammlung von Burgund*[26] mit Texten von Tours 567, Auxerre nach 585, Lyon 583 (nur c. 5), Mâcon 581/83, Orléans 511, Epao 517, Clermont 535.[27]

Eine umfangreiche Sammlung mit besonders vielen gallischen Konzilien ist erst in der zweiten Hälfte des 8. Jahrhunderts erstellt worden: die *Sammlung von Saint-Amand.*[28] Sie enthält die Texte zu Arles 524, Carpentras 527, Orange 529, Orléans 511, Orléans 538, Orléans 541, Orléans 549, Orléans 533, Vaison 529, Epao 517, Tours 567, Mâcon 581/83, Mâcon 585, Paris 561/62, Paris 551/52, Auxerre nach 585, Chalon 647/53.[29] Die gleichen Texte – bis auf Arles 524 – bietet die *Sammlung von Beauvais*[30], die auf die zweite Hälfte des 9. Jahrhunderts zu datieren ist. In die Überlieferungsgruppe der Sammlungen von Beauvais und Saint-Amand gehören zwei weitere Handschriften[31]: Paris, Bibliothèque nationale latin 1458[32], ein Sammelkodex mit Fragmenten von Hand-

---

22 Hs.: Paris, Bibl. nat. lat. 1564 (785–810, Nordfrankreich); Literatur: MAASSEN, Geschichte 604–611; VAN HOVE, Prolegomena 275; MORDEK, Kirchenrecht 56.

23 Vgl. Maassen, Conc. I, XIII; De Clercq, Conc. Gall. VIII.

24 Hs.: München, Clm 5508 (8. Jh., Salzburg); Literatur: MAASSEN, Geschichte 624–636; VAN HOVE, Prolegomena 276; MORDEK, Kirchenrecht 9.

25 Vgl. Maassen, Conc. I, XIV; De Clercq, Conc. Gall. VIII.

26 Hs.: Brüssel, Bibl. royale 8780–8793 (8./9. Jh., Nordfrankreich); Literatur: MAASSEN, Geschichte 636–638; VAN HOVE, Prolegomena 277; MORDEK, Kirchenrecht 55.

27 Vgl. Maassen, Conc. I, XIV; De Clercq, Conc. Gall. VII.

28 Hss.: Berlin, Staatsbibliothek Preuß. Kulturbesitz, Hamilton 132 (Anfang 9. Jh., Nordostfrankreich); Paris, Bibl. nat. lat. 3846 (Anfang 9. Jh., Nordfrankreich, Provenienz: Saint-Amand); Paris, Bibl. nat. lat. 1455 (2. Hälfte 9. Jh., Nordfrankreich); Literatur: MAASSEN, Geschichte 780–784; VAN HOVE, Prolegomena 277; MORDEK, Kirchenrecht 249 f.

29 Vg. Maassen, Conc. I, XIV f.; De Clercq, Conc. Gall. VI–IX; jeweils mit falscher Signatur der Hamilton-Hs.

30 Hs.: Vat. lat. 3827 (Ende 9. Jh., Frankreich, Provenienz: Beauvais), Literatur: MAASSEN, Geschichte 778–780; Maassen, Conc. I, XV; De Clercq, Conc. Gall. IX; MORDEK, Kirchenrecht 72.

31 Die beiden Handschriften stammen aus dem Domkapitel von Beauvais.

32 Vgl. Maassen, Conc. I, XVI; De Clercq, Conc. Gall. VIII; MORDEK, Kirchenrecht 121 Anm. 91, 226 Anm. 56.

schriften des 9.–14. Jahrhunderts, in dem folgende Konzilien enthalten sind: Paris 561/62, Orléans 511, Tours 567, Orléans 538 (c. 10), Auxerre nach 585, Chalon 647/53 (cc. 1–18); Paris, Bibliothèque nationale latin 1454[33] bietet als Anhang zu einer Collectio Quesnelliana Orléans 511, Paris 561/62, Tours 567. Die Sammlung von Saint-Amand ist die umfangreichste in bezug auf die gallischen Konzilien. Sie ist interessanterweise in den uns bekannten Überlieferungen immer mit einer Dionysio-Hadriana verbunden.[34]

Während also die großen und weit verbreiteten Sammlungen wie Dionysiana, Dionysio-Hadriana und Quesnelliana die Kanones der merowingischen Konzilien allenfalls als Anhang enthalten, sind in die im 7. Jahrhundert in Spanien entstandene *Hispana*[35] – vermutlich auf dem Weg über die Kirchenprovinz Arles[36] – merowingische Konzilien aufgenommen worden: Orléans 511 und Arles 524.[37] Die Hispana fand im 8. Jahrhundert auch in Gallien Verbreitung und wurde in einzelnen Handschriften[38] um folgende Konzilien vermehrt: Vaison 529, Orléans 538, Epao 517, Carpentras 527, Clermont 535, Orléans 549.[39] Auszüge aus merowingischen Konzilien enthält auch die wohl schon vor der Hispana entstan-

---

[33] Vgl. Mordek, Kirchenrecht 239; Maassen, Conc. I, XVI; De Clercq, Conc. Gall. VIII; vgl. auch den Quesnelliana-Kodex Paris, Bibl. nat. lat. 3842 A, der die gleichen Stücke bietet.

[34] Vgl. Mordek, Kirchenrecht 249 f.

[35] Zur Hispana vgl. zuletzt und grundlegend Martínez Díez, La colección canónica Hispana I und Mordek, Kirchenrecht 250–252. Vgl. auch Maassen, Geschichte 710–716; Van Hove, Prolegomena 281 f.

[36] Vgl. Martínez Díez, La colección canónica Hispana I 291.

[37] Vgl. Martínez Díez, La colección canónica Hispana I 288–291. Von Orléans 511 sind in der Hispana nur 27 Kapitel übernommen und zwar – fortlaufend gezählt – cc. 1–3, 6, 8, 9, 11–31. – In der Hispana sind einige Kanones von Epao (cc. 22, 17, 6, 7, 8, 4, 9, 10, 18, 29, 30, 34, 35) an das Konzil von Agde 506 angehängt und finden sich in einigen Hispana-Handschriften und in der Sammlung von Saint-Amand nochmals unter dem Titel *Sententiae, quae in veteribus exemplaribus conciliorum non habentur, sed a quibusdam in ipsis insertae sunt* als cc. 3–16. Vgl. dazu Maassen, Geschichte 202–204; Gaudemet, Epaone 539 f.; Martínez Díez, La colección canónica Hispana I 342–347. Vgl. auch die Edition bei Munier, Conc. Gall. 225–228. Als Kanones von Agde bzw. Kanones der Sententiae gelangten diese Kanones in das Dekret Burchards von Worms und neun sogar in das Dekret Gratians, vgl. die Nachweise bei Munier, Conc. Gall. 225–228. Die kanonistische Tradition dieser Kanones wird im folgenden nicht berücksichtigt, sie ist aufgezeigt bei Gaudemet, Epaone 539 f.

[38] Vgl. die Ausführungen von Martínez Díez, La colección canónica Hispana I 236–247 sowie die Beschreibungen der Hss. ebd. 104–146. In den Editionen von Maassen und De Clercq ist nur die Wiener Hs. (Österr. Nationalbibl. 411) für die Konzilien von Arles 524 und Orléans 511 berücksichtigt, vgl. Maassen, Conc. I, XVI f. und De Clercq, Conc. Gall. IX.

[39] Vgl. Martínez Díez, La colección canónica Hispana I 236 f.

dene *spanische Epitome*[40]: dort finden sich Exzerpte[41] aus Orléans 511, Arles 524, Orléans 549, in einer verkürzten Epitome[42] auch Auszüge aus Auxerre nach 585. Vorlage für diese in Spanien entstandenen Sammlungen dürften eine oder mehrere der oben genannten Sammlungen aus Südfrankreich sein, ohne daß sich diese genau identifizieren lassen.[43]
Die tabellarische Übersicht der Überlieferung der merowingischen Konzilien in den Sammlungen historischer Ordnung gibt keinen Aufschluß über die Abhängigkeit der Sammlungen untereinander. Abgesehen davon, daß zu einer solchen Studie alle Texte der Sammlungen einbezogen werden müßten, hat es vermutlich weit mehr derartige Sammlungen gegeben, die zwar nicht erhalten sind, aber als intermediäre Überlieferung gedient haben.
Aus der nachfolgenden Tabelle wird dagegen deutlich, daß hauptsächlich die Konzilien der ersten Hälfte des 6. Jahrhunderts aufgenommen wurden. Besonders häufig kommen vor: Orléans 511, Epao 517, Orléans 538 und Orléans 549. Es fällt schwer, dafür eine einleuchtende Erklärung zu finden. Vom Inhalt der Kanones dürfte es kaum abhängen, zumal diese Konzilien nicht nur ältere Bestimmungen wiederholten, sondern auch untereinander Kanones wiederaufgriffen.[44] Ein Grund für die häufige Überlieferung von Orléans 511 dürfte eher sein, daß es sich um das erste Nationalkonzil der fränkischen Kirche handelte, ebenso wie Epao 517 ein burgundisches Nationalkonzil war. Orléans 538 stellte in seinen Bestimmungen eine Art Ausgleich zwischen dem nördlichen und südlichen Frankenreich her und könnte deshalb beachtet worden sein. Orléans 549 hatte die meisten Teilnehmer der Konzilien des 6. Jahrhunderts. Ebenso gut aber könnte es daran liegen, daß die Akten dieser Konzilien in den Kirchen und Klöstern des südlichen Gallien, wo die meisten Sammlungen im 6. Jahrhundert entstanden sind, vorlagen, und spätere Konzilien dort nicht mehr rezipiert wurden.
Ähnlich spekulativ bleiben die Überlegungen zu dem aus der Tabelle ersichtlichen Abbrechen der Tradition nach 549. Gab es um diese Zeit

---

40 Vgl dazu G. Martínez Díez, El Epítome Hispánico. Una collección canónica española del siglo VII. Estudio y texto critico (Comillas/Santander 1961).

41 Vgl. Martínez Díez, El Epítome Hispánico 42, 46, 48.

42 Vgl. Martínez Díez, El Epítome Hispánico 22; es handelt sich um die Hs. München, Clm 6241, den Text bietet Martínez Díez ebd. 229–232; vgl. dazu auch Maassen, Geschichte 666.

43 Vgl. die Versuche bei Martínez Díez, El Epítome Hispánico 60 f. und ders., La colección canónica Hispana 288–291.

44 Z. B. gingen allein vier Kanones von Orléans 511 in Epao 517 ein.

Die Überlieferung der merowingischen Konzilien in den Kanonessammlungen historischer Ordnung

Konzil \ Sammlung	Corbie	Albi	Lyon	Köln	Lorsch	Saint-Maur	Reims	Pithou	Dießen	Burgund	Saint-Amand	Beauvais	Hispana	Vetus Gallica
Orléans 511	X		X	X	X	X	X	X		X	X	X	X	22
Epao 517	X	Z	X	X	X	X	X	X	X	X	X	X	Z	24
Lyon 518/19				X			X							1
Arles 524		X	X	X	X		X	X			X		X	
Carpentras 527			X	X	X		X				X	X	Z	
Orange 529			X	X	X	X	X				X	X		
Vaison 529	X		Z	X	X		X		X		X	X	Z	1
Marseille 533	X			X	X		X							
Orléans 533											X	X		
Clermont 535	X		X		X	X		X		X			Z	3
Orléans 538	X	X	X	X	X		X	X			X	X	Z	21
Orléans 541		X		X	X		X				X	X		
Orléans 549	X	X	X	X	X	X	X				X	X	Z	1
Eauze 551									X					
Paris 551/52											X	X		
Arles 554			Z											4
Paris 561/62											X	X		
Tours 567										X	X	X		
Lyon 567/70														4
Paris 573	X													
Mâcon 581/83			Z							X	X	X		14
Lyon 583										C.5				1
Mâcon 585											X	X		10
Auxerre nach 585						Z				X	X	X		
Paris 614							Z		X					
unbek. Ort nach 614							Z							
Clichy 626/27									X					
Chalon 647/53						Z					X	X		
Autun 663/75														6
Saint-Pierre 673/75		Z												
Saint-Jean 673/75		Z												

X bedeutet, daß die Kanones dieses Konzils in die jeweilige Sammlung aufgenommen wurden, Z heißt, daß es sich um einen späteren Zusatz zur eigentlichen Sammlung handelt; die Zahlen unter Vetus Gallica geben die Anzahl der übernommenen Kanones an, vgl. dazu im einzelnen unten 286.

andere Rechtssammlungen, auf die man sich berufen konnte? Lag es an der Art der Konzilien, die nun nur noch für Teilreiche einberufen werden, vom König stark beeinflußt sind und häufig keine Kanones erlassen, sondern nur noch einzelne Streitfälle entscheiden? Nimmt im 7. Jahrhundert tatsächlich die Anzahl der Konzilien ab, oder waren die Beschlüsse so konkret auf Einzelfälle bezogen, daß man sie nicht für überlieferungswürdig hielt? Aufgrund der derzeit vorliegenden Quellen kann hier kaum eine befriedigende Antwort gefunden werden.

2. Die merowingischen Konzilien in den systematischen Kanonessammlungen[45]

„Systematische Werke gruppieren das Rechtsmaterial nicht seiner Provenienz nach, sondern in thematischer Ordnung, aus der der Benutzer ohne langes Suchen das Gewünschte entnehmen kann."[46] Diese Sammlungen beziehen ihr Material aus den historisch geordneten Collectiones, so daß hier nicht mehr von Überlieferung, eher schon von Rezeption gesprochen werden muß. Eine Ausnahme macht allerdings die Collectio Vetus Gallica: sie rezipiert nicht nur eine ganze Reihe merowingischer Konzilien, sondern bietet für das Konzil von Autun 663/75 sogar die einzige Überlieferung.
Die *Sammlung Vetus Gallica*[47] entstand um 600 in Burgund, in der Kirchenprovinz Lyon[48] und ist die „älteste systematische Kirchenrechtssammlung des fränkischen Gallien".[49] 13 merowingische Konzilien sind durch mindestens einen Kanon vertreten: Orléans 511 (22 Kanones), Epao 517 (24), Lyon 518/19 (17), Vaison 529 (1), Clermont 535 (3), Orléans 538 (21), Orléans 549 (1), Arles 554 (4), Lyon 567/70 (4), Lyon 583 (1), Mâcon 581/83 (14), Mâcon 585 (10), Autun 663/75 (6); außerdem entnahm die Vetus Gallica eine Stelle aus den zu Marseille 533

[45] Berücksichtigt werden im folgenden zunächst nur die systematischen Sammlungen bis zur Mitte des 9. Jh., aus der späteren Zeit nur noch die großen Sammlungen Reginos, Burchards von Worms, Ivos von Chartres und das Dekret Gratians. Die Vielzahl der Sammlungen und ihre Abhängigkeit untereinander ist nur unzureichend erforscht, zumal nur wenige verläßliche Editionen vorliegen. Die folgenden Informationen müssen daher lückenhaft bleiben. Sie wurden weitgehend aus der Literatur zusammengestellt.

[46] Mordek, Kirchenrecht 4.

[47] Vgl. dazu grundlegend Mordek, Kirchenrecht, der nicht nur eine Studie und Edition dieser Sammlung bietet, sondern auch umfassend über weitere Sammlungen informiert.

[48] Vgl. Mordek, Kirchenrecht 70–79. Termini für die Datierung sind im übrigen Konzilien: Mâcon 585 und Clichy 626/27, wo die Vetus Gallica erstmals rezipiert wurde, vgl. Mordek, Kirchenrecht 66–70.

[49] Mordek, Kirchenrecht 21.

gehörigen Briefen.[50] Für die Konzilien Lyon 567/70 und Lyon 583 ist nur der Druck von Surius, aber keine Handschrift erhalten, durch die Vetus Gallica sind wenigstens einige Kanones auch handschriftlich überliefert.[51] Hauptquelle für die merowingischen Konzilien in der Vetus Gallica war die Sammlung von Lyon.[52] Die Kanones von Autun 663/75 gehörten nicht zum ursprünglichen Bestand, sondern wurden erst bei einer Überarbeitung eingefügt.[53]

Die Kanones der Vetus Gallica wurden fast vollständig übernommen in die Collectio *Herovalliana*[54], die in der 2. Hälfte des 8. Jahrhunderts entstanden ist. Einige Konzilien wurden neu aufgenommen, so vor allem Auszüge aus Auxerre nach 585[55], wobei vermutlich die Sammlung von Saint-Maur als Vorlage diente.

Sowohl die Vetus Gallica als auch die Herovalliana übten im Mittelalter einigen Einfluß aus, und in viele systematische Sammlungen gelangten die Kanones der merowingischen Konzilien über diese beiden Collectiones.[56] So stammen die in der Sammlung in 22 Kapiteln[57] enthaltenen Kanones von Arles 554 und Autun 663/75 aus der Herovalliana.[58] Das gleiche gilt für die Konzilskanones in der Handschrift Paris, Bibliothèque nationale latin 1455[59] und im sogenannten Kapitular Nr. 113.[60]

Die Vetus Gallica war Vorlage für die Konzilskanones, die in folgenden Sammlungen enthalten sind:

– Sammlung von Saint-Germain[61] (8. Jahrhundert) mit Kanones von Orléans 511 und Orléans 538;
– zweite Sammlung von Freising[62] (Ende 8. Jahrhundert) mit Kanones

---

[50] Vgl. die genaue Aufstellung im Quellenverzeichnis bei Mordek, Kirchenrecht 658–660 und 417 sowie die Tabelle unten 294–304.

[51] Die Vetus Gallica überliefert für Lyon 567/70 die cc. 2, 3, 5, 6, für Lyon 583 c. 6, nur c. 5 dieses Konzils ist in der Sammlung von Burgund enthalten, vgl. oben 282.

[52] Vgl. Mordek, Kirchenrecht 45.

[53] Vgl. dazu Mordek, Kirchenrecht 82–85.

[54] Vgl. zu dieser Sammlung zuletzt Mordek, Kirchenrecht 109–143.

[55] Die Diözesansynode von Auxerre nach 585 wurde häufig rezipiert, unabhängig auch von den anderen Konzilien, vgl. dazu Mordek, Kirchenrecht 133 und unten 303.

[56] Vgl. dazu Mordek, Kirchenrecht 120–127.

[57] Vgl. dazu Mordek, Kirchenrecht 126 f. Die Sammlung stammt aus der 2. Hälfte des 9. Jh. und hatte auch eine Vetus Gallica vorliegen, vgl. Mordek, Kirchenrecht 175–178 und unten 288.

[58] Vgl. Mordek, Kirchenrecht 126 Anm. 109.

[59] Vgl. Mordek, Kirchenrecht 127.

[60] Vgl. Mordek, Kirchenrecht 131–133.

[61] Vgl. dazu Maassen, Geschichte 836–841; Mordek, Kirchenrecht 144–147.

[62] Vgl. Mordek, Kirchenrecht 147–151 mit Edition 618–633.

von Orléans 511, Epao 517, Orléans 538, Arles 554, Autun 663/75, Mâcon 585, Mâcon 581/83, Lyon 567/70, Vaison 529;
- Kombination von Dionysio-Hadriana und Vetus Gallica (um 800)[63] mit Kanones von Orléans 538, Mâcon 585, Mâcon 581/83[64];
- Adnotatio II zur Dionysio-Hadriana (Anfang 8. Jahrhundert)[65];
- Sammlung von Laon (Mitte 9. Jahrhundert)[66];
- Sammlung in 53 Titeln (drittes Viertel 9. Jahrhundert).[67]

Die schon erwähnte Sammlung in 22 Kapiteln hat neben der Herovalliana auch die der Vetus Gallica benutzt.[68] Über diese an sich unbedeutende Sammlung gingen zwei Kanones merowingischer Konzilien in das Dekret Burchards von Worms und schließlich in die Dekrete Ivos und Gratians ein.[69]

Außer in diesen Sammlungen fanden Kanones der Vetus Gallica und damit Kanones der merowingischen Konzilien Eingang in die karolingische Gesetzgebung, die pseudoisidorischen Fälschungen, insbesondere in die Kapitularien des Benedictus Levita und in eine Reihe von Bußbüchern.[70]

Kanones merowingischer Konzilien finden sich unabhängig von Vetus Gallica und Herovalliana in einer ganzen Reihe größerer und kleinerer Sammlungen. Als Quelle ist meist eine der oben angeführten historischen Sammlungen zu vermuten, die sich nur in wenigen Fällen genau bestimmen läßt. Eindeutig ist allerdings die Vorlage der *Hispana systematica*, die zwischen 675 und 681 in Spanien entstanden ist, handschriftlich aber erst in der ersten Hälfte des 9. Jahrhunderts in der Gegend von Lyon faßbar wird.[71] In der systematischen Hispana sind Kanones von Orléans 511,

---

63 Vgl. Mordek, Kirchenrecht 151–162.

64 Bei dieser Kombination entstand eine kleine Sammlung zum kirchlichen Anklage- und Prozeßwesen, die auch in die Capitula Angilramni inseriert wurde, vgl. Mordek, Kirchenrecht 155 Anm. 271.

65 Vgl. Mordek, Kirchenrecht 157–160.

66 Vgl. Mordek, Kirchenrecht 164–166. Nach Fournier, Notices sur trois collections ... de l'époque carolingienne 164 f. enthält die Sammlung von Laon Kanones von Epao 517, Orléans 533, Mâcon 581/83, Mâcon 585 und 26 Kanones von Auxerre nach 585, die aus einer historischen Sammlung stammen müssen.

67 Vgl. Mordek, Kirchenrecht 172–174.

68 Vgl. Mordek, Kirchenrecht 175–178.

69 Vgl. Mordek, Kirchenrecht 178, 182 f: Mâcon 581/83 c. 16 → Vetus Gallica LV 5 → Sammlung in 22 Kapiteln → Burchard IV 88 → Ivo, Decretum I 282 → Gratian D. 54 c. 18; Autun 663/75 c. 5 → Vetus Gallica XLVI 10 → Herovalliana LI 13 → Sammlung in 22 Kapiteln → Burchard VIII 82 → Ivo, Decretum VII 100.

70 Vgl. dazu die Ausführungen bei Mordek, Kirchenrecht 184–207.

71 Zur systematischen Hispana vgl. Martínez Díez, La colección canónica Hispana II 247–483 und Mordek, Kirchenrecht 259 f.

Arles 524 und Kanones von Epao 517 als Kanones von Agde 506 verarbeitet.[72] Vorlage war also eine noch nicht vermehrte Hispana.[73] Umstritten ist dagegen die Herkunft der gallischen Kanones im zweiten Buch der *Sammlung in zwei Büchern* (9. Jahrhundert)[74], der vielleicht die Sammlung von Saint-Amand als Quelle gedient haben könnte. Die *erste Sammlung von Bonneval*[75], entstanden im 9. Jahrhundert (nach 816), schöpfte zwar aus der Vetus Gallica, muß aber für die merowingischen Konzilien eine weitere – nicht erhaltene – Sammlung benutzt haben, da sie Kanones der Konzilien von Orléans 541, Paris 561/62 und Tours 567 bringt, die in der Vetus Gallica nicht erhalten sind.[76] Auf den gleichen Quellen fußt die *zweite Sammlung von Bonneval*[77], die ebensowenig wie die erste später rezipiert wurde.

Die *Sammlung in 400 Kapiteln*[78], verfaßt frühestens im 8., spätestens in der ersten Hälfte des 9. Jahrhunderts, enthält selbst nur Kanones von Orléans 511, in der Handschrift Paris, Bibliothèque nationale latin 2316 findet sich zusätzlich ein Fragment mit c. 31 von Orléans 538 und cc. 26, 27 von Orléans 511, die aus der Vetus Gallica exzerpiert wurden.[79]

Die *Concordia canonum* des Cresconius[80] wurde in karolingischer Zeit überarbeitet und vor allem um gallische Konzilien bereichert[81]: Arles 524, Orléans 511, Orléans 533, Orléans 538. Vorlage könnte die Sammlung

---

72 Vgl. die Konkordanztabellen bei Martínez Díez, La colección canónica Hispana II 225, 227 f., 429–483. C. 35 von Orléans 538 = Hispana systematica III, XVI 6 ist vermutlich ein späterer Zusatz. Die Sententiae (vgl. oben 283) mit den Epao-Kanones sind in der Hispana systematica nicht rezipiert.

73 Vgl. dazu oben 283 f. und Maassen, Geschichte 813–821.

74 Vgl. zu Handschriften und Literatur Mordek, Kirchenrecht 120 f. Nach Fournier, Notices sur trois collections canoniques inédites de l'époque carolingienne 180 f. enthält die Sammlung in zwei Büchern Kanones folgender Konzilien: Orléans 511, Epao 517, Orléans 538, Orléans 549, Auxerre nach 585, Mâcon 581/83, Mâcon 585, Lyon 583 c. 5, Paris 614. Daß c. 5 von Lyon enthalten ist, spricht dafür, daß auch die Sammlung von Burgund, die als einzige diesen Kanon überliefert, Vorlage war.

75 Vgl. zu Hss. und Literatur Mordek, Kirchenrecht 167–171; Maassen, Geschichte 833–836.

76 Vgl. Mordek, Kirchenrecht 167; H. Mordek, Die Rechtssammlungen der Handschrift von Bonneval – ein Werk der karolingischen Reform, in: DA 24 (1968) 339–434, bes. 344–346 und Quellenverzeichnis 431–433.

77 Vgl. Mordek, Kirchenrecht 170 f.; ders. in DA 24, 347–351; Maassen, Geschichte 841 f.

78 Vgl. Mordek, Kirchenrecht 162–164; Maassen, Geschichte 842–846.

79 Vgl. Mordek, Kirchenrecht 283–285, 720.

80 Vgl. zu dieser Sammlung Mordek, Kirchenrecht 253–255.

81 Zu dieser gallischen Version des Cresconius vgl. Maassen, Geschichte 846 f. und Mordek, Kirchenrecht 255.

von Saint-Amand gewesen sein, da nur sie sowohl Arles 524 als auch Orléans 538 enthält.[82]

Die irische Kanonessammlung, die Collectio *Hibernensis*[83], die als große systematische Sammlung schon im 8. Jahrhundert weite Verbreitung fand, entlehnte nur einem merowingischen Konzil, Orléans 511, sechs Kanones[84], deren Vorlage nicht zu bestimmen ist.

Eine der bedeutendsten systematischen Sammlungen der Karolingerzeit, die nach ihrem ersten Herausgeber benannte *Dacheriana*[85], die um 800 wohl in der Gegend von Lyon entstanden ist, enthält nur neun Kanones[86] der merowingischen Konzilien, vornehmlich von Orléans 511, die der Hispana systematica entnommen wurden.[87] Aus der Dacheriana schöpfte der anonyme Verfasser der Sammlung in vier Büchern, des sogenannten *Quadripartitus*[88], einen Großteil seines Materials. Diese um die Mitte des 9. Jahrhunderts wohl in Reims zusammengestellte Sammlung übernahm zwei Konzilskanones[89] aus der Dacheriana, benutzte außerdem aber die Collectio Remensis, wie sich an c. 11 des Konzils an unbekanntem Ort nach 614 zeigt, das nur in der Sammlung von Reims überliefert ist.[90] Im Quadripartitus finden sich Kanones von Orléans 511, Epao 517, Orléans 538, Orléans 549, unbekannter Ort nach 614.[91]

In der gleichen Handschrift wie die Sammlung von Corbie[92] ist eine kleine *systematische Sammlung von Corbie*[93] aus dem 6. oder 7. Jahrhundert

---

[82] Vgl. oben 285.

[83] Vgl. MAASSEN, Geschichte 877–885; MORDEK, Kirchenrecht 255–259.

[84] Vgl. H. WASSERSCHLEBEN, Die irische Kanonensammlung, Leipzig ²1885 XVII.

[85] L. D'Achery, Spicilegium XI (1672) 1–200; vgl. dazu MORDEK, Kirchenrecht 259–263; MAASSEN, Geschichte 848–852.

[86] Vgl. dazu die Übersicht unten 294–304.

[87] Nach MORDEK, Kirchenrecht 259, basierend auf G. HAENNI, Note sur les sources de la Dacheriana, in: Studia Gratiana 11 (1967) 3–22, hat die Dacheriana nicht die chronologische, sondern die systematische Hispana benutzt. Dafür spricht auch der in die Dacheriana aufgenommene c. 35 von Orléans 538, vgl. oben Anm. 72. C. 31 von Orléans 511 ist nicht in der Hispana systematica enthalten, jedoch überliefert eine ganze Reihe Hss. die falsche Kapitelzahl XXVI für XXXI, vgl. die Editionen von Maassen und De Clercq. C. 31 von Orléans 511 findet sich singulär auch in der Hs. Paris, Bibl. nat. lat. 2316, übernommen aus der Vetus Gallica. – Die Hispana wurde auch benutzt von Hrabanus Maurus in seinen Bußbüchern, vgl. MAASSEN, Geschichte 870 f., doch würde es zu weit führen, diese Quellengattung hier einzubeziehen.

[88] Zu dieser Sammlung vgl. zuletzt KERFF, Der Quadripartitus.

[89] Orléans 511 c. 3, c. 26, vgl. im einzelnen die Aufstellung unten 294–304.

[90] Vgl. zum Nachweis der Benutzung der Collectio Remensis KERFF, Der Quadripartitus 61 f.

[91] Vgl. dazu im einzelnen die Aufstellung unten 294–304. Über den Quadripartitus fanden diese Konzilien Eingang in die Sammlungen Reginos, Burchards, Ivos und Gratians.

[92] Vgl. oben 280.

[93] Vgl. dazu MAASSEN, Geschichte 871–873; MORDEK, Kirchenrecht 17 Anm. 72.

enthalten, die vorwiegend Kanones merowingischer Konzilien[94] zum Thema kirchlicher Vergehen zusammenstellt. Allerdings werden nur die Anfangsworte der Kanones zitiert und die Sammlung ist offensichtlich nicht zu Ende geführt worden.

Die nur sechs Kanones umfassende Sammlung über die Ordination der Bischöfe, die unter dem Titel *Scintilla de canones vel ordinationes episcoporum* in vier Handschriften überliefert ist[95], enthält c. 8 des Konzils von Paris 561/62.

Die zahlenmäßig stärkste Rezeption merowingischer Konzilskanones in den systematischen Sammlungen bis zur Mitte des 9. Jahrhunderts erfolgte durch Vetus Gallica und Herovalliana, die ihrerseits wieder ausgeschrieben wurden. Einflußreiche Sammlungen wie Hispana und Hibernensis bringen nur wenige merowingische Konzilien, auch die Dacheriana hat nur neun Kanones dieser Konzilien aufgenommen. Sammlungen wie die von Bonneval und des gallischen Cresconius haben zwar eine relativ hohe Anzahl merowingischer Kanones rezipiert, blieben jedoch ihrerseits ohne Einfluß. Erst über den Quadripartitus gingen wieder mehr merowingische Kanones in die kanonistische Tradition ein. Bestimmend für die Aufnahme der Kanones in systematische Sammlungen war wohl weniger die Autorität oder Größe eines Konzils, eher der Zufall der Überlieferung beziehungsweise die thematische Auswahl: welcher Text einer Sammlung bot eine Bestimmung zum gerade interessierenden Thema?

In den zahlreichen Kirchenrechtssammlungen des 10. bis 12. Jahrhunderts lassen sich auch noch merowingische Kanones nachweisen[96], doch soll im folgenden nur der Hauptstrang der Überlieferung bis zum Dekret Gratians aufgezeigt werden.

Abt *Regino von Prüm* († 915), dessen Sendhandbuch[97] zu den systematischen Kirchenrechtssammlungen zu zählen ist, hat darin 19 Kanones[98]

---

94 Im einzelnen werden angeführt: Orléans 511 cc. 9, 18, 29; Epao 517 cc. 13, 22; Clermont 533 cc. 5, 12 (2mal); Orléans 538 cc. 2, 4, 5, 8, 10, 22, 27; Orléans 549 cc. 3, 7.

95 Zu dieser Sammlung vgl. Maassen, Geschichte 873 f.; eine weitere Handschrift teilt Mordek, Kirchenrecht 121 Anm. 91 mit.

96 Vgl. z. B. die Sammlung in 13 Büchern (12. Jh., Berlin, Savigny 3), dazu Mordek, Kirchenrecht 121 Anm. 91. A. Theiner, Über Ivo's vermeintliches Dekret: Ein Beitrag zur Geschichte des Kirchenrechts, und ins Besondere zur Critik der Quellen des Gratian, Mainz 1832, 57 ff.; vgl. auch die Sammlungen in den Handschriften Paris, Bibl. nat. lat. 12445 (ab fol. 224 v, 12. Jh.) und lat. 13659 (12. Jh.), dazu Mordek, Kirchenrecht 138.

97 Libri duo de synodalibus causis, hrsg. von F. G. A. Wasserschleben, Leipzig 1840.

98 Vgl. im einzelnen die Übersicht unten 294–304. Die Kanones tragen häufig irreführende Inskriptionen, vgl. dazu die Anmerkungen in der Edition von Wasserschleben. Zu den bei Regino vorkommenden Konzilien von Nantes und Tours vgl. oben 203 f.

merowingischer Konzilien verarbeitet. Die meisten davon entnahm er der Dacheriana und dem Quadripartitus, doch sind damit noch nicht alle Fragen nach der Herkunft geklärt.[99] Regino muß wohl auch eine Sammlung der historischen Ordnung mit merowingischen Konzilien vorgelegen haben.[100]

Eine oder mehrere dieser Sammlungen hat auch Bischof *Burchard von Worms* (1000–1025) für sein Dekret benutzt, eine der am weitesten verbreiteten systematischen Sammlungen des 11. Jahrhunderts.[101] Burchards Quellen für einzelne Kanones sind nur schwer zu identifizieren, da er sich öfters falscher Inskriptionen bedient.

Dabei zeigte er im übrigen eine Vorliebe für merowingische Konzilien: *ex concilio Aurelianensi* findet sich besonders häufig.[102] Fournier hat in seiner Untersuchung der Quellen von Burchards Dekret 35 merowingische Konzilskanones[103] ausgemacht. Zählt man die Übernahmen aus Regino dazu[104], sind es 45 Kanones merowingischer Konzilien, die Burchard in seinem Dekret verarbeitet hat. Als Quelle kommen nicht nur systematische Sammlungen in Frage, sondern Burchard muß – wie schon erwähnt – auch eine oder sogar mehrere Sammlungen historischer Ordnung benutzt haben.[105]

Die Untersuchungen über die Kanonessammlungen *Ivos von Chartres* († 1115/17)[106] zeigen, daß Ivo für die gallischen Konzilien in seiner Collectio tripartita die Hispana vorliegen hatte[107], in sein Decretum übernahm er fast vollständig das Dekret Burchards von Worms und

---

[99] C. 18 des Konzils von Orléans 511, bei Regino II 192, könnte den Bußbüchern des Hrabanus Maurus entnommen sein, vgl. Wasserschleben 288.

[100] Die Sammlung ist nicht zu identifizieren, eventuell waren es sogar mehrere dieser kleineren Collectiones.

[101] Text in Migne PL 140, 537–1058; zur Bedeutung des Werkes und zur umfangreichen Literatur vgl. FUHRMANN, Einfluß und Verbreitung II 442–485; M. KERNER, Studien zum Dekret des Bischofs Burchard von Worms, Phil. Diss. Aachen 1969.

[102] Vgl. dazu P. FOURNIER, Etudes critiques sur le décret de Burchard de Worms 108.

[103] Die Liste bei FOURNIER, Etudes critiques 29 ist fehlerhaft. Eine korrigierte Fassung findet sich in der Übersicht unten 294–304.

[104] Vgl. die Übersicht unten 294–304.

[105] Die Inskription *ex concilio Urbico* für Kanones von Auxerre nach 585 deutet auf einen Überlieferungsstrang von Kanones dieser Synode im Zusammenhang mit der Herovalliana, vgl. dazu FOURNIER, Etudes critiques 30 und MORDEK, Kirchenrecht 133; vgl. auch oben 287. Zur Benutzung der Sammlung in 22 Kapiteln vgl. oben 288.

[106] Vgl. zu den Sammlungen Ivos und zur Literatur FUHRMANN, Einfluß und Verbreitung II 542–562.

[107] Vgl. P. FOURNIER, Les collections canoniques attribués à Yves de Chartres, in: BECh 57/58 (1896/97), benutzt nach dem Abdruck in: DERS., Mélanges de droit canonique I 477 f.

damit auch die darin vorkommenden merowingischen Kanones. Die Panormia bringen kein neues Material, sondern sind eine Kurzfassung aus dem Decretum. Allerdings bleiben einige merowingische Kanones in Ivos Dekret, deren Herkunft nicht eindeutig zu klären ist.[108]

Alle diese genannten Sammlungen – Regino, Burchard, Ivo – mündeten ein in das *Dekret Gratians* († nach 1140)[109], in dem sich 51 Kanones merowingischer Konzilien nachweisen lassen.[110] Auch hier bleibt eine kleine Anzahl, deren Herkunft beim derzeitigen Stand der Forschung nicht genau nachzuweisen ist.

Betrachtet man abschließend die Rezeption der merowingischen Konzilien in den systematischen Sammlungen, so fällt auf, daß bei Gratian zwar elf Konzilien mit mindestens einem Kanon vertreten sind, von der Gesamtzahl der Kanones aber fast die Hälfte nur einem Konzil entstammt: Orléans 511, dem ersten und wohl auch bedeutendsten Nationalkonzil der merowingischen Kirche. Die Kanones dieser Versammlung sind über die Hispana in die Werke Ivos von Chartres übergegangen, eine der Hauptquellen von Gratians Dekret, und wurden so Bestandteil des Kirchenrechts.

---

108 Vgl. die Aufstellung bei FOURNIER, Les collections canoniques 538 f. und die im Vergleich zu FOURNIER korrigierte Übersicht unten 294–304. Dekret und Panormia sind gedruckt in Migne, PL 161, die Tripartita ist bisher nicht ediert.

109 Vgl. zum Dekret Gratians FUHRMANN, Einfluß und Verbreitung II 563–585.

110 Die Liste in der Ausgabe des Corpus iuris canonici von E. Friedberg I (1879) XXIII ist fehlerhaft; die Angaben in der Übersicht unten 294–304 sind entsprechend korrigiert.

Übersicht über die Rezeption merowingischer Konzilskanones in den wichtigsten systematischen Kanonessammlungen

	Vetus Gallica	Dacheriana	Quadripartitus Buch IV	Regino	Burchard	Ivo T = Tripartita D = Decretum P = Panormia	Gratian
Orléans 511							
c. 1	LIV 1	–	273	–	III 190	T II 29,1 D III 107	C. 17 q. 4 c. 36
c. 2	XLVIII 3	I 72	–	–	III 191	T II 29,2 D III 108 P II 72	C. 36 q. 1 c. 3
c. 3	LIV 3	I 107	99	App. I 14	III 192	T II 29,3 D III 109	C. 17 q. 4 c. 36
c. 6	XVII 7	–	–	–	–	T II 29,4	C. 2 q. 7 c. 20
c. 8	XI	–	–	I 404	II 24	T II 29,5 D VI 125	D. 54 c. 19
c. 9	XVI 5	–	–	–	–	T II 29,6 D VI 368	D. 81 c. 14
c. 11	XLV 2 LXIV 18	–	274	–	–	T II 29,7	D. 5 c. 5 de pen.
c. 12	XVII 8 LXIV 19	–	275	–	–	T II 29,8 D XV 18	D. 81 c. 14
c. 13	XXXIX 2	–	–	–	–	T II 29,9	D. 28 c. 11
c. 14	XXXII 3	–	–	–	–	T II 29,10 D XIII 99	C. 10 q. 1 c. 8

	Vetus Gallica	Dacheriana	Quadripartitus Buch IV	Regino	Burchard	Ivo T = Tripartita D = Decretum P = Panormia	Gratian
c. 15	XXXII 4	II 76	–	–	III 136	T II 29,11 D III 202 P II 61	C. 10 q. 1 c. 7
c. 16	XXXI 6	III 129	–	–	–	T II 29,12	D. 82 c. 1
c. 17	XXXII 5	II 67	–	I 15	III 8	T II 29,13 D III 10	C. 16 q. 7 c. 10
c. 18	–	–	–	II 192	–	T II 29,14	–
c. 19	XLV 3	–	–	App. II 4	VIII 67	T II 29,15 D VII 85	C. 18 q. 2 c. 16
c. 20	XLVI 4	–	–	–	–	} T II 29,16	} C. 27 q. 1 c. 32
c. 21	–	–	–	–	–		
c. 22	–	–	–	–	–	T II 29,17	C. 18 q. 2 c. 14
c. 23	–	–	–	–	–	T II 29,18	C. 16 q. 3 c. 12
c. 24	XXIV 1	–	–	–	–	T II 29,19	D. 3 c. 6 de cons.
c. 25	XXIII 2	I 115	–	II 392	II 75	T II 29,20 D IV 12	D. 3 c. 5 de cons.
c. 26	XXIII 6	II 95	291	I 198	III 29	T II 29,21 D III 34	D. 1 c. 65 de cons.
c. 27	XXIV 4	–	–	–	–	T II 29,22 D IV 11	D. 3 c. 3 de cons.
c. 28	XXIV 5	–	–	–	–	T II 29,23	D. 91 c. 5
c. 29	–	–	–	–	–	T II 29,24	–
c. 30	XLIV 4	–	369	–	–	T II 29,25	C. 26 q. 5 c. 9
c. 31	XXIII 7	III 136	–	–	–	T II 29,26 D XIII 100	D. 3 c. 4 de cons.

	Vetus Gallica	Dacheriana	Quadripartitus Buch IV	Regino	Burchard	Ivo T = Tripartita D = Decretum P = Panormia	Gratian
Epao 517							
c. 3	IV 7 LXIV 14 LXIV 27	–	–	–	–	–	–
c. 4	XLII 2	–	–	I 178	II 213	T II 44,1 D XIII 30 D VI 288 P III 167	D. 34 c. 2
c. 6	XV 6	–	–	–	–	–	–
c. 8	XXXV 8 LIII 3	–	–	–	–	–	–
c. 9	XII 3	–	333	–	–	–	–
c. 10	XII 4	–	–	–	–	–	–
c. 13	–	–	329	II 346	XVI 24	–	–
c. 14	XXXIV 3	–	–	–	–	–	–
c. 17	XXXV 9	–	–	–	–	–	–
c. 18	XXXV 10	–	–	–	–	–	–
c. 19	XVI 3b	–	331	–	–	–	–
c. 20	XLVII 4	–	–	–	–	–	–
c. 22	XVI 4	–	330	–	–	–	–
c. 23	LXIV 15	–	265	–	–	–	–
c. 25	XIX	–	–	–	III 88	D III 78	–

	Vetus Gallica	Dacheriana	Quadripartitus Buch IV	Regino	Burchard	Ivo T = Tripartita D = Decretum P = Panormia	Gratian
c. 26	XX 1	–	–	–	} II 25 (c. 26–27)	D III 30	} D. 1 c. 31 de cons. (c. 26–27)
c. 27	XVIII 1	–	–	–		P II 32	
c. 28	XVII 10	–	–	–	XI 50	T III 27 D XIV 114 P V 121	C. 11 q. 3 c. 40
c. 30	XLIX 7	–	–	–	–	–	–
c. 32	XXXIX 1	–	–	–	–	–	–
c. 36	LXIV 16	–	–	–	–	–	–
c. 37	IV 9	–	–	–	–	–	–
c. 38	XLVII 5	–	–	–	–	–	–
c. 39	LIV 3	–	–	–	–	–	–
c. 40	LXII 3	–	–	–	–	–	–
Lyon 518/19							
c. 4	LXII 7	–	–	–	–	–	–
Arles 524							
c. 1	–	–	–	App. II 7	–	–	–
c. 3	–	–	–	App. II 8	II 3	T II 25,1 D VI 134 P III 59	D. 55 c. 2
c. 4	–	–	–	–	–	T II 25,2	C. 21 q. 5 c. 4

	Vetus Gallica	Dacheriana	Quadripartitus Buch IV	Regino	Burchard	Ivo T = Tripartita D = Decretum P = Panormia	Gratian
Vaison 529							
c. 2	XXVIII 1	–	–	–	II 232	D VI 307	–
c. 4	–	–	–	–	II 230	D VI 305	–
Clermont 535							
c. 1	–	–	–	–	I 58	–	–
c. 3	LIX 1	–	–	–	–	–	–
c. 5	–	–	–	–	XV 36	D XVI 37	–
c. 6	–	–	–	–	–	–	C. 28 q. 1 c. 17
c. 7	–	–	–	–	III 107	D II 142	–
c. 8	LIX 9	–	–	–	III 108	D II 143 P I ult.	D. 1 c. 43 de cons.
c. 12	XLIX 6	–	–	–	–	–	–
c. 15	–	–	–	–	II 231	D VI 306	–
Orléans 538							
c. 1	III 3	–	–	–	–	–	–
c. 2	XVI 8	–	–	–	–	–	–
c. 3	V 4a	–	–	–	I 46	–	–
c. 4	XXXVIII 7	–	269	I 103	–	–	–
c. 5	XXXIV 1	–	–	–	–	–	–
c. 6	IV 10	–	–	–	–	–	–
c. 7	XVI 9	–	–	–	–	–	D. 74 c. 1

	Vetus Gallica	Dacheriana	Quadripartitus Buch IV	Regino	Burchard	Ivo T = Tripartita D = Decretum P = Panormia	Gratian
c. 8	XVI 6	–	–	–	–	D VIII 285 P III 143	D. 81 c. 10
c. 9	XVI 7 L 4	–	266	II 326 II 339	–	–	–
c. 10	–	–	–	I 427	II 19	D VI 39	–
c. 13	XXXV 4	–	–	–	–	–	–
c. 14	–	–	–	–	–	D XIII 99	–
c. 16	XVI 10	–	–	–	–	–	C. 7 q. 6 c. 28
c. 17	} XV 7	–	–	–	–	–	–
c. 18		–	–	–	–	–	–
c. 19	XLVII 10	–	–	–	–	–	–
c. 20	–	–	–	–	–	–	C. 16 q. 6 c. 7
c. 23	XVII 9	–	–	–	–	–	–
c. 24	–	–	–	–	–	–	C. 11 q. 1 c. 25
c. 25	XXXV 5	–	–	–	–	–	–
c. 26	XXXV 3	–	–	–	–	T II 44,1	C. 12 q. 2 c. 41
c. 27	LXIV 28	–	–	–	–	–	–
c. 31	XXIII 5	–	–	–	–	–	–
c. 33	–	–	–	–	–	D XIII 100	–
c. 35	XXXVI 9	II 42	–	–	–	–	–
c. 36	LXII 4	–	–	–	–	–	–

	Vetus Gallica	Dacheriana	Quadripartitus Buch IV	Regino	Burchard	Ivo T = Tripartita D = Decretum P = Panormia	Gratian
Orléans 541							
c. 6	–	–	–	–	II 159	D VI 250	–
Orléans 549							
c. 2	–	–	258	–	–	–	C. 11 q. 3 c. 42
c. 12	–	–	–	–	I 186	D V 302	–
c. 17	–	–	–	App. III 43 App. III 47	I 59	D V 169	C. 6 q. 4 c. 4
c. 19	XLVII 9	–	–	–	–	–	–
c. 20	–	–	283	App. I 18	–	–	–
Arles 554							
c. 2	XLVI 5	–	–	–	–	–	C. 18 q. 2 c. 17
c. 4	XVII 11	–	–	–	–	–	–
c. 5	XLVII 2	–	–	–	–	–	–
c. 7	XVI 18	–	–	–	–	–	–
Paris 561/62							
c. 6	–	–	–	–	–	D VIII 25	C. 36 q. 2 c. 6
c. 8	–	–	–	–	–	D V 123 P III 9	D. 63 c. 5
Tours 567							
c. 4	–	–	–	–	III 102	D II 137	–
c. 5	–	–	–	II 423	–	–	–
c. 27	–	–	–	–	XV 3	D XVI 4	–

	Vetus Gallica	Dacheriana	Quadripartitus Buch IV	Regino	Burchard	Ivo T = Tripartita D = Decretum P = Panormia	Gratian
Lyon 567/70							
c. 2	XXXV 6	–	–	–	–	–	–
c. 3	L 5	–	–	–	–	–	–
c. 5	XXXIII	–	–	–	–	–	–
c. 6	XXIV 6	–	–	–	–	–	–
Mâcon 581/83							
c. 2	XLVII 6	–	–	–	–	–	–
c. 3	XXXVIII 6	–	–	–	–	–	–
c. 4	XXXV 7	–	–	–	–	–	–
c. 5	XLI 21	–	–	–	–	–	–
c. 7	XXXV 11	–	–	–	–	–	–
c. 8	–	–	–	–	XVI 21	–	C. 11 q. 1 c. 6
c. 9	XXIV 3	–	–	–	–	–	–
c. 10	XXXVII 10	–	–	–	–	–	–
c. 11	XXXVII 11	–	–	–	–	–	–
c. 12	XLVII 7	–	–	–	–	–	–
c. 13	LV 3	–	–	–	–	D XIII 118	–
c. 15	LV 4	–	–	–	–	–	–
c. 16	LV 5	–	–	–	IV 88	D I 282	D. 54 c. 18
c. 18	L 2	–	–	–	XVI 8	T III 22 D XII 26	C. 22 q. 5 c. 7
c. 19	XXXVI 12	–	–	–	–	–	–

	Vetus Gallica	Dacheriana	Quadripartitus Buch IV	Regino	Burchard	Ivo T = Tripartita D = Decretum P = Panormia	Gratian
Lyon 583							
c. 6	XXXI 7	–	–	–	–	–	–
Mâcon 585							
c. 1	XXIII 4	–	–	–	–	–	–
c. 2	XXIII 3	–	–	–	–	–	–
c. 3	XXI 4	–	–	–	–	–	–
c. 4	XXVI 4 LXII 5	–	–	–	V 23 V 24	D II 33 D II 34	–
c. 5	XXX	–	–	–	–	–	–
c. 6	LXII 6	–	–	–	–	–	–
c. 8	XXVII 5	–	–	–	III 193	D III 110	–
c. 9	–	–	–	–			–
c. 10	XXXVI 10	–	–	–	–	–	–
c. 11	XXIX 2	–	–	–	–	–	–
c. 12	XXXI 5	–	–	–	–	–	–
c. 13	XLII 1	–	–	–	–	–	–

	Vetus Gallica	Herovalliana*	Regino	Burchard	Ivo T = Tripartita D = Decretum P = Panormia	Gratian
Auxerre nach 585						
c. 10	–	x	–	III 226	T III 3,32 D III 270 P II 35	D. 2 c. 97 de cons.
c. 11	–	x	–	–	–	–
c. 12	–	x	–	III 236	D III 277	–
c. 17	–	–	–	XIX 131	D XV 141	–
c. 19	–	x	–	–	–	–
c. 23	–	x	–	–	–	–
c. 24	–	x	–	–	–	–
c. 25	–	x	–	–	D I 132 P I 80	D. 4 c. 103 de cons.
c. 26	–	x	–	VIII 101	D VII 119	–
c. 36	–	x	–	–	–	–
c. 37	–	x	–	–	–	–
c. 38	–	x	–	–	–	–
c. 39	–	x	–	–	–	–
c. 42	–	x	–	–	–	–
c. 45	–	x	–	–	–	–

* Die Kapitelzahlen der Herovalliana konnten mit gedruckten Werken nicht ermittelt werden. x bedeutet, daß der Kanon in der Sammlung vorhanden ist.

	Vetus Gallica	Dacheriana	Quadripartitus Buch IV	Regino	Burchard	Ivo T = Tripartita D = Decretum P = Panormia	Gratian
Paris 614							
c. 6	–	–	–	–	XVI 22	–	C. 11 q. 1 c. 2
c. 15	–	–	–	App. I 47 App. II 45	VIII 48	D VII 66	C. 27 q. 1 c. 7
Unbek. Ort nach 614							
c. 11	–	–	334	–	–	–	–
Clichy 626/27							
c. 11	–	–	–	II 11	VI 14	D X 143	–
Autun 663/75							
c. 1	I 1 XLVI 7	–	–	–	–	–	–
c. 5	XLVI 10	–	–	–	VIII 82	D VII 100	–
c. 6	XLVI 9	–	–	–	–	–	–
c. 8	XLVI 8	–	–	–	–	–	–
c. 10	XLVI 11	–	–	–	–	–	–
c. 15	XLVI 12	–	–	–	–	–	–

II. Briefe und Urkunden

Einige Konzilien, vor allem solche mit jurisdiktionellem Charakter, haben ihre Beschlüsse in Briefen mitgeteilt:

– die in Carpentras 527 versammelten Bischöfe teilen dem verurteilten Bischof Agricius von Antibes ihre Entscheidung brieflich mit und bitten auch den Papst in einem weiteren Schreiben um Bestätigung des Urteils[111];
– das Konzil von Clermont 535 schreibt einen Brief an König Theudebert bezüglich der Güter in anderen Teilreichen[112];
– in Tours 567 werden außer Kanones ein Schreiben an die Königin Radegunde und ein Aufruf zum Frieden in einer *epistula ad plebem* verfaßt[113];
– das Konzil von Paris 573 verschickt drei Briefe, um seine Beschlüsse bekanntzugeben.[114]

Die Briefe des Caesarius von Arles nach Rom und die entsprechenden Antwortschreiben der Päpste wurden zwar nicht auf Konzilien verfaßt, gehören aber inhaltlich zu den Konzilien von Orange 529 und Marseille 533.[115] Als sekundäre Quellen sind die Briefe des Bischofs Mappinius von Reims (Toul 550)[116] und König Sigiberts III. (Bourges 647/53)[117] anzusehen, in denen Konzilien nur erwähnt werden, ohne daß man weiß, ob sie tatsächlich stattgefunden haben.
In diese Kategorie gehören auch die meisten Urkunden[118], die im Zusammenhang mit Konzilien behandelt wurden: ein Konzil wird allenfalls am Rande erwähnt (Le Mans 516/17[119], Mâlay 677[120]) oder die große Anzahl von Bischofsunterschriften läßt – wie bei den Bischofsprivilegien für Klöster[121] – auf eine Versammlung schließen.

III. Erzählende Quellen

Eine relativ hohe Anzahl von Konzilien ist uns ausschließlich aus erzählenden Quellen bekannt. Leider bestehen diese Zeugnisse meist nur aus

[111] Vgl. oben 54 f.
[112] Vgl. oben 77.
[113] Vgl. oben 130.
[114] Vgl. oben 141 f.
[115] Vgl. oben 58 f.
[116] Vgl. oben 105.
[117] Vgl. oben 202.
[118] Nicht berücksichtigt ist hier die Sonderform des Synodaldekrets, vgl. dazu oben 279 f.
[119] Vgl. oben 104 f.
[120] Vgl. oben 215.
[121] Vgl. oben 204–212.

kurzen Erwähnungen, eher beiläufigen Anspielungen als ausführlichen Berichten. Oft sind weder das genaue Datum noch die Verhandlungsgegenstände noch die Teilnehmer des Konzils zu erschließen.

Hauptquelle für die Merowingerzeit sind die Historien Gregors von Tours († 594/95), in der 19 der behandelten Konzilien erwähnt sind.[122] Die Chronik des sogenannten Fredegar enthält Nachrichten zu zwei Konzilien.[123] Während diese beiden Werke noch als relativ zuverlässig gelten[124], ist die Glaubwürdigkeit der Heiligenviten nicht immer unbestritten. Aus solchen Texten sind neun Konzilien bekannt.[125]

Die erzählenden Quellen bieten – wie erwähnt – kaum Nachrichten über die Verhandlungsgegenstände. Für die Konziliengeschichte haben die durch diese Quellen überlieferten Versammlungen daher oft nicht mehr als statistischen Wert.

---

[122] Gregor von Tours ist einzige Quelle für Metz 550/55, unbek. Ort in der Bretagne 552, Saintes 561/67, Paris 577, Chalon 579, Saintes 579/80, Berny 580, Lyon 581, Clermont 588, unbek. Ort 588, unbek. Ort 589, Sorcy 589, Poitiers 589, Poitiers 590, Metz 590, Auvergne 590. Zusätzlich zu überlieferten Akten sind bei Gregor erwähnt: Paris 551/52, Mâcon 585, Lyon 567/70.

[123] Valence 585, Chalon 602/03.

[124] Vgl. die Einleitung zur Ausgabe von R. Buchner I, XXX–XXXIII und zu Fredegar: WALLACE-HADRILL, Fredegarii chronicorum liber IVus IX–XXVIII.

[125] Reims 514 (Hinkmar, Vita S. Remigii), Lyon 518/19 (Vita S. Aviti), Valence 529 (Vita S. Caesarii), Sens 594/614 (Vita S. Betharii), Orléans 639/41 (Vita S. Eligii), *in villa regia* 677/79 (Vita S. Leodegarii), Mâcon 626/27 (Ionas von Bobbio, Vita S. Eustasii), Nantes 658/60 (Vita S. Nivardi), Rouen 688/89 (Aigrard, Vita S. Ansberti). Vgl. auch die Nachrichten in erzählenden Quellen zu den Bischofsprivilegien oben 211.

Chronologische Liste der Konzilien

511	Orléans	580	Berny
513	Le Mans	581	Lyon
514	Reims	581/83	Mâcon
516	Lyon	583	Lyon
517	Epao	585	Valence
518/19	Lyon	585	Mâcon
524	Arles	nach 585	Auxerre
527	Carpentras	588	Clermont
529	Valence	588	unbekannter Ort
529	Orange	589	Sorcy
529	Vaison	589	Poitiers
533	Marseille	589	unbekannter Ort
533	Orléans	590	Poitiers
535	Clermont	590	Metz
538	Orléans	590	Auvergne
541	Orléans	594/614	Sens
549	Orléans	602/03	Chalon
550	Toul	614	Paris
550/55	Metz	nach 614	unbekannter Ort
551	Eauze	626/27	Clichy
551/52	Paris	626/27	Mâcon
552	Bretagne (Vannes?)	639/41	Orléans
554	Arles	647/53	Chalon
561/62	Paris	647/55	Bourges
561/67	Saintes	658/69	Nantes
567	Tours	663/75	Autun
567/70	Lyon	673/75	Saint-Pierre-de-Granon
573	Paris	673/75	Saint-Jean-de-Losne
577	Paris	677	Mâlay
579	Chalon	677/79	*in villa regia*
579/80	Saintes	688/89	Rouen

Alphabetische Liste der Bischöfe, die die Konzilskanones selbst unterschrieben haben oder durch einen Vertreter unterschreiben ließen

Abraham von Nizza (um 614): Paris 614
Abthonius oder Antonius von Angoulême (um 542 – nach 549): Orléans 549
Adelfius von Poitiers-Rezé (507 – nach 533): Orléans 511; vertreten in Orléans 533
Adus von Bourges (vor 672–682): Saint-Pierre-de-Granon 673/75
Advolus siehe Avolus
Aelodus von Nevers (567 – um 580): Lyon 567/70
Aetherius oder Etherius von Chartres (vor 533 – nach 541): Orléans 533, 538, 541
Aetherius von Embrun (vor 647/53 – nach 660): Chalon 647/53
Aggus von Périgueux (um 614): Paris 614
Agnebertus von Saintes (um 673/75): Saint-Pierre-de-Granon 673/75
Agrecius von Antibes (vor 506 – nach 529): vertreten in Arles 524
Agrecius von Glandève (585–588): Mâcon 585
Agrecius von Troyes (um 585): Mâcon 585
Agrestius von Tours (vor 549 – nach 551/52): vertreten in Orléans 549; unterschreibt in Paris 551/52
Agricius siehe Agrecius
Agricola [Agricol] von Chalon-sur-Saône (um 532–580): vertreten in Orléans 538; unterschreibt in Orléans 541, 549, Paris 551/52, Lyon 567/70
Agricola von Nevers (581 – um 594): Mâcon 581/83 und 585, Lyon 583
Agricola von Saint-Paul-Trois-Châteaux (um 614): Paris 614
Agricula von Javols-Mende (vor 614 – nach 626/27): Paris 614, Clichy 626/27
Agripinus von Autun (vor 533 – nach 538): Orléans 533, 538
Aigahardius von Noyon (um 626/27 – nach 637): Clichy 626/27
Aigomaris von Senlis (625 – um 649): Clichy 626/27
Albinus [Aubin] von Angers (529–550): Orléans 538, 541; vertreten in Orléans 549
Alethius von Vaison (vor 527 – nach 541): Carpentras 527, Orange 529, Marseille 533, Orléans 541
Alethius von Lectoure (um 549): Orléans 549
Alodius von Toul (um 549): Orléans 549
Amalcarius von Séez (644 – nach 663): Chalon 647/53
Ambrosius von Albi (um 549): vertreten in Orléans 549
Ambrosius von Troyes (um 549): Orléans 549
Ambrosius von Windisch-Konstanz (um 614): Paris 614
Amelius von Bigorre-Comminges (vor 549 – nach 551): Orléans 549, Eauze 551
Amelius von Bigorre (um 585–589): Mâcon 585
Amelius oder Emelius von Paris (vor 533 – nach 541): Orléans 533, 538; vertreten in Orléans 541

Domnolus von Le Mans (um 559–581): Tours 567
Domulus von Vienne (602/03 – um 620): Paris 614
Donatus [Donat] von Besançon (624–660): Clichy 626/27, Chalon 647/53
Dracoaldus von Sitten (um 614): Paris 614

Edebius oder Edibius von Amiens (um 511): Orléans 511
Edibius von Lisieux (um 561/62): Paris 561/62
Egidius von Avranches (vor 549–550): Orléans 549
Elafius siehe Flavius
Eleutherius [Eleuthère] von Auxerre (532–561): Orléans 533, 538, 541, 549
Eligius [Eloi] von Noyon (641–660): Chalon 647/53
Eliodorus von Sitten (580 – nach 585): vertreten in Mâcon 585
Emelius siehe Amelius
Emeritus von Embrun (585 – um 588): Mâcon 585
Emeterius, nicht identifiziert: vertreten in Arles 554
Emeterius von Riez (um 554): vertreten in Arles 554
Ennoaldus von Poitiers (vor 614–615): Paris 614
Epyfanius von Nantes (um 511): Orléans 511
Erminulfus von Evreux (um 614): Paris 614
Esychius von Vienne (vor 549–565): Orléans 549, Paris 551/52
Esychius oder Asychius oder Estitius von Grenoble (vor 573 – um 601): Paris 573, Mâcon 581/83, Lyon 583, Valence 585, Mâcon 585
Etherius siehe Aetherius
Eucherius von Avignon (vor 524 – nach 533): Arles 524, Carpentras 527, Vaison 529, Orange 529, Marseille 533
Eucherius von Antibes (vor 529 – nach 541): Orange 529, Marseille 533, Orléans 541
Eudila von Toul (602 – nach 614): Paris 614
Eufrasius von Clermont (490–515): Orléans 511
Eufronius von Tours (556–572): Paris 561/62, Tours 567
Eufronius von Nantes (612 – nach 614): Paris 614
Eumerius von Nantes (vor 533 – nach 541): vertreten in Orléans 533; Orléans 538, Orléans 541
Eusebius von Orléans (nach 498–520): Orléans 511
Eusebius von Saintes (vor 533 – nach 549): Orléans 533, vertreten in Orléans 541 und 549
Eusebius von Antibes (vor 549 – nach 554): vertreten in Orléans 549; unterschreibt in Arles 554
Eusebius von Mâcon (vor 581–589): Mâcon 581/83, Lyon 583, Mâcon 585
Eusebius von Saint-Paul-Trois-Châteaux (um 585): Valence 585, Mâcon 585
Eusebius II von Antibes (um 614): Paris 614
Eusebius von Cahors (vor 614–621): Paris 614
Eusepius, nicht identifiziert: Eauze 551
Eustocius von Angers (um 511): Orléans 511
Evantius von Javols-Mende (um 541): Orléans 541

Johannes von Fréjus (521 – nach 524): Arles 524
Johannes von Avignon (um 585): vertreten in Mâcon 585
Johannes von Couserans (um 614): Paris 614
Johannes von Poitiers (um 626/27): Clichy 626/27
Johannes von Bordeaux (vor 656 – nach 673/75): Saint-Pierre-de-Granon 673/75
Julianus von Carpentras (um 483 – um 530): Epao 517, Arles 524, Carpentras 527, Orange 529
Julianus von Vienne (518 – nach 533): Lyon 518/19, Orléans 533
Julianus von Bigorre-Tarbes (vor 541 – nach 551): Orléans 541, Eauze 551

Laban von Eauze (vor 573 – nach 585): Paris 573, vertreten in Mâcon 585
Landolenus von Vienne (625 – nach 647/53): Clichy 626/27, Chalon 647/53
Lascivus von Bayeux (537 – um 565): Paris 561/62
Latinus von Tours (644–657): vertreten in Chalon 647/53
Laudus von Coutances (529–575): Orléans 533, 538; vertreten in Orléans 541; Orléans 549
Launobodis oder Launomundus von Lisieux (vor 614 – nach 647/53): Paris 614, Chalon 647/53
Launomundus siehe Launobodis
Launoveus von Orléans (um 573): vertreten in Paris 573
Leborius von Maurienne (um 647/53): Chalon 647/53
Leo von Sens (um 525 – um 541): vertreten in Orléans 533; Orléans 538
Leobardus von Nantes (um 626/27): Clichy 626/27
Leodaldus von Bayeux (um 581 – nach 614): Paris 614
Leodoberhtus von Paris (um 626/27): Clichy 626/27
Leodomundus von Sitten (610–616): Paris 614
Leodomundus von Eauze (um 614): Paris 614
Leoncius von Saintes (um 626/27): Clichy 626/27
Leontianus von Coutances (um 511): Orléans 511
Leontius von Eauze (um 511): Orléans 511
Leontius I von Bordeaux (um 520 – nach 541): Orléans 541
Leontius II von Bordeaux (vor 549 – um 564): vertreten in Orléans 549; unterschreibt in Paris 551/52 und 561/62
Leubenus von Chartres (vor 549 – nach 551/52): Orléans 549, Paris 551/52
Leucadius von Bayeux (vor 538 – nach 549): Orléans 538; vertreten in Orléans 541 und 549
Leudobodis von Séez (566 – nach 573): Tours 567, Paris 573
Leudomeris von Châlons-sur-Marne (um 614): Paris 614
Leuntius von Orléans (um 533): Orléans 533
Leusus von Troyes (um 647–656): Chalon 647/53
Leutadus von Auch (vor 656–680): Saint-Pierre-de-Granon 663/75
Libanius oder Livanianus von Senlis (vor 511 – um 513): Orléans 511
Liberius von Dax (vor 549 – nach 551): Orléans 549, Eauze 551
Licerius oder Lucerius von Oloron (vor 573 – nach 585): Paris 573, Mâcon 585
Licerius von Carpentras (um 647/53): Chalon 647/53

Licinius von Tours (vor 511 – um 522): Orléans 511
Licinius von Evreux (537 – nach 549): Orléans 538, 541, 549
Litardus von Séez (um 511): Orléans 511
Liudigisilus von Orléans (um 614): Paris 614
Livanianus siehe Libanius
Lopacharus von Embrun (um 614): Paris 614
Lucerius siehe Licerius
Lucretius von Die (vor 541 – nach 573): Orléans 541; vertreten in Orléans 549; Paris 551/52 und 573, Lyon 567/70
Lupercianus von Fréjus (vor 527 – nach 529): Carpentras 527, Orange 529
Lupicinus von Angoulême (vor 511 – nach 541): Orléans 511, 533; vertreten in Orléans 541
Lupus von Soissons (vor 511 – nach 535): Orléans 511, Clermont 535
Lupus von Châlons-sur-Marne (um 535): Clermont 535
Lupus von Lyon (vor 538 – um 541): Orléans 538
Lupus von Sens (609 – um 623): Paris 614

Magnobodus von Angers (vor 614 – nach 626/27): Paris 614, Clichy 626/27
Magnulfus von Toulouse (um 585): vertreten in Mâcon 585
Magnus von Nizza (vor 549 – nach 554): vertreten in Orléans 549; unterschreibt in Arles 554
Magnus von Avignon (um 646 – 660): Chalon 647/53
Malardus von Chartres (644 – nach 654/56): Chalon 647/53
Mappinius von Reims (vor 549 – um 550): vertreten in Orléans 549
Marcellus von Aire (506 – nach 533): Orléans 533
Marcellus von Senez (um 614): Paris 614
Marcellus von Séez (um 614): Paris 614
Marcus von Orléans (vor 541 – um 550): Orléans 541
Marcus, Bischofssitz nicht identifiziert: Orléans 533
Marinus, Bischofssitz nicht identifiziert: Eauze 551
Marius von Avenches-Lausanne (um 573 – um 593): Mâcon 585
Martianus von Tarentaise (vor 581 – nach 585): Mâcon 581/83, Valence 585, Mâcon 585
Mattheus von Orange (vor 551 – um 555): Paris 551/52, Arles 554
Maurolenus von Couserans (um 673/75): Saint-Pierre-de-Granon 673/75
Maurusus von Evreux (480 – nach 511): Orléans 511
Maximus von Genf (513–533): Epao 517, Lyon 518/19
Maximus von Aix (vor 524 – nach 541): Arles 524, Vaison 529, Orange 529, Marseille 533, Orléans 541
Maximus von Cahors (um 549): Orléans 549
Maximus von Valence (um 567/70): vertreten in Lyon 567/70
Maximus von Die (um 614): Paris 614
Mederius von Sens (um 620/24 – um 631): Clichy 626/27
Medigisilus von Tours (625–642): Clichy 626/27

Medovechus oder Medovius von Meaux (vor 549 – nach 551/52): Orléans 549, Paris 551/52
Medovius siehe Medovechus
Melanius [Melaine] von Rennes (vor 511–530): Orléans 511
Melanius von Alba-Viviers (um 549): vertreten in Orléans 549
Miechius von Langres (um 614): Paris 614
Migetius, Bistum nicht identifiziert: Paris 551/52
Modestus von Vannes (um 511): Orléans 511
Modoaldus von Langres (um 626/27): Clichy 626/27
Montanus, nicht identifizierter Bischof der Provinz Arles: Arles 524
Mummolus von Langres (vor 581–588): Mâcon 581/83 und 585

Namaticius von Orléans (vor 581–587): Mâcon 581/83 und 585
Nammacius von Angoulême (626/27 – nach 637): Clichy 626/27
Nectarius von Autun (540/42 – nach 549): Orléans 549
Nepos von Avranches (um 511): Orléans 511
Nicasius von Angoulême (vor 585 – nach 589): Mâcon 585
Nicetius von Auch (506 – nach 511): Orléans 511
Nicetius von Trier (527–566): Clermont 535, Orléans 549, Paris 551/52
Nicetius [Nizier] von Lyon (552–573): Lyon 567/70

Optatus von Antibes (vor 573–585): Paris 573, vertreten in Mâcon 585
Orestis von Bazas (um 585): Mâcon 585

Palladius von Toulon (vor 549 – nach 554): Orléans 549, vertreten in Arles 554
Palladius von Saintes (vor 573–597): Paris 573, Mâcon 585
Palladius von Aire (um 614): Paris 614
Palladius von Lectoure (um 614): Paris 614
Palladius von Auxerre (622–658/60): Clichy 626/27, Chalon 647/53
Pantagethus von Vienne (536 – um 541): Orléans 538
Pappolus von Genf (um 540 – nach 549): vertreten in Orléans 541 und 549
Pappolus von Langres (vor 573 – um 579): Paris 573
Pappolus von Chartres (573 – nach 585): Mâcon 585
Pappolus von Genf (642–654): Chalon 647/53
Pappus von Apt (vor 581 – nach 585): Mâcon 581/83, Valence 585; Mâcon 585
Passivus von Séez (vor 533 – nach 549): Orléans 533, 538, 541, 549
Paternus [Paterne] von Avranches (um 550 – um 565): Paris 561/62
Paulus von Die (um 585): vertreten in Mâcon 585
Pentadius von Digne? (506 – nach 533): Marseille 533
Perpetuus von Avranches (vor 533 – nach 541): Orléans 533, vertreten in Orléans 538 und 541
Petrunius von Vaison (vor 637 – nach 683): Chalon 647/53
Petrus von Saintes (um 511): Orléans 511
Petrus von Marseille (um 614): Paris 614
Philagrius siehe Fylagrius

Philippus von Vienne (vor 567 – um 580): Lyon 567/70, Paris 573
Pientus von Aix (um 581 – nach 585): vertreten in Mâcon 585
Placidus von Mâcon (536 – um 555): Orléans 538, 541, 549, Paris 551/52
Polemius von Agen (um 573): Paris 573
Pologronius von Sisteron (um 585): Valence 585, Mâcon 585
Porardus oder Protagius von Besançon (vor 614 – vor 624): Paris 614
Porcianus von Digne (vor 524 – nach 533): Arles 524, Carpentras 527, Marseille 533
Potentissimus von Gap (um 647/53): Chalon 647/53
Praetextatus von Apt (516–546): Epao 517, Arles 524, Orange 529, Marseille 533, Orléans 541
Praetextatus von Cavaillon (vor 549 – nach 554): Orléans 549, Paris 551/52, Arles 554
Praetextatus von Rouen (um 556/58–585): Paris 561/62, Tours 567, Mâcon 585
Pragmatius von Autun (um 517): Epao 517
Presidius von Comminges (um 533): Orléans 533
Principius von Le Mans (vor 511 – vor 524): Orléans 511
Principius, nicht identifizierter Bischof der Provinz Arles: Carpentras 527, Orange 529
Priscus von Lyon (573–585/89): Paris 573, Mâcon 581/83, Valence 585, Lyon 583, Mâcon 585
Probianus von Bourges (vor 551–568): Paris 551/52 und 561/62
Procul(e)ianus von Auch (vor 533 – nach 551): Orléans 533, 541, 549, Eauze 551
Promotus von Châteaudun (nach 567–575, abgesetzt): Mâcon 585
Promotus von Glandève (um 573): Paris 573
Prosper von Vence (525 – nach 533): Carpentras 527, Vaison 529, Marseille 533
Protagius siehe Porardus
Protasius von Sitten (643 – nach 647/53): Chalon 647/53
Provianus siehe Probianus

Quinidius von Vaison (vor 573–578/79): Paris 573
Quintianus von Rodez (506–515): Orléans 511

Ragnericus von Evreux (644 – nach 647/53): Chalon 647/53
Ragnoaldus von Valence (581 – nach 585): Valence 585, Mâcon 581/83, Lyon 583, Mâcon 585
Ragnobodus siehe Ragnomodus
Ragnomodus oder Ragnobodus von Paris (576–591): Mâcon 585
Raurecus von Nevers (vor 614 – nach 654/56): Paris 614, Clichy 626/27, Chalon 647/53
Regnoberhtus von Bayeux (625 – um 668): Clichy 626/27 (siehe Betto)
Remedius von Bourges (vor 581–584): Mâcon 581/83
Rigobertus von Laon (um 614): Paris 614
Rioterus von Rennes (um 627 – um 655): vertreten in Chalon 647/53
Rocco von Autun (um 614): Paris 614

Rodanius, nicht identifizierter Bischof der Provinz Arles: Marseille 533
Roricius oder Ruricius von Limoges (vor 535–553): Clermont 535, Orléans 541; vertreten in Orléans 549
Rufinus von Comminges (um 585): Mâcon 585
Rufus von Sitten (vor 541 – nach 549): Orléans 541 und 549
Ruricius siehe Roricius
Rusticus (um 533), nicht identifizierter Bischof der Provinz Arles: Marseille 533
Rusticus von Nevers (vor 538 – nach 541): Orléans 538 und 541
Rusticus von Aire (um 585): Mâcon 585
Rusticus von Cahors (621–628/29): Clichy 626/27

Sabaudus von Trier (um 614): Paris 614
Sacerdos von Lyon (vor 549–552): Orléans 549
Saeculatius von Die (vor 517 – nach 518/19): Epao 517, Lyon 518/19
Saffaracus von Paris (vor 549 – um 553): Orléans 549
Sagitarius von Gap (um 560–579): Paris 573
Sallapius von Nantes (um 647/53): vertreten in Chalon 647/53
Salonius von Genf (vor 567 – nach 573): Lyon 567/70, Paris 573
Salunius von Embrun (um 560–579): Paris 573
Salutaris von Avignon (um 517): vertreten in Epao 517
Salvius von Lescar (um 673/75): Saint-Pierre-de-Granon 673/75
Samson von Dol (557 – um 565): Paris 561/62
Sanctus von Tarentaise (um 517): Epao 517
Sapaudus von Arles (vor 551–586): Paris 551/52, Arles 554, Paris 573, Valence 585; vertreten in Mâcon 585
Savinus von Lescar (um 585): Mâcon 585
Scupilio von Eauze (um 673/75): Saint-Pierre-de-Granon 673/75
Sebastius, Bischofssitz nicht identifiziert: vertreten in Orléans 533
Secundinus von Sisteron (vor 614–657): Paris 614
Senotus von Eauze (um 626/27): Clichy 626/27
Sesemundus von Couserans (um 673/75): Saint-Pierre-de-Granon 673/75
Severus, nicht identifizierter Bischof der Provinz Arles: vertreten in Arles 524
Sextilius von Bazas (506 – nach 511): Orléans 511
Silvester von Chalon-sur-Saône (vor 517–526): Epao 517, Lyon 518/19
Silvester von Besançon (vor 573 – nach 585): Paris 573, Mâcon 581/83 und 585
Simplicius von Senez (vor 541 – nach 554): Orléans 541, Arles 554
Sinidius, Bistum nicht identifiziert: Paris 551/52
Soboaldus von Agen (um 673/75): Saint-Pierre-de-Granon 673/75
Solacius von Köln (vor 614–625): Paris 614
Sonnatius von Reims (vor 614 – nach 627): Paris 614, Clichy 626/27
Spectatus siehe Expectatus
Suffranius siehe Suffronius
Suffronius von Noyon (um 511): Orléans 511
Sulpicius I von Bourges (584–591): Mâcon 585
Sulpicius II von Bourges (624–644): Clichy 626/27

Sunnacius siehe Sonnatius
Sustracius von Cahors (vor 533 – nach 541): Orléans 533; vertreten in Orléans 538 und 541
Syagrius von Grenoble (vor 551 – nach 567/70): Paris 551/52; vertreten in Lyon 567/70
Syagrius von Autun (um 560 – um 600): Lyon 567/70, Paris 573, Mâcon 581/83 und 585, Lyon 583
Syagrius II von Grenoble (um 614): Paris 614
Sylvester siehe Silvester

Tauricianus von Nevers (um 517): Epao 517
Terradius von Besançon (vor 551 – nach 567/70): Paris 551/52; vertreten in Lyon 567/70
Tetradius von Bourges (506 – nach 511): Orléans 511
Tetradius von Carpentras (555 – nach 573): Paris 573
Tetricus von Langres (538/39 – 572/73): Orléans 549, Paris 551/52; vertreten in Lyon 567/70
Teudorus von Marseille (575 – um 594): Mâcon 585
Theodaldus von Chartres (um 614): Paris 614
Theodobodis siehe Theudobaudis
Theodosius von Auxerre (um 508–515): Orléans 511
Theodosius von Vaison (um 554): vertreten in Arles 554
Theudobaudis oder Theodobodis von Lisieux (vor 538 – nach 549): Orléans 538; vertreten in Orléans 541; Orléans 549
Theudorus von Couserans (vor 549 – nach 551): vertreten in Orléans 549; Eauze 551
Thomasus, nicht identifiziert: vertreten in Eauze 551
Tomianus von Angoulême (um 673/75): Saint-Pierre-de-Granon 673/75
Trapecius von Orange (um 585): Valence 585, Mâcon 585
Treticus von Lyon (um 626/27): Clichy 626/27

Urbicus von Besançon (um 549): Orléans 549
Urbicus von Riez (580 – nach 589): Valence 585, Mâcon 585
Ursicinus von Cahors (580 – nach 588): Mâcon 585
Ursolus von Grenoble (um 538): Orléans 538
Ursus von Aire (um 673/75): Saint-Pierre-de-Granon 673/75

Valatonius von Gap (um 604–643): Paris 614
Valentini von Cavaillon (um 529): Vaison 529
Valerius von Sisteron (um 517): Epao 517
Vellesius oder Velletius von Gap (vor 541–560): Orléans 541, 549, Paris 551/52; vertreten in Arles 554
Venantius von Viviers (vor 517 – nach 535): Epao 517, Clermont 535
Veranus von Cavaillon (vor 585 – nach 589): Mâcon 585
Verus von Rodez (vor 614 – nach 637): Paris 614, Clichy 626/27

Vicentius oder Vincentius von Belley (vor 551 – nach 567/70): Paris 551/52, Lyon 567/70
Victor von Saint-Paul-Trois-Châteaux (vor 567 – nach 581/83): Paris 573, Mâcon 581/83; vertreten in Lyon 567/70
Victor von Lescar (um 614): Paris 614
Victorius von Grenoble (516–523): Epao 517, Lyon 518/19
Victurius von Rennes (560–586): Tours 567
Vigilius von Senez (vor 585–588): vertreten in Mâcon 585
Vincentius von Vaison (um 614): Paris 614
Vincentius siehe Vicentius
Vindimialis von Orange (vor 527 – nach 549): Carpentras 527, Vaison 529, Orange 529, Marseille 533, Orléans 541; vertreten in Orléans 549
Viventiolus von Lyon (um 517 – vor 538): Epao 517, Lyon 518/19
Vuillegisilus siehe Hiltigisilus
Vulfoleudus von Bourges (647 – um 664): Chalon 647/53

Sachregister

Personen- und Ortsregister